À plus ! 5

cycle long

Französisch
für Gymnasien

Cornelsen

***À plus! 5* cycle long**
Lehrwerk für den Französischunterricht an Gymnasien

Im Auftrag des Verlages erarbeitet von
Gertraud Gregor, Catherine Jorißen, Sylvie Schenk
unter Mitwirkung von Dr. Hans-Ludwig Krechel

und der Redaktion Moderne Fremdsprachen
Dr. Yvonne Petter (Projektleitung), Julia Goltz, Marie-France Lavielle, Sophie Ortiz-Vobis, Marit Reifenstein, Monika Schulze sowie Sabrina Battaglini (Assistenz) und Nicolas Sconza (Petit dictionnaire de civilisation)

Didaktische Beratung: Dr. Martin Braun (Nürnberg), Hermann Demharter (Heidelberg)

Beratende Mitwirkung: Hans Bächle (Neunkirchen), Dr. Richard Best (Harxheim), Rita Beyer (Illingen), Otto-Michael Blume (Düsseldorf), Anette Fritsch (Dillenburg), Maria Gaksch (Wien), Aneta Glavier (Leipzig), Michèle Héloury (Berlin), Brigitte Jescheck-Schellander (Wien), Thilo Karger (Gießen), Annemarie Kordecki (Fürth i. Odw.), Dr. Hans-Ludwig Krechel (Königswinter), Bernd Kracklauer (Ingolstadt), Barbara Lechner-Gay (Freiburg), Wolfgang Marek (Marburg), Dr. Sigrid Melchert (Potsdam), Klaus Mengler (Gießen), Prof. Dr. Jürgen Mertens (Ludwigsburg), Prof. Dr. Christian Minuth (Heidelberg), Thomas Mößer-Wolf (Bad Kreuznach), Axel Polleti (Passau), Dr. Astrid Scheuerer-Willmar (Traunreut), Peter Schmachtel (Lübeck), Joachim Sendzik (Hannover), Karl Stoppel (Biberach), Dr. Armin V. Wernsing (Krefeld), Dr. Hanno Werry (Saarbrücken), Daniela Wieners (Durmersheim), Dr. Christine Wlasak-Feik (Selb), Stefanie Wölz (Sinsheim)

Gesamtgestaltung: Regelindis Westphal
Satz: Satzinform, Berlin
Illustrationen: Laurent Lalo
Kartengestaltung: Dr. Volkhard Binder (S. 93)
Umschlagfotos: © Cornelsen, Schulz (oben), mauritius images: © Scott (unten)

Begleitmaterialien zu *À plus! 5* cycle long
ISBN 978-3-464-22102-0 À plus! 5 Vokabeltaschenbuch
ISBN 978-3-464-22092-4 À plus! 5 Carnet d'activités
ISBN 978-3-464-22093-1 À plus! 5 Grammatikheft
ISBN 978-3-464-22097-9 À plus! 5 CD
ISBN 978-3-464-22095-5 À plus! 5 HRU
ISBN 978-3-06-22096-2 À plus! 5 Folien

www.cornelsen.de

Die Internetadressen und -dateien, die in diesem Lehrwerk angegeben sind, wurden vor Drucklegung geprüft. Der Verlag übernimmt keine Gewähr für die Aktualität und den Inhalt dieser Adressen und Dateien oder solcher, die mit ihnen verlinkt sind.

1. Auflage, 1. Druck 2008

Alle Drucke dieser Auflage sind inhaltlich unverändert und können im Unterricht nebeneinander verwendet werden.

Druck: CS-Druck CornelsenStürtz, Berlin

ISBN broschiert 978-3-464-22091-7
ISBN gebunden 978-3-464-22066-5

Inhalt gedruckt auf säurefreiem Papier aus nachhaltiger Forstwirtschaft.

Erläuterung der Symbole und Verweise

- Hörtext
- Hörtext in den Approches
- ► neuer Track auf der CD
- ►◄ Partnerarbeit
- Gruppenarbeit oder Diskussion
- Schriftliche Übung
- Differenzierung: anspruchsvolle Aufgabe
- Die Lösungen zu den Aufgaben befinden sich im Grammatikheft.
- C 6/8 Hier passt Carnet d'activités, S. 6/8.
- (→ Repères, p. 20/3) Verweis auf die Repères
- (→ GH, p. 9/4.1) Verweis auf das Grammatikheft
- DELF Vorbereitung auf die DELF-Prüfung
- PRÉP Vorbereitung auf die Oberstufe, Hinweise dazu ab S. 108
- Sprachmittlungsübung
- Portfolio Dossier: Texte für deine Portfoliomappe

Inhaltsverzeichnis

Die grün gedruckten Überschriften bezeichnen fakultative Elemente.

Seite		Lernziele	grammatische Inhalte
6	*Bonjour, tout le monde!*		Wiederholungsübungen

DOSSIER 1 *La France des trois océans*

Seite		Lernziele	grammatische Inhalte
8	Approches	Basisinformationen zur Geografie und Wirtschaft der DOM-COM	keine neue Grammatik
10	SÉQUENCE 1 Les couleurs de la Guadeloupe	Informationen zur Geschichte, Geografie, Wirtschaft und Sprache auf Guadeloupe	die „mise en relief“ **Révisions** „avant de“/„après avoir“
15	SÉQUENCE 2 Thuram – la tête et les jambes	ein Zeitungsinterview lesen **La France en direct** Partir en Guadeloupe	das „gérondif“ die Inversionsfrage **Révisions** Verben und Präpositionen
22	Repères		
24	SÉQUENCE 3 Préparation au second cycle La rencontre	einen Romanauszug lesen und interpretieren	keine neue Grammatik

BILAN DES COMPÉTENCES

Seite		Lernziele	grammatische Inhalte
26		fertigkeitsorientierte Lernstandsüberprüfung	

DOSSIER 2 *Au travail!*

Seite		Lernziele	grammatische Inhalte
28	Approches	Statistiken auswerten Themenwortschatz: Berufe	keine neue Grammatik
30	SÉQUENCE 1 Ils parlent de leur métier	über Berufe und Berufswünsche reden Berufe vorstellen	die Demonstrativpronomen Formen und Gebrauch des „participe présent“ (rezeptiv) **Révisions** „subjonctif“ und „indicatif“ die Pronomen „y“ und „en“ (lokal)
35	SÉQUENCE 2 Difficile d'y voir clair!	über seine Zukunftsvorstellungen reden Informationen zum französischen Schulsystem weitere Elemente des „français familier“ kennenlernen **La France en direct** Le monde du travail	Der „subjonctif“ nach Konjunktionen, Relativpronomen und in verneinten Sätzen die Pronomen „y“ und „en“ (Vertiefung)
42	Repères		
44	SÉQUENCE 3 Préparation au second cycle Des vacances pour tous!	einen Zeitungsartikel lesen und auswerten	keine neue Grammatik

Seite		Lernziele	grammatische Inhalte
		BILAN DES COMPÉTENCES	
47		fertigkeitsorientierte Lernstandsüberprüfung	

DOSSIER 3 *Vers l'Europe*

Seite		Lernziele	grammatische Inhalte
50	Approches	Informationen und ein Quiz über Europa	keine neue Grammatik
52	SÉQUENCE 1 Un film européen	einen Film besprechen	das Passiv (rezeptiv)
56	SÉQUENCE 2 Ma «corres» pas possible (Un échange en 1988)	einen Austausch schildern über persönliche Beziehungen sprechen sich mit Klischees auseinandersetzen **L'Europe en direct** Les chemins de l'Europe	die Possessivpronomen **Révisions** Pronomen das „futur simple"
64	Repères		
65	SÉQUENCE 3 Préparation au second cycle Pierrot, mon héros	eine Kurzgeschichte lesen und interpretieren	keine neue Grammatik
		BILAN DES COMPÉTENCES	
69		fertigkeitsorientierte Lernstandsüberprüfung	

DOSSIER 4 *Tendances*

Seite		Lernziele	grammatische Inhalte
72	Approches	Statistiken auswerten über aktuelle gesellschaftliche Probleme reden	keine neue Grammatik
74	SÉQUENCE 1 Les nouveaux Français	ein Zeitungsinterview lesen seine Meinung darlegen und begründen	das „futur antérieur" (rezeptiv) **Révisions** Verben und Verbkonjugation
78	SÉQUENCE 2 Héros d'aujourd'hui	Argumente austauschen **La France en direct** La presse des jeunes – un phénomène français?	die Stellung mehrerer Pronomen im Satz
84	Repères		
86	SÉQUENCE 3 Préparation au second cycle Un viaduc dernier cri	einen Sachtext lesen und auswerten Themenwortschatz: Technik	keine neue Grammatik
		BILAN DES COMPÉTENCES	
90		fertigkeitsorientierte Lernstandsüberprüfung	

Seite		Lernziele	grammatische Inhalte

DOSSIER 5 Visages de l'Afrique

92	Approches	Basisinformationen zur Geografie und Wirtschaft des frankophonen Schwarzafrikas	keine neue Grammatik
94	SÉQUENCE 1 Voyage à travers le Mali: un reportage	Eine Reportage über Mali lesen und verstehen Le Mali en direct Trois aspects différents d'un pays	Wiedergabe des deutschen Passivs
99	Repères		
100	Exercices de révision	Grammatische Wiederholungsübungen	Die Stellung von mehreren Objektpronomen im Satz die Demonstrativpronomen die Possessivpronomen das „gérondif" die indirekte Rede in der Vergangenheit die „mise en relief"
102	SÉQUENCE 2 Préparation au second cycle Portraits d'artistes	Sachtexte und Chansons verstehen und interpretieren	keine neue Grammatik
106	SÉQUENCE 3 Préparation au second cycle Saraba	ein afrikanisches Märchen lesen und interpretieren	keine neue Grammatik

Préparation au second cycle

108	Outils de travail	Hinweise – zum Gebrauch des ein- und zweisprachigen Wörterbuchs – zum Anfertigen von Notizen – zur Sprachmittlung – zum Resümee und zur Präsentation – zur Visualisierung von Textinhalten
117	Modèles de lettres	Musterbriefe
119	Comment corriger ses fautes	Hinweise zur Fehlerkorrektur
120	Expressions utiles	Redemittellisten

125 ANNEXE

Les verbes et leurs compléments (p. 125), Les différents sens d'un verbe (p. 126), Les différents sens d'un adjectif (p. 126), Comment former des adverbes (p. 127), Comment former le contraire d'un adjectif (p. 127), Les verbes (p. 128), Petit dictionnaire de civilisation (p. 137), Liste chronologique des mots (p. 146), Liste alphabétique des mots (p. 180), Petit dictionnaire allemand-français (p. 211)

Bonjour, tout le monde!

1 Le jeu du phare

a *Jouez.*

Voici les règles du jeu:

1. Jouez à trois. A et B veulent monter sur le phare. Pour avancer, chacun utilise une pièce de monnaie. C vérifie si les réponses sont justes. (→ p. 234)
2. Tirez au sort celui qui commence.
3. Chaque joueur répond aux questions qui le concernent.
4. Celui qui commence continue tant que ses réponses sont correctes.
5. Le premier qui arrive en haut du phare et a répondu aux 15 questions gagne.

Questions pour A

1. Dis le contraire: Tout l'intéresse.
2. Donne trois tuyaux de balades à Marseille.
3. Indicatif ou subjonctif? Je ne suis pas fâché qu'il (s'en aller).
4. Relie les phrases par «dont»: Ils ont un fils. Ils sont fiers de lui.
5. L'adverbe des adjectifs: courant – gentil – énorme
6. Qui était Voltaire?
7. Mets au passé: Il dit qu'il faut bien travailler.
8. Traduis la phrase: Es ist erst fünf Uhr.
9. Donne le nom de trois pays du Maghreb.
10. Complète par une préposition: Il a voulu expliquer [?] ses copains ce qui était arrivé mais ils ont refusé [?] l'écouter.
11. Vrai ou faux? Le footballeur Zinédine Zidane devient champion du monde en 1998.
12. «Je ne l'ai pas encore lue.» Est-ce qu'on parle d'une lettre, d'un livre ou de messages?
13. Dis le contraire: Je connais le Québec et le Maroc.
14. Choisis le temps correct: Si j'avais su, j'aurais fait plus d'efforts / je ferais plus d'efforts.
15. Traduis: eine teure Reise – eine wahre Geschichte – ein einziges Mal – eine einsame Frau

Questions pour B

1. Réponds: Tu as vu quelqu'un? Non, [?].
2. Vrai ou faux? En 1598, Louis XIV signe l'Édit de Nantes qui met fin aux guerres de religion.
3. Donne le nom d'une chanteuse de rap française.
4. Conjugue à la 1ère pers. du singulier au conditionnel présent: aller – faire – être
5. Traduis: Sie kann auf ihr Handy nicht verzichten.
6. Mets au pluriel: Il a fait ce gâteau lui-même.
7. Le contraire de: haut – long – mauvais
8. Dis le contraire de: Céline et Max aiment les films d'aventures.
9. Indicatif ou subjonctif? Je souhaite que vous (changer) d'avis.
10. Donne trois tuyaux de balades à Marrakech.
11. Vrai ou faux? Marseille est la première ville et le premier port de France.
12. Traduis: Drei Viertel der Schüler sind damit nicht einverstanden.
13. Complète: C'est la raison pour [?] il n'est pas venu.
14. Le féminin de: éducateur – boulanger – entrepreneur
15. Le programme Voltaire, qu'est-ce que c'est?

b *À trois préparez quinze questions avec leurs solutions. Échangez vos questions avec les autres groupes. Jouez avec les nouvelles questions.*

A
B
15
14
13
12
11
10
9
8
7
6
5
4
3
2
1
15
14
13
12
11
10
9
8
7
6
5
4
3
2
1

DOSSIER 1 *La France des trois océans*

Regardez les documents, écoutez le document sonore puis expliquez le titre de ce dossier. Ensuite, présentez les différents aspects traités (histoire, géographie, climat, population ...)

La Guadeloupe est un archipel des Petites Antilles constitué de plusieurs groupes d'îles. Une des deux plus grandes îles s'appelle la Basse-Terre. La Guadeloupe offre une grande variété de paysages, la côte et la montagne. À votre avis, pourquoi appelle-t-on aussi la Guadeloupe «île papillon»?

Mano Rama

marché aux fruits

Grande-Terre, Guadeloupe

le carnaval

les flamboyants*

Les Saintes, Guadeloupe

* le flamboyant
der Flammenbaum

la canne à sucre

La Réunion est située dans l'Océan Indien à 700 km à l'est de Madagascar. Les Français y ont débarqué en 1642. La canne à sucre, longtemps cultivée par les esclaves, est aujourd'hui une des premières ressources de l'île. En 1946, la Réunion devient un département français. Quelle est donc sa monnaie?

des esclaves, Réunion

paysage montagneux*, Réunion

* montagneux/-se bergig

Bora Bora, Tahiti

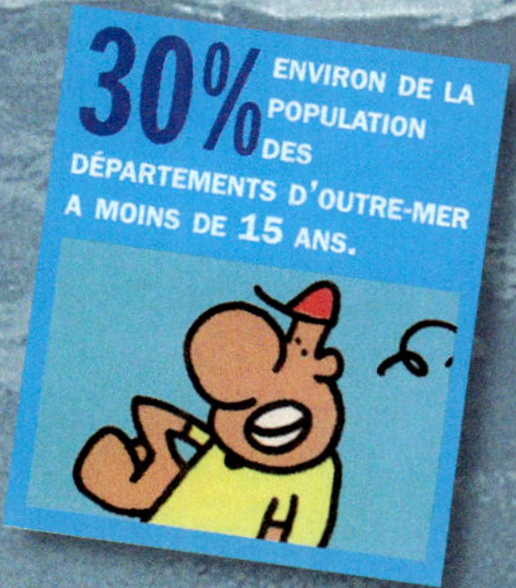

*le corail die Koralle

des coraux*

végétation à Tahiti

filles tahitiennes

La Polynésie française: constituée de cinq archipels et de 118 îles (Tahiti, les Marquises ...), elle couvre une superficie aussi grande que l'Europe. Sa capitale est Papeete. Le lagon de Bora Bora est un des plus beaux du monde. Dans quel océan se situe cette région d'outre mer?

POUR ALLER PLUS LOIN

La France d'outre-mer

Les DOM (départements d'outre-mer): ils ont le même statut que les départements de la métropole. (Guadeloupe, Guyane, Martinique, Réunion)

Les COM (collectivités d'outre-mer): chacune a sa propre organisation, elles peuvent avoir leur propre monnaie. (Nouvelle-Calédonie, Polynésie française, Mayotte, Saint-Martin, Saint-Barthélemy, Saint-Pierre-et-Miquelon, Wallis et Futuna terres australes et antarctiques)

Les couleurs de la Guadeloupe

UNE HISTOIRE MOUVEMENTÉE

C'est en novembre 1493 que Christophe Colomb débarque à Marie-Galante. Il y passe quelques jours avant de repartir pour l'Amérique du Sud. Ensuite, les Espagnols essaient sans succès d'occuper l'archipel. Ce sont les Français Duplessis et L'Olive qui débarquent le 28 juin 1635 dans la région de Sainte Rose. Ils sont bien décidés à y rester et à coloniser le pays. Après avoir mené une guerre sans merci contre les Indiens caraïbes, les colons décident de cultiver la canne à sucre qui demande une main d'œuvre importante: ils réduisent les Africains en esclavage et les amènent dans les plantations de Guadeloupe. En 1674, la Guadeloupe devient une colonie de la France.

Au XVIIIe siècle, les Anglais envahissent les îles Caraïbes qu'ils occuperont de 1756 à 1763. Ce sont eux qui fondent le port de Pointe-à-Pitre. Avec le traité de Paris (1763), la Guadeloupe redevient française.

En 1848, l'esclavage est enfin aboli grâce à Victor Schoelcher. Des familles venues d'Inde et d'Afrique immigrent alors en Guadeloupe pour y travailler sous contrat mais dans des conditions très dures. La population de la Guadeloupe est donc une population riche de cette mixité.

En 1946, la Guadeloupe devient un département français, comme la Martinique, la Guyane et la Réunion, autres anciennes colonies françaises dont l'histoire n'est pas très différente.

Pointe-à-Pitre

VOLCAN ET PLAGES DE SABLE BLANC

La Guadeloupe couvre une superficie d'environ 1 700 km carrés pour plusieurs îles. L'île principale, la Guadeloupe, est coupée en deux par un bras de mer, «la rivière salée». C'est sur la Grande-Terre que se trouve le vrai centre de vie de l'archipel avec sa capitale, Pointe-à-Pitre. Par contre, c'est un paradis vert qu'on découvre sur Basse-Terre. Les touristes qui aiment l'aventure adoreront la forêt tropicale et ses oiseaux. Les autres, après être montés

la forêt tropicale

plantes* exotiques

la plongée sous-marine

* **la plante** die Pflanze

la Soufrière

au volcan de la Soufrière, iront se reposer sur les plages de sable blanc, se baigneront ou feront du surf. La plongée sous-marine surtout offre un spectacle fantastique car les eaux de la Guadeloupe sont très riches: on y admire des poissons et des coquillages que l'on ne connaît pas en Europe. Mais attention: la mer, belle et claire partout, est plus dangereuse du côté Atlantique. Avant de faire de la plongée, il faut se renseigner sur les endroits les plus sûrs.

▸ LE SUCRE ET LA BANANE

Avec la pêche, l'agriculture reste la plus importante ressource de l'île. En 1928, un cyclone a détruit les plantations de café, de cacao et de coton. Depuis, la production agricole repose sur la canne à sucre, la banane et, depuis quelques années, sur la culture du melon. Au fait: Savez-vous qu'il existe une grande variété de bananes, parfois très petites, toutes meilleures les unes que les autres, par exemple la banane verte «poyô» avec laquelle on fait purées et gratins?

pêcheurs

récolte de canne à sucre

BOUJOU! KA OU FÉ? *(«Bonjour! Comment vas-tu?» en créole)*

Les premiers colons français venus surtout de Normandie et de Bretagne parlaient un français simple qui s'est peu à peu modifié au contact des langues africaines que parlaient les esclaves noirs. Ainsi est né le créole qui est devenu la langue de tous les Guadeloupéens. Aujourd'hui, même si la langue officielle est le français, le créole est toujours vivant dans la vie quotidienne et culturelle.

Comprendre, analyser, commenter

DELF C 10/1 **1** **a** *Quel est le thème de chaque paragraphe? Choisissez le thème qui vous intéresse le plus, notez un maximum d'informations et présentez-les.*

b *Expliquez la phrase: «La population de la Guadeloupe est donc une population riche de cette mixité.» (lignes 18–19). Trouvez dans le texte un autre exemple pour la mixité.*

c *Est-ce que ce texte vous donne envie de découvrir la Guadeloupe? Justifiez votre réponse.*
(→ Approches, p. 8–9)

2 *Regardez le dessin. Trouvez les erreurs et corrigez le texte. Utilisez* c'est / ce sont ___ qui. (→ Repères, p. 23/2)

Exemple:
1. – Frédéric fait de la plongée.
   – Non, c'est Thomas qui fait de la plongée.

1. Frédéric fait de la plongée.
2. Mano mange une glace.
3. Nicolas et Julien bronzent.
4. Michel jongle.
5. Nadia nage.
6. Amélie écoute de la musique.
7. Maryse joue de la guitare.
8. Madame et Monsieur Deneuve jouent au ballon.
9. Thomas est amoureux de Maryse.
10. Cédric fait du surf.

PRÉP

3 *Écoutez les phrases et traduisez-les. Utilisez* c'est / ce sont ___ que. (→ Repères, p. 23/2)

Exemple: C'est ce match que tu veux voir?

match / voir

chaussures / acheter

acteur / trouver beau

à ce concert / aller

à cinq heures / se lever

livres / lire

prof / aimer bien

jusqu'à quatre heures du matin / travailler

C 11/3
C 12/4
C 12/5
C 13/6

4 *Complétez les phrases. Utilisez* c'est / ce sont ___ qui *ou* c'est / ce sont ___ que/qu'. (→ Repères, p. 23/2)

1. [?] Christophe Colomb [?] découvre l'Amérique.
2. [?] le 3 août 1492 [?] il part avec ses hommes sur trois navires.
3. [?] pendant un deuxième voyage en 1493 [?] il découvre la Guadeloupe.
4. [?] les Espagnols [?] appellent cette île «Guadaloupe».
5. [?] les Français [?] colonisent l'île en 1635.
6. [?] des esclaves africains [?] les colons font venir aux Antilles.
7. [?] au XVIIIe siècle [?] les Anglais occupent les îles caraïbes.

5 🎧 *Écoutez ces mots et expressions en créole puis retrouvez les expressions françaises qui y correspondent.*

en créole

Ou ka kompwann kwéyol?
An pa ka kompwann.
La pli ka tombé.
Eskisé.
Pani pwoblèm.
A pli taw! A talè!
Bózu! Bonswa!
lanmé zanmis
Méssyé zé dam
ti si awa
s'u plè mèsi

en français

Excusez-moi.
Il n'y a pas de problème.
Il pleut. À tout à l'heure!
Bonjour! À plus tard!
Bonsoir!
Comprenez-vous le créole?
Je n'ai pas compris.
les amis la mer
s'il vous plaît merci
Mesdames et Messieurs
Oui petit non

Écouter

DELF **6** 🎧 *Écoutez le dialogue et répondez aux questions.*

1. Où habitent les grands-parents de Céline?
2. Comment est la plage où Céline se baigne?
3. À quoi faut-il faire attention sur certaines plages guadeloupéennes?
4. Les Yen-yen, qu'est-ce que c'est?
5. Qu'est-ce que Céline raconte sur la cuisine créole?

Ces mots peuvent t'aider à comprendre le texte:

le cocotier die Kokospalme
la noix de coco die Kokosnuss
le moustique die Stechmücke

Réviser

7 **a** *Racontez ce que ces touristes ont fait. Utilisez* avant de + *infinitif.*

Exemple: Avant de prendre le petit déjeuner à l'hôtel, ils ont pris une douche.

b *Refaites l'exercice en utilisant* après avoir/être + *participe passé.*

Exemple: Après avoir pris une douche, ils ont pris le petit déjeuner à l'hôtel.

c ◐ *Qu'est-ce que vous avez fait hier? Décrivez votre journée. Utilisez* avant de + *infinitif et/ou* après avoir/être + *participe passé.*

Vocabulaire et expression

C 10/2 **8** **a** *Relevez les mots et expressions du texte que vous pouvez classer sous la rubrique «nature» et faites une liste.*

b ✣ *Trouvez deux ou trois autres noms de rubriques comme en* **a** *pour classer le vocabulaire du texte. Vos camarades feront des listes (fiches, associogrammes ...).*

Activité

PRÉP C 13/7 C 13/8 **9** ✣ *Choisissez un département autre que la Guadeloupe ou une collectivité d'outre-mer. Informez-vous sur cet endroit et présentez-le à vos camarades. Utilisez le vocabulaire de cette séquence.* (→ Repères, p. 22, → Présenter un sujet, p. 123)

Maison de la France, 20 avenue de l'Opéra
75041 Paris Cedex 01

www.outre-mer.gouv.fr
www.wikipedia.org

Thuram – la tête et les jambes

Lilian Thuram au stade de Glasgow (2006)

Né le premier janvier 1972 à Anse-Bertrand en Guadeloupe, Lilian Thuram est devenu dans les années 90 un grand champion de l'équipe de France de foot. Il est aussi connu pour son engagement social: « L'important, dit-il, c'est de s'engager, et, en s'engageant, d'améliorer la société dans laquelle on vit. » Le journaliste Achille Mbembe a rencontré le célèbre footballeur pendant un séjour en Afrique du Sud.

ACHILLE MBEMBE: Lilian Thuram, on vous connaît comme champion de foot, on connaît votre engagement social, on sait que vous adorez lire. Comment faites-vous pour avoir tant d'activités en même temps?

LILIAN THURAM: D'abord, vous savez, j'ai toujours fait plein de choses en même temps. Quand j'étais gamin, en faisant mes devoirs, je rêvais de marquer des buts; en m'entraînant, je préparais mes interros de maths. Ensuite, pour mon engagement social, c'est autre chose, il y a plusieurs raisons. Je suis né en Guadeloupe, une île des Caraïbes qui a une histoire violente et cruelle. Les Français ont colonisé la Guadeloupe et y ont amené des esclaves africains. Plus tard, les Indiens sont arrivés pour travailler. La culture guadeloupéenne est donc mixte. Cela me fait réfléchir sur les questions de métissage. Le métissage culturel est une richesse mais on peut aussi le vivre mal s'il n'est pas bien expliqué.

ACHILLE MBEMBE: Vous venez d'une famille nombreuse.

LILIAN THURAM: Oui, ma mère a eu cinq enfants qu'elle a élevés seule. Elle a dû «immigrer» en métropole. En venant à Paris, elle voulait donner une meilleure vie à ses enfants. Cette expérience a joué un rôle important dans ma vie. C'est pour cela que je comprends l'expérience des immigrés. Car si les gens étaient heureux chez eux, ils ne partiraient pas.

ACHILLE MBEMBE: Le petit Lilian Thuram rêvait-il déjà de devenir, un jour, un footballeur professionnel?

LILIAN THURAM: Non, je rêvais de devenir prêtre. Quand j'étais enfant, j'ai connu un prêtre qui m'a beaucoup impressionné …

ACHILLE MBEMBE: Vous avez vécu à Avon, une banlieue parisienne. L'expérience des cités pour un jeune comme vous, qu'est-ce que c'était?

LILIAN THURAM: J'ai rencontré toutes sortes de gens de différentes nationalités. Moi, je suis un Français guadeloupéen. Dans la cité, j'avais des amis marocains, portugais, espagnols et beaucoup d'autres. J'ai grandi avec tous ces enfants en découvrant leurs jeux, leurs musiques, leurs cuisines et leurs fêtes. C'était une grande richesse et c'est la raison pour laquelle je ne comprends pas les problèmes entre les gens différents.

ACHILLE MBEMBE: À votre avis, pourquoi les gens refusent-ils de vivre ensemble?

LILIAN THURAM: Parce qu'on n'apprend pas à se connaître. On ne peut ni respecter ni vouloir vivre avec les autres si on ne les connaît pas. Nous sommes différents mais seulement culturellement. En fait, nous voulons tous la même chose: être heureux, même si nos religions sont différentes.

► **ACHILLE MBEMBE:** Revenons au football. Quand avez-vous découvert le ballon? ▶

LILIAN THURAM: J'ai toujours joué au football. Aux Antilles, quand on était petit, on enlevait nos chaussures, pour ne pas les abîmer et on jouait pieds nus dans la rue. Chaque quartier du village jouait contre l'autre.

ACHILLE MBEMBE: On m'a dit que vous lisiez beaucoup. Est-ce vrai?

LILIAN THURAM: Oui. En lisant, je cherche à m'informer sur des sujets qui m'intéressent. Je lis des livres de philosophie et je m'intéresse beaucoup à la culture noire, à l'histoire des Noirs. C'est quelque chose que malheureusement on n'apprend pas à l'école en France. L'histoire des Noirs ne commence pas avec l'esclavage.

ACHILLE MBEMBE: On a entendu dire: «Nous sommes en France. Dans l'équipe de France, il y a 80 % de footballeurs noirs, ce n'est pas possible!»

LILIAN THURAM: On ne peut dire ça que si on ne connaît pas bien l'histoire de France. Ceux qui disent cela ne savent pas qu'il y a des Français noirs!

ACHILLE MBEMBE: En France, il y a plus de Noirs dans le sport que dans les arts, l'économie ou la politique. Comment expliquez-vous cela?

LILIAN THURAM: Pour les classes défavorisées, le plus facile pour arriver à s'en sortir, ça a toujours été le sport car en sport il n'y a pas de préjugés, il y a les qualités et c'est tout. Et ces jeunes-là sont capables de souffrir pour y arriver. Pourquoi y a-t-il si peu de sportifs qui viennent de milieux aisés?

D'après: Le Monde des ados, N° 150, 2006

Comprendre, analyser, commenter

DELF
C 14/1
C 14/2

1 **a** ►◄ *Faites une fiche d'identité sur Lilian Thuram (sa vie, ses intérêts, ses idées …) et présentez-la.*

b «Car si les gens étaient heureux chez eux, ils ne partiraient pas.» *(lignes 36–37) Expliquez cette phrase. Connaissez-vous des exemples actuels?*

c En sport, il n'y a pas de préjugés, il y a les qualités et c'est tout.» *(lignes 93–94) Qu'en pensez-vous? Justifiez votre réponse.*

Découvrir

2 **a** *Traduisez ces deux phrases.* Was wird mit dem „gérondif" ausgedrückt?

1. Elle s'informe **en lisant** le journal.

2. Il mange **en lisant** le journal.

b *Trouvez dans le texte les phrases au gérondif et traduisez-les.*

S'entraîner

C 15/4 **3** **a** *Qu'est-ce qu'ils font? Décrivez les images en utilisant le gérondif.* (→ Repères, p. 23/3)

b *Et toi, est-ce que tu fais aussi deux choses en même temps? Raconte.*

C 15/5
C 16/6 **4** **a** *Comment faut-il faire? Donnez des conseils en utilisant le gérondif.* (→ Repères, p. 23/3)

1. Comment devenir champion de foot?
2. Comment organiser un voyage?
3. Comment passer de bonnes vacances?
4. Comment apprendre une langue?
5. Comment passer une super soirée* avec ses copains?
6. Comment s'engager?
7. Comment préparer une mousse au chocolat?
8. Comment savoir ce qui se passe en France?
9. Comment se faire des amis?

Exemple:
1. On peut devenir champion de foot en s'entraînant tous les jours et en travaillant beaucoup.

écrire qc à qn *téléphoner* à qn *demander* qc à qn *lire* qc
écouter qc/qn *réfléchir* *offrir* qc *donner* qc à qn
acheter qc *choisir* qc/qn *s'entraîner* *travailler* ___

* **la soirée** der Abend

b *À vous. Imaginez d'autres questions pour vos camarades qui devront vous conseiller.*

C 17/7
C 17/8 **5** *Lisez ce que Lilian Thuram a répondu aux questions d'un journaliste. Retrouvez les questions et utilisez l'interrogation par inversion.*

1. Je suis né le 1er janvier 1972.
2. J'ai vécu aux Antilles jusqu'à l'âge de neuf ans.
3. J'ai quatre frères et sœurs.
4. Je suis devenu défenseur[1] en 1993.
5. J'ai joué pendant plusieurs saisons avec le club de Monaco.
6. Je suis rentré dans l'équipe de France en 1994.
7. En 1996, j'ai quitté le club de Monaco pour jouer avec le club de Parme[2].

quand ___ ? jusqu'à quand ___ ? combien de ___ ?
pendant combien de temps ___ ? jusqu'à quel âge ___ ?

1 **le défenseur** der Verteidiger 2 **Parme** ville en Italie

C 18/9 **6** *Reformulez les questions en utilisant* est-ce que. (→ Repères, p. 23/4)

1 **les Bleus** französische Fußballnationalmannschaft 2 **la Palme d'or** die Goldene Palme

1 **Thuram va-t-il encore jouer pour les Bleus[1]?**
2 ***Depardieu gagnera-t-il la Palme d'or[2] au festival de Cannes?***
3 **Quand Zidane retournera-t-il à Marseille?**
4 **Comment les films français actuels marchent-ils en Allemagne?**
5 ***Diam's chantera-t-elle à Berlin?***
6 **Quand le cyclone arrivera-t-il sur les côtes de Basse-Terre?**
7 **Où les deux stars se marieront-elles?**

Vocabulaire et expression

C 18/10 **7** *Trouvez un mot de la même famille.* (→ Liste alphabétique, p. 180)

jouer le football malade meilleur/e sensible riche
un/e artiste l'information l'engagement le/la philosophe
national/e immigrer l'impression l'espoir la violence
coloniser qc un/e esclave la culture la connaissance grand/e

C 18/11 PRÉP **8** **a** *Retrouvez un nom (le pays, le continent, la région, la ville) correspondant à chaque adjectif. Vous pouvez utiliser un dictionnaire monolingue.* (→ Utiliser un dictionnaire monolingue , p. 110)

guadeloupéen/ne antillais/e italien/ne espagnol/e russe
portugais/e marocain/e algérien/ne allemand/e français/e suisse
tunisien/ne québécois/e américain/e africain/e japonais/e
chinois/e canadien/ne bavarois/e berlinois/e hollandais/e

b *Lisez le début et la fin de ce poème et complétez-le en utilisant les adjectifs de* **a** .

Ta pizza est italienne.
Ta démocratie est grecque.
Tes chiffres sont arabes.
___
... Et tu reproches à ton voisin d'être un étranger!?

l'ordinateur la BD
le lecteur mp3 le café
les baskets les bananes
les oranges le jean
le tee-shirt le chocolat
les tomates le thé
la montre ___

Écouter

DELF **9** *Écoutez le texte, prenez des notes et répondez aux questions.*

1. Qu'est-ce que vous apprenez sur la vie de Lucie?
2. Est-ce que le créole joue un rôle dans la vie de Lucie? Racontez.

Réviser

10 **a** De *ou* à? *Retrouvez la bonne préposition pour chaque verbe.*

accepter apprendre arriver essayer être capable
refuser réussir rêver décider chercher se préparer

b *Lisez ces phrases. Reformulez-les en utilisant des verbes de* **a** *. Il y a parfois plusieurs possibilités.*

1. Marina veut bien aider Paul.
2. Les gens ne font pas d'efforts pour se connaître.
3. Les enfants ont pu trouver une solution à leur problème.
4. Jeanne voudrait absolument connaître les Antilles.
5. Lucien ne veut pas amener sa sœur au concert de Jane Fostin.
6. Max ferait tout pour avoir un rendez-vous avec Laura.

Activités

C 14/3 PRÉP **11** *Faites des recherches sur une de ces personnes et présentez sa biographie à vos camarades.* (→ Présenter la biographie de quelqu'un, p. 123)

→ Portfolio Dossier

Marie-José Pérec, athlète

Maryse Condé, femme écrivain

Slaï, chanteur

PRÉP
C 19/12

Choisissez une des activités suivantes:

1. *Formez deux groupes. Un groupe veut aller en Guadeloupe pendant les vacances de Noël, l'autre ne veut pas. Dans les groupes, cherchez des arguments puis discutez à deux.*
2. *Vous faites un stage à l'office de tourisme en France. Répondez aux questions des clients qui veulent partir en Guadeloupe.*
3. *Choisissez les documents qui vous intéressent le plus et faites un spot publicitaire sur la Guadeloupe.*

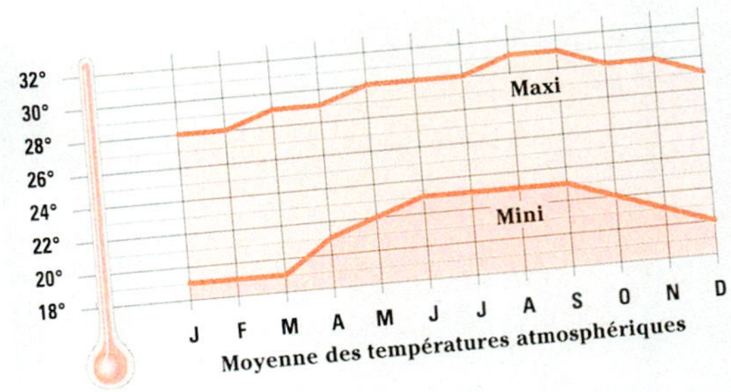

Infos pratiques

Venir en Guadeloupe: *en moyenne cinq vols quotidiens depuis Paris Orly et de grandes villes de province*
Papiers indispensables: *une carte d'identité*
Monnaie: *euro*
Décalage horaire / Paris: *en été moins 6 heures; en hiver moins 5 heures*
Climat: *tropical tempéré*
Température moyenne: *25° C*
Température moyenne de l'eau de mer: *24 à 28° C*
Hébergement: *hôtels-clubs adaptés aux couples et aux familles; gîtes ruraux et bungalows à partir de 450 euros/semaine*

Blanc manger au coco

INGRÉDIENTS pour 4 personnes:

1	boîte de lait de coco
350 cl	de lait
150 g	sucre de canne
6	feuilles de gélatine
1	zeste de citron vert
1	gousse de vanille

– Faire fondre les feuilles de gélatine avec un peu d'eau.
– Faire bouillir le lait avec le zeste de citron vert et la vanille.
– Ajouter le sucre et le lait de coco. Remuer.
– Ajouter ensuite les feuilles de gélatine essorées. Remuer.
– Porter à l'ébullition et laisser cuire à feu doux pendant 10 minutes.
– Mettre dans un moule et placer au réfrigérateur pendant au moins 12 heures.

Servir avec une salade de fruits exotiques ou avec un coulis.

Activités:
Catamarans, kayaks de mer, surf, wind surf, plongée, tous niveaux
Réservation:
hébergement complet (chambre + restauration + activités sportives + vélo de 530 à 590 euros la semaine) ou en externat, pour les activités cata et kayak à la journée ou en cours collectifs à la semaine.
UCPA LES SAINTES
Baie de Marigot
97137 Terre de Haut
Tel: 0590 99 54 94
Fax: 0590 99 55 28
ucpa.les-saintes@wanadoo.fr

Activités:
Canyoning, randonnées tout type, bivouac en hamac de une à trois nuits, journées «robinson», journées pédagogiques nature pour enfants de 6 à 11 ans.
Immersion nature
Chazeau
97139 Les Abymes
sports.sciences@wanadoo.fr
Tel/Fax:
+ 590 (0) 5 90 20 94 59

TI CREUX

CHEZ ROLANDE

OUVERT TOUS LES JOURS EN HAUTE SAISON
Fermé en basse saison dimanche soir et lundi toute la journée

De 5 euros à 18 euros
Cash uniquement
Chèques: HP, Travellers

Tel: 0590 27 51 42
Fax 0590 87 61 01
Flamands
97133 Saint-Barthélemy

Ambiance: En extérieur dans un cadre calme et ombragé, Rolande vous réserve un accueil très souriant et chaleureux.
Spécialités: «Chez Rolande» est un snack créole où l'on retrouve l'ambiance authentique des Antilles. Boudins créoles, acras, crabe farci, blanc manger ...

Le musée Schoelcher

Il présente la vie et l'œuvre de Victor Schœlcher, défenseur ardent de la liberté des Noirs et de l'égalité entre tous les citoyens et retrace l'histoire de l'esclavage.

24, rue Peynier
97110 Pointe-à-Pitre
Tel: 0590 82 08 04
Fax: 0590 83 78 39
ouvert du lundi au vendredi 9 h à 17 h;
fermé le samedi et dimanche

Tarif:
2 euros/adulte;
1 euro/enfant

La Maison du Cacao

Visite botanique, exposition, dégustation, boutique.
Grande Plaine, Pointe-Noire
Tel: 0590 98 21 23 / 98 25 23
ouvert tous les jours de 9 h à 17 h;
le dimanche de 9 h à 13 h.
Durée de la visite: environ 30 minutes.
Tarifs: 5 euros/adulte, demi-tarif pour les moins de 12 ans

AGENDA CULTUREL

Ne manquez pas le carnaval

Introduit au XVIIe siècle par les colons et rapidement ouvert aux esclaves, le carnaval est une des fêtes populaires les plus importantes en Guadeloupe. Il commence le premier dimanche de janvier pour se terminer le mercredi des cendres. Il bat son plein pendant les quatre jours gras.

Repères

Vocabulaire thématique

1 So kannst du ein Land vorstellen

Geschichte

C'est en (novembre 1493) que ___ débarque à ___ .
En 1946, ___ devient (un département français).
(Les Espagnols) sont décidés à y rester / à coloniser le pays.
Après avoir mené une guerre contre ___ , les colons décident de ___ .
Ils réduisent (les Africains) en esclavage et les amènent (dans les plantations).
Au (XVIIIe) siècle, (les Anglais) envahissent ___ qu'ils occuperont de ___ à ___ .
Ce sont eux qui fondent ___ .
Avec le traité de ___ , ___ redevient (français/e).
En ___ , (l'esclavage) est enfin aboli.

Bevölkerung, Sprache

Les Africains immigrent alors en ___ .
La population de ___ est une population riche de cette mixité.
Les premiers colons venus de ___ parlaient (un français simple) qui s'est modifié au contact des langues ___ .
Ainsi est né (le créole), qui est devenu la langue de ___ .
La langue officielle est ___ .
(Le créole) est toujours vivant dans la vie quotidienne/culturelle.

Geografie, Klima und Wirtschaft

___ est un archipel des (Petites Antilles).
___ offre une grande variété de paysages, (la côte et la montagne).
___ est situé/e dans l'océan ___ à ___ km à l'est / à l'ouest / au nord / ___ de ___ .
(La Polynésie française): constituée de ___ archipels et de ___ îles.
___ couvre une superficie de ___ km carrés (pour plusieurs îles).
Sa capitale est ___.
C'est sur/à ___ que se trouve le vrai centre.
C'est (un paradis vert) qu'on découvre à ___ .
Les touristes adoreront (la forêt tropicale et ses oiseaux / ___).
(La plongée sous-marine) offre un spectacle fantastique, car ___ .
On y admire (des poissons / des coquillages / ___).
Avec (la pêche), (l'agriculture) reste la plus importante ressource de l'île.
En ___ , un cyclone a détruit (les plantations de ___).
Depuis, (la production agricole) repose sur ___ .
Il existe une grande variété de (bananes/___).

2 Die Hervorhebung La mise en relief (→ GH, p. 41)

Christophe Colomb débarque à Marie-Galante.	**C'est** Christophe Colomb **qui** débarque à Marie-Galante.
Au XVIIIe siècle, les Anglais envahissent les îles Caraïbes.	**Ce sont** les Anglais **qui** envahissent les îles Caraïbes au XVIIIe siècle.
Ils fondent aussi Pointe-à-Pitre.	**Ce sont** aussi eux **qui** fondent Pointe-à-Pitre.
Les Français arrivent en 1635.	**C'est** en 1635 **que** les Français arrivent.
On découvre un paradis vert sur la Basse-Terre.	**C'est** un paradis vert **qu'**on découvre sur Basse-Terre.

Wann verwendest du „c'est / ce sont ... qui"? Und wann verwendest du „c'est / ce sont ... que"?

3 Das „gérondif" Le gérondif (→ GH, p. 40)

1. Die Bildung La formation

parler (nous parl~~ons~~) → parl**ant** → **en parlant**
finir (nous finiss~~ons~~) → finiss**ant** → **en finissant**

2. Der Gebrauch L'emploi

En faisant mes devoirs, je rêvais de marquer des buts.	Während ich ...
En m'entraînant je préparais mes interros de maths.	Während ich ... / Beim Training ...
Il s'informe sur des sujets qui l'intéressent **en lisant** beaucoup.	... indem er ...
En s'engageant on peut améliorer la société dans laquelle on vit.	Wenn man ...

Was kannst du mit dem „gérondif" ausdrücken?

4 Die Inversionsfrage L'interrogation par inversion (→ GH, p. 42)

Est-ce que vous aimez lire?	**Aimez-vous** lire?
Comment est-ce que vous expliquez cela?	Comment **expliquez-vous** cela?
Quand est-ce que vous avez commencé?	Quand **avez-vous** commencé?
De quoi est-ce qu'il rêve?	De quoi **rêve-t-il**?
Pourquoi est-ce qu'il y a ces préjugés?	Pourquoi **y a-t-il** ces préjugés?

⚠ mit Nomen oder Eigennamen

Pourquoi les gens **refusent-ils** de «vivre ensemble»?

Le petit Lilian Thuram **rêvait-il** de devenir un footballeur professionnel?

Beschreibe die Bildung der Inversionsfrage.

La rencontre

En septembre 1989, le cyclone Hugo se dirige vers la Guadeloupe. Michel et son copain Frédéric, jeunes collégiens, se préparent avec leur famille à résister à la catastrophe. Un après-midi, pour rentrer chez eux, ils font du stop ...

Les voitures passaient à toute vitesse sans faire attention à nous. Je commençais à me décourager car cela faisait presqu'une heure que nous étions là à danser d'un pied sur l'autre quand une Jeep Cherokee noire s'est arrêtée.

C'était un couple de jeunes métropolitains. Le jeune homme était torse nu, très bronzé. La jeune fille, très bronzée elle aussi, portait sur son maillot de bain un short à carreaux roses. Ses longs cheveux blonds flottaient dans l'air. En montant dans la Jeep, je les ai regardés avec méfiance. Ils semblaient pourtant sympathiques et puis c'étaient les seuls qui se soient arrêtés pour nous prendre. Mais nous ne fréquentons pas beaucoup de métropolitains. Mon père, qui en côtoie plusieurs dans son travail, n'en reçoit jamais à la maison. Petite Mère n'a dans son salon de coiffure que des clientes guadeloupéennes. Il faut dire que nous nous faisons des métropolitains une idée assez particulière. Nous croyons qu'ils ne s'intéressent pas vraiment à notre pays, à nos problèmes et veulent seulement profiter du soleil et de la mer. Ils appartiennent à un monde que nous regardons de loin à travers des préjugés hérités de notre histoire. La réciproque est vraie. Les métropolitains ne cherchent pas le contact avec nous. Je me demande s'il existe des pays où les problèmes entre communautés ne se posent pas et où la couleur de la peau n'a pas d'importance.

► Le jeune homme nous a souri: «Je m'appelle Pascal; elle, c'est Manuéla. Comme ça, vous avez fait l'école buissonnière?»

J'ai laissé Frédéric répondre. Au bout de quelques minutes, ils riaient tous les trois, ils étaient engagés dans une conversation très animée comme de vieilles connaissances. Frédéric leur conseillait des sites touristiques à visiter, les spécialités à déguster, les boîtes de nuit où danser. À un moment, j'ai entendu Manuéla déclarer: «Tout ce qui nous intéresse en réalité, c'est Hugo, c'est le cyclone de demain!»

Frédéric a haussé les épaules: «Il n'y aura pas de cyclone!»

Elle a protesté avec feu: «Ne dis pas cela! Alors tout notre voyage est gâché!»

Avait-elle toute sa tête? Croyait-elle qu'un cyclone était une attraction comme les combats de coq ou les défilés de cuisinières le jour de la fête de Saint-Laurent? Savait-elle tout ce que cela risquait d'entraîner?

Je l'ai regardée d'un air furieux et elle m'a fait un petit sourire: «Et toi, tu ne dis rien. Comment tu t'appelles?»

J'ai dit d'un ton sévère: «Je ne suis pas de votre avis pour Hugo. Ce cyclone sera peut-être un grand malheur pour nous autres Guadeloupéens.

– Je sais bien. Mais que veux-tu? Pascal et moi, nous sommes photographes. Nous sommes arrivés de la Dominique, où nous étions en vacances, dès que nous avons entendu la nouvelle.

Tu sais, les photographes sont des voyeurs. Ils sont sur les champs de bataille, les camps de réfugiés, ils sont présents pendant les catastrophes et se battent pour prendre les photos les plus impressionnantes.»

Je n'avais pas pensé à cela. J'ai dit: «Cela ne vous gêne pas?» C'est Pascal qui a répondu gentiment: «C'est notre métier! Tu aimes bien avoir des images de ce qui se passe à travers le monde? Il faut bien que quelqu'un les prenne!»

D'après Maryse Condé: Hugo le terrible, 1991

faire du stop trampen 1 **décourager qn** jdn entmutigen, die Hoffnung verlieren 4 **le torse** der Oberkörper 4 **nu/e** *adj.* nackt 5 **le maillot de bain** der Badeanzug 6 **flotter** flattern, wehen 6 **la méfiance** das Misstrauen 7 **fréquenter qn** mit jdm verkehren 8 **côtoyer qn** mit jdm in Berührung kommen 9 **le salon de coiffure** der Friseursalon 10 **particulier/-ière** *adj.* besonderer/-e 11 **profiter de qc** etw. genießen 12 **appartenir à qn/qc** jdm/etw. gehören 12 **à travers** *prép.* durch 12 **hériter qc** etw. erben 16 **faire l'école buissonnière** die Schule schwänzen 20 **déguster qc** etw. verkosten 20 **la boîte de nuit** der Nachtclub 22 **hausser les épaules** mit den Schultern zucken 24 **A-t-elle toute sa tête?** Ist sie noch ganz richtig im Kopf? 24 **le combat** der Kampf 24 **le coq** der Hahn 25 **le défilé** die Parade 25 **risquer de + *Inf.*** Gefahr laufen etw. zu tun 25 **entraîner** *hier:* zur Folge haben, mit sich ziehen 31 **la Dominique** *Inselstaat der Kleinen Antillen* 31 **dès que** sobald 32 **le champ de bataille** der Kriegsschauplatz 34 **gêner qn** jdn stören

Comprendre, analyser, commenter

PRÉP C 21/1 **1** **a** *Qui sont les personnages du texte? Où et quand la scène se passe-t-elle? Qu'est-ce qu'on apprend? Résumez l'action en quelques phrases.*

b *Relisez les lignes 8 à 16. Retrouvez les passages qui montrent que les relations entre Métropolitains et Guadeloupéens ne sont pas simples. Quels autres passages du texte confirment cette idée? Justifiez votre réponse.*

c *À votre avis, quel est le travail d'un (bon) photographe? (lignes 30–36) Discutez.* (→ Discuter, p. 121)

Vocabulaire et expression

C 21/2 C 21/3 **2** **a** *Relevez dans le texte tous les mots ou expressions qui servent à décrire une personne.*

PRÉP **b** *Complétez le portrait de Pascal et de Manuéla. Imaginez leur âge, leur physique et leur caractère. Imaginez également où ils vivent et travaillent en métropole et quels sont leurs loisirs.* (→ Décrire quelqu'un, p. 124)

Écrire

3 *Choisissez une de ces activités:*

1. Racontez la suite de l'histoire.
2. Manuéla et Pascal racontent cette rencontre à leurs amis à Paris. Écrivez la scène.

1 BILAN DES COMPÉTENCES

Compréhension orale

DELF **1** *Écoutez les bulletins météo. Quelle carte météorologique correspond au bulletin que vous entendez?*

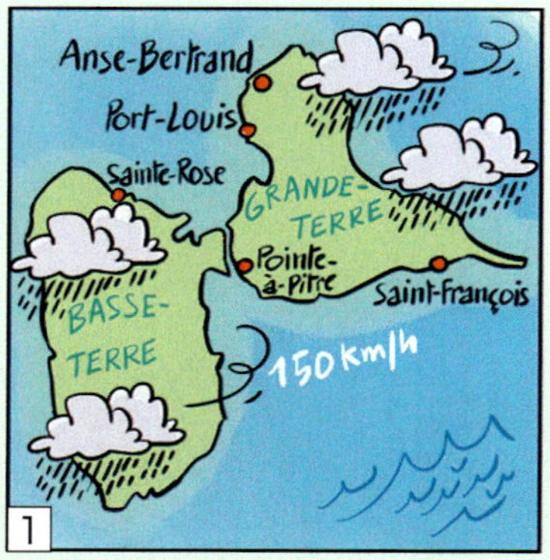

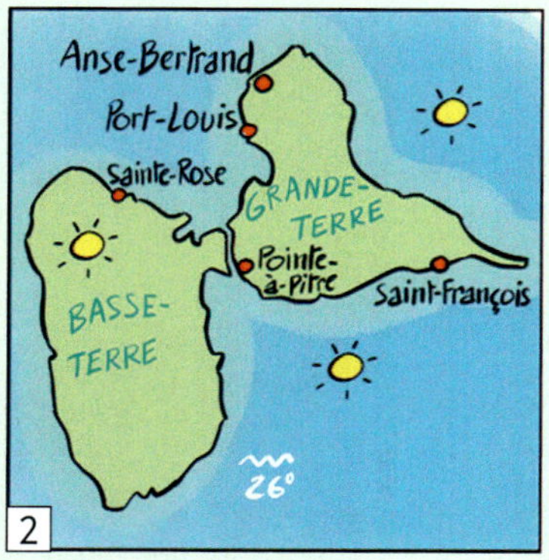

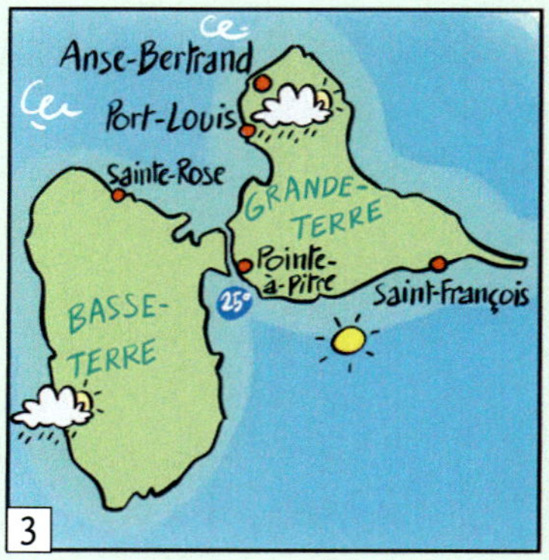

Compréhension écrite

Victor Schoelcher
Paris 1804 – Houilles 1893

L'abolition de l'esclavage dans les colonies françaises

«Disons-nous et disons à nos enfants que tant qu'il restera un esclave à la surface de la Terre, l'asservissement de cet homme est une injure permanente faite à la race humaine toute entière.» VICTOR SCHOELCHER

Victor Schoelcher est un homme politique français. En 1830, après ses études, son père, riche marchand, l'envoie en Amérique pour trouver de nouveaux clients. En Amérique, Victor Schoelcher découvre avec horreur l'existence de l'esclavage. Révolté par les terribles conditions de vie des Noirs dans les colonies françaises, il décide d'agir. De retour en France, il publie des articles, mène une campagne d'information et adhère à la Société pour l'abolition de l'esclavage. En 1848, il devient sous-secrétaire d'État à la marine et aux colonies et deviendra député de la Guadeloupe et de la Martinique en 1849. Le 27 avril 1848, l'esclavage est aboli définitivement dans les colonies françaises grâce à Schoelcher. L'esclavage avait déjà été aboli pendant la Révolution française en 1794 par le révolutionnaire marseillais Victor Hugues, mais Napoléon Bonaparte, qui dirigeait la France et l'Empire colonial, l'avait rétabli en 1802 pour les intérêts de sa femme, Joséphine de Beauharnais, dont la famille possédait des plantations de canne à sucre en Martinique.
À son époque, Schoelcher a su mettre fin à un système dont beaucoup refusaient de reconnaître l'horreur. C'est en hommage au combat de Schoelcher contre l'esclavage et pour les droits de l'Homme que la commune de Case-Navire en Martinique prend le nom de Schoelcher en 1888. En Guadeloupe, chaque année, on célèbre sa mémoire le 11 juillet, date anniversaire de sa naissance.
Cependant, il faudra attendre 2001 pour qu'une loi reconnaisse l'esclavage comme crime contre l'humanité et instaure, dans les départements d'outre-mer, une date anniversaire pour la commémoration annuelle de l'abolition de l'esclavage.

D'après Guides Gallimard: Guadeloupe, 1997

DELF **2** *Quelles phrases correspondent le mieux au texte, p. 26?*

1. [a] Après ses études, Schoelcher part en Amérique parce qu'il a besoin de vacances.
   [b] Après ses études, il part en Amérique où il devient marchand.
   [c] Après ses études, il part en Amérique où il doit travailler pour son père.

2. [a] Schoelcher retourne en France où il commence à lutter pour l'abolition de l'esclavage.
   [b] Il retourne en France, devient journaliste et écrit des articles sur l'esclavage.
   [c] Il reste en Amérique où il devient homme politique.

3. [a] Depuis 1848, l'esclavage est interdit dans les colonies françaises.
   [b] Depuis 1802, l'esclavage est interdit dans les colonies françaises.
   [c] Depuis 1794, l'esclavage est interdit dans les colonies françaises.

4. [a] En Martinique, il y a une commune qui s'appelle Schoelcher depuis 1888.
   [b] Schoelcher est mort dans la commune de Case-Navire en Martinique.
   [c] En Martinique, à Case-Navire, on a construit un monument en hommage à Schoelcher.

5. [a] Depuis 2001, il y a une loi qui interdit l'esclavage dans le monde entier.
   [b] Depuis 2001, c'est officiel: on reconnaît l'esclavage comme crime contre l'humanité.
   [c] En 2001, on a organisé une grande fête pour la commémoration de l'abolition de l'esclavage.

Production orale

3 ►◄ *Préparez ensemble un dialogue entre un/e voyagiste* (A) et un/e touriste (B). Choisissez à deux un département ou une collectivité d'outre-mer autre que la Guadeloupe. A fait des recherches sur la destination choisie. Vous pouvez réutiliser vos recherches de la page 14. B prépare des questions. Puis jouez le dialogue.*

* **le/la voyagiste** der/die Reiseveranstalter/in

DELF **4** *Choisissez une des photos suivantes. Décrivez-la, dites pourquoi vous l'avez choisie et imaginez les pensées des personnages.*

Production écrite

DELF **5** *Les lycéens allemands ont la possibilité de partir en Guadeloupe avec le programme Voltaire ou Sauzay pour un échange scolaire. Écris une lettre de motivation en utilisant les informations du Dossier 1 sur la Guadeloupe.*

DOSSIER 2 *Au travail!*

C 24/1
C 24/2
C 25/3

1. *Décrivez les deux caricatures et dites ce qu'elles expriment à votre avis.*
2. 🎧 *Regardez les photos et la vignette et écoutez le document sonore. Parmi les métiers présentés, lequel pourrait vous intéresser? Expliquez pourquoi.*
3. *Présentez et commentez les statistiques.*

interprète

Les métiers de rêve des jeunes Français/es

pour les garçons		*pour les filles*
ingénieur	**1**	professeur
pilote d'avion	**2**	journaliste
commercial	**3**	actrice
informaticien	**4**	avocate
professeur	**5**	médecin
acteur	**6**	éducatrice
footballeur	**7**	puéricultrice
mécanicien	**8**	coiffeuse
pompier	**9**	secrétaire
journaliste	**10**	chanteuse

D'après: Onisep, 2008

reporter

avocate

ingénieur du son

éducatrice

conceptrice multimédia

guide de haute montagne

pompier

Pourcentage de bacheliers par génération en 2005

L'avenir:
Qu'est-ce qui compte le plus pour les 15–20 ans?

67 % *des jeunes ont confiance en l'avenir.*
61 % *trouvent que c'est important d'avoir un métier intéressant.*
60 % *trouvent important de fonder une famille.*
8 % *pensent qu'il faut surtout avoir du temps libre.*

D'après: Sondage CSA, juin 2006
www.csa.fr.com

Préparer et présenter un texte

1 *Travaillez en groupes. Chaque groupe s'occupe d'un texte.*

a *Chaque groupe prépare pour l'autre groupe une fiche de vocabulaire, un test de compréhension (au moins cinq questions sur le texte, choix multiple, vrai-faux ...), et les solutions du test.*

b *Lisez le texte préparé par l'autre groupe et faites leur test de compréhension.*

c *Échangez les solutions des tests et comparez vos résultats.*

Ils parlent de leur métier

① Profession: concepteur-réalisateur

L'interview de Pierre Lartigue pour le journal du lycée Victor Hugo de Besançon

– Pierre, comment est-ce qu'on devient concepteur-réalisateur?

– Il y a plusieurs possibilités. Après le bac, j'ai d'abord fait des études de droit, mais ça ne me plaisait pas. Je n'ai pas réussi aux examens et j'ai fini par laisser tomber. Mes parents étaient furieux. Dans ma famille, tout le monde a fait des études. Il fallait que je réussisse d'une manière ou d'une autre. J'ai fini par être accepté dans un IUT de Services et Réseaux de communication à Montbéliard. Ensuite, j'ai fait une année d'informatique, puis plusieurs stages.

– Parle-moi de ton métier. En quoi consiste-t-il?

– Mon domaine, c'est le multimédia: je crée des cédéroms, des jeux vidéo, des DVD ou des sites Internet. Je fais tout de A à Z: je dois trouver des solutions aux problèmes techniques qui se posent mais je choisis aussi la musique allant avec les images et les photos correspondant aux textes. Dans ce métier, il faut être technicien et artiste. Il faut être créatif et il faut aussi savoir organiser son travail.

– Où exerces-tu ton métier?

– Chez moi. Étant à mon compte, je propose mes services à des entreprises. Mais je travaille toujours avec une équipe de scénaristes et d'informaticiens.

– Qu'est-ce que tu aimes le plus dans ton travail?

– C'est qu'on ne s'ennuie jamais et qu'on apprend chaque jour toujours plus. J'aime aussi beaucoup le travail d'équipe. En fait, ayant différentes possibilités, je ne fais jamais exactement la même chose. Pour moi, c'est un grand avantage. Je m'amuse. D'ailleurs, quand je fabrique un jeu, je l'essaie avec mes neveux et je suis toujours content que ça leur plaise!

– Est-ce qu'il y a aussi des inconvénients?

– Oui! Étant donné que je suis à mon compte, je n'ai pas d'emploi sûr. Parfois, je crains que l'année suivante soit moins bonne. Enfin, pour le moment, c'est un secteur qui marche. Il faut souhaiter que ça continue comme ça. Mais de toute façon, j'ai besoin de cette indépendance. Je fais un boulot qui me plaît et qui correspond à ma personnalité.

▸ 2 Profession:

Guide-interprète

SOPHIE CAMIER

29 ans

Diplôme national de guide-interprète

Expérience: 5 ans

Son travail:

Avant d'aller sur le terrain, le guide-interprète a un gros travail de préparation. Il doit s'informer pour actualiser ses connaissances et préparer son exposé. Puis, il doit prendre contact avec les responsables du site pour organiser la sortie et obtenir de ceux-ci les autorisations nécessaires. Pendant la visite, le guide-interprète explique l'histoire des lieux ou des œuvres. Ses commentaires doivent éveiller la curiosité des touristes. Et le guide doit rester ouvert à toutes les questions, répondre à celles que pose un professeur de fac à la retraite comme à celles d'une jeune fille de quinze ans.

Ses lieux de travail:

Quand il n'est pas dans un car ou sur un bateau, le guide-interprète se trouve dans des lieux culturels: musées, châteaux et parcs, grands monuments ...

Ses qualités:

Pédagogue et ouvert, il doit s'adapter à son public et répondre aux besoins de celui-ci. Cultivé et bilingue, il doit posséder une excellente culture en histoire, histoire de l'art et archéologie et des connaissances sur la vie quotidienne et les traditions du pays ou celles de la région concernée. Il faut que le guide connaisse parfaitement une deuxième langue. Il peut se spécialiser pour les groupes de touristes anglais, allemands, espagnols, etc.

Écouter

DELF C 26/1

2 **a** *Écoutez l'interview de Sophie Camier, prenez des notes et répondez aux questions.*

1. Qu'est-ce que vous apprenez de nouveau sur Sophie Camier et sa profession?
2. Quels sont, d'après elle, les avantages et les inconvénients de son métier?

b *Écoutez encore une fois l'interview et retrouvez les six questions qu'on a posées à Sophie Camier.*

Découvrir

3 **a** *Trouvez, dans le texte p. 30, les phrases qui veulent dire la même chose que les phrases suivantes.*

1. Je choisis aussi la musique qui va avec les images et les photos qui correspondent aux textes.
2. Comme j'ai différentes possibilités, je ne fais jamais exactement la même chose.

b *Comparez les phrases de* **a** *avec les phrases que vous avez trouvées dans le texte.* Was wird mit dem „participe présent" ausgedrückt?

C 28/4
C 28/5 **4** *Traduisez ces phrases en allemand.* (→ Repères, p. 43/3)

1. Étant malade, Antonin ne peut pas venir cet après-midi.
2. Ayant des difficultés en espagnol à l'école, Marie veut passer un an en Espagne.
3. Connaissez-vous un livre racontant les expériences d'une jeune fille au pair en France?
4. Dans son roman, l'auteur parle de deux jeunes garçons vivant dans un petit village.
5. Ne connaissant pas la Guadeloupe, il a décidé de s'informer sur l'archipel.

PRÉP **5** *Écoutez les titres du journal radiophonique et expliquez-les en allemand à un copain qui ne comprend pas le français.* (→ Repères, p. 43/3)

6 *Lisez les phrases. Quels mots est-ce que les pronoms démonstratifs remplacent? Traduisez les phrases en allemand.* (→ Repères, p. 42/2)

1. J'aimerais bien faire le même métier que Pierre mais pas celui de Sophie.
2. Le guide a répondu à toutes les questions, même à celles du vieux professeur à la retraite.
3. Nous n'avons pas pu aller à la visite du musée du Louvre, mais nous irons à celle du musée d'Orsay.
4. Pierre connaît les goûts de ses neveux mais aussi ceux des autres jeunes.
5. M. Camier a discuté longuement avec sa fille. Celle-ci avait besoin de parler à quelqu'un de ses nouveaux projets.
6. Quel cédérom préférez-vous, celui-ci ou celui-là?
7. Après le bac, il y a des jeunes qui font de longues études et ceux qui préfèrent faire une formation rapide.

C 29/6 **7** ►◄ *Faites des mini-dialogues. Utilisez des pronoms démonstratifs dans vos réponses.* (→ Repères, p. 42/2)

Exemple:
– On prend ce sac?
– Lequel?
– Celui avec la tour Eiffel.
– Oui, d'accord. / Non, pas celui-là, je préfère celui avec Notre-Dame.

* **der Schlüsselanhänger** le porte-clé

8 **a** *C'est faux! Corrigez ces phrases à l'aide du dossier 1 et utilisez des pronoms démonstratifs.*
(→ Dossier 1, Civilisation, p. 137, → Repères, p. 42/2)

Exemple:
1. – Papeete, c'est la capitale de la Réunion?
   – Non, c'est celle de Tahiti.

1. Papeete, c'est la capitale de la Réunion?
2. La Guadeloupe, c'est l'île qu'on appelle «île de beauté»?
3. Schœlcher, c'est l'homme politique qui a amené des esclaves en Guyane?
4. Christophe Colomb, c'est l'homme qui a découvert le Québec?
5. La Soufrière, c'est le volcan qui se trouve sur l'île de la Martinique?
6. Duplessis et L'Olive, ce sont les Français qui ont amené la paix en Guadeloupe?
7. Thuram, c'est le champion de foot dont les parents viennent d'Algérie?
8. La Guyane, la Martinique et la Réunion, ce sont les anciennes colonies qui n'ont pas le même statut que la Guadeloupe?

b ◐ ►◄ *Préparez des questions comme en* **a** *et testez les connaissances de votre voisin/e.*

l'auteur l'acteur / l'actrice le chanteur / la chanteuse
le groupe le footballeur / la footballeuse
le monument le pays la ville ___

Réviser

C 30/7 **9** *Subjonctif ou indicatif? Mettez les verbes entre parenthèses à la forme qui convient.*

10 **a** ►◄ *Posez des questions à votre camarade. Il/Elle répond et utilise* y *ou* en *dans ses réponses.*

b ►◄ *Posez encore quatre questions comme en* **a** *à votre camarade. Il/Elle répond.*

aller à ___ jouer à ___ jouer de ___
combien de ___ monter sur ___

1. Comment est-ce que tu vas à l'école le matin?
2. Quand est-ce que tu sors de l'école le vendredi?
3. À quelle heure est-ce que tu vas au lit, le soir?
4. Est-ce que tu es déjà monté(e) sur la Tour Eiffel?
5. Est-ce que tu joues de la guitare?
6. Est-ce que tu vas souvent au cinéma?
7. Combien de SMS est-ce que tu écris par jour?
8. Combien de SMS est-ce que tu reçois par jour?
9. Est-ce que tu es déjà allé(e) à la mer Méditerranée?
10. Combien de langues est-ce que tu parles?

Vocabulaire et expression

PRÉP **11**
C 26/2
C 27/3

a *Relevez dans les textes tous les mots et toutes les expressions utiles pour parler d'un métier. Groupez-les dans un associogramme ou sur des fiches.* (→ p. 28–29; textes, p. 30–31)

b *Complétez* **a** *par des mots que vous connaissez déjà et par des mots que vous voulez connaître en français. Utilisez un dictionnaire ou Internet.* (→ Utiliser un dictionnaire bilingue, p. 108)

Activité

PRÉP **12**
C 30/8

a *Lisez les fiches et présentez ces deux métiers.* (→ Civilisation, p. 144)

b *Préparez une fiche sur votre «métier de rêve» et présentez-le. Parlez de la formation qu'il faut avoir, des avantages et des inconvénients etc. Utilisez vos résultats de l'exercice 11.*
(→ Présenter un sujet, p. 123)

Métier: ***infirmier/infirmière***
Formation: *Concours après le bac. Études dans une école d'infirmiers, 3 ans.*
Le +: *Travailler dans l'humanitaire[1] / partir (Médecins du Monde, Médecins sans Frontières ou la Croix-Rouge[2]).*
Le -: *Travailler souvent la nuit.*

Moniteur/Monitrice de ski

Il faut
- avoir 18 ans.
- être sportif/sportive et en forme.
- aimer la montagne, la nature, l'hiver, le contact avec les gens.
- savoir expliquer et être bon professeur.
- parler des langues étrangères.
- donner des cours.
- préparer les pistes.
- aider les blessés.

Problèmes:
- chômage.
- autre métier pour l'été nécessaire.

1 **l'humanitaire** *m.* die internationalen Hilfsorganisationen 2 **la Croix-Rouge** das Rote Kreuz

Préparer la lecture

C 31/1
C 32/2

1 **a** *Regardez le schéma et décrivez le système scolaire français.*

b *Après quelle classe est-ce que les élèves en France décident de leur avenir scolaire? Et dans votre pays? Comparez.*

c *Avant de lire le texte, cherchez ce que veut dire «S», «ES» et «ANPE».* (→ Liste chronologique, p. 157–158)

BAC général	BAC technologique	BAC professionnel
17 ans Terminale générale	Terminale technologique	Terminale professionnelle 18 ans
16 ans 1ère générale	1ère technologique	1ère professionnelle 17 ans
		Terminale CAP BEP 16 ans
15 ans Seconde	1ère adaption	Seconde professionnelle 15 ans
LYCÉE GÉNÉRAL		LYCÉE PROFESSIONNEL

Brevet des collèges

COLLÈGE	troisième (3e)	14 ans
	quatrième (4e)	13 ans
	cinquième (5e)	12 ans
	sixième (6e)	11 ans
ÉCOLE PRIMAIRE	cours moyen 2 (CM 2)	10 ans
	cours moyen 1 (CM 1)	9 ans
	cours élémentaire 2 (CE 2)	8 ans
	cours élémentaire 1 (CE 1)	7 ans
	cours préparatoire (CP)	6 ans
ÉCOLE MATERNELLE (facultatif)	grande section	5 ans
	moyenne section	4 ans
	petite section	3 ans

Difficile d'y voir clair!

Aïcha, Benoît et Lise doivent choisir leur orientation.

Aïcha: Vous vous êtes décidés pour l'année prochaine? Tu fais quoi, Benoît, ES ou S?

Benoît: S. Je vais un peu galérer en maths mais ...

Lise: Arrête, t'es super bon!

Benoît: C'est relatif mais je veux mettre toutes les chances de mon côté. Je veux faire architecture, et les maths, c'est important si tu ne veux pas que ton immeuble tombe sur la tête des gens. Et puis, il y a des maths dans le concours de l'École d'architecture. C'est un concours super difficile. Et toi, Lise, tu es décidée à partir un an en Angleterre?

Lise: J'y suis décidée, ça c'est sûr, ça me permettra d'améliorer mon anglais et de réfléchir un peu. Pour le moment, je nage, je sais vraiment pas où j'en suis ni ce que je veux faire. Faut que je prenne un peu de recul et pour y arriver, faut d'abord que je parte jusqu'à ce que j'y voie clair.

► *Aïcha:* De toute façon, y a pas le feu. On n'a même pas encore le bac. Moi, il y a tellement de trucs qui m'intéressent. Je voudrais faire quelque chose qui soit utile, qui me fasse plaisir ...

Lise (rigolant): Qui te laisse assez de liberté, un métier où on s'amuse, bien qu'on ait de grandes responsabilités ... ▶

Benoît (l'imitant): Et qui soit bien payé, créatif mais sûr et avec une retraite confortable.

Lise: Un métier où on puisse avoir trois ou quatre mois de vacances.

Benoît: Un métier où on ait les avantages des fonctionnaires et ceux des professions libérales.

Aïcha: Moquez-vous de moi, allez-y. Je sais bien que le métier de rêve n'existe pas. Je ne pense pas non plus qu'on puisse être sûr à cent pour cent de faire le bon choix. De toute façon, c'est mon droit de changer d'avis encore dix fois. Je ne crois pas qu'il faille décider de notre avenir cet après-midi, non?

Benoît: Mais il faudra en décider un jour, avant que le hasard le fasse pour toi.

Aïcha: Je crois entendre mon grand-père. Vous parlez de votre avenir comme si vous étiez sûrs d'avoir le bac!

Lise: Mais on en est sûrs! Il faut y croire.

Benoît: Et il faut en parler, ça aide à y voir plus clair. Tu ne pensais pas au métier de professeur des écoles, l'autre jour?

Aïcha: J'y pense toujours. D'un côté, j'en ai envie mais de l'autre, quand je vois mon petit frère et ses copains, je me demande si je pourrais supporter les enfants. Je pense aussi aux métiers du cinéma ... ou au sport, c'est ma meilleure matière. En fait, je change d'idée tout le temps.

► *Lise (soupirant):* Le problème, c'est ça: On arrive au bac sans que l'école nous ait donné assez de possibilités de stages en entreprise. Un petit stage de rien du tout en troisième ou en seconde et c'est fini! On ne voit pas ce qui se passe dans le monde du travail.

Benoît: Hm ... Ça pourrait peut-être nous en dégoûter.

Lise: Il devrait y avoir un an de stages obligatoires avant les études, pas pendant, mais AVANT qu'on commence des études ou une formation: par exemple, quatre ou six semaines, dans une banque, après dans la police, à l'hôpital, dans un restaurant, à la radio ou dans un journal, dans une usine, dans l'informatique ...

Benoît: ... et à l'ANPE!

Lise: Par exemple! Bref, dans des boulots très différents les uns des autres. Ça permettrait sûrement d'y voir plus clair.

Benoît: Et d'avoir des contacts, de se renseigner. Ça pourrait être bien aussi pour ceux qui quittent le collège ou le lycée, sans diplôme. Pour que tout le monde puisse trouver un boulot qui corresponde à sa personnalité. Mais je sais pas si c'est une idée bien réaliste ...

Aïcha: Moi, je trouve que c'est une excellente idée, Lise. Si on écrivait une lettre au Ministère de l'Éducation nationale?

Comprendre, analyser, commenter

DELF C 32/3 C 32/4 **2**

a *Les trois jeunes parlent de leur avenir. Qui a des objectifs précis? Qui n'en a pas? Justifiez votre réponse.*

b *Expliquez pourquoi il est difficile pour ces jeunes d'y voir clair.*

c *Est-ce qu'un an de stages obligatoires avant les études ou la formation pourrait faciliter* le choix d'un métier? Donnez votre avis.*

* **faciliter qc** etw. erleichtern

C 33/5 **3** *Complétez. Utilisez* y *ou* en. (→ Repères, p. 43/5)

4 PRÉP

a *Traduisez cette pub en français. Utilisez* y *ou* en. (→ Repères, p. 43/5)

b *C'est une pub pour quoi? Imaginez.*

c *À vous. Créez une autre pub pour un magazine français. Utilisez des phrases avec* y *ou* en.

→ Portfolio Dossier

5 *Terminez les phrases. Utilisez une des conjonctions* avant que, bien que, jusqu'à ce que, pour que, sans que *(il y a plusieurs possibilités) et le subjonctif.* (→ Repères, p. 43/4)

1. Alexandre et Max sont super copains … (ils / *être* très différents)
2. Ils sortent quelquefois … (leurs parents / le *savoir*)
3. Mais la nuit leurs parents attendent … (ils / *revenir*)
4. Alexandre ne veut pas continuer ses études … (il / *être* très bon élève)
5. Ses parents veulent qu'il continue ses études … (il / *pouvoir* trouver un bon travail)
6. Il faut parler à Alexandre … (il / ne pas *faire* de bêtises)
7. Il faut expliquer cela à Alexandre 1000 fois … (il / *comprendre*)
8. Mais, on ne peut pas parler à Alexandre … (il / *s'énerver* constamment)
9. Il quitte souvent la pièce … (ses parents / *pouvoir* le rassurer)
10. Il faut terminer cette discussion … (il / *être* trop tard)

6 **a** *Complétez les annonces par des propositions relatives et utilisez le subjonctif.* (→ Repères, p. 43/4)

Exemple: 1. J'ai 16 ans et je cherche une correspondante qui ne soit pas française.

J'ai 16 ans et je cherche correspondante / ne pas *être* française 1

Recherchons fille/fils au pair / *savoir* faire la cuisine 2

Il nous faut ordinateur / pas trop cher / ne pas *avoir* plus d'un an 3

Cherchons films sur DVD / *faire* mourir de rire 4

b *Formulez encore le texte de cinq petites annonces. Utilisez des propositions relatives et le subjonctif.* (→ Repères, p. 43/4)

chercher — rêver de — avoir besoin de — il (me/nous) faut — connaissez-vous

avoir entre 18 et 25 ans — *pouvoir* aider à préparer le bac — *avoir* envie de promener notre chien — *savoir* parler le chinois — *pouvoir* m'emmener à ___ — *avoir* assez de temps pour ___ ___

C 33/6
C 34/7
C 34/8

7 *Subjonctif ou indicatif? Mettez les verbes entre parenthèses à la forme qui convient.* (→ Repères, p. 43/4)

1. Je crois que ma fille *(rêver)* de passer un an ou plus au Canada. Sa mère et moi, on souhaite qu'elle *(faire)* une partie de ses études à l'étranger.
2. Je ne pense pas que mon fils *(vouloir)* passer un bac S. Il n'aime pas trop les maths. D'ailleurs, moi, je trouve que ce *(être)* plus utile de faire un bac ES.
3. Je ne crois pas que je *(pouvoir)* réaliser tous mes rêves, mais je voudrais faire quelque chose qui *(être)* utile: Je voudrais devenir médecin.
4. Je pense qu'un an de stages *(être)* utile et je suis sûre que ça *(aider)* les élèves des lycées de mieux connaître le monde du travail.
5. Je trouve bizarre que tout le monde *(se faire)* déjà des soucis pour son avenir. On n'a même pas encore le bac. Cela m'amuse que les copains y *(réfléchir)* pendant des heures. Moi, j'espère que tout *(aller)* bien.

Vocabulaire et expression

8 *Dans leur discussion, les trois jeunes n'utilisent pas toujours le français standard mais le français familier. Trouvez dans leur discussion les phrases en français familier et «traduisez»-les en français standard. Expliquez-en les différences.* (→ Texte, p. 35–36)

9 *Trouvez dans la discussion des trois jeunes une ou plusieurs expressions qu'on peut utiliser pour*

– parler des avantages et des inconvénients d'un métier.
– dire qu'on ne sait pas ce qu'on veut (faire).

Écouter

DELF **10** *Écoutez ce que disent les jeunes et notez qui pense quoi au sujet de son avenir. Faites une grille dans votre cahier.*

	Sabrina	Max	Alice	Ahmed
études				
métier				
famille				
autres projets				

Écrire

PRÉP **11** *Choisissez une des activités suivantes.*
C 34/9
C 36/6

a *Parlez de vos projets d'avenir. Écrivez un petit texte.*

PRÉP

b *Lukas M. a fait un stage en France. Voici son rapport. Racontez son expérience à un ami français / une amie française.* (→ Faire une médiation, p. 112)

Während meines zweiwöchigen Praktikums in einem Autohaus in Boulogne-sur-Mer konnte ich nicht nur große Fortschritte in Französisch machen, sondern mir auch ein Bild vom Beruf des Autohändlers machen. Ich habe verstanden, dass es weit mehr bedarf, als nur die Daten eines Wagens zu kennen, um ein Auto zu verkaufen. Ein Autohändler muss ein Mensch sein, der auf die Leute zugehen kann, in kürzester Zeit ihr Vertrauen gewinnt sowie ihr Interesse an den Wagen zu wecken bzw. zu verstärken versteht. Dazu muss er Verhandlungsgeschick und Überzeugungskraft besitzen, um die Ware den Kunden näher zu bringen.
Der Autohändler muss den Kunden auch bei der Finanzierung beraten. Auch die Finanzierung des Autos muss der Händler überzeugend präsentieren. Doch da Autohändler alle auf Provision arbeiten, entsteht untereinander ein enormer Konkurrenzdruck. Daher kann ich von meinem heutigen Standpunkt her feststellen, dass dieser Beruf nicht einer meiner Traumberufe ist, auch wenn er durch seine Vielfalt reizvoll ist. Zusammenfassend kann ich sagen, dass ich eine schöne und lehrreiche Zeit in Boulogne verbracht habe.

Lukas M. (Städtisches Gymnasium Rheinbach)

CURRICULUM VITAE

Nom: Sandra Stephan
Date de naissance: 17/2/1992
Adresse: Frankfurter Straße 76,
63263 Neu-Isenburg
Nationalité: allemande
Situation familiale: célibataire

Formation

Études: depuis 2003: élève de la Ricarda-Huch-Schule, Sprendlingen

Langues: allemand (langue maternelle)
anglais (1ère langue, lu, écrit, parlé: B1)
français (niveau A2)
espagnol (niveau A1)

Stage
2007 au Fritz Rémond Theater de Francfort
Participation à la réalisation de costumes de théâtre

Connaissances particulières
Maîtrise des logiciels Word, Excel, Power Point et Print-Shop

Autres activités
Pâques 2008: 2 semaines à la réception du Novotel de Francfort

Loisirs
Musique: membre d'une chorale de jazz
Sport: danse

Sandra Stephan Frankurter Straße 76 63263 Neu-Isenburg

Hôtel Verte Vallée
BP 31
68140 Munster

10 mai 2008

Madame, Monsieur,
J'ai obtenu votre adresse par l'Entraide allemande de Paris. Je voudrais passer quelques semaines en France pour perfectionner mes connaissances de français. C'est pourquoi j'aimerais faire un stage cet été dans votre hôtel. J'aime beaucoup les langues et le contact avec les gens.
J'ai 16 ans, je parle l'allemand, l'anglais et j'ai un bon niveau en français.
J'ai déjà travaillé pendant les vacances de Pâques dans un hôtel de Francfort et j'ai trouvé cette expérience très intéressante.
Je serai libre pendant les vacances d'été du 22 juin au 2 août et pourrais travailler pendant trois ou quatre semaines.
Dans l'attente d'une réponse positive, je vous prie d'accepter mes sentiments les meilleurs.

Pièces jointes: CV, certificat de stage (en allemand)

QUELQUES ADRESSES UTILES

Pour travailler en France:
Entraide allemande
84, rue de Rennes
F-75 006 Paris
www.jobs-ete-europe.com

Pour travailler au pair en Suisse:
http://switzerland.isyours.com/f/immigration/programmes/etudier/au_pair.html

Pour travailler dans un hôtel ou dans un restaurant:
www.anpe.fr → actualités/opportunités d'emploi → offres saisonnières (secteur hôtellerie-restauration)

Pour travailler comme animateur:
UCPA
62, rue de la Glacière
F-75013 Paris

Pour faire un stage dans une entreprise française:
www.google.fr → (nom de l'entreprise)

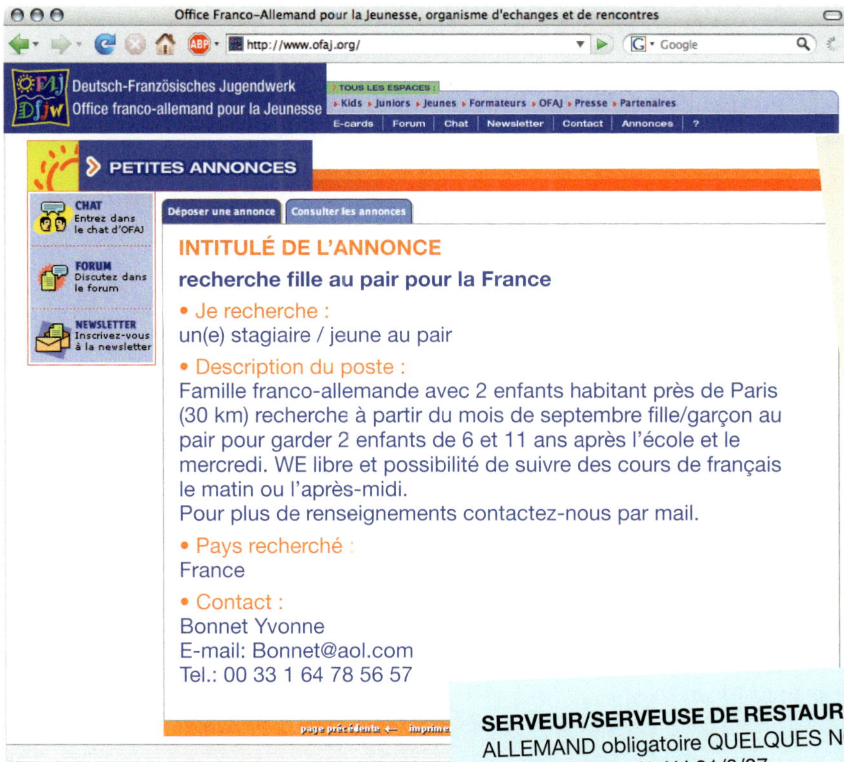
Office Franco-Allemand pour la Jeunesse, organisme d'echanges et de rencontres
http://www.ofaj.org/
Deutsch-Französisches Jugendwerk
Office franco-allemand pour la Jeunesse
PETITES ANNONCES
CHAT Entrez dans le chat d'OFAJ
FORUM Discutez dans le forum
NEWSLETTER Inscrivez-vous à la newsletter
Déposer une annonce | Consulter les annonces

INTITULÉ DE L'ANNONCE
recherche fille au pair pour la France
• Je recherche :
un(e) stagiaire / jeune au pair
• Description du poste :
Famille franco-allemande avec 2 enfants habitant près de Paris (30 km) recherche à partir du mois de septembre fille/garçon au pair pour garder 2 enfants de 6 et 11 ans après l'école et le mercredi. WE libre et possibilité de suivre des cours de français le matin ou l'après-midi.
Pour plus de renseignements contactez-nous par mail.
• Pays recherché :
France
• Contact :
Bonnet Yvonne
E-mail: Bonnet@aol.com
Tel.: 00 33 1 64 78 56 57

fam. frse cherche j.f.
au pair parlant allemand
Tel: 04 56 32 45 72

Camping le soleil Biscarosse
ch. j.f./j.h parlant angl. all.
couramment, espagnol
souhaité pour réception,
période d'été

Contacter
Mme Parla 04 67 85 98 19

mail: parla-bis@aol.fr

SERVEUR/SERVEUSE DE RESTAURANT H/F
ALLEMAND obligatoire QUELQUES NOTIONS D'ANGLAIS
CONTRAT DU 1/4 AU 31/8/07

Tel. 03 88 94 58 33 M. Deville

PRÉP **12**
C 35/10

a *Choisissez une des petites annonces. Écrivez votre CV et une lettre de motivation.*
(→ Comment écrire des lettres, p. 117)

b *Tu voudrais faire un stage en France. Tu téléphones à l'entreprise pour demander si tu peux y faire un stage. Écoute et réagis.*

Repères

Vocabulaire thématique

1 So kannst du über berufliche Themen sprechen

Berufswünsche

Un métier qui me plairait, c'est ___ . / J'aimerais être ___ .
J'aimerais travailler dans ___ .
Je me verrais bien ___ .
Je veux devenir ___ .
Devenir ___ , ça serait chouette.
Je voudrais faire quelque chose qui ___ *(+ subjonctif)*.

Beruf

Son domaine, c'est ___ .
On doit ___ .
Dans ce métier, il faut être ___ .
Il/Elle travaille seul(e) / avec une équipe de ___ .
Il/Elle est à son compte / employé(e)/fonctionnaire.
Il/Elle a une profession libérale.
Il/Elle propose ses services à ___ .
Il/Elle travaille pour ___ .
Il/Elle fait un boulot qui ___ .
Le métier de ___ est de ___ .
Il/Elle est spécialisé(e) dans ___ .

Vor- und Nachteile eines Berufes

L'avantage/L'inconvénient, c'est que ___ .
Un grand avantage de ce métier, c'est ___ .
Ce qu'il/qu'elle aime le plus, c'est que ___ .
On (ne) s'ennuie (jamais).
On n'a pas d'emploi sûr. / On n'a aucune sécurité professionnelle.
Parfois, il/elle craint que ___ *(+ subjonctif)*.
C'est un secteur qui marche / qui ne marche pas.
Il y a un très long travail de préparation.

Grammaire

2 Das Demonstrativpronomen Le pronom démonstratif (→ GH, p. 44)

Est-ce que ce jeu vidéo te plaît? — Non, je préfère **celui-là**.
Est-ce que ce sont tes CD? — Non, ce sont **ceux** que Robert m'a donnés.

De quelle fille est-ce que tu parles? — De **celle** aux cheveux blonds.
J'aime beaucoup ses photos. — Moi, je préfère **celles** de Laurie.

⚠ Je parle de **ceux** qui travaillent avec moi. — ... von denjenigen, die ...

3 Das Partizip Präsens Le participe présent (→ GH, p. 46)

1. Die Bildung La formation

parler → nous parl~~ons~~ → parl**ant**
manger → nous mange~~ons~~ → mange**ant**
finir → nous finiss~~ons~~ → finiss**ant**
descendre → nous descend~~ons~~ → descend**ant**

Wie wird das Partizip Präsens gebildet?

⚠ avoir → ayant
être → étant
savoir → sachant

Nur diese drei Verben haben ein unregelmäßiges Partizip Präsens. Alle anderen werden regelmäßig gebildet.

2. Der Gebrauch L'emploi

Je cherche des photos **correspondant** aux textes. ... qui correspondent aux textes.
Ne **parlant** pas le japonais, elle n'a rien compris. Puisqu'elle ne parle pas le japonais ...

4 Der „subjonctif" Le subjonctif (→ GH, p. 47)

Bien que tu sois bon élève, je ne te conseille pas de faire des études tout de suite.
Il faudra décider de ton avenir **avant que** le hasard le fasse pour toi.
Il ne faut pas attendre **jusqu'à ce que** ce soit trop tard.
Il faut parler des métiers **pour que** les élèves puissent faire le bon choix.
Il ne se passe pas une semaine **sans qu'**il fasse des bêtises.

Je voudrais un métier **qui** soit utile, **qui** me fasse plaisir.
Aber: J'ai un métier **qui** est utile et **qui** me plaît.

Elle cherche une école **où** elle puisse apprendre le chinois.
Aber: Elle est dans une école **où** elle peut apprendre le chinois.

Je ne crois pas qu'il doive décider de cela maintenant.
Aber: **Je crois qu'**il doit décider de cela maintenant.

⚠ espérer que + *indicatif*: J'espère que tu vas bien. J'espère que ma copine viendra.

5 Die Pronomen „y" und „en" Les pronoms «y» et «en» (→ GH, p. 45)

On est sûrs **d'**avoir le bac. — On **en** est sûrs.
Il faut parler **du** bac. — Il faut **en** parler.

Cloé est décidée **à** partir en Angleterre? — Oui, elle **y** est décidée.
Je pense **au** métier de professeur des écoles. — J'**y** pense.

a Wofür stehen die Pronomen „y" und „en"?

b *Complétez:*

1. On va au cirque? Non, je n' [?] ai pas envie.
2. Tu as répondu au message de Nicolas? Oui, j' [?] ai répondu tout de suite.
3. On ne sait pas si on va gagner mais il faut [?] croire.
4. La Guadeloupe? J' [?] rêve tout le temps.

Préparer la lecture

1 *Survolez ce texte. De quoi est-il question?*

Des vacances pour tous!

Il y a 70 ans:
Une loi accordait deux semaines de congés payés aux Français.
Été 1936:
Les Français partent à la mer pour la première fois. C'est la révolution dans tout le pays!

Quinze jours à être payés sans rien faire! Les ouvriers n'en reviennent pas. Le 20 juin 1936, une loi leur accorde le droit de partir deux semaines en vacances.
À l'époque, beaucoup de Français travaillent à l'usine six jours sur sept et ne se reposent que les jours fériés et les dimanches. Les vacances, c'est un luxe réservé à une minorité. Pourtant, cet été-là, peu de gens partent, beaucoup n'ont pas assez d'argent, d'autres craignent de ne pas retrouver leur place en rentrant.

► LE FRONT POPULAIRE
C'est le nom de la coalition des partis politiques de gauche. Menée par Léon Blum, elle a gouverné la France de 1936 à 1938. Le 20 juin 1936, Léon Blum signe les accords de Matignon qui apportent de nombreux changements sociaux: l'école devient obligatoire jusqu'à 14 ans (au lieu de 13 ans), la semaine de 40 heures (au lieu de 48 heures), une loi sur les allocations de chômage et quinze jours de congés payés.

► UN BILLET À TARIF RÉDUIT
Le Front Populaire négocie avec les patrons des Chemins de fer (l'ancien nom de la SNCF) une réduction de 40 % sur les billets de train pour les salariés et leurs familles. Le 1er août, 600 000 ouvriers prennent le train grâce au «billet de congé annuel» (qui existe toujours). Direction: la mer.

► LA NAISSANCE DES LOISIRS

Les congés payés transforment la vie des Français. Maintenant, ils veulent s'amuser, aller au théâtre, faire du sport. Léo Lagrange crée les auberges de jeunesse et les clubs de loisirs. Il encourage aussi le camping, négocie des tarifs spéciaux avec les hôteliers, construit des stades et rend le sport accessible à tous. Un grand vent de bonheur souffle cette année-là ...

REPÈRES

1906: Le dimanche devient le jour de repos hebdomadaire.
1936: Premiers congés payés (deux semaines), semaine de 40 heures
1981: 39 heures de travail hebdomadaire et cinq semaines de congés payés.
1998: 35 heures de travail hebdomadaire

D'après: Le Monde des ados, n° 147, 2006

2 **la loi** das Gesetz 2 **accorder qc** etw. gewähren 2 **les congés** *m. pl.* der Urlaub 5 **l'ouvrier/-ière** der/die Arbeiter/in 5 **ne pas en revenir** es nicht fassen können 9 **le jour férié** der Feiertag 17 **l'accord** *m.* die Vereinbarung, das Abkommen 19 **au lieu de** anstatt 21 **l'allocation** *f.* die Beihilfe 23 **à tarif réduit** zu ermäßigten Preisen 24 **négocier (qc)** verhandeln, etw. aushandeln 25 **le patron** der Chef, der Arbeitgeber 25 **les Chemins de fer** die Eisenbahn 27 **le/la salarié/e** der/die Arbeitnehmer/in 30 **annuel/le** *adj.* une fois par an 33 **transformer qc** etw. verändern, etw. verwandeln 36 **l'auberge de jeunesse** *f.* die Jugendherberge 41 **rendre qc accessible à qn** jdm etw. zugänglich machen 42 **souffler** wehen 45 **hebdomadaire** *adj.* une fois par semaine

Comprendre, analyser, commenter

C 37/1 **2**

a *Quelles sont pour vous les informations les plus intéressantes de cet article?*

b *Expliquez la phrase:*
«Un grand vent de bonheur souffle cette année-là.» (lignes 41–43)

c *En 1936, il y a eu de nombreux changements sociaux. Pour quelles raisons? Faites des recherches.*
(→ www.humanite.fr/ → journal)

Vocabulaire et expression

PRÉP **3**

a *Trouvez les noms de la même famille et traduisez-les. Utilisez un dictionnaire s'il le faut.*
(→ Utiliser un dictionnaire monolingue, p. 110)

gouverner · négocier · transformer · envahir · abolir · coloniser · signer · se révolter · constituer · réformer · réduire · s'engager

b *Trouvez les noms qui correspondent aux adjectifs suivants.* (→ Utiliser un dictionnaire monolingue, p. 110)

annuel · hebdomadaire · mensuel · quotidien

c *Quels noms vont avec les adjectifs de* **b** ?
Trouvez des combinaisons et expliquez-les.

Exemple:
Un magazine hebdomadaire – c'est un magazine qu'on peut acheter chaque semaine.

35 heures de travail · salaire · vie · magazine · congé

Écrire

PRÉP **4**
C 37/2

Utilisez ce que vous avez appris dans ce dossier et écrivez un article pour un journal de jeunes. Vous pouvez aussi faire d'autres recherches.
(→ Utiliser un dictionnaire bilingue, p. 108)

→ Portfolio Dossier

Quelques sujets possibles:

- Vacances en 2045
- Travail à la fin du XXIe siècle
- Les premières vacances de mes grands-parents
- Premières vacances à l'étranger
- Travail aujourd'hui et autrefois
- ___

2 BILAN DES COMPÉTENCES

Compréhension orale

DELF **1** *Un homme (Antonin) et une femme (Édith) parlent de leurs premières vacances. Écoutez les textes. Puis, dites si c'est vrai ou faux.*

1. Antonin et Édith sont partis pour la première fois de leur vie en 1936.
2. Ces premières vacances ont été merveilleuses pour tous les deux.
3. Ils ont passé tous les deux leurs premières vacances à la mer.

DELF **2** *Écoutez les textes encore une fois et dites qui parle de quoi.*

Antonin

Édith

1. l'Ardèche
2. Biarritz
3. vacances à la mer
4. vacances à la ferme
5. vacances à l'hôtel
6. quinze jours de vacances
7. les petits boulots
8. de longues vacances
9. de bonnes vacances

Compréhension écrite

3 **a** *Lisez le journal de bord de Michel Granget qui est médecin au Darfour (Soudan). Attention! Dans ce texte, il manque quelques éléments.*

Lundi 24 septembre 2006, Darfour, près de Mornay

Nous sommes toujours dans ce camp de réfugiés. Voilà trois ans que plus de mille personnes y vivent dans des conditions très dures. Il en arrive tous les jours. 50 000 personnes ont quitté les régions du Darfour ces dernières semaines. Leurs villages ont été brûlés. Parfois, ces gens ont parcouru des centaines de kilomètres. Ils ont fui vers la savane où les ennemis les tueront s'ils les trouvent.

Beaucoup d'entre eux sont gravement blessés, ont faim et soif. La situation devient chaque jour de plus en plus difficile. Certains de nos convois ont été attaqués et nous ne pouvons plus transporter les personnes. On a un hôpital à Mornay mais on n'est pas sûrs.

▶

Ici, on fait notre maximum. De plus, nous commençons à manquer d'eau. On attend l'arrivée de l'eau à tout moment. Espérons que les camions[1] arriveront à temps.

Cet après-midi, nous avons vacciné[2] 200 enfants et adultes, j'ai soigné une vingtaine de plaies[3]. Heureusement que Jo apprend vite et peut me relayer[4].
Je suis crevé aujourd'hui, mais dans l'ensemble je tiens le coup. J'ai au moins l'impression d'être vraiment utile. Le pire: Cette impression d'être oubliés par l'Europe, le monde entier.

1 **le camion** der Lastwagen
2 **vacciner qn** jdn impfen
3 **la plaie** die Wunde
4 **relayer qn** jdn ablösen

b *Ces éléments manquent dans le texte. Retrouvez leur place correcte.*

et des infections graves. | *de pouvoir y arriver vivant.* | *et je ne regrette pas mon choix.*

qui doivent être opérées. | *mais ce n'est jamais assez.* | *où on les a poursuivies.*

DELF **4** *Dites si les phrases suivantes correspondent au contenu du texte. Justifiez votre réponse à l'aide du texte.*

1. Plus de mille personnes vivaient dans le camp de réfugiés il y a trois ans.
2. De nouveaux réfugiés arrivent tous les jours dans le camp.
3. Beaucoup de réfugiés qui arrivent ont subi des violences.
4. Les personnes qui doivent opérer ne sont pas sûres d'arriver vivantes à l'hôpital.
5. Jo peut remplacer Michel Granget quand celui-ci se repose.
6. Michel Granget pense que l'Europe n'aide pas assez les réfugiés.

DELF **5** *Notez le numéro de la phrase qui exprime le mieux les pensées de Michel Granget dans votre cahier et justifiez votre choix.*

1 Bien que la situation devienne de plus en plus difficile et qu'il soit fatigué, Michel Granget résiste aux problèmes et pense avoir fait le bon choix.

2 Michel Granget se fait beaucoup de soucis parce qu'ils ont trop de problèmes dans le camp de réfugiés. Il est crevé, il en a assez et en plus, il a l'impression que l'Europe les a oubliés.

Production orale

6 *Choisissez une de ces activités.*

a *Mathilde/Lucien explique à ses parents pourquoi il/elle veut devenir ___ . Prenez son rôle et essayez de convaincre ses parents.*

b ►◄ *Choisissez un des rôles suivants. Préparez vos arguments et jouez la discussion.*

1
Le père / La mère de Laurence/Bertrand veut que sa fille / son fils reprenne son magasin de meubles parce qu'il/qu'elle l'a aussi repris de son père. Il/Elle trouve que c'est inutile de passer un bac et de faire des études pour tenir un magasin. Trop de temps perdu.

2
Laurence/Bertrand n'est pas d'accord. À présent, le magasin marche assez bien, mais est-ce qu'il marchera encore dans vingt ans?
Elle/Il veut faire des études et devenir ___ .

Production écrite

DELF **7** *Ton copain Clément qui habite à Besançon t'écrit un mail. Réponds-lui et donne-lui des conseils.*

Nouveau message

Fichier Edition Affichage Message Insertion Formater ?

A :
Cc :
Objet : Tu as une idée?

Salut, ça va?

Je te réponds tard, je sais. Mais, en ce moment, j'ai des discussions sans fin avec mes parents. Et c'est toujours à cause de mes notes. Elles ne sont pas toujours bonnes, c'est vrai, mais eux, ils ne sont jamais contents. «Si tu travaillais plus …» Et ça recommence: On veut le meilleur pour toi. On pense à ton avenir. Et patati et patata. Ils veulent que je fasse carrière. Ils ne me demandent jamais ce que je veux faire, moi! D'ailleurs, j'y vois pas très clair moi-même. Je sais ce que je ne veux pas faire: Vivre et travailler comme eux.
Je voudrais arrêter l'école, faire autre chose, devenir peintre par exemple (ne ris pas!). Quand je suis seul à la maison, je fais des dessins en écoutant ma musique tranquillement. Je n'ose montrer mes dessins à personne et je n'ose pas en parler à mes parents.
Je ne sais plus ce que je dois faire. Arrêter l'école? Faire un effort en cours? Je nage!

Toi, qui as toujours de bonnes idées, donne-moi des conseils!!

À+ Clément

DOSSIER 3 *Vers l'Europe*

C 40/1
C 40/2
C 41/3
C 41/4

1. *Regardez les documents, lisez les textes et faites le quiz.* (→ Civilisation, p. 137)
2. *Écoutez le document sonore. Quels thèmes est-ce que les élèves proposent et pourquoi?*
3. *Quels aspects de l'Europe vous intéressent le plus? Dites pourquoi.*

L'EUROPE EST ... PEUPLÉE

Chine = 1,3 milliard d'habitants
Inde = 1,1 milliard d'habitants
Europe = 455 millions d'habitants
États-Unis = 295 millions d'habitants
Russie = 142 millions d'habitants

... PETITE

L'Europe n'occupe que 7 % des terres émergées du globe: c'est un petit continent de 10,5 millions de km² (dont seulement 3,9 millions de km² pour l'Union européenne).

1950: Après deux terribles guerres mondiales qui ont coûté des millions de vies et ruiné le continent, des hommes politiques comme Robert Schuman appellent les pays d'Europe à se réconcilier.

1957: Pour construire une paix durable en Europe, l'Allemagne de l'ouest, la Belgique, la France, l'Italie, le Luxembourg et les Pays-Bas signent le traité de Rome: c'est la naissance de l'Europe des six.

1963: Le président Charles de Gaulle et le chancelier Konrad Adenauer signent le traité franco-allemand de coopération. Avec la création de l'Office franco-allemand pour la Jeunesse commencent les jumelages de villes et d'écoles françaises et allemandes.

1992: Traité de Maastricht: naissance de l'Union européenne (UE).

1995: L'Autriche entre dans l'Union européenne qui compte maintenant 15 membres. Grâce aux accords de Schengen, on peut passer librement et sans être contrôlé les frontières de nombreux pays de l'UE.

2002: Les Français, les Allemands et les Autrichiens, comme beaucoup d'autres Européens, introduisent l'euro.

2004: Le nombre des pays membres de l'UE passe à vingt-cinq et le nombre de langues officielles à vingt et une.

2007: La Bulgarie et la Roumanie entrent dans l'UE.

Quiz:
Êtes-vous prêts pour l'Europe?

1. Quels sont les pays membres de l'Union européenne aujourd'hui?
2. Quels étaient les quinze membres de l'UE en 1995?
3. Quels sont les pays européens où on paie en euro?
4. Où se trouvent Maastricht et Schengen?
5. 2004 est une date importante de l'histoire de l'Europe. Pourquoi?
6. Nommez cinq langues qu'on parle dans l'UE.

Réunion pour le projet «Europe» avec Madame Cajon jeudi, 17 heures salle 25

... ANCIENNE
L'unification de l'Europe ne date pas d'aujourd'hui. Son ancêtre pourrait être l'Empire romain qui, il y a 2000 ans, allait de la Méditerranée à la Grande-Bretagne.

... DIVERSIFIÉE
La devise de l'Union européenne, c'est: «Unis dans la diversité».

... RICHE
L'Union européenne est la 1ère puissance commerciale, devant les États-Unis et le Japon.

Préparer la lecture

1 *Informez-vous sur la Première Guerre mondiale: Quand est-ce qu'elle a eu lieu? Quels étaient les pays alliés? Contre qui?*

Un film européen

COLLÈGE LÉONARD DE VINCI
CLDV

Léo a dit
Le Journal

Pour ce numéro spécial *Europe* de notre journal, nous avons choisi de parler de «Joyeux Noël», qui est un film en trois langues.

L'action principale du film «Joyeux Noël» repose sur plusieurs histoires vraies qui se sont déroulées pendant la Première Guerre mondiale.

Les premières images nous montrent des photos de bonheur, les photos de l'époque et d'un monde qui ne sera plus le même après «la Grande Guerre». Puis, les personnages principaux sont présentés: deux jeunes Écossais, prêts à partir à la guerre et tout heureux de pouvoir enfin «vivre» quelque chose de fort. Ensuite, le spectateur est transporté à Berlin, où il découvre deux chanteurs d'opéra, Anna Sörensen, Danoise, et Nikolaus Sprink, Allemand. On devine leur amour et on sent que cette guerre leur fait horreur. Le spectacle qu'ils donnent est interrompu par un officier qui annonce au public que la guerre est déclarée. Nikolaus doit partir à la guerre. La séquence suivante nous montre un jeune officier français, le lieutenant Audebert, qui doit, lui aussi, partir au front. Tout de suite après, le spectateur est plongé dans l'horreur des tranchées du nord de la France, près de la ville de Lens. Les soldats allemands, écossais et français s'y observent de loin et abattent le premier soldat ennemi qui sort de sa tranchée.

► C'est le 24 décembre. Anna a la permission de retrouver Nikolaus avec lequel elle chante devant les officiers à Lens. Après leur spectacle, Nikolaus décide de retourner auprès de ses camarades dans la tranchée. Anna le suit.

Les Allemands ont posé sur les tranchées des sapins de Noël avec leurs bougies. Les soldats des autres tranchées les regardent de loin. Nikolaus chante «Stille Nacht, heilige Nacht». Soudain, le chant est repris par les cornemuses des Écossais. C'est un moment-clé du film, un acte qui va tout changer: Nikolaus sort de la tranchée: Il tient un petit sapin de Noël, chante un chant latin et s'avance au milieu du «no man's land», suivi du regard par les Écossais et les Français, tous stupéfaits, par le chant, par la voix magnifi-

Anna et Nikolaus au front

que et par cet homme si courageux qui s'avance sans armes vers eux. On voit alors un Écossais sortir à son tour, puis un autre et encore un autre et bientôt tous sortent de leur tranchée. Alors les Français aussi se décident. Anna s'avance à son tour. Tous se parlent, échangent du vin, du chocolat, des gâteaux. Les hommes se montrent les photos de leur femme, caressent un chat qui, lui, va depuis le début du film de tranchée en tranchée. Le pasteur écossais va dire une messe de minuit que presque tous écoutent avec ferveur. On voit ensuite une des plus belles scènes du film: Anna va chanter pour tous les soldats de ces trois pays. La caméra montre en gros plan le visage des soldats et l'émotion de tous ces hommes. ► Le 25 décembre sera aussi une journée de trêve. Les lieutenants des trois pays, Audebert, Horstmeyer et Gordon, se rencontrent autour d'une tasse de café et se mettent d'accord pour enterrer leurs morts. On voit les soldats qui jouent au foot ... Et il y aura encore d'autres gestes, plus extraordinaires encore ... une fraternisation qui sera durement punie par les supérieurs, ceux qui ne sont pas dans les tranchées mais restent dans leurs bureaux.

Les lieutenants des trois pays, Gordon, Horstmeyer et Audebert, discutent.

NOTRE AVIS Ce qui nous a le plus frappés, c'est le fait que cette fraternisation a été tenue secrète si longtemps.

NOTRE CRITIQUE ★★★

Comprendre, analyser, commenter

C 42/1
C 42/2

2

a *Répondez aux questions.*

1. Qui sont les protagonistes? De quel pays viennent-ils? Quel rôle jouent-ils? Faites une grille dans votre cahier.
2. Que s'est-il passé le 24 décembre 1914 à Lens?

b *Décrivez en quoi consiste la fraternisation dont on parle dans l'article.*

c *Choisissez une de ces questions et répondez-y.*

1. (Si vous ne connaissez pas le film:) Est-ce que cet article sur «Joyeux Noël» vous donne envie de voir le film? Justifiez votre réponse.
2. (Si vous connaissez le film:) Qu'est-ce qui vous a le plus frappés dans le film? Expliquez pourquoi.

Découvrir

3

a *Retrouvez dans l'article les phrases correspondantes.*

1. Die Hauptpersonen werden vorgestellt.
2. Die Verbrüderung wird von den vorgesetzten Offizieren hart bestraft werden.
3. Diese Verbrüderung ist viele Jahre lang geheim gehalten worden.

b *Comment forme-t-on le passif? Formulez la règle.*

c *Comment dit-on en français:* „Der Krieg wird erklärt." „Sie sind vorgestellt worden."?

S'entraîner

C 43/3
C 43/4
4 *Lisez ces titres et formez des phrases en utilisant le passif.* (→ Repères, p. 64/2)

Exemple: Le nouveau film avec Depardieu a été présenté au dernier Festival de Cannes.

1 **Nouveau film avec Poésy présenté au dernier Festival de Cannes**

2 **Thuram gravement blessé**

3 **Acteurs du film «Joyeux Noël» reçus par le Ministre de la Culture**

4 **Nouveau roman d'Anna Gavalda traduit en 32 langues**

5 **Un million d'euros trouvé dans une vieille maison**

6 **Trou* noir découvert par les satellites de la NASA**

7 **Vingt personnes blessées dans un accident de voiture**

8 ***Groupe franco-allemand reçu hier soir à la Mairie d'Avignon***

* **le trou** das Loch

La statue de la liberté en construction à Paris

Écouter

PRÉP
5 *Écoutez le reportage sur la statue de la liberté. Prenez des notes, puis racontez à quelqu'un qui ne comprend pas le français ce que vous avez appris.*

Vocabulaire et expression

PRÉP
C 44/6
6 **a** *Trouvez un ou deux mots de la même famille et traduisez-les. Utilisez un dictionnaire monolingue.* (→ Utiliser un dictionnaire monolingue, p. 110)

découvrir deviner sentir déclarer caresser
retourner s'avancer interrompre reprendre punir

b *Écrivez un texte en utilisant le maximum des mots trouvés dans* **a**.

7 *Retrouvez comment on exprime ces phrases dans l'article. Comparez les constructions verbales en allemand et en français.*

1. Die Handlung des Films „Joyeux Noël" beruht auf mehreren wahren Geschichten, die sich während des Ersten Weltkriegs zugetragen haben.
2. Nikolaus verlässt den Schützengraben und geht auf die Mitte des Niemandslandes zu.
3. Man sieht, wie ein Schotte den Schützengraben verlässt.
4. Die Leutnants der drei Länder einigen sich darauf, ihre Toten zu beerdigen.
5. Der schottische Pfarrer wird eine Mitternachtsmesse lesen, der fast alle ergriffen zuhören.
6. Diese Verbrüderung wurde lange geheim gehalten.

PRÉP C 45/7

8 *Relevez dans le texte les mots et les expressions utiles pour parler d'un film. Complétez votre liste par des mots et des expressions que vous connaissez déjà. Cherchez les mots que vous aimeriez connaître en français dans un dictionnaire bilingue.* (→ Utiliser un dictionnaire bilingue, p. 108)

Activité

9 PRÉP *Lisez ces lettres de soldats français. Dites en allemand ce que vous avez compris.*

> C'était le jour de Noël, jour de fête, et ils demandaient qu'on ne tire aucun coup de fusil pendant le jour et la nuit, eux-mêmes affirmant qu'ils ne tireraient pas un seul coup. Ils étaient fatigués de faire la guerre. Ils me passèrent un paquet de cigares et une boîte de cigarettes à bouts dorés, je leur glissai le Petit Parisien en échange d'un journal allemand et je rentrai dans la tranchée française.

> Les tirailleries ont cessé brusquement chez les Allemands. Un grand nombre de Bavarois sont sortis de leurs tranchées en faisant signe de ne pas tirer sur eux, puis ils se sont avancés à mi-distance de nos tranchées et ont engagé la conversation avec nos hommes devant le secteur du Bois-Commun. Trêve complète.

> La trêve de Noël continue et le calme est complet sur tout le front. Sur les deux lignes opposées, les hommes n'hésitent pas à sortir des tranchées. Il y a des échanges de journaux, tabac, cigarettes. Aucune autre manifestation de la journée.

3

Écrire

10 *Choisissez une de ces deux citations tirées d'une interview avec le metteur en scène Christian Carion et répondez à la question posée. Écrivez un article pour le journal «Léo a dit».*

a «L'essentiel du film est vrai. Il y a eu plusieurs fraternisations pendant la guerre, à Noël surtout. Les hommes étaient postés à cent mètres les uns des autres. Au bout d'un mois, ils ont fini par se connaître. Ces tentatives de fraternisation ont été effacées des mémoires et des livres d'histoire.»

À votre avis, pourquoi est-ce que les gouvernements ont tenu ces fraternisations secrètes?

b «On m'avait dit que les spectateurs n'accepteraient jamais ça, un film en trois langues avec des sous-titres. C'est vraiment prendre les gens pour des cons[1]. Heureusement, j'ai tenu bon[2].»

Donnez des arguments pour ou contre un film en plusieurs langues avec des sous-titres.

1 **prendre les gens pour des cons** *fam.* die Leute für doof verkaufen 2 **tenir bon** nicht nachgeben

Ma «corres» pas possible (Un échange en 1988)

«Je te parie qu'elle aura de l'asthme et qu'elle sera allergique aux poils de chien!» Mon père sourit de ma mauvaise humeur. «Cornelia». Voilà tout ce que je sais de cette fille qui va venir habiter chez nous, et à qui je dois prêter mon lit pendant une semaine, pendant que je dormirai sur un matelas dans la chambre de mon frère. Et, en plus, au bout de cette semaine, il est même prévu que je reparte avec elle, avec tous

Cornelia et Virginie pendant les vacances à Biarritz

les autres dans le bus pour passer à mon tour une semaine chez elle, dans cette ville au nom bizarre: Illerkirchberg. On ne la trouve même pas sur une carte. Il faut regarder vers ... vers quoi déjà? Une ville avec un nom d'avion ... Non, pas Boeing ... Ah oui! ULM*.

[...]

► Mes copines du collège sont là aussi avec leur maman. Les Allemands, eux, se sont mis de l'autre côté de la salle et attendent aussi qu'on leur dise de s'asseoir. Ils sont bruyants et regardent de temps en temps dans notre direction. Et puis, ça y est. On s'assied, le maire parle là-bas devant, sur une petite tribune. On entend des mots comme «premier jumelage de la commune ... scolaires ... symbolique ... évènement ... histoire ... séjour ...» Avec Laure et Marie, on n'écoute pas ... «Comment elle s'appelle, la tienne?» «Annette, et la tienne?» «Cornelia.» «C'est laquelle?» «Je ne sais pas moi, c'est pas écrit dessus!» Benoît lui, à côté de moi, dit: «Je suis sûr que celui-là, c'est le mien ... Beurk, il n'a pas l'air sympa ...», en montrant un grand rouquin, les cheveux en brosse. L'appel commence. Comme d'habitude, je suis à la fin de la liste car mon nom commence par un V. Laure, puis Marie reviennent s'asseoir, accompagnées de leur correspondante à qui elles demandent: «Schprist du französisch?» «Un tout petit peu», répondent-elles, intimidées. Et moi? Elle n'est pas là, la mienne? Et si elle n'était pas venue? Puis, c'est mon tour, on m'appelle. Je m'avance, le cœur à cent à l'heure. En même temps, une autre jeune fille fait le même parcours à l'autre bout de la salle. Je l'entraîne bien vite vers mes copines. Je veux lui poser la même question, mais Cornelia dit tout de suite: «Ich spreche kein Französisch». Quoi? Hein? Tu peux redire ça? Elle répète. Mais c'est quoi cette fille qui vient chez moi sans parler français? Et comment je vais faire moi? Je suis tombée sur la seule fille de tout le bus qui ne parle pas français!

► Comment aurais-je pu imaginer qu'à cet instant, je vivais une rencontre exceptionnelle qui allait changer bien des choses dans ma vie? Que cette fille timide, à qui j'étais sûre de ne rien pouvoir dire, deviendrait l'une de mes meilleures amies? Celle avec qui je ferais des voyages, avec qui je parlerais des heures, je sortirais, j'irais au théâtre, à l'opéra. Imaginais-je que quelques jours après cette rencontre, j'allais découvrir l'Allemagne pour la première fois, son pays souabe, avec ses «Grüß Gott» et ses «Ade», ses «Maultaschen» et sa charcuterie au petit-déjeuner si différent du nôtre? C'est aussi avec elle que je devais passer des vacances inoubliables en Italie. Au retour, mes parents s'inquiétaient: dans mon sommeil, je me mettais à parler allemand. C'est grave, docteur?

* **un U.L.M. (Ultra-Léger Motorisé)** ein Ultraleichtflugzeug

Comment est-ce que j'aurais réagi si j'avais su qu'à cause, ou grâce à elle, j'allais me lancer dans les études d'allemand, passer une année à Ludwigsburg comme étudiante Erasmus, rencontrer là-bas des amis qui sont aussi devenus les siens. Savait-elle, que j'irais un jour aussi à cause d'elle faire un stage au NDR à Hambourg, et me faire subventionner par l'OFAJ pour payer mon premier voyage en avion et mon séjour sur place?
Et pourtant, on ne s'est pas beaucoup écrit. D'elle, je ne recevais qu'une lettre de temps en temps, mais de trois ou quatre pages à chaque fois. Je faisais pareil, en bravant les déclinaisons, accusatifs, datifs ... Même quand j'écrivais, «ich bin von ihm verliebt», elle comprenait! Je faisais des progrès vite, plus vite que mes copines Marie et Laure.
► Plus tard, j'allais régulièrement chez elle, dans sa chambre d'étudiante, à Passau. On sortait, on visitait des expos. On comparait les émissions de télévision qu'on voyait quand on était petites: *Maya l'abeille* et *Rue Sésame*. On comparait les systèmes scolaires, on parlait de nos voyages.
Ses copains m'apprenaient des mots nouveaux. C'est ainsi que «Kaff» est collé à l'image de Julian, qui me décrivait son village. «Schleuse» est lié à Kerstin, fille du Nord, «knapp» à Patricia et «speichern» au responsable de la salle informatique de l'école à Ludwigsburg. Il y avait aussi «anmachen», «baggern» et quelques expressions pires encore.
Quelques minutes plus tard, nous avons porté sa valise énorme et nous sommes allées vers la voiture. Mon père a ouvert la porte pour ranger la valise et la tête de notre chien est apparue. Cornelia a reculé d'un pas: «Ein Hund! Ich bin allergisch! Ich habe Asthma!» (Un chien! Je suis allergique! J'ai de l'asthme!).

D'après Virginie Vendamme: Ma «corres» pas possible.
Dans: 40 histoires franco-allemandes, OFAJ 2005

Comprendre, analyser, commenter

DELF C 46/1 C 46/2 C 47/3

1 **a** *Répondez aux questions.*

* **la narratrice** die Erzählerin

1. Quels passages du texte se rapportent à la première rencontre entre la narratrice* et sa correspondante? Quels passages du texte se rapportent à leur relation future? Indiquez les lignes.
2. Est-ce que la narratrice est contente de recevoir sa correspondante? Justifiez votre réponse à l'aide du texte.

b «Comment aurais-je pu imaginer qu'à cet instant, je vivais une rencontre exceptionnelle qui allait changer bien des choses dans ma vie?»

Trouvez dans le texte des exemples qui montrent que cette rencontre est exceptionnelle.
Expliquez le titre du texte.

C 47/4

c *Ces deux filles deviennent amies. Que signifie l'amitié pour elles? Et pour vous?*

Écouter

DELF

2 **a** *Qui est Benoît et de quoi parle-t-il? Est-ce qu'il a fait des expériences plutôt positives ou négatives?*

b *Écoutez encore une fois, prenez des notes et dites ce qui l'a frappé.*

S'entraîner

C 48/5 C 48/6 **3** *Remplacez les mots soulignés par des pronoms possessifs.* (→ Repères, p. 64/3)

Exemple: Mon portable ne marche plus. Est-ce que je peux utiliser le vôtre?

1. Mon portable ne marche plus. Est-ce que je peux utiliser votre portable?
2. Mais, écoute! Tes parents ne sont pas sévères. Mes parents sont beaucoup plus sévères.
3. Non, ce ne sont pas mes lunettes. Mes lunettes sont bleues.
4. Mets ta chaise près de ma chaise.
5. Vos parents sont là? Nos parents sont partis pour le week-end.
6. Mon frère est plus jeune que ton frère.
7. Ton exposé est vraiment long. Mon exposé est beaucoup plus court.
8. Votre dictionnaire est trop vieux. Utilisez notre dictionnaire.
9. J'ai pris mon cartable. Mais leurs cartables sont restés dans la classe.

4 *Faites des devinettes pour vos camarades. Utilisez des pronoms possessifs. Vous pouvez parler de votre famille, de vos copains, de votre école, de votre ville/village, de vos chanteurs/sports préférés, etc.* (→ Repères, p. 64/3)

Exemples:

La mienne est blonde, elle a 17 ans, elle aime les maths et les romans français.

C'est ta sœur.

Le nôtre est blanc, il a quatre étages, un gymnase et deux cours.

C'est notre lycée.

Réviser

C 49/7 **5** *Répondez aux questions. Utilisez des pronoms (pronoms objet direct, pronoms objet indirect,* y *ou* en*).*

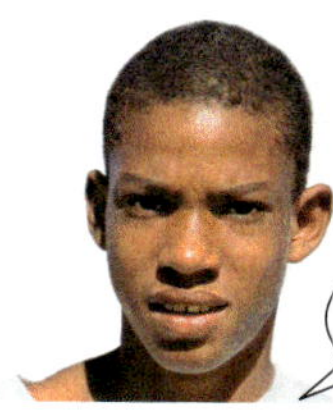

Exemple:

Qu'est-ce que tu as offert à tes parents pour Noël?

Je leur ai offert une belle photo.

1. Qu'est-ce que tu as offert à tes parents pour Noël?
2. Est-ce que tu regardes souvent la télé?
3. Est-ce que tu as déjà pensé à passer une année en France?
4. Est-ce que tu as besoin d'un nouveau dictionnaire?
5. Est-ce que tu écris souvent à ton ami/e?
6. Est-ce que tu aimes les chats?
7. Est-ce que tu rêves de passer tes vacances avec tes copains?
8. Est-ce que tu connais la Côte d'Azur?

6 *Qu'est-ce que vous ferez après le bac? Écrivez un texte et utilisez le futur simple.*

Vocabulaire et expression

7 **a** *Expliquez ces adjectifs à l'aide des verbes de la même famille. Comment traduisez-vous ces adjectifs en allemand?*

incroyable intraduisible insupportable
inattendu inconnu insurmontable inacceptable
inutilisable invaincu invincible

b *Quels noms vont avec quels adjectifs de* **a** *? Notez des combinaisons possibles.*

histoire phrase cadeau difficulté équipe mot
proposition champion appareil personne poème

8 **a** *Trouvez, à l'aide de la liste alphabétique des mots et d'un dictionnaire monolingue, quelles prépositions vont avec ces adjectifs/participes.*

allergique accompagné chargé fier
fâché collé amoureux content

b *Décrivez les situations. Utilisez les adjectifs de* **a** *.*

Exemple: Notre prof de géo est toujours chargé d'atlas.

1

2

3

4

5

6

7

8

Écrire

9 **a** *Décrivez une situation (étonnante/ inattendue/drôle/___) que vous avez vécue (pendant l'échange scolaire / pendant un voyage de classe / pendant les vacances / dans un camp de vacances / ___).*

j'étais déçu/e parce que ___
je n'aurais jamais pensé que ___
il était prévu que ___ mais ___
je m'attendais à ___

b *Cornelia raconte sa première soirée chez Virginie. Écrivez son journal.*

Activité

10 **a** *Répondez spontanément à ces deux questions. Écrivez vos réponses sur un papier, puis faites un sondage dans votre classe.*

1. Qu'est-ce que tu associes* à la France / à l'Allemagne?
2. Les Français sont ___ / Les Allemands sont ___

* **associer à** verbinden mit

b *On a posé ces mêmes questions à des classes allemandes et françaises. Voici ce que les élèves ont répondu. Devinez qui des Allemands ou des Français a écrit quoi et comparez ces réponses avec les vôtres.* (→ Solutions, p. 235)

Qu'est-ce que tu associes à la France / à l'Allemagne?

le sport la musique des films le foot
la charcuterie (au petit déjeuner) l'écologie
les vacances le vin la bière le fromage
de bons repas avec plusieurs plats
la Seconde Guerre mondiale une langue difficile
la baguette les voitures de luxe les après-midis libres
un pays important de l'Union européenne

Les Français / Les Allemands sont ___

arrogants de bons cuisiniers
gentils étranges gais
des gens qui suivent la mode
bons mangeurs accueillants
fêtards riches écologistes
généreux

c *Regardez ce collage et dites de quels clichés* il est question. Imaginez ce qu'un(e) élève français(e) pourrait dire en le voyant.*

d *Qu'en pensez-vous de ces clichés?*

e *Faites votre collage sur un Français typique, un Allemand typique ou un Européen typique.*

Collage: «Le Français typique» vu par Natalia Zaitseva (Gymnasium Neureut, Karlsruhe)

* **le cliché** das Klischee, das Vorurteil

L'Europe en direct: Les chemins de l'Europe

DELF C 50/8 **1** *Écoutez l'interview et répondez aux questions.*

1. D'où viennent Florie et Massimo? Qui sont-ils?
2. Dans quel pays vivent-ils actuellement?
3. Quelles langues parlent-ils et à quel niveau?
4. D'où viennent leurs amis?
5. Que pensent-ils des clichés?
6. Que représente l'Europe pour eux?

DELF PRÉP **2** *Qu'est-ce que ce document vous apprend sur les relations franco-allemandes? Présentez vos résultats en classe.* (→ Parler et analyser des statistiques, p. 124)

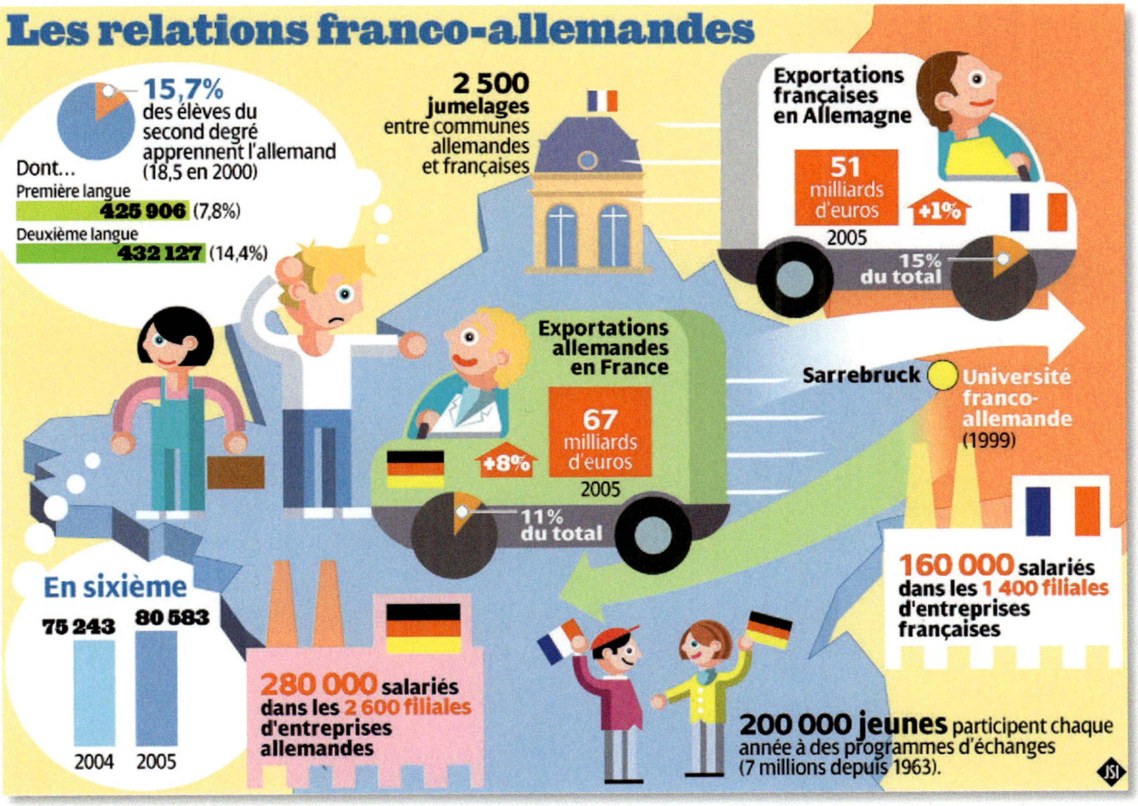

PRÉP **3** **a** *Regardez le sondage «Les jeunes et l'Europe», p. 62, et expliquez les opinions des jeunes Français sur l'Europe.* (→ Parler et analyser des statistiques, p. 124)

b *Faites le même sondage dans votre classe.*

c *Comparez vos résultats à ceux du sondage français.*

Les jeunes et l'Europe

QUESTION
À quoi l'Europe est-elle utile selon toi?

		%
Pour empêcher les guerres	Très utile	33
	Assez utile	38
	Pas très utile	24
	Pas utile du tout	5
Pour réduire le chômage	Très utile	8
	Assez utile	24
	Pas très utile	52
	Pas utile du tout	16
Pour être plus fort dans le monde	Très utile	38
	Assez utile	46
	Pas très utile	12
	Pas utile du tout	4
Pour rendre les gens plus libres	Très utile	30
	Assez utile	45
	Pas très utile	19
	Pas utile du tout	6

QUESTION
Te sens-tu plus français ou plus européen?

Plus français	67
Plus européen	8
Autant l'un que l'autre	22
Ni l'un ni l'autre	3

QUESTION
Aurais-tu envie d'aller étudier un an dans un collège d'un autre pays d'Europe?

Très envie	23
Assez envie	35
Pas vraiment	32
Pas du tout	10

QUESTION
Si tu avais le choix, dans quel pays d'Europe aimerais-tu vivre plus tard?

en France	33
en Espagne	18
en Angleterre	13
en Italie	13
en Allemagne	5
en Irlande	4
en Grèce	3
au Portugal	2
en Suède	2
au Luxembourg	2
en Belgique	1
en Autriche	1
à Malte	1
au Danemark	1
aux Pays-Bas	1

QUESTION
Crois-tu que l'Europe change quelque chose dans la vie de tous les jours des gens?

Beaucoup	8
Pas mal	35
Peu	43
Ça ne change rien	14

D'après: TNS Sofres (sondage réalisé sur Internet auprès de 500 jeunes Français de 11 à 15 ans en 2004)

4 *Lisez cette chronologie. Puis, faites des recherches et complétez-la jusqu'à nos jours.*

Chronologie des relations et de la coopération franco-allemandes

1870/71 Guerre entre la France et la Prusse. La France perd l'Alsace et une partie de la Lorraine.

1914–1918 Première Guerre mondiale: 3 300 000 morts. La France retrouve ses frontières perdues.

1926 L'Allemand Gustav Stresemannn et le Français Aristide Briand s'engagent pour la paix entre les deux pays et reçoivent le Prix Nobel de la paix.

1939 Début de la Seconde Guerre mondiale

1940–1944 Les Allemands occupent la France. La Résistance lutte contre l'occupation allemande.

1944 Les Alliés débarquent en Normandie (le 6 juin) et libèrent la France.

1945 Création d'une zone d'occupation française en Allemagne

1956 Traité franco-allemand sur la Sarre[1] qui devient un Land de la RFA[2] en 1957

1957 Traité de Rome

1963 Le président Charles de Gaulle et le chancelier Konrad Adenauer signent le traité sur la coopération franco-allemande, le traité de l'Élysée. Création de l'OFAJ.

1972 Signature de la convention concernant l'établissement de lycées franco-allemands et la création du baccalauréat franco-allemand (Abibac)

1973 Ouverture des relations diplomatiques entre la France et la RDA[3]

1975 Accord franco-allemand sur une harmonisation des politiques économiques

1984 À Verdun, le chancelier Kohl et le président Mitterrand rendent hommage aux soldats tombés pendant les deux guerres mondiales.

1988 Accord sur la création d'un Haut Conseil culturel franco-allemand. Création du prix De Gaulle / Adenauer qui récompense une personnalité ou une institution active dans la coopération franco-allemande.

1991 Création de la chaîne de télévision européenne ARTE

1999 Création de l'Université franco-allemande dont le siège est à Sarrebruck

2003 40ème anniversaire du traité de l'Élysée: les sommets franco-allemands sont remplacés par des conseils des ministres communs. Le 22 janvier devient la journée de l'amitié franco-allemande.

2003 Opposition allemande et française à l'intervention militaire en Irak

2004 60ème anniversaire du débarquement allié en Normandie. Pour la première fois, un chancelier allemand (Schröder) est présent aux cérémonies.

1926

1963

1984

1991

2004

1 **la Sarre** das Saarland 2 **la RFA** die BRD 3 **la RDA** die DDR

Repères

Vocabulaire thématique

1 So kannst du über einen Film sprechen

Inhalt

L'action principale se déroule (pendant ___).
L'action principale repose sur (des histoires vraies).
Les premières images nous montrent ___ .
Les personnages principaux sont présentés.
Le spectateur est transporté (à Berlin).
La séquence suivante (nous montre) ___ .
Le spectateur est plongé dans (l'horreur des tranchées).
C'est un moment-clé du film.
C'est un acte qui va tout changer.
Depuis le début du film, ___ .
On voit ensuite une des plus belles scènes.
La caméra montre ___ en gros plan.
Ce qui nous a le plus frappés, c'est ___ .

Personen (Stimmungen/Gefühle)

Il/Elle est de mauvaise humeur.
Il/Elle est timide/intimidé(e).
Il/Elle s'inquiète.
Son cœur bat à cent à l'heure.
Il/Elle fait qc avec ferveur.
Il/Elle est stupéfait(e).
(La guerre) lui fait horreur.

Présente un de tes films préférés. Utilise aussi le vocabulaire de l'exercice 8, p. 55.

Grammaire

2 Das Passiv Le passif (→ GH, p. 50)

Un officier interrompt le spectacle.
Le spectacle **est interrompu** par un officier.

Un officier a interrompu le spectacle.
Le spectacle **a été interrompu** par un officier.

Les officiers puniront la fraternisation.
La fraternisation **sera punie** par les officiers.

a Das Passiv wird immer mit ___ gebildet. Deshalb wird das Partizip Perfekt immer dem ___ angeglichen.

b Übersetze die Beispielsätze. Woran kannst du erkennen, in welcher Zeit das Passiv steht?

3 Die Possessivpronomen Les pronoms possessifs (→ GH, p. 49)

Singular		Plural	
männlich	weiblich	männlich	weiblich
le mien	la mienne	les miens	les miennes
le tien	la tienne	les tiens	les tiennes
le sien	la sienne	les siens	les siennes
le nôtre	la nôtre	les nôtres	
le vôtre	la vôtre	les vôtres	
le leur	la leur	les leurs	

Complétez:

1. Tu peux me donner un crayon? Je ne trouve pas [?].
2. Ta mère est italienne? [?] est bulgare.
3. On peut apprendre le chinois dans votre collège? Dans [?], ce n'est pas possible.

Préparer la lecture

C 51/1 **1** **a** *Cherchez le Jura sur une carte de France.* (→ p. 239)

b *Cherchez des informations sur la Résistance, l'Occupation, le maquis.* (→ Civilisation, p. 137)

c *Regardez, dans l'histoire, les dessins en noir et blanc et répondez aux questions suivantes.*

1. Formulez, à l'aide de ces illustrations, des hypothèses sur l'histoire.
2. À votre avis, pourquoi y a-t-il des illustrations en noir et blanc et d'autres en couleur?

Pierrot, mon héros

J'ai quinze ans et j'habite à Lons-le-Saunier, dans le Jura, je m'appelle Pierre Charnal et j'ai un grand-père qu'on appelle Grand-Pierre. En 1944, il avait quinze ans et il habitait avec sa sœur aînée, son frère aîné et ses parents dans une ferme du Jura. À cette époque-là, on l'appelait Pierrot, comme moi maintenant. Pierrot, un petit nom que je déteste, parce que ça fait clown et terriblement ringard, même si Pierrot, ça rime avec héros.

La ferme de Grand-Pierre a brûlé pendant la dernière guerre mondiale, mais mes parents ont fait reconstruire une belle maison au même endroit. Grand-Pierre a perdu ses parents et sa sœur pendant cette guerre. Mais il n'aime pas parler de cette époque. Et il répond toujours en deux, trois mots à nos questions sur lui, sur la disparition de ses parents, sur la ferme. À mon avis, il a trop de mauvais souvenirs. Je sais aussi qu'il est entré très jeune dans la Résistance et quand j'ai choisi l'allemand deuxième langue à l'école, il n'a pas été très content, mais il n'a rien dit. Quelquefois, il regarde même mes livres.

► Un jour où il lisait le journal comme d'habitude, quelque chose de bizarre est arrivé. Je faisais mes devoirs dans la salle de séjour et j'écoutais le CD de mon livre d'allemand. C'était une histoire idiote d'enfants perdus dans la Forêt Noire. Une mère demandait: «Hast du sie gesehen?» Le père, désespéré, criait comme au théâtre: «Nein! Ich habe niemanden gesehen!»

Grand-Pierre a jeté son journal par terre et a crié aussi:

«Qu'est-ce que ça veut dire?»

J'ai arrêté la cassette. Je croyais à un reproche.

«Heu ... je ... fais trop de bruit?

– Non, cette phrase en allemand, là, sur ton CD, qu'est-ce que ça veut dire?

– Ça veut dire: «Je n'ai vu personne». C'est l'histoire de deux enfants qui ...

– Ton histoire ne m'intéresse pas, a dit Grand-Pierre. Repasse-moi la phrase!»

On a écouté vingt fois: «Ich habe niemanden gesehen!» Grand-Pierre avait l'air bouleversé. Il tremblait et avait les larmes aux yeux. Moi, je ne comprenais rien. Au bout d'un moment, il a retrouvé son calme et il m'a raconté son histoire.

► «J'avais ton âge, c'était pendant la guerre, sous l'Occupation. Il y avait souvent des hommes qui arrivaient la nuit à la ferme, des

garçons de la région et une fille que je ne connaissais pas. Ils repartaient avec des provisions. Je posais des questions, mais personne n'y répondait. Marcel, mon frère aîné, ne dormait plus chez nous, mais lui aussi, venait souvent la nuit et repartait avec un sac plein de linge et de fromage. Ma mère se faisait du souci, mon père, qui n'était déjà pas très bavard, ne parlait plus du tout, ma sœur Agnès, qui voulait devenir institutrice, n'arrêtait pas de lire ou alors elle aidait mes parents. On ne parlait pas des visites nocturnes, mais je savais bien que mon frère faisait partie d'un réseau de résistants et je savais aussi que je ne devais pas le savoir. Je l'admirais et tu penses bien que je voulais le suivre le plus tôt possible.

► C'était le début des grandes vacances. À cette époque-là, on avait encore trois mois de vacances. Je travaillais aux champs avec mes parents et le dimanche, j'allais pêcher. Un dimanche, je suis parti très tôt, vers cinq heures du matin, à la rivière, car je voulais pêcher quelques heures et rentrer avec le repas de midi dans mon sac.»

Là, mon grand-père a fait une pause. Il avait une drôle de voix. Mais il a continué:

Au bout d'une heure, j'ai eu un drôle de pressentiment. Je n'avais pas encore assez de poissons pour toute la famille, mais je suis quand même rentré. Quand je suis arrivé près de la ferme, j'ai vu de loin des camions et des soldats. J'ai vu mon père, ma mère et ma sœur, que des soldats poussaient dans un camion. Je me suis caché. Il y avait encore plein de soldats partout. J'entendais des cris, des ordres hurlés en allemand. Ensuite, les hommes se sont dispersés autour de la ferme. Ils cherchaient quelqu'un. Mon frère? Moi? Les deux, je pense.

Quelqu'un s'est approché du buisson où j'étais caché. Je me suis fait tout petit. La tête entre les

bras, j'ai attendu un moment. Et quand j'ai relevé la tête j'ai vu un jeune soldat qui me regardait. Un brun aux yeux verts qui m'a dit à voix basse, en français, avec cet accent que je détestais: «Ne bouge pas, reste où tu es». Ensuite,

j'ai entendu: «Kurt! Kurt!» Alors, il est retourné vers les autres soldats. Il a crié, «Ja, ja» et une phrase en allemand à ses camarades qui s'approchaient, il l'a répétée plusieurs fois, parce que les autres n'entendaient pas. Pierrot, je ne sais pas l'allemand, mais le son de cette phrase-là, je l'ai dans ma tête depuis plus de soixante ans. Ensuite, ce Kurt et ses camarades sont montés dans les camions et ils sont partis.»

► Grand-Pierre n'a plus rien dit. Mais moi, je voulais tout savoir, alors cette fois, j'ai insisté. Il a soupiré:

«La suite, Pierrot, tu peux l'imaginer. Je suis resté longtemps derrière mon buisson. Le soleil était déjà chaud, mais j'avais froid, très froid. Je suis finalement rentré dans la cour et j'ai vu notre chien par terre: il avait un trou dans la tête. Je suis allé dans la cuisine. Sur la table, il y avait des bols de café au lait encore pleins. Et une tartine de beurre et un livre à côté du bol de ma sœur. Elle lisait à table, une mauvaise habitude, mes parents avaient horreur de ça. J'ai mangé la tartine et j'ai fait un sac.»

«Le chien, la tartine de beurre, le livre, le sac.» Il s'arrête là. Il ne peut pas dire qu'il est parti dans le maquis pour retrouver son frère. Il ne dit pas que les SS ont fusillé son père, déporté sa mère et sa sœur. Il ne dit pas non plus qu'ils ont brûlé la ferme, deux jours après. Il dit: «Plus tard, bien plus tard, dans les années soixante, soixante-dix, j'ai toujours pensé que ce Kurt allait revenir.

– Tu voudrais le revoir?»

Il ne répond pas. Il appuie sur le bouton: «Ich habe niemanden gesehen.» crie la voix d'un mauvais acteur.

Sylvie Schenk

8 **le petit nom** der Spitzname 8 **ça fait clown** das ist lächerlich 9 **ringard/e** *adj.* altmodisch 10 **rimer avec qc** sich auf etw. reimen 29 **la Forêt Noire** der Schwarzwald 36 **le reproche** der Vorwurf 45 **bouleverser qn** jdn erschüttern 46 **trembler** zittern 62 **bavard/e** *adj.* geschwätzig, redselig 62 **plus du tout** gar nicht mehr 67 **nocturne** *m./f. adj.* nächtlich 70 **le réseau** das Netzwerk 78 **le champ** das Feld 81 **pêcher** angeln 86 **drôle de** + *Nomen adj.* seltsam, eigenartig 87 **le pressentiment** die Vorahnung 91 **le camion** der Lastwagen 95 **l'ordre** *m.* die Anweisung 100 **le buisson** die Hecke 102 **relever la tête** den Kopf heben 104 **à voix basse** leise, mit leiser Stimme 123 **insister (sur qc)** (auf etw.) beharren, drängen 124 **soupirer** seufzen 125 **la suite** die Fortsetzung, der weitere Verlauf 129 **le trou** das Loch 139 **fusiller qn** jdn erschießen 146 **appuyer sur qc** auf etw. drücken 146 **le bouton** der Knopf

Comprendre, analyser, commenter

C 51/2 C 52/3 **2** **a** *Qu'est-ce qu'on apprend sur le jeune garçon et son grand-père dans la première partie du texte? Faites une grille avec des mots-clés et présentez ensuite les deux personnages à votre voisin.*

b *Répondez aux questions.*

1. Qu'est-ce qui s'est passé entre le grand-père de Pierrot et Kurt? Expliquez pourquoi la situation était dangereuse pour tous les deux.
2. Pourquoi est-ce que Grand-Pierre a toujours pensé que Kurt allait revenir?
3. Est-ce que le titre «Pierrot, mon héros» est bien choisi? Justifiez votre réponse.

c *À votre avis, pourquoi est-ce que le grand-père n'a pas raconté son histoire plus tôt?*

Vocabulaire et expression

3 *Reconstituez les phrases en utilisant la bonne préposition. Parfois, il y a plusieurs possibilités.*

1. Grand-Pierre n'aime pas parler		réponse.
2. Cette fois-ci, son petit-fils pose des questions	à	sa famille.
3. Souvent, ses questions sont restées	avec	la guerre.
4. Grand-Pierre répond toujours	dans	héros.
5. Le frère de Grand-Pierre faisait partie	de/d'	la Résistance à quinze ans.
6. L'histoire qu'il raconte s'est passée	en	Lons-le-Saunier.
7. Il est entré	sans	aller pêcher.
8. Le dimanche, il avait l'habitude	sur	un réseau de résistants.
9. Leur maison est	sous	l'Occupation.
10. Son nom «Pierrot» rime		deux, trois mots.

Activités

4 **a** *Imaginez la vie de Grand-Pierre et celle de Kurt après la guerre. Rédigez leur biographie.*

b *Kurt revient aujourd'hui à Lons-le-Saunier. Il retrouve Grand-Pierre. Imaginez la scène.*

PRÉP C 52/4 C 53/5 **5** *Une vieille dame raconte. Écoutez et prenez des notes. Puis résumez l'histoire en quelques phrases en français. Répondez aux questions: Quand? Qui? Où? Quoi?* (→ Faire une médiation, p. 112)

un prisonnier   bombarder   sauver

3 BILAN DES COMPÉTENCES

Compréhension orale

DELF **1** *Écoutez l'interview avec Christian Carion, metteur en scène du film «Joyeux Noël». Notez le numéro des thèmes dont il parle dans votre cahier.*

Christian Carion pendant le tournage* du film «Joyeux Noël»

Christian Carion parle

1. de son enfance
2. des cimetières français
3. du tournage de son film
4. de la guerre à Londres
5. de l'armée allemande
6. de ses recherches
7. de la première fois qu'il a entendu parler des fraternisations.

* **le tournage** die Dreharbeiten

2 *Écoutez encore une fois et complétez. Notez les mots qui manquent dans votre cahier.*

1. Je suis né près de Cambrai, où mes parents [?] agriculteurs, et mon enfance toute entière [?] par la Guerre de 1914–1918.
2. J'ai lu «Batailles de Flandres et d'Artois» de Buffetaut. C'est grâce à l'un de ses chapitres, «[?]» que j'ai pour la première fois entendu parler des fraternisations, avec notamment l'épisode du ténor qui chante pour les soldats et le [?] entre les combattants ennemis.
3. Et au fur et à mesure que je [?] tous les documents évoquant [?], j'ai eu envie de raconter cette histoire extraordinaire, de partager avec le public l'émotion que cela suscitait en moi.

DELF **3** *Notez dans votre cahier si ces phrases sont vraies ou fausses. Corrigez les phrases fausses.*

1. Christian Carion est né près de Cambrai pendant la Première Guerre mondiale.
2. Aujourd'hui, on ne trouve plus de traces* de la Première Guerre mondiale.
3. Il a adoré le livre d'Yves Buffetaut parce qu'il connaît bien tous les endroits dont l'auteur parle dans son livre.
4. Il a fait des recherches en France, en Angleterre et en Allemagne.
5. Dans les archives de l'armée française, il a trouvé des documents sur le ténor qui chantait pour les soldats.

* **la trace** die Spur

Début d'une amitié franco-allemande

En 1952, dans un restaurant situé près du Lac Majeur*, un serveur italien eut la bonne idée de placer à la même table deux jeunes couples de nationalités différentes. Il était sans doute loin d'imaginer que son initiative allait marquer durablement la destinée de plusieurs familles françaises et allemandes ... L'un de ces couples était celui de mes parents ... Français, jeunes mariés. Mon père ne parlait pas l'allemand, à l'époque. Mais il maîtrisait bien l'anglais et l'italien, et en entendant l'accent un peu «exotique» du jeune homme assis en face de lui, il engagea la conversation dans la langue de Shakespeare. L'homme répondit également en anglais, expliquant que sa femme et lui étaient allemands ... Situation qui semblerait bien banale aujourd'hui! Mais sept ans après la Seconde Guerre mondiale, il n'était pas évident qu'un couple français et un couple allemand déjeunent de bon cœur en tête à tête. Mais ces quatre jeunes gens faisaient partie d'une génération d'Européens décidée à en finir avec les guerres et les vieux antagonismes. La sympathie fut si vive que les deux ménages passèrent le reste de leurs vacances ensemble. Puis, quand vint l'heure des adieux, on promit de se revoir, et aussi de se confier réciproquement les enfants, lorsque ceux-ci seraient nés et auraient quelque peu grandi.

Les années passèrent et l'on tint parole. Ce fut mon frère aîné, Pierre, qui ouvrit le bal en partant pour Cologne, alors qu'il n'était âgé que de sept ans! Quand mes parents vinrent le rechercher au bout de trois semaines, ils eurent la grande surprise de le voir jouer dans la rue avec des petits enfants blonds et n'avoir visiblement aucune difficulté à converser avec eux! L'événement fut même relaté, à l'époque, dans les *Kölnische Nachrichten,* qui saluait ce bel exemple d'amitié franco-allemande.

Gilles Buscot dans sa famille d'accueil

* **le Lac Majeur** der Lago Maggiore

D'après Gilles Buscot: Amitiés plurielles. Dans: 40 histoires franco-allemandes, OFAJ 2005

DELF **4** *Lisez le texte et trouvez le bon résumé.*

1. Dans ce texte, l'auteur décrit une amitié franco-allemande qui naît pendant un échange entre Cologne et Lille.
2. Dans ce texte, l'auteur décrit une amitié franco-allemande qui naît par hasard pendant les vacances.
3. Dans ce texte, l'auteur décrit une amitié franco-allemande qui naît parce que les enfants s'entendent bien.

DELF **5** *Notez le numéro de la bonne réponse dans votre cahier.*

1. [a] L'histoire se passe avant la Seconde Guerre mondiale.
   [b] L'histoire se passe quelques années après la Seconde Guerre mondiale.
   [c] L'histoire se passe il y a sept ans.

2. [a] Les Français, c'étaient les parents de l'auteur.
   [b] Les Allemands, c'étaient les parents de l'auteur.
   [c] Les Anglais, c'étaient les parents de l'auteur.

3. [a] Le père de l'auteur commence à parler en italien.
   [b] Le père de l'auteur commence à parler en français.
   [c] Le père de l'auteur commence à parler en anglais.

4. [a] Les deux couples trouvent la situation banale.
   [b] Les deux couples passent leurs vacances ensemble.
   [c] Après le déjeuner, le couple français dit au revoir au couple allemand.

5. [a] Les deux couples ont décidé d'échanger leurs futurs enfants pendant les vacances.
   [b] Les deux couples ont décidé de passer les vacances ensemble avec leurs enfants.
   [c] Les deux couples ont décidé de partir pour Cologne pour un bal.

6. [a] Pierre ne voulait pas partir pour Cologne.
   [b] Pierre avait sept ans quand il est parti.
   [c] Pierre est parti pour Cologne pour sept ans.

7. [a] Pour Pierre, il était facile de comprendre les enfants allemands.
   [b] Pour Pierre, il n'était pas facile de comprendre les enfants allemands.
   [c] Au bout de trois semaines, Pierre savait lire les «Kölnische Nachrichten».

Production orale

DELF **6** *Regardez ces dessins. Racontez l'histoire.*

Production écrite

DELF **7** *Qu'est-ce que c'est pour vous, l'Europe? Répondez à une ou plusieurs des questions suivantes.*

Est-ce que c'est une chance pour vous? Est-ce que l'Europe change quelque chose dans la vie de tous les jours? Seriez-vous prêts à l'avenir à travailler dans un autre pays d'Europe?

DOSSIER 4 *Tendances*

C 56/1
C 56/2

1. *Regardez les documents et parlez des différents thèmes de ce dossier. Tenez aussi compte du document sonore.*
2. *Regardez les statistiques et interprétez-les.*
3. *Parmi ces thèmes, lesquels sont les plus importants pour vous? Pourquoi? Discutez.*

Méditerranée ça va chauffer
Quand Montpellier sera entourée de steppes arides

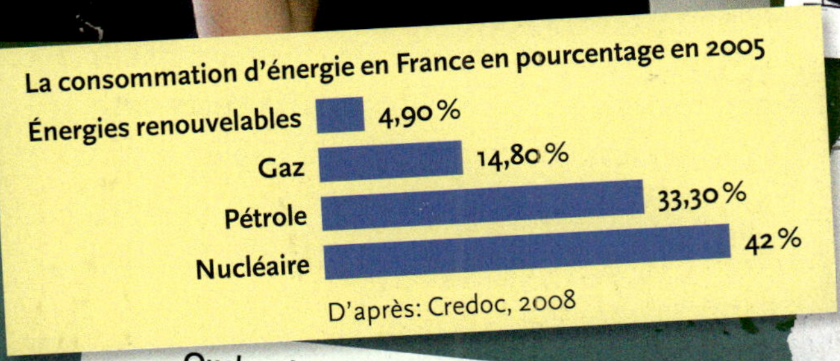

À quoi bon prendre l'avion?

Le nouveau record du TGV: 540 km/h!

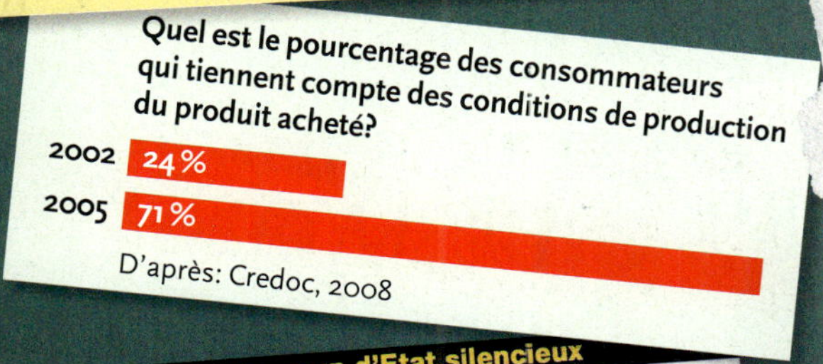

Les nouveaux Français

Quelles sont les grandes tendances de la société actuelle? Le magazine «Nous» a interviewé Philippe Thèvenin, professeur de sociologie à Nanterre.

P. THÈVENIN: Je crois qu'on vit dans une société pleine de contradictions. Un simple exemple: Beaucoup de jeunes cherchent une nouvelle spiritualité. Beaucoup de jeunes courent à Taizé,

Taizé

mais ne renoncent pas à la dernière marque de baskets ou de portable. Dans l'ensemble, on peut dire que tout bouge et que les gens se bougent, et qu'on vit à une époque passionnante, peut-être justement parce qu'elle est pleine de contradictions.

NOUS: Il n'y a pas longtemps de ça, les gens pensaient: Dès que j'aurai réussi à mes examens, je trouverai un emploi, quand j'aurai trouvé un emploi je me marierai et j'aurai des enfants. Amen. On peut dire que ce temps-là est bien passé?

P. THÈVENIN: On fait toujours des plans d'avenir bien sûr, mais les jeunes savent qu'ils devront changer de métier deux ou trois fois dans leur vie. Un couple sur deux se sépare dans les grandes villes, la majorité des femmes travaillent. Tout est constamment remis en question.

NOUS: Les Français ne remettent-ils pas un peu trop de choses en question? À Paris, les semaines sans manifestations sont rares.

P. THÈVENIN: Oui, c'est vrai, les gens sont critiques, surtout les jeunes. Ils savent que les hommes politiques ne tiendront pas toujours leurs promesses quand ils seront arrivés au pouvoir. Mais il n'y a pas seulement des manifs pour des questions de salaires. Il y en a aussi pour les populations en difficulté, par exemple pour les pays africains qui ne peuvent pas acheter les médicaments contre le sida. Il y a les actions du groupe «Jeudis Noirs». Ce sont des personnes qui protestent contre les appartements trop chers à Paris. Les gens célèbres, acteurs, chanteurs, grands sportifs, donnent l'exemple en s'engageant pour les droits de l'homme.

►**NOUS:** Les médias jouent un rôle important.

P. THÈVENIN: Bien sûr, on vit de toute façon dans une société du spectacle et des médias. La télé et

Internet influencent les comportements. Certains jeunes et moins jeunes se plongent dans une vie virtuelle dès qu'ils sont sortis de l'école ou du bureau. On ferme la porte, on ouvre son ordinateur, et on quitte son vrai «moi» pour s'engager dans une seconde vie pleine d'aventures multiples.

NOUS: C'est super malsain, non?

P. THÈVENIN: Tout ce qu'on exagère est dangereux. Mais heureusement tout le monde ne vit pas devant son écran. Beaucoup s'éclatent dans

le sport. Il y a un goût des sports extrêmes. Battre un record devient un objectif absolu. Certains jeunes font du sport pour les grandes sensations mais toute une population en fait pour sa santé.

► **NOUS:** D'après les titres des magazines, la santé, la beauté sont une des grandes préoccupations des Français.

P. THÈVENIN: Les Français prennent dans l'ensemble trop de médicaments mais font de plus en plus attention à manger et à vivre sainement. Ils se posent aussi des questions sur la santé de la planète et sont plus écolos qu'on croit. Aujourd'hui, chaque village trie ses déchets, le sac en plastique disparaît des supermarchés et on voit de plus en plus de vélos, même à Paris. On choisit des objets du commerce équitable. Les gens ne disent plus «Après moi le déluge!» mais «Quel sera l'avenir de nos enfants quand la planète sera devenue la poubelle de l'univers?». Notre pays sait aussi que les habitants des pays africains ou de l'Arctique seront les premiers à souffrir du changement de climat que les pays les plus riches auront provoqué.

NOUS: Le mot qui définit le mieux notre époque?

P. THÈVENIN: La rapidité.

Comprendre, analyser, commenter

DELF C 58/1 **1** **a** *Retrouvez ce que Philippe Thèvenin dit dans l'interview sur les thèmes suivants.*

la santé | l'engagement | les médias | une société qui change | le sport

C 58/2 **b** *Quels adjectifs pourraient définir la société actuelle? Justifiez vos réponses à l'aide du texte.*

solidaire actif/-ive égoïste courageux/-euse passif/-ive peureux/-euse* ___

* **peureux/-euse** ängstlich

C 58/3 **c** *«La rapidité», c'est pour Philippe Thèvenin le mot qui définit le mieux notre époque. Et pour vous? Justifiez votre réponse à l'aide d'exemples.*

Écouter

DELF **2** **a** 🎧 *Écoutez et reliez les différents documents sonores aux photos.*

1

2

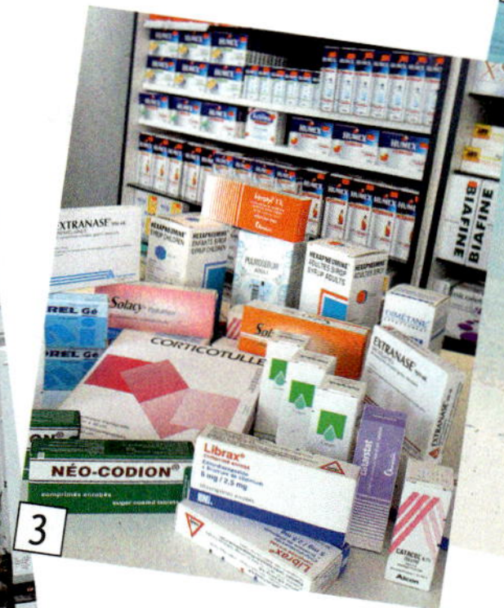

3

4

b 🎧 *Écoutez encore une fois. Choisissez un des documents sonores et imaginez qui parle à qui dans quelle situation. Racontez de quoi ils parlent.*

Découvrir

3 **a** *Indiquez dans chaque phrase la chronologie des événements. Faites un schéma dans votre cahier.*

1. Dès que j'aurai réussi à mes examens, je trouverai un emploi.
2. Marie te téléphonera sûrement quand elle sera rentrée de ses vacances.

d'abord:	après:

b Was wird mit dem „futur antérieur" ausgedrückt? (→ Repères, p. 85/2)

S'entraîner

C 58/5
C 59/6 **4** **a** *Trouvez une question possible pour chaque mini-dialogue.*

1. – Quand est-ce que ____ ?
   – Quand nous aurons fait des économies.
2. – Quand est-ce que ____ ?
   – Dès que tu auras eu enfin un bon bulletin.
3. – Quand est-ce que ____ ?
   – Dès que maman sera rentrée.
4. – Quand est-ce que ____ ?
   – Quand les gens seront devenus intelligents.

Exemple:

Quand est-ce que tu achèteras une moto?

Quand j'aurai convaincu mes parents.

b ◐ *Posez des questions à vos camarades. Ils/Elles répondent.* (→ Repères, p. 85/2)

Exemple:
– Que feras-tu quand tu auras passé le bac?
– J'irai un an en Guadeloupe.

tu auras passé le bac
tu auras réussi à tes examens
tu auras trouvé un emploi
tu te seras marié/e
tu seras devenu/e grand-père/grand-mère

Réviser

5 **a** *Dans chacun des trois paragraphes, il manque toujours le même verbe. Lisez d'abord chaque paragraphe, retrouvez le verbe qui manque et mettez-le à la forme demandée.*

1. – Quand je [?] *(présent)* du bureau, je vais à mon club sportif et j'y reste deux ou trois heures.
   – Alors vous rentrez tard le soir. Vous ne [?] *(présent)* jamais avec votre femme?
   – Si, nous [?] *(présent)* quelquefois le week-end. Nous [?] *(passé composé)* samedi dernier mais nous ne [?] *(futur)* plus ce mois-ci. Nous [?] *(imparfait)* plus souvent autrefois, mais maintenant cela coûte trop cher.

2. – Nous [?] *(présent)* devant un écran de télévision ou d'ordinateur. Pourtant on [?] *(présent)* une époque passionnante. Autrefois, les enfants [?] *(imparfait)* dans la rue, dans les champs, dans la forêt.
   – Ce qui est sûr, c'est que les jeunes d'aujourd'hui [?] *(futur)* plus longtemps que nous. La moyenne de vie augmente. Et ils [?] *(présent)* déjà des choses qu'on n'[?] pas [?] *(passé composé)*.

3. – Les sportifs [?] *(présent)* des records. Et quand ils [?] *(passé composé)* un record, ils veulent en [?] *(infinitif)* un autre. Ça nous mène où, à votre avis?
   – Je ne sais pas. Mais le sport, c'est sain. Pendant qu'on [?] *(présent)* un record, on ne se [?] *(présent)* pas avec d'autres personnes.
   – (riant) Quel argument! Je [?] *(présent passif)*!

b *Traduisez les phrases. Trouvez les différentes significations des trois verbes de* **a** *dans les différentes phrases.*

4

Vocabulaire et expression

C 59/7 **6** *Quel verbe va avec quel nom? Reliez et formez une phrase avec chacune de ces expressions.*

trier	prendre
provoquer	réussir à
tenir	faire
changer de	réaliser

plans d'avenir	examen
médicament	métier
déchets	changement
objectif	promesse

Activité

PRÉP C 60/8 **7** *Choisissez une de ces activités.*

1. Préparez et faites une interview avec vos camarades de classe sur l'importance du monde virtuel dans leur vie quotidienne. Présentez vos résultats.
2. Rédigez le portrait (humoristique ou sérieux) d'une personne ou d'un couple qui correspondrait en tous points à la description du nouveau Français. (→ Décrire quelqu'un, p. 124)

Monsieur/Madame Tendance habite ___. ___
Monsieur/Madame Tendance aime ___. Il/Elle a / Ils ont ___.

Héros d'aujourd'hui

Zohra et Mathieu – ils ont seize et dix-sept ans – sont invités par un jeune animateur à la radio pour une discussion. Le thème de son émission, c'est: Les jeunes ont-ils encore des modèles? Existe-t-il des héros d'aujourd'hui?

Animateur: Bon alors, pouvez-vous me citer une personne de notre époque, vivante et, à votre avis, – exemplaire – et nous en parler? Hm ... pas de sportif, d'acteur, de chanteur, c'est trop facile.

Mathieu: C'est une question-piège! Et tu nous la poses alors que tu sais très bien que les personnes qu'on admire font partie du domaine de la musique, du sport et du cinéma! Mais il y a quelqu'un à qui je pense immédiatement, c'est Nicolas Hulot, un type que j'admire beaucoup. Il fait partie de ceux qui essaient de sauver la planète et de convaincre les hommes politiques d'agir. En fait, il les y oblige en leur mettant la pression et je trouve ça super. Ce qui me plaît aussi chez lui, c'est qu'il s'est fait tout seul. Il a perdu son père très tôt, il était super intelligent et aurait pu faire des études mais sa mère ne pouvait pas les lui payer. Il a fait plein de boulots avant d'être reporter dans des pays en guerre.

Zohra: C'est vrai. Et c'est quelqu'un d'honnête. Ce que j'aime bien aussi chez lui, c'est son énergie, il écrit des livres, il a créé cette fondation pour la nature et l'homme, il rassemble des signatures, il fait circuler des idées. Mais ce n'est pas un écolo borné, il ne veut pas supprimer les voitures et les avions, il ne veut pas nous en priver mais il veut en modérer l'usage, il nous propose de changer nos comportements. Ce qui me plaît aussi, c'est qu'il n'agit pas par goût du pouvoir mais parce qu'il croit à ce qu'il dit.

Animateur: Il est très, très présent dans les médias et ça ne doit pas lui déplaire.

Mathieu: On ne peut pas le lui reprocher! Heureusement que les médias s'intéressent à lui! Sinon il ferait tout ça pour des prunes. Comment veux-tu convaincre les gens sans télé, sans radio, sans Internet?

Zohra: Je suis absolument de ton avis. Ce qui me plaît aussi chez Hulot, c'est qu'il est réaliste sans être négatif, il pense qu'il est encore possible d'agir pour l'environnement.

► *Animateur:* Et les femmes? Vous n'avez pas de modèles parmi les femmes?

Zohra: Si, bien sûr, j'ai un nom, mais si je te le donne, tu vas protester, parce que mon héroïne est morte dans les années trente ...

Animateur: Dis toujours.

Zohra: Je pense à Marie Curie qui reste mon héroïne préférée, je l'admire parce que c'est une des premières femmes des sciences, à une époque où les carrières de femmes scientifiques n'étaient pas courantes! Elle a découvert la radioactivité avec son mari Pierre Curie et elle a pratiquement donné sa vie pour la science. En fait, je trouve que c'est une héroïne très moderne.

► *Mathieu:* Il y a toujours beaucoup plus de chercheurs hommes que de femmes en sciences, mais ça change pas mal. À propos, je ne sais pas si tu connais les romans policiers de Fred Vargas. On t'en a déjà parlé? L'auteur est une femme super intéressante et très vivante.

Zohra: Oui, je connais ses romans policiers, enfin, j'en ai lu un sur le thème de la peste. J'ai bien aimé ses personnages, son humour et son univers bizarre. Elle nous y plonge dès le premier chapitre. Après, on ne s'arrête plus.

Mathieu: Elle a beaucoup d'énergie. Elle écrit ses romans en trois semaines pendant les vacances. En fait, elle est d'abord archéologue et chercheuse dans un laboratoire scientifique. Elle s'est intéressée aux épidémies et a inventé

une combinaison à porter contre la grippe aviaire. J'ai lu une interview d'elle, il n'y en a pas beaucoup parce qu'elle veut avoir la paix et n'aime pas les médias.
Zohra: C'est sûrement quelqu'un d'intéressant. Mais je peux encore vous citer quelqu'un de formidable: Sœur Emmanuelle. C'est une femme que j'admire profondément, bien qu'elle ne soit pas de ma religion. Elle est née en Belgique et elle doit être très vieille à l'heure actuelle. Je crois qu'elle avait déjà plus de soixante ans quand elle a décidé de partager la vie des pauvres en Égypte, elle a fait construire des écoles, elle leur a ouvert des dispensaires. Elle leur donne sa vie, elle la leur donnera jusqu'à la fin, sans s'occuper de sa santé ni de son confort. C'est quand même génial qu'il y ait des gens si courageux, non?

Comprendre, analyser, commenter

DELF
C 61/1
C 62/3

1 **a** *Répondez aux questions.*

1. D'après quels critères Zohra et Mathieu doivent-ils choisir leurs «modèles»? Pourquoi Mathieu proteste-t-il?
2. Qu'apprend-on sur les quatre personnages cités? Faites un tableau dans votre cahier et prenez quelques notes sur leur biographie, leurs qualités, leurs actions.

b *Trouvez pour quelles raisons les jeunes admirent les personnes citées.*

c *Lequel de ces personnages vous semble le plus intéressant et pourquoi? Donnez votre avis à l'animateur de la radio.*

Découvrir

2 **a** *Lisez. Décrivez la place des pronoms objet.*

... tu nous la poses ... (l. 11)
... sa mère ne pouvait pas les lui payer. (l. 28)
... on ne peut pas le lui reprocher. (l. 45)
... si je te le donne ... (l. 56)
... elle la leur donnera jusqu'à la fin. (l. 106)
Tu me la montres? (dessin)

b *Décrivez la place de* y *et de* en.

... pouvez-vous me citer une personne (...) et nous en parler? (l. 6)
Il les y oblige. (l. 20)
... il ne veut pas nous en priver ... (l. 37)
On t'en a déjà parlé? (l. 73)
Elle nous y plonge ... (l. 78)

C 63/4
C 64/5

3 **a** *Écoutez et dites quelle phrase va avec quel dessin.*

b *Écoutez encore une fois et regardez les dessins. Dites de quoi ces personnes parlent.* (→ Repères, p. 85/3)

C 64/6
C 65/7
C 65/8

4 *Complétez les phrases par deux pronoms.* (→ Repères, p. 85/3)

me te le/la/l' les nous vous	me te lui nous vous leur	en

– Où est le plan de Berlin?
– Je ? ? ai déjà dit: Dans le sac bleu!

– Tu as parlé du programme à Lise et Nico?
– Non, je ne ? ? ai pas encore parlé.

– Aujourd'hui, on va à Sanssouci.
– Vous auriez pu ? ? dire avant!

– Est-ce que les autres ont l'adresse du théâtre?
– Oui, je ? ? ai donnée.

– Tu as pris des photos, hier?
– Plein! Je peux ? ? montrer si vous voulez.

– À qui sont ces lunettes de soleil?
– À Léo, je vais ? ? donner.

5 PRÉP *Expliquez à un copain français / une copine française de quoi il est question.* (→ Faire une médiation, p. 112)

Mehr zahlen für Flüge?

Fliegen schadet dem Klima und keinen interessiert es. Die Politiker nicht, sonst stünden Maßnahmen wie die europaweite Besteuerung von Kerosin, komplette Mehrwertsteuer auf alle Flugtickets oder verpflichtende Emissionsabgaben weiter oben auf der To-Do-Liste. Die Fluggesellschaften nicht, sie locken mit Sonderangeboten immer mehr Menschen in ihre Flieger. Und den Verbraucher kann es auch nicht interessieren, sonst wären die Billig-Airlines nicht so erfolgreich. Und mal ehrlich: Wer sagt zu Flügen für null Euro noch Nein? Das ökologische Bewusstsein wird immer häufiger über Bord geworfen, wenn die Alternativen zum Flugzeug um ein Vielfaches teurer sind. Die Umweltverbände sind sich deshalb einig: Fliegen muss teurer werden! Ansonsten steuern wir immer schneller auf die Klimakatastrophe zu, statt ihr entgegenzuwirken.
Das Bundesumweltministerium startet die Initiative „klimabewusst fliegen" und appelliert an die ökologische Verantwortung eines jeden. Künftig sollen Flugreisende eine freiwillige Emissionsabgabe zahlen und mit dem Geld Projekte fördern, die ihrerseits CO_2 einsparen. Die Projektverantwortlichen möchten Umweltschutz betreiben, den Kunden über die Schäden, die Flugemissionen anrichten, aufklären und ein Bewusstsein für Alternativen schaffen wie beispielsweise Reisen mit Bus und Bahn oder Telefonkonferenzen statt Geschäftsreisen.

Nach: www.fairkehr.de, 2007

Écouter

6 DELF *Écoutez le jeu «Qui a dit quoi?» et dites de qui sont ces citations.** *Justifiez votre réponse.*

* **la citation** das Zitat

Marie Curie

Nicolas Hulot

Sœur Emmanuelle

Fred Vargas

Vocabulaire et expression

7 PRÉP C 62/2 *Voici des adjectifs et des expressions qui servent à décrire une personne. Complétez cette liste.* (→ Texte, p. 78–79, Petit dictionnaire allemand-français, p. 211)

Il/Elle est né/e ___. Il/Elle est d'origine ___.
C'est quelqu'un de ___. Ce qui me plaît chez ___, c'est ___.
Il/Elle fait partie de ceux/celles qui ___. Il/Elle agit par ___.
Il/Elle n'est jamais agressif/-ive / méchant/e / ___.

réaliste
tolérant/e
courageux/-euse
honnête ___

Activité

8 PRÉP *Choisissez une de ces activités.*

1. Présentez votre «modèle» choisi d'après les critères donnés par l'animateur. (Texte, p. 78, lignes: 6–10) Utilisez les éléments de l'exercice numéro 7.
2. Faites une recherche sur un des personnages présentés dans cette séquence et faites un exposé. (→ Présenter la biographie de quelqu'un, p. 123)

La France en direct: La presse des jeunes – un phénomène français?

C 66/9 **9** **a** *Regardez les couvertures, lisez les informations et dites lequel de ces magazines vous intéresse le plus et pourquoi.*

b *Connaissez-vous un magazine allemand/autrichien pour jeunes? Présentez-le.*

On compte 12 éditeurs, 63 titres pour 12 millions de lecteurs de 6 mois à 25 ans. En voici quelques exemples pour les 14–20 ans. Vous pouvez rechercher aussi sous www.pressedesjeunes.com

JE BOUQUINE

Se passionner, rêver ou rire ... *Je Bouquine* propose aux jeunes lecteurs de vivre pleinement toutes les émotions de la lecture.

Chaque mois:

– un roman inédit écrit par les meilleurs auteurs d'aujourd'hui: aventure, polar, ou fantastique. Variété garantie!
– un dossier littéraire et une BD sur un grand écrivain classique et son œuvre: idéal pour se cultiver avec plaisir.
– un vrai guide lecture – roman, BD, manga – et les coups de cœur cinéma – musique de la rédaction.
– des jeux et des concours pour goûter tous les plaisirs de l'écriture: courrier, blog, mini-roman.

Prix: 6,50 €
Tirage: 175 000 exemplaires
Tranche d'âge: 12–16 ANS
Périodicité: mensuel

LES CLÉS DE L'ACTUALITÉ

De 13 à 18 ans

Chaque semaine, pour comprendre l'actualité en France et dans le monde.

Informatives, proches de l'univers des jeunes, *Les Clés de l'actualité* aident à comprendre le monde pour mieux y trouver sa place.

L'actualité culturelle, politique, scientifique et économique décryptée.

Le dossier détachable de 4 pages, idéal pour les exposés.

L'enquête sur les phénomènes de leur génération: blogs, relations sociales, chat, etc.

Des réflexions, des interviews et des débats enrichissants.

Prix au numéro: 1,80 €
Abonnement 1 an: 73 €
Tirage: 31 360 exemplaires
Périodicité: hebdomadaire

PHOSPHORE

«Préparer son avenir, vivre à fond le présent».
Expert du monde lycéen et étudiant depuis 25 ans, *Phosphore*, avec son magazine, ses hors séries et son nouveau site web, accompagne les jeunes de 15–25 ans dans la réussite de leurs études et les prépare au monde de demain. *Phosphore* cherche l'info au plus proche de ses lecteurs, tout en les aidant à se construire une solide culture générale.

Chaque mois:

1 des conseils pratiques pour réussir ses études, améliorer ses méthodes de travail, se préparer au bac. Des solutions pour bien choisir son orientation. Des informations sur les métiers et les filières d'études.

2 des dossiers, des documents, des reportages pour décoder l'actualité: économie, histoire, géopolitique, sciences, environnement, société, sport ...

3 des fiches de culture générale, des clés et des repères pour comprendre le monde.

4 les rendez-vous de la génération 15–25 ans, les nouvelles tendances, des enquêtes psycho, toute l'actualité culturelle (cinéma, musique, livres, BD, multimédia ...). Tout ce qui fait la vie des jeunes! Phosphore, le magazine de référence des étudiants!

Mensuel créé	**en 1981**
Tranche d'âge:	**de 15 à 25 ans**
Prix au numéro:	**5,95 €**
Tirage:	**110 000 exemplaires**

SCIENCE & VIE JUNIOR

Le mensuel des jeunes de 13 à 18 ans. Grâce à un format élargi laissant place à de nombreuses photos et à des schémas, le nouveau *Science et Vie Junior* décode l'actualité scientifique, technique et stimule son appétit de lecture. Brèves d'actualité renforcées, rubriques ciné, livres, jeux redynamisés, *Science et Vie Junior* propose 100 pages de connaissance, d'humour et d'émotions. Parce que la curiosité est un très beau défaut ...

Mensuel créé	**en 1988**
Prix au numéro:	**4,50 €**
Tirage:	**200 000 exemplaires**

LE MONDE DES ADOS

Le complice des ados de 11 à 15 ans. *Le Monde des ados* donne aux 11–15 ans les clés pour comprendre le monde qui les entoure avec l'actualité décryptée et commentée, et un grand dossier sur un sujet de société, de science ou d'histoire, l'actualité de la semaine, les évènements marquants du monde, la culture, les loisirs: télé, les 7 bons plans de la semaine, musique, cinéma, sport, les questions personnelles, les relations avec les amis, les professeurs et les parents. La revue est un lieu d'échange et de dialogue où les adolescents sont invités à exprimer leurs idées.

Prix au numéro:	**4,50 €**
Tirage:	**45 000 exemplaires**
Périodicité:	**bimensuel**

4

Repères

Vocabulaire thématique

1 So kannst du über gesellschaftliche Themen sprechen

Umweltprobleme

Le climat se réchauffe.
Les pays riches ont provoqué le changement de climat.
Les gens consomment de l'eau / de l'essence / de l'énergie / ___ .
La consommation d'énergie augmente / baisse / est trop forte / ___ .

Umweltschutz

Il est possible d'agir pour l'environnement.

Il faut
- tout faire pour préserver notre environnement.
- trier les déchets.
- changer nos comportements.

On peut
- économiser les ressources naturelles / l'eau / l'essence / l'énergie / ___ .
- utiliser les énergies renouvelables / le papier recyclé / ___ .
- débrancher les appareils électroniques.
- acheter des produits du commerce équitable.
- éviter de prendre la voiture / un bain / l'avion / d'imprimer les textes / ___ .
- remplacer un bain par une douche.

Tendenzen in einer Gesellschaft / Trends

Les grandes tendances de la société actuelle sont ___ .
On vit dans une société de ___ .
On vit une époque passionnante / pleine de contradictions / ___ .
Tout est constamment remis en question.
(Les médias) jouent un rôle important.
(Les médias) influencent le comportement des gens.
(Battre un record) est devenu un objectif.
Il y a un goût des (sports extrêmes).
(La santé / la beauté) sont devenu(e)s les grandes préoccupations de la société.

Les gens sont critiques / honnêtes / réalistes / négatifs / écolos / ___ .
Ils s'engagent pour (les droits de l'homme).
Ils se plongent dans (une vie virtuelle).
Ils cherchent (une nouvelle spiritualité).

(Les Français), dans l'ensemble,
- prennent ___ .
- font ___ .
- vivent ___ .
- se posent des questions (sur ___).

2 Das „futur antérieur“ Le futur antérieur (→ GH, p. 52)

Die Bildung La formation

j'	aurai	écrit	je	serai parti/partie
tu	auras	écrit	tu	seras parti/partie
il/elle/on	aura	écrit	il/elle/on	sera parti/partie/parties
nous	aurons	écrit	nous	serons partis/parties
vous	aurez	écrit	vous	serez parti/partie/partis/parties
ils/elles	auront	écrit	ils/elles	seront partis/parties

a Beschreibe die Bildung des „futur antérieur“.

Der Gebrauch L'emploi

Erzählzeitpunkt — Zukunft

Elle dit: Quand j'**aurai fini** l'école, je **ferai** un grand voyage.

b Beschreibe den Gebrauch der Zeiten in diesem Beispiel.

3 Die Stellung zweier Pronomen im Satz La place de deux pronoms dans la phrase (→ GH, p. 52)

Il me montre la photo. Il me la montre.
Il nous pose les questions. Il nous les pose.

Elle donnera sa vie aux pauvres. Elle la leur donnera.
Elle ne paie pas les études à son fils. Elle ne les lui paie pas.

Merke

me te nous vous	le la les	+ Verb	Aber:	le la les	lui leur	+ Verb

Il oblige les hommes politiques à agir. Il les y oblige.

Ils nous parlent des problèmes d'aujourd'hui. Ils nous en parlent.

⚠ Die Pronomen „y“ und „en“ stehen immer nach dem Objektpronomen.

Écoutez les mini-dialogues et répétez les réponses.

Préparer la lecture

1 *Regardez la photo et lisez les termes techniques.*

Un viaduc dernier cri

Fermez les yeux. À quoi pensez-vous quand on vous dit «sept-mâts»? Bien sûr à un grand bateau élégant qui glisse sur la mer.

Quand vous descendez de Clermont-Ferrand par la A 75 vous voyez au loin ce sept-mâts qui traverse la vallée du Tarn. Et si la vallée entre le Causse rouge et le Larzac est dans la brume, alors vous avez vraiment l'impression d'embarquer sur un navire. Mais la mer est encore loin. C'est sur un pont que vous venez d'arriver, un immense viaduc dont les haubans blancs ressemblent de loin aux voiles d'un navire. À l'est, vous avez une vue magnifique sur Millau et la pointe du Causse au-dessus de la ville. À l'ouest, vous admirez le Tarn. Un seul problème: Le viaduc fait partie de l'autoroute. Donc, on ne peut pas s'arrêter pour prendre des photos ... Alors, faites le calcul: 2 460 mètres à 110 km à l'heure ... Le spectacle est vite terminé. ▶

► Le viaduc de Millau a été ouvert en décembre 2004 après trois ans de travaux seulement. 600 personnes ont travaillé sur ce chantier et il n'y a eu aucun accident grave. Avec ses 2 460 mètres, c'est le plus long viaduc d'Europe. Avec un tablier à 270 mètres au-dessus du Tarn, le plus haut du monde. Quand on a annoncé sa construction aux gens du pays, le futur «sept-mâts» a provoqué une tempête de protestations. «On s'attendait à une horreur qui allait défigurer nos montagnes. Pendant les travaux on a souffert du bruit et mangé de la poussière. Maintenant qu'il est terminé, on se dit qu'il est vraiment réussi.» dit un habitant du pays. «Il faut aller avec son temps,» dit un autre, «on ne peut pas arrêter le progrès.» Donc, plus de «Non au viaduc!». Beaucoup craignaient que le pont abîme la nature, détruise le paysage.

la vallée du Tarn

les gorges du Tarn en canoe

paysage d'Aveyron

les caves de Roquefort

► Tout le monde reconnaît maintenant que l'ouvrage est exceptionnel. La plupart sont fascinés par la technique employée et les villages apprécient le développement touristique que le viaduc a apporté à la région. Les touristes ne s'arrêtent pas seulement au viaduc pour acheter un dépliant ou des cartes postales, ils sont venus pour lui mais en profitent pour visiter la région.
Ils vont visiter Saint-Georges-de-Luzençon, un village du Moyen-Âge, Millau, la ville du gant, ils vont se baigner dans les gorges du Tarn, font des excursions sur le Causse, ou vont visiter à 25 kilomètres de Millau, les caves du roquefort, le roi des fromages qui fait vivre une bonne partie de la région.

paysage d'Aveyron

► DES CHIFFRES

Piles Il y en a sept, elles ont une surface de contact de trente mètres carrés avec le tablier qu'elles supportent.

Tablier C'est la partie qui supporte la chaussée de circulation. Il est large de 32 mètres et épais de quatre mètres.

Pylônes Ils se trouvent au-dessus des sept piles, ils mesurent 90 mètres de haut et supportent chacun onze paires de haubans. Comme le tablier, ils sont en acier.

Haubans Ce sont ces gaines blanches qui rigidifient le pont. Chaque pylône compte vingt-deux haubans (onze de chaque côté).

290 000 tonnes Le poids total de l'ouvrage.

205 000 tonnes Le poids total du béton utilisé.

56 000 tonnes Le poids de l'acier utilisé pour le viaduc (tablier, pylônes, piles, câbles des haubans).

36 000 tonnes Le poids du tablier en acier, soit cinq fois celui de la Tour Eiffel.

30 000 tonnes Le poids de la plus haute pile qui culmine à 245 mètres sous le tablier.

30 000 litres La peinture utilisée pour blanchir le viaduc.

18 Le nombre de caméras de surveillance. Fonctionnant 24 heures sur 24, elles détectent automatiquement les problèmes. Les informations arrivent directement au poste de contrôle se trouvant au poste de péage.

4 Le nombre de voies de circulation, deux dans chaque sens.

0 Aucun accident grave pendant la construction!

D'après: Références, 2007

p. 86: titre: **le viaduc** le pont titre: **dernier cri** très moderne 1 **le sept-mâts** der Siebenmaster 2 **glisser** gleiten 6 **la vallée** das Tal 8 **la brume** der Dunst, der Nebel 10 **embarquer** an Bord gehen 14 **le hauban** die Brückenstrebe, das Schrägseil 15 **le navire** le bateau 16 **la vue** *nom de* voir 17 **la pointe** die Spitze, der Vorsprung 17 **au-dessus de qc** über etw.

p. 87: 20 **les travaux** *hier:* die Bauarbeiten 22 **le tablier** die Brückenplattform 23 **annoncer qc** etw. ankündigen 23 **la construction** *nom de* construire 27 **défigurer qn/qc** jdn/etw. verunstalten 29 **souffrir de qn/qc** unter jdm/etw. leiden 29 **la poussière** der Staub 31 **abîmer qn/qc** jdn/etw. schädigen 32 **détruire qn/qc** *contraire de* construire 33 **reconnaître qc** etw. anerkennen, etw. einsehen 35 **le dépliant** das Faltblatt, der Prospekt 38 **la gorge** die Schlucht 39 **la cave** der Keller 39 **le roquefort** *un fromage*

p. 88 Des chiffres: 40 **la pile** der Brückenpfeiler 40 **la surface** die Oberfläche 42 **épais/se** *adj.* breit 44 **le pylône** der Mast 44 **mesurer qc** etw. messen 45 **l'acier** *m.* der Stahl 46 **la gaine** die Hülle, der Mantel 46 **rigidifier qc** etw. stabilisieren 48 **le poids** *nom de* peser 48 **l'ouvrage** *m.* das Werk 54 **culminer** gipfeln 56 **blanchir qc** etw. weiß anstreichen 57 **la surveillance** die Aufsicht 58 **détecter qc** etw. erfassen 60 **le poste** die Stelle 61 **le péage** die Maut 62 **la voie** *hier:* die Fahrbahn 63 **le sens** *hier:* die Richtung

Comprendre, analyser, commenter

C 67/1 **2** **a** *Traitez les deux points suivants.*

1. Relevez le nom des endroits mentionnés dans le texte, retrouvez-les sur la carte de France, p. 239 et lisez les informations correspondantes. (→ Civilisation, p. 137)
2. Retrouvez à l'aide du texte ce qui fait de ce pont un pont exceptionnel.

b *Avant et après: Quelles étaient les opinions des gens du pays avant la construction du viaduc? Et après? Justifiez votre réponse à l'aide du texte.*

Vocabulaire et expression

3 **a** *Trouvez d'autres exemples de mots avec le préfixe* dé-. (→ Liste alphabétique, p. 180)

défigurer déplaire

b *Expliquez le sens des mots que vous avez trouvés.*

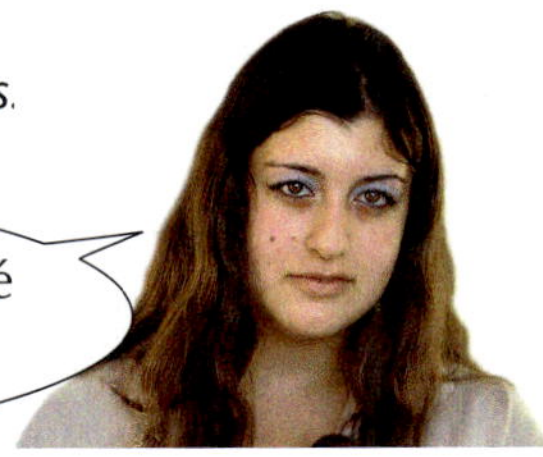

4

4 *À vous de jouer avec les mots du texte. Vos réponses ne doivent pas forcément être sérieuses. L'un de vous propose les mots, les autres notent leurs associations et les présentent à la classe.*

volcan roquefort vallée
autoroute tempête ___

Activité

PRÉP C 67/2 C 67/3 **5** *Choisissez une de ces activités.*

1. Un groupe d'architectes présente le projet du viaduc de Millau aux gens du pays et essaie de les convaincre. Ils présentent les aspects techniques (fiche technique, maquette[1] ou croquis[2] ...) et les avantages que représente cette construction pour la région. Prenez leur rôle.
2. Fabriquez la maquette[1] ou faites le croquis[2] d'un pont célèbre et présentez les caractéristiques de sa construction (fiche technique, autres aspects intéressants, etc ...). (→ Utiliser un dictionnaire bilingue, p. 108)

1 **la maquette** das Modell 2 **le croquis** die Skizze

Compréhension orale

DELF **1** *Lisez ces quatre phrases. Puis, écoutez ce témoignage de quatre jeunes sur le thème de l'engagement et dites qui pense quoi. Notez les lettres et les noms correspondants dans votre cahier.*

a En donnant, on reçoit beaucoup.
b L'engagement, c'est aider et informer.
c Les manifs, la révolution, ce n'est vraiment pas mon truc.
d La politique, c'est très important.

Julien Sandra Anaïs Raphaël

2 *Écoutez encore une fois ces témoignages et résumez chacun d'eux en quelques phrases.*

Compréhension écrite

3 **a** *Lisez d'abord le texte.*

▸ L'homme du futur aura moins de dents que nous parce que nous ne mangeons presque plus d'aliments[1] durs qui ont besoin d'être mâchés[2]. L'homme du futur n'aura que 28 dents au lieu de 32.
▸ Il sera plus grand, tout simplement parce que les bébés sont mieux nourris, donc mieux construits qu'à l'origine. Les médicaments les protègent des maladies. On sait par exemple qu'en 1800 la taille des Français de dix-huit ans était environ de 1,63 mètres, elle était en 1958 de 1,68 mètres, alors qu'elle était en 1993 de 1,75 mètres.
▸ Il sera probablement plus myope[3]. En ville, on n'a pas besoin de voir loin.
▸ Il sera probablement métis[4]. Tout simplement à cause des moyens de transport qui permettent à tous les peuples de se rencontrer et de se mêler.
▸ Il sera plus vieux. Toujours grâce à l'hygiène et aux progrès de la médecine et à une meilleure alimentation.
▸ Son cerveau[5] sera plus grand, notre crâne[6] étant déjà trois fois plus grand que celui des premiers hommes. Mais ce sera surtout la complexité des synapses qui se développera.
▸ On restera enfant plus longtemps. En effet, les os[7] durcissent[8] de plus en plus tard. Il y a trente mille ans, tous les os étaient durs à près de 18 ans. De nos jours, on n'arrête de grandir qu'à 25 ans.
▸ Le corps masculin deviendra plus féminin. On constate que les crânes féminins et masculins sont de plus en plus semblables.

D'après Bernard Werber: L'Encyclopédie du Savoir Relatif et Absolu, 2000

1 **les aliments** la nourriture = ce qu'on mange 2 **mâcher qc** etw. kauen 3 **myope** *m./f. adj.* kurzsichtig 4 **métis/se** *adj.* → le métissage 5 **le cerveau** das Gehirn 6 **le crâne** der Schädel 7 **l'os** *m.* der Knochen 8 **durcir** → dur/e

DELF **b** *Notez dans votre cahier à quelle question le texte répond.*

1. Quels sont les effets du changement de nourriture sur l'homme?
2. Comment sera la société à la fin de notre siècle?
3. De quoi aura l'air l'homme de demain?

DELF **c** *Relisez le texte et mettez les thèmes dans le bon ordre.*

[a] l'âge
[b] la vue
[c] la couleur de la peau
[d] la durée de l'enfance
[e] l'intelligence
[f] la ressemblance homme-femme
[g] l'évolution de la taille de l'homme
[h] les dents

d *Vrai ou faux? Notez dans votre cahier. Corrigez les erreurs.*

D'après le texte:

1. Les gens auront moins de dents parce qu'ils mangent trop d'aliments sucrés.
2. Les gens verront moins bien.
3. La mixité de la population augmentera.
4. Les gens seront en meilleure santé.
5. On sera plus vite adulte.
6. Il y aura de moins en moins de différences physiques entre les hommes et les femmes.

Production écrite

4 *Comment imaginez-vous la société de demain? Écrivez un texte. Vous pouvez parler des sujets suivants.*

la nature — l'enseignement — les moyens de transport — le travail — les relations humaines — la nourriture — les loisirs

Production orale

DELF **5** *Décrivez la caricature. Présentez son thème et les aspects qui vous semblent les plus importants. Donnez aussi votre opinion sur ce sujet.*

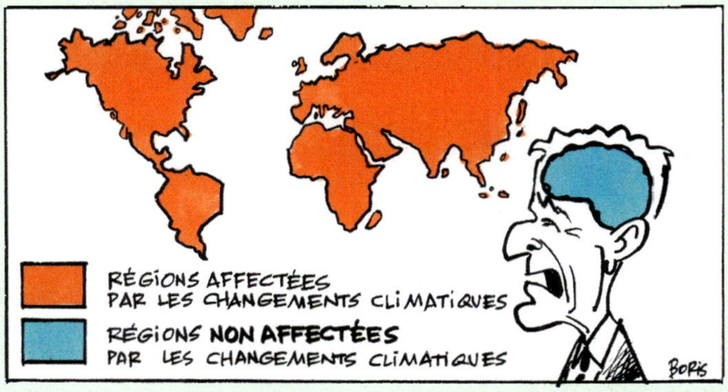

DOSSIER 5 *Visages de l'Afrique*

C 70/1
C 70/2
C 70/3

1. *Regardez les documents 1 et 2. Qu'est-ce qui vous frappe le plus?*
2. *Comparez la carte d'Afrique de 1937 et celle de 2007. Dites pourquoi on parle français dans certains pays d'Afrique.*
3. *Écoutez le document sonore et dites de quels pays viennent Adja et Ousmane. Complétez vos fiches d'identité avec les informations données par Adja et Ousmane.*

LE MALI
RESSOURCES:
l'or, le coton, le sel, l'uranium

1 L'âge moyen de la population africaine

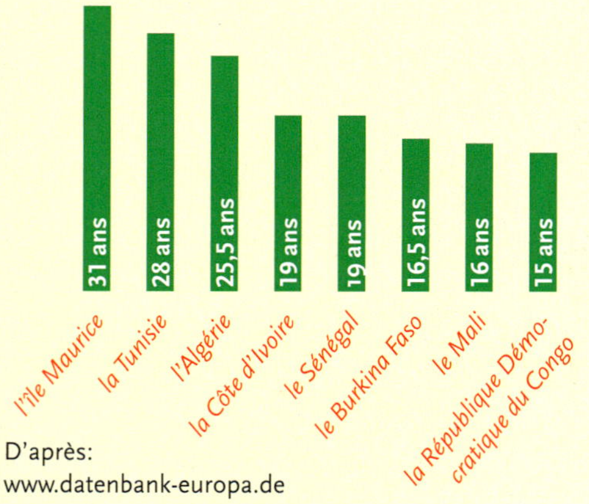

D'après:
www.datenbank-europa.de

LE SÉNÉGAL
RESSOURCES:
l'agriculture, la pêche, le tourisme

2 Le saviez-vous?

- Presque tous les Africains parlent plusieurs langues.
- Au Nigeria on parle plus de 400 langues.
- L'Afrique subsaharienne compte presque 39,5 millions de francophones.
- L'Afrique compte 32 villes de plus d'un million d'habitants. Le Caire, en Égypte, et Lagos, au Nigeria, comptent plus de 10 millions d'habitants.
- L'Afrique est le continent où les villes se développent le plus vite: leur population qui représente 40% de la population totale, a été multipliée par onze depuis 1950.
- L'Afrique est le continent avec la plus grande natalité (4,79 enfants par femme).

D'après: www.bpb.bund.de

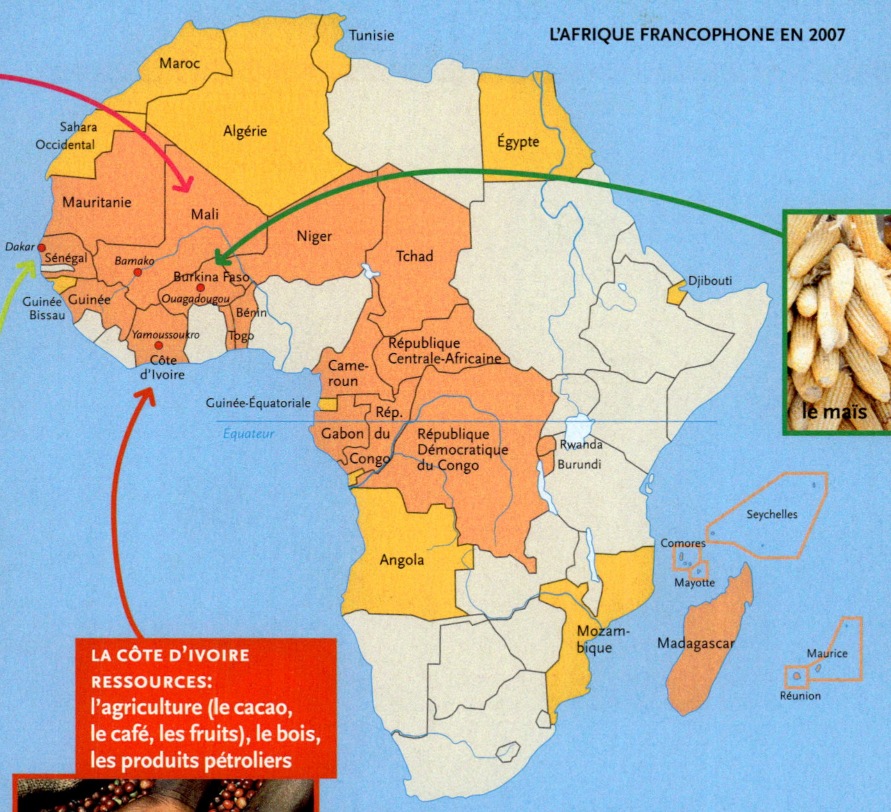

LA CÔTE D'IVOIRE
RESSOURCES:
l'agriculture (le cacao, le café, les fruits), le bois, les produits pétroliers

Pays où le français est langue officielle ou administrative
Pays où le français est langue d'enseignement privilégiée
Îles où le français est langue officielle et/ou maternelle

Fabédougou: les dômes

le maïs

Dioulassoba: la mosquée

les arachides

LE BURKINA FASO
RESSOURCES:
l'agriculture (les arachides, le maïs), quelques mines (l'or, le cuivre, le fer)

le café

Yamoussoukro: Notre-Dame-de-la-Paix

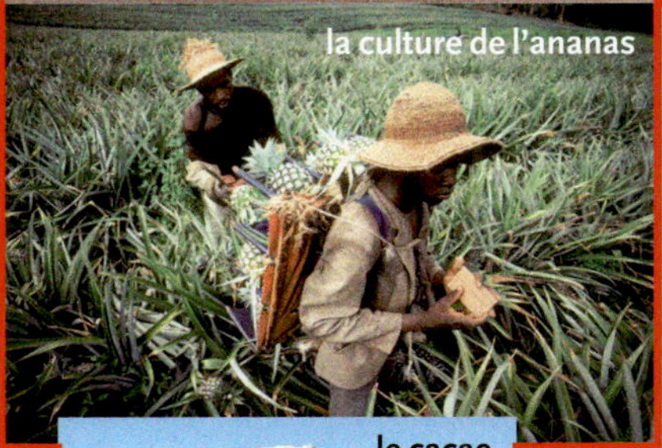
la culture de l'ananas

le cacao

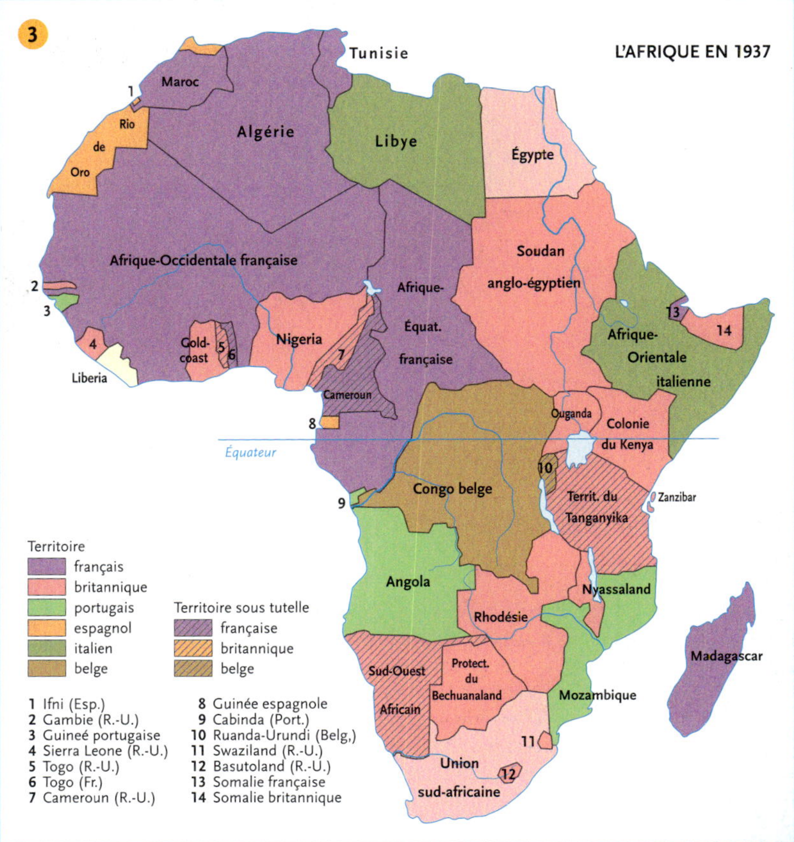

5

Voyage à travers le Mali: un reportage

Ils sont les descendants des plus grands empires africains. L'histoire difficile de leur pays ne leur a pas enlevé leur humour, leur gentillesse et leur sens de l'hospitalité: Nous sommes au Mali. Dans les rues nous entendons une langue que nous ne comprenons pas: le bambara, le peulh? Mais à la poste, à la banque où nous avons changé de l'argent, on parle français.

► Nous avons traversé le pays. Au nord, c'est le désert, puis, les dunes de sable font place à la savane. Du nord au sud, c'est un paysage superbe, avec des villages aux marchés animés. Et il y a ce fleuve fascinant, le Niger, qui parcourt le pays et lui donne la vie. La plupart des villages sont construits près du fleuve. Parfois de juillet à septembre, à la saison des pluies, des inondations entre Koulikoro et Tombouctou transforment le fleuve et créent une sorte de mer d'eau douce qui permet d'irriguer les terres. C'est la raison pour laquelle dans le sud-est (Sikasso) la région est fertile. On nous dit qu'au Mali 75 % de la population vit de l'agriculture. Cependant le changement de climat risque de menacer cet équilibre.

► Nous sommes allés voir un professeur de l'école publique à Hombori, petit village du Sahel. Le village qui grossit d'année en année est situé le long de la seule route de goudron qui traverse le Mali d'est en ouest. Les gens y vivent surtout du millet. Le professeur nous invite dans sa classe. 100 élèves par classe! La plupart n'ont pas de matériel scolaire. «Mais ils ont encore de la chance», sourit le professeur. «Il y a des quantités d'enfants qui ne peuvent pas venir jusque là et n'iront jamais à l'école. Il n'y a pas assez d'argent, pas assez d'écoles, pas assez d'enseignants, pas assez de routes et pas assez de moyens de transport. 60 % des enfants seulement peuvent régulièrement fréquenter une école, les filles moins souvent que les garçons. Envoyer leurs filles à l'école représente un luxe pour beaucoup de familles en difficulté. Mais depuis que certaines villes ou villages ont décidé que l'école serait gratuite pour les filles, les parents les y envoient.»

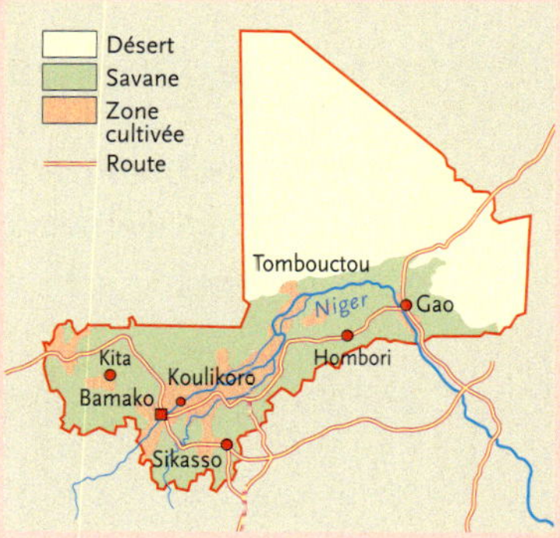

► En effet, beaucoup de choses se réalisent et la situation s'améliore. «Des progrès se font» nous dit le professeur. «Grâce à Internet et aussi à la radio scolaire. À la radio, il y a des émissions spéciales pour la formation des professeurs ainsi que pour les enfants de tous les âges qui peuvent de cette manière s'instruire sur tous les sujets.» Dans un pays où les routes sont rares, Internet, la radio et la télé offrent bien sûr la meilleure solution aux problèmes de l'enseignement mais aussi de la communication en général. Internet commence à apporter l'information à tous et dans tous les milieux. Même les agriculteurs en profitent de plus en plus puisqu'ils peuvent connaître la météo grâce aux images satellites. Les étudiants ont accès aux bibliothèques virtuelles du monde entier.

À Kita, dans l'ouest du pays, nous allons dans un cybercafé. Sankou y travaille. Elle invite les habitants de Kita à utiliser plus souvent Internet afin de communiquer avec la partie de leur famille en exil à l'étranger. «Vous pouvez envoyer un long message à un prix infime. Les messages peuvent être envoyés dans tous les coins du monde!»

Comprendre, analyser, commenter

DELF C 71/1 **1** **a** *Notez les thèmes dont on parle dans ce texte et résumez ce que vous avez appris sur chacun de ces thèmes.*

les langues: Dans les rues, on parle ...

b *Quels sont les problèmes de l'enseignement au Mali? Quelles solutions les Maliens ont-ils trouvées?*

c *Remplacer l'école par Internet, la télé et la radio – qu'en pensez-vous?*

Découvrir

C 72/2 **2** **a** *Retrouvez dans le texte les phrases qui veulent dire la même chose.*

1. Auf der Post und auf der Bank wird Französisch gesprochen.
2. Viele Dinge werden verwirklicht.
3. Es werden Fortschritte gemacht.

b *Décrivez la construction des phrases en français et en allemand. Comparez.*

S'entraîner

C 73/3 **3** *Mettez les phrases suivantes à la forme active. Utilisez* on + *verbe ou un verbe pronominal. Faites attention aux temps utilisés.* (→ Repères, p. 99/2)

1. Les enfants recherchés ont été retrouvés dans une forêt près de Sikasso.
2. Cette expression est employée seulement dans la langue familière.
3. En 2007, beaucoup d'ordinateurs ont été achetés pour les écoles des petits villages.
4. La plupart des villages ont été construits près du fleuve.
5. Le nouveau film de Caroline Link sera tourné au Mali pendant la saison des pluies.
6. Il sera présenté au festival de Cannes l'année prochaine.
7. Les billets pour ce spectacle sont vendus pour le prix de 45 euros.
8. Le satellite de communication Chinasat sera construit en 2008.

PRÉP **4** *Vous arrivez dans un camp international. Voilà ce que dit la monitrice allemande. Que dirait la monitrice française? Écoutez et trouvez comment on dit cela en français.* (→ Faire une médiation, p. 112)

Le Mali en direct: Trois aspects différents d'un pays

C 73/4
C 74/5
C 75/6

5 *Les trois documents suivants représentent trois aspects différents du Mali. Dites lesquels.*

* **approvisionner qn/qc** jdn/etw. versorgen

TOMBOUCTOU Au XIIe siècle, Tombouctou se trouvait au carrefour des quatre routes principales suivies par les caravanes, approvisionnant* le monde arabe, qui s'étendait du Moyen-Orient jusqu'à l'Espagne. L'accumulation de richesses en a fait, à l'époque, l'un des sites les plus riches sur terre. Cela a permis l'instauration de l'une des premières universités dans l'histoire de l'humanité – la célèbre université islamique appelée l'Université Coranique de Sankoré, où, aux XVe et XVIe siècles, 20 000 étudiants se consacraient à l'étude du droit, de la médecine, de la rhétorique, etc.

D'après: www. maliweb.net

AFRIK.COM

JOURNAL | EDITIONS PAYS | FORUM | SERVICES | NOS SITES | EVENEMENTS | DOSSIERS | VOYAGES | MUSIQUE   jeudi 9 août 2007

Découverte – Afrique de l'Ouest – Mali – Pan Afrique – Immigration

Mali: les grands voyageurs face aux nouvelles réalités de l'immigration

La migration malienne n'est plus ce qu'elle était. Au départ, les habitants du pays ouest-africain quittaient plutôt leur terre pour celle des pays voisins. Aujourd'hui, ils visent l'Europe ou les États-Unis par tous les moyens et au péril de leur vie.

Mercredi 15 novembre 2006, par notre partenaire IRIN

À l'heure actuelle, les Maliens migrent encore plus qu'avant. Selon le ministère malien des Affaires étrangères, quatre millions, soit plus d'un tiers des 11,7 millions d'habitants que compte le pays, vivent à l'étranger. Des milliers d'Ouest-Africains migrent vers l'Europe pour échapper à la pauvreté et au chômage qui frappent leur pays. De l'étranger, ils envoient de l'argent à leur famille puis reviennent s'installer dans leur pays d'origine avec un nouveau statut social et de l'argent à investir.

Selon Sally Findley*, spécialiste de la migration, la migration malienne existe déjà depuis le IVe siècle. Depuis au moins les deux derniers siècles, les paysans maliens quittent leur domicile pendant la saison sèche et n'y retournent qu'à la saison des pluies, lorsque les conditions de vie sont meilleures. La migration est tellement ancrée dans la culture que dans certaines régions, les jeunes n'ont pas le droit de se marier avant d'avoir vécu à l'étranger, a expliqué l'historien malien Amadou Sylla. D'après A. Sylla, les gens âgés de 18 à 35 ans, toutes classes sociales confondues, sont convaincus que seule la migration permet d'acquérir un sens des valeurs.

Le ministère des Affaires étrangères a indiqué que l'argent envoyé par les Maliens vivant à l'étranger dépasse les 200 millions de dollars américains par an, soit plus de la moitié de l'ensemble des recettes d'exportation du Mali.

* Sally Findley est professeur au Centre de la population et de la santé de la famille à l'Université de Columbia à New York.

D'après: www.afrik.com

3e salon des inventions et des innovations technologiques à Bamako: les femmes y sont bien représentées

Le plastique reste un grave problème environnemental au Mali. Les sachets en plastique déciment le cheptel[1], appauvrissent le sol, bouchent les caniveaux[2] ... L'association «Debo Golowo», signifiant «Femmes Travailleuses» en peuhl, protège l'environnement à travers la collection, le lavage, le triage, le découpage et le tissage des matières plastiques récupérées.

Les sacs sont ramassés, puis nettoyés, découpés et transformés en fil.

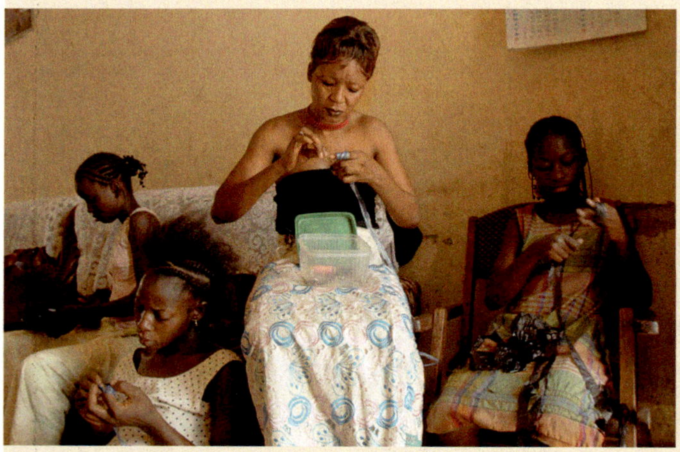

Les femmes de l'association «Debo Golowo» confectionnent des tresses pour réaliser des objets divers.

Des imperméables, des tapis ou des chaises tressés sont réalisés à partir des sacs en plastique.

D'après: www.afribone.com

1 **décimer le cheptel** den Viehbestand dezimieren 2 **le caniveau** der Gully

DELF **6** *Retrouvez dans ces documents des passages qui montrent que*
- *le Mali a une culture ancienne,*
- *la migration n'a pas seulement des raisons économiques,*
- *les femmes jouent un rôle important dans l'économie du Mali.*

7 «Seule la migration permet d'acquérir un sens des valeurs.» *Que veut dire cette phrase? Commentez-la.*

Repères

Vocabulaire thèmatique

1 So kannst du über ein Land sprechen

Landschaft/Natur
(Au nord du pays,) c'est le désert. / le paysage est assez désertique.
(Plus au sud,) vous rencontrez la savane.
(Plus au sud encore,) la savane fait place à la forêt.
(Du nord au sud,) c'est un paysage superbe.
Il y a un fleuve fascinant.
(Le Niger) parcourt (le Mali).
(De juillet à septembre,) c'est la saison des pluies.
(Dans le sud-est,) la région est fertile.

Bevölkerung
(Le Caire) compte plus de 10 millions d'habitants.
(La population des villes) représente 40 % de la population totale.
L'âge moyen est de (16 ans).
(Environ 46 % de la population) est âgée de moins de 15 ans.

Wirtschaft
Les ressources (du Sénégal) sont (l'agriculture, la pêche et le tourisme).
(75 % de la population) vit de (l'agriculture).

5

Grammaire

2 Möglichkeiten, das deutsche Passiv wiederzugeben

Les formes qui remplacent le passif allemand (→ GH, p. 54)

Im Deutschen wird das Passiv sehr häufig verwendet, im Französischen weitaus seltener.

Passiv im Deutschen	Aktiv im Französischen
Es wird englisch gesprochen.	**On parle** anglais.
Das Buch wurde sehr gut verkauft.	Le livre **s'est** bien **vendu**.
Das Projekt wird 2012 umgesetzt werden.	Le projet **se réalisera** en 2012.
Alle Schüler wurden eingeladen.	Tous les élèves **se sont fait inviter**.

a Beschreibe die Möglichkeiten der Wiedergabe des deutschen Passivs.

b Übertrage die folgenden Sätze ins Französische.

1. In mehr als 20 Ländern Afrikas wird Französisch gesprochen.
2. Viele Vorhaben werden realisiert.
3. Durch Mali ist eine Teerstraße gebaut worden.

1 *Révisez la place des deux pronoms dans la phrase (les pronoms objet direct et indirect,* y *et* en*) et complétez les dialogues par les pronoms qui conviennent. Accordez aussi le participe passé des verbes.*

1. – En Afrique, les filles vont moins souvent à l'école que les garçons.
   – Mais pourquoi est-ce que les parents ne ? ? envoient pas?
   – L'école n'est pas gratuite. Et les parents ne peuvent pas toujours ? ? payer.

2. – Vous avez déjà vu mes photos de Bamako?
   – Non, tu ne ? ? as pas encore montr?.
   – Mais si, je ? ? ai montr? hier soir, après le dîner.
   – Non, c'étaient tes photos de Tombouctou.
   – Ah oui, c'est vrai.

3. – Vous allez à l'école publique d'Hombori maintenant?
   – Oui, le professeur ? ? a invit?.
   – Je peux venir avec vous? Vous croyez que le prof sera d'accord?
   – Je vais ? ? demander.

4. – Je ne comprends pas le mot «griot». Est-ce que tu peux ? ? traduire, s'il te plaît?
   – Non, mais je peux ? ? expliquer.

5. – Est-ce que tu peux parler de tes problèmes à tes parents?
   – Ça dépend, mais je ? ? parle quelquefois.
   – Moi, j'en parle toujours à mon oncle.

2 ►◄ *Révisez les pronoms démonstratifs et dites ce que vous aimez et ce que vous préférez.*

Exemple:
- Moi, j'aime bien les films avec beaucoup d'action, pleins de suspense.
- Moi, je préfère ceux qui sont plus calmes, qui racontent une histoire touchante.

Vous pouvez parler …

de bédés de livres de musique
de vêtements de repas de matières
d'écrivains de chanteurs de photos
de professeurs de jeux vidéos ___

3 ►◄ *Faites des mini-dialogues en utilisant les pronoms possessifs et les pronoms démonstratifs.*

Exemple:
- Tu me donnes ton dictionnaire?
- Ce n'est pas le mien, c'est celui d'Alex.

1. tu / me *donner* / ton dictionnaire → Alex
2. vous / *ranger* / vos affaires → Louis et Lucas
3. tu / me *prêter* / ces bijoux pour ce soir → ma sœur
4. vous / *ouvrir* vos cadeaux → nos parents
5. vous / *ranger* / vos cartables → troisième B
6. tu / *voir* / la voiture de M. Mignon → Mme Toussaint

4 **a** ►► *Révisez le gérondif et dites ce qu'il ne faut pas faire en même temps.*

1. téléphoner / faire du vélo

2. faire du vélo / manger

3. manger / parler

4. parler / regarder un film

b *Continuez. Trouvez d'autres exemples.*

5 **a** *Traduisez ces citations et proverbes français.*

1. C'est en faisant le bien qu'on devient bon. (J. J. Rousseau)
2. On obtient[1] le bonheur en n'y pensant pas. (H. de Montherlant)
3. C'est en forgeant[2] qu'on devient forgeron[3].
4. On risque de tout perdre en voulant trop exiger[4]. (A. Gide)

1 **obtenir qc** etw. erhalten, bekommen 2 **forger qc** etw. schmieden 3 **le forgeron** der Schmied 4 **exiger qc** etw. fordern, verlangen

b *Choisissez la citation / le proverbe qui vous convient le plus / le moins et expliquez pourquoi.*

6 *Traduisez en utilisant un gérondif.*

1. Auf dem Land hat sie mit Leuten gesprochen und dabei ihre Hände und Füße benutzt.
2. Gestern hat er beim Spazierengehen seine Schlüssel verloren.
3. Als sie die Geschichte erzählte, hatte sie Tränen in den Augen.
4. Ich habe ihn gestern getroffen, als ich aus der Schule kam.

7 *Révisez le discours indirect au passé. Écoutez ce que raconte Frédéric. Prenez des notes et dites ce que vous avez retenu en utilisant le discours indirect au passé. Faites attention aux temps utilisés.*

8 *Révisez la mise en relief et mettez en relief les parties surlignées des phrases suivantes.*

1 **fuir qc** vor etw. fliehen 2 **produire qc** etw. produzieren

Exemple:
C'est au XIIe siècle **que** Tombouctou était un des sites les plus riches sur terre.
C'est Tombouctou **qui** était, au XIIe siècle, un des sites les plus riches sur terre.

1. Au XIIe siècle Tombouctou était un des sites les plus riches sur terre.
2. La ville de Bamako a été fondée à la fin du XVIe siècle par les Niaré.
3. Dakar est jumelée avec 17 villes.
4. Des milliers d'Ouest-Africains quittent leur pays vers l'Europe pour fuir[1] la pauvreté et le chômage.
5. Au Mali, Internet apporte les informations dans tous les milieux.
6. En Côte d'Ivoire on produit[2] beaucoup de cacao et de café.

Portraits d'artistes

UN COUPLE DE CHANTEURS: AMADOU ET MARIAM

De nos jours, de nombreux chanteurs africains sont célèbres dans le monde entier. Parmi eux Amadou et Mariam, le célèbre couple de chanteurs aveugles. Mariam chantait déjà dans des fêtes à six ans: Pendant ce temps, un peu plus loin en pays mandingue, Amadou, qui avait dix ans, jouait du tam tam, de la flûte et de l'harmonica. Ils ne se connaissaient pas encore et ne se verront jamais mais ils se marieront, auront des enfants, et inventeront la musique du «couple aveugle du Mali». C'est à l'Institut des Jeunes aveugles qu'ils se sont connus, quand ils y apprenaient le braille. Ils ont décidé alors de vivre et de faire de la musique ensemble.

1 **de nos jours** aujourd'hui 3 **aveugle** *m./f. adj.* qui ne peut pas voir 9 **inventer qc** etw. erfinden 11 **le braille** die Blindenschrift 17 **misérable** *m./f. adj.* bedürftig 25 **le jeton** die Münze 29 **rejoindre qn** jdn treffen 30 **le grin** au Mali, bar où les jeunes se retrouvent pour boire du thé, manger et discuter 30 **la négociation** das Verhandeln 31 **le boutiquier** le marchand 32 **à crédit** auf Kredit 34 **il fout** *fam.* il met

Pauvre Type

Refrain:
Regardez ce pauvre type, il est fatigué
Regardez ce pauvre type, il est malheureux
Regardez ce pauvre type, il est misérable
Regardez ce pauvre type, il est fatigué.

Aujourd'hui, c'est samedi
Samedi, le week-end commence
Pour préparer sa soirée
Il se promène de porte en porte
En cherchant chaussures et pantalon
Une chemise, une cravate
Quelques jetons dans sa poche
C'est la fête, la fête qui commence.

Refrain

Aujourd'hui, c'est samedi
Il rejoint ses camarades
Arrivé au grin, la négociation commence
Il s'en va voir le boutiquier
Du thé, du thé à crédit
Une seule longue cigarette
Il la fout dans un paquet vide
Il s'en va tout joyeux
C'est la fête, la fête qui commence.

Refrain

«LE GRIOT ÉLECTRIQUE»: MORY KANTÉ

«Le griot électrique» est né d'une famille de griots en Guinée, ces griots qui sont depuis des siècles la conscience du peuple mandingue. Devenu guitariste il est recruté par le célèbre orchestre du «rail band du buffet de la gare», l'orchestre qui fait patienter les voyageurs de la voie Dakar-Bamako où il fait la connaissance du chanteur Salif Keita.

Avec son nouveau spectacle, sa musique retourne aux racines de son peuple, aux instruments et aux rythmes traditionnels du Mandingue.

«*Yéké Yéké* continue à marcher encore aujourd'hui, ce qui évidemment me satisfait. Leonardo di Caprio en a utilisé un remix pour la bande originale de son film *The Beach*. Mais je n'ai pas fait uniquement cela et *Yéké Yéké* n'illustre que l'un des aspects de ma démarche, qui est la valorisation des instruments traditionnels. C'est cela mon vrai but et ce que je vise encore à travers *Tamala,* mon nouvel album, en construisant un pont entre la tradition, la musique authentique et le monde moderne.»

Yéké Yéké

Bi sounkouroun lou la donkégna ah ah
Bi kamberen lou la donkegna ah ah
I madji I ma yélé
I kanan n'bila nara ro
N'bo n'bolo bila
Kanfalani yana sara le ila
Gnin kisse gbela serra le ils
Yékéké nimo yé ké yé ké
Ké woyé boli lalé
N'na doni kassi kan
Woyé boli lalé
Eh eh
Nyé n'ta sorona kono mi ma ta I yonfé
Wo dén té soron lonkéléna
Sini Mory la diyandé
Timba bara wouloukounta
Souba ma kata I yala
Ah sara lila
Yékéké nimo yé ké yé ké
Djely mousso ni kédjou to wara bo
M'ba mofila téma yan féou

2 **la conscience** das Gewissen 3 **recruter qn** jdn einstellen 5 **patienter** sich gedulden 14 **la demarche** das Vorgehen 14 **la valorisation** die Aufwertung 16 **viser qc** etw. anstreben 41 **désigner qn/qc** jdn/etw. bezeichnen 41 **occidental/e** *adj.* westlich 42 **le chroniqueur** der Chronist 44 **la caste** die Kaste 46 **l'écriture** *f.* → écrire 48 **le dépositaire** der Bewahrer 48 **la mémoire** das Gedächtnis 50 **la transmission** die Weitergabe

Le griot désigne en Afrique occidentale un chroniqueur du peuple. Il est en même temps musicien, danseur, comédien. La caste des griots est née et s'est développée dans un contexte où n'existaient ni l'écriture ni la radio ni la télévision. Le griot est ainsi le dépositaire de la mémoire collective d'un peuple. Être griot est une histoire de famille: la transmission se fait de père en fils et de mère en fille.

UN CINÉASTE: SOULEYMANE CISSÉ

Le Malien Souleymane Cissé est né le 21 avril 1940 à Bamako. C'est un des «grands» du cinéma africain. Il a réalisé beaucoup de documentaires et plus d'une trentaine de films. Il a obtenu deux fois un prix au Festival panafricain du cinéma et de la télévision de Ouagadougou et conquiert d'année en année une renommée internationale. Son film *Yeelen,* qui retrace le douloureux chemin que prend un enfant pour devenir adulte, obtient au Festival de Cannes le prix spécial du jury en 1987.

Les films de Souleymane Cissé décrivent la vie quotidienne des gens simples face aux abus de pouvoir de certains gouvernements africains et face aux drames des jeunes gens vivant dans un milieu de violence. Son film *Den Muso,* qu'il a réalisé en 1975, a été interdit au Mali pendant trois ans. Désormais, le cinéaste et son œuvre sont reconnus par les autorités officielles de son pays.

◄ ► **Yeelen (La lumière, 1987)**
Un jeune homme entreprend un long parcours qui doit lui donner les pouvoirs magiques que son père garde jalousement.

◄ **Den Muso (La fille, 1975)**
Sékou est renvoyé de l'usine parce qu'il a osé demander une augmentation. Chômeur, il sort avec Ténin, une jeune fille muette. Ténin, qui est violée par Sékou lors d'une sortie entre jeunes, se retrouve enceinte et subit la colère de ses parents. Elle se retrouve alors confrontée brutalement à la morale de sa famille et à la lâcheté de Sékou, qui refuse de reconnaître l'enfant ...

◄ **Waati (Le temps, 1995)**
Nandi est une enfant noire d'Afrique du Sud à l'heure de l'apartheid. On la suit de l'enfance à l'âge adulte parmi les paysages, les personnages de sa vie, parcourant l'Afrique du Sud, la Côte d'Ivoire, le Mali et la Namibie, «où la terre semble avoir commencé». Peu à peu, Nandi découvre son continent et sa réalité de femme africaine.

6 **retracer qc** etw. nachzeichnen 6 **douloureux/-se** *adj.* qui fait mal 10 **face à qc** gegenüber, angesichts von etw. 10 **l'abus** *m.* der Missbrauch 14 **reconnaître qc** etw. anerkennen 15 **entreprendre qc** → l'entreprise *f.* 17 **renvoyer qn** jdn entlassen 17 **l'augmentation** *f.* die (Gehalts-)Erhöhung 18 **le chômeur** → le chômage 18 **muet/te** *adj.* qui ne peut pas parler 19 **violer qn** → la violence 19 **enceinte** *f. adj.* schwanger 20 **subir qc** etw. ertragen 21 **la lâcheté** die Feigheit

► UN PEINTRE:
MOKE (1950–2001)

Moke naît à Ibe, au Congo, en 1950. Sa famille est très pauvre. Il débarque à Kinshasa en 1960 pour y aller à l'école mais il doit très vite arrêter ses études par manque d'argent. Il traîne dans la rue, désespéré, en a assez de galérer. Un jour, il voit un marché touristique où il découvre des peintures. Pour lui, c'est le choc: Pourquoi ne peindrait-il pas? Il se souvient qu'enfant il aimait dessiner sur des bouts de carton et ne manquait pas de talent. Il se met au travail, réalise de curieux tableaux de la vie quotidienne, parfois satiriques, scènes de bar, de fêtes, de disputes. On l'a défini comme le peintre-reporter de la ville et son œuvre connaît un immense succès.

10 **la peinture** das Gemälde, *auch:* die Malerei 13 **le bout** *hier:* das Stück
11 **peindre** malen 16 **le tableau** das Gemälde 19 **la dispute** → se disputer
20 **le peintre** der Maler

L'hôpital des pêcheurs

Une scène dans un club de nuit

5

Comprendre, analyser, commenter

C 76/1
C 76/2
C 76/3
C 76/4
C 77/5

1 **a** *Écoutez la chanson «Pauvre type» et décrivez l'homme dont la chanson parle. La chanson est-elle plutôt optimiste ou pessimiste? Expliquez pourquoi.*

b *On appelle Mory Kanté un* griot électrique. *Expliquez pourquoi.*

c *Qu'est-ce que vous avez appris sur Souleymane Cissé? Présentez-le.*

d *Choisissez un tableau de Moke et décrivez-le. Pourquoi, d'après vous, est-ce qu'on l'a défini comme peintre-reporter?*

Un conte africain

Saraba

Il y a longtemps, très longtemps, vivait un garçon qui s'appelait Saraba. Saraba était malade et comme son mal n'était pas connu par les hommes, il restait seul. Tout le monde disait qu'il était puni par les dieux. Et personne ne voulait l'approcher.

Un jour, Saraba quitta son village. Il partit sur les routes et marcha pendant des jours et des jours, pendant des semaines et des semaines, pendant des mois et des mois, pendant des années et des années. Il chercha sans relâche

quelqu'un qui pourrait le guérir. Mais à chaque fois qu'il arrivait dans un village, on le repoussait, on le fuyait. Certains disaient même qu'il était dangereux, qu'il était contagieux!

Pourtant, Saraba n'était pas seul. Depuis le début de son voyage, un oiseau que l'on appelait calao le suivait. Un matin, le calao lui parla pour la première fois: «Petit garçon, comment t'appelles-tu?» «Je m'appelle Saraba, je suis malade et je veux guérir.» L'oiseau lui dit: «Traverse la forêt, puis la savane, puis la brousse, puis les deux montagnes sacrées, puis le lac. Après le lac, il y a un village, et derrière ce village, il y a une case et dans cette case, il y a un homme. Il s'appelle Natogo, c'est un homme généreux qui connaît le secret des plantes. Va le voir. Lui, peut-être, pourra te guérir.»

► Quand Saraba arriva enfin au village, des enfants sortirent de leur case. Ils lui jetèrent des pierres en criant: «Regardez-le, il est malade, il sent mauvais, il est sale!» Aussitôt, les hommes et les femmes se mirent à hurler des méchancetés. Même les chiens aboyaient!

C'est alors que Natogo s'avança. Il prit Saraba par la main, l'emmena dans sa case et lui donna à boire. «Petit garçon, comment t'appelles-tu?» «Mon nom est Saraba. J'ai peur, je veux rentrer chez moi ... C'est le calao qui m'a dit de venir ici, il disait que vous pourriez me sauver.»

Dehors, les hommes et les femmes continuaient à crier leurs méchancetés: «Natogo, Natogo, il faut que ce garçon quitte le village! Il est puni par les dieux, il nous portera malheur!» Durant trois jours et trois nuits, les hommes crièrent et crièrent encore. Certains criaient: «Depuis que ce garçon est dans le village, il fait froid!» D'autres criaient aussi: «Depuis que ce garçon est dans le village, le soleil n'est plus là!»

Au matin du quatrième jour, Saraba se leva et partit. Mais sitôt qu'il fut en chemin, les hommes dirent à Natogo: «Cet enfant puni par les dieux, tu l'as laissé rentrer chez toi. Tu l'as laissé dormir dans ta case, tu l'as laissé manger ta nourriture. Peut-être es-tu, toi aussi, malade, maintenant. Alors, tu dois partir, tu dois quitter notre village.»

► Au matin du cinquième jour, Natogo se leva et partit. Il marcha longtemps, pendant des jours et des jours, pendant des semaines et des semaines, pendant des mois et des mois, pendant des années et des années. Un soir, il voulut se reposer à l'ombre d'un arbre. Mais l'arbre lui dit: «Natogo, tu ne peux pas te reposer ici.» Un autre jour, Natogo voulut boire l'eau de la rivière. Mais la rivière lui dit: «Natogo, tu ne peux pas boire ici.» Un autre jour, Natogo voulut cueillir une mangue. Mais le manguier lui dit: «Natogo, tu ne peux pas manger mon fruit.»

Natogo était fatigué, Natogo avait soif, Natogo avait faim. Les hommes l'avaient chassé de son village à cause de Saraba. Mais jamais Natogo ne regretta d'avoir aidé le jeune garçon. Jamais il ne regretta d'avoir cherché à faire le bien. À bout de forces, il s'endormit au pied d'un grand tamarinier.

► Il entendit alors une petite musique. Il l'écouta, l'écouta encore et pensa: «Cette mélodie me rappelle ce jeune garçon, ce jeune garçon qui s'appelait Saraba.» Aussitôt, la nuit appela le vent, le vent appela les arbres, les arbres appelèrent le tonnerre. Natogo avait peur, mais à ce moment-là, il entendit une voix: «Natogo! Natogo, retourne-toi.» Natogo se retourna et vit un géant. Un géant qui portait un arc-en-ciel autour du cou. Et ce géant lui dit: «Natogo, je suis Saraba. Les dieux m'ont envoyé pour voir si les hommes étaient capables d'aimer un enfant. Pour voir si les hommes étaient capables d'aimer un enfant qui n'est pas leur enfant. Pour voir si les hommes étaient capables de bon sens. Pour voir si les hommes étaient capables de tolérance. L'arbre, c'était moi, la rivière, c'était moi, le manguier, c'était moi. Je voulais voir si tu ne regrettais pas ta bonne action, si tu ne regrettais pas d'avoir aidé un pauvre enfant malade. Natogo, tu es un homme bon. Va au village qui se trouve derrière l'arc-en-ciel. Dans ce village, il y a des hommes et des femmes de toutes les couleurs, il y a la beauté, il y a l'intelligence, il y a l'amour. C'est comme ça que la terre devrait être. Va, va, maintenant.» Et le géant disparut et Natogo s'installa dans le village.

De temps en temps, quand vous voyez un arc-en-ciel, pensez à Saraba, pensez au village qui se trouve juste derrière.

D'après: www.griot.over-blog.com

3 **le mal** das Leiden 5 **punir qn** jdn bestrafen 12 **guérir qn** jdn heilen 13 **repousser qn** jdn zurückweisen 14 **fuir qn** vor jdm fliehen 15 **contagieux/-euse** *adj.* ansteckend 22 **guérir** gesund werden 26 **la case** la petite maison 28 **la plante** die Pflanze 34 **hurler qc** crier qc 34 **la méchanceté** → méchant/e *adj.* 35 **aboyer** bellen 46 **durant** pendant 65 **l'ombre** *f.* der Schatten 70 **cueillir qc** etw. pflücken 70 **le manguier** der Mangobaum 74 **chasser qn** jdn verjagen 78 **à bout de qc** am Ende von etw. 79 **le tamarinier** un grand arbre exotique 85 **le tonnerre** der Donner 88 **le géant** der Riese 88 **l'arc-en-ciel** *m.* der Regenbogen 89 **le cou** der Hals 94 **le bon sens** die Güte 106 **s'installer** sich niederlassen

Comprendre, analyser, commenter

C 78/1 **1** **a** *Répondez aux questions.*

1. Quel est le problème de Saraba?
2. Pourquoi a-t-il quitté son village?
3. Comment les gens réagissent-ils à sa présence?
4. Qu'apprenez-vous sur Natogo?

b *Quels sont les sentiments de Natogo? Choisissez:* il se sent seul / il est fier / il est désespéré / il a peur / il a le sentiment d'avoir bien fait. *Justifiez votre réponse à l'aide du texte.*

c *Quel message transporte ce conte africain d'après vous?*

Activité

C 78/2 **2** *Choisissez une des activités suivantes.*

a *Racontez ce conte avec vos propres mots.*

b *Transformez ce conte en pièce radiophonique.*

Préparation au second cycle

Outils de travail 108

1 Utiliser un dictionnaire bilingue 108
1. Utiliser un dictionnaire allemand-français 108
2. Utiliser un dictionnaire français-allemand 109
2 Utiliser un dictionnaire monolingue 110
3 Prendre des notes 110
4 Faire une médiation 112
5 Faire un résumé 114
6 Faire un exposé en groupe / une présentation 115
7 Travailler avec un organigramme 116

Modèles de lettres 117

1 Comment écrire des lettres 117
2 Demande d'informations par mail 118

Comment corriger ses fautes 119

Expressions utiles 120

1 Aides à la compréhension 120
2 Donner son avis 120
3 Discuter 121
4 Les charnières d'un texte 121
5 Présenter un sujet 123
6 Présenter la biographie de quelqu'un 123
7 Décrire un tableau / une photo / une BD 123
8 Décrire quelqu'un 124
9 Parler et analyser des statistiques 124

Outils de travail

1 Utiliser un dictionnaire bilingue

1. Utiliser un dictionnaire allemand-français

Tu veux écrire: «Die Griechen haben die Stadt Marseille gegründet.» Comment dit-on «gründen» en français? Cherche dans ton dictionnaire. Tu vas certainement trouver plusieurs traductions du mot allemand. Choisis la traduction qui correspond le mieux au contexte de ta phrase.

gründen ['gryndən] v. tr. [den Grund legen] fonder; jeter les fondements de; établir; créer. || FIG. fonder; bâtir; créer; établir. | *eine Stadt gründen,* fonder une ville. ◊ v. pr. **sich gründen**, se fonder; se baser, s'appuyer, reposer sur. | *sich auf die Erfahrung gründen,* se fonder sur l'expérience.

tr. = transitif: bedeutet, dass das Verb ein direktes Objekt haben kann

FIG. = figuré: bildlich

v. pr. = verbe pronominal: reflexives Verb

Trouve la traduction française des verbes soulignés.

Im 13. Jh. wächst die Bevölkerung von Marseille rasant.
Louis XIV. lässt am Hafen die Burg Saint-Jean errichten.
Heute pflegen die Einwohner von Marseille ihre Traditionen sehr.

Tu peux vérifier la traduction que tu as choisie dans un dictionnaire français-allemand.

2. Utiliser un dictionnaire français-allemand

Tu veux traduire un verbe

Cherche son infinitif dans le dictionnaire.

Les stages peuvent être **effectués** à toute période de l'année.
↓
effectuer

Traduis les verbes soulignés à l'aide d'un dictionnaire:

Le chômage <u>est passé de</u> 8 à 9,5 %.
Je ne peux <u>me</u> <u>passer de</u> toi.

* **l'entrée** *f. hier:* der Eintrag

> Un mot peut avoir plusieurs traductions. Lis les entrées* de ton dictionnaire toujours jusqu'au bout.

Tu veux traduire un nom composé avec «de»

1. Cherche les deux noms dans le dictionnaire et traduis d'abord mot à mot.
2. À l'aide de cette traduction, trouve un nom ou une expression allemande qui exprime la même chose. Choisis ce qui convient le mieux.

les professions de la santé

profession *f* [pʀɔfɛsjõ] **1.** *Tätigkeit*: Beruf **2.** *Gruppe*: Berufsstand **3.** ***la profession de foi*** das Glaubensbekenntnis **4.** ***il fait pro-***

santé *f* [sɑ̃te] **1.** Gesundheit; ***en bonne santé*** gesund; ***en mauvaise santé*** nicht gesund **2.** ***meilleure santé!*** gute <u>Besserung</u>!

→ die Berufe im Gesundheitswesen

> Tu peux vérifier le mot choisi (ou l'expression) dans un dictionnaire allemand-français.

Tu veux traduire une expression

Si tu ne trouves pas d'entrée* dans ton dictionnaire qui commence par le premier mot de l'expression, cherche sous le nom (ou l'adjectif ou le verbe) qui suit.

* **l'entrée** *f. hier:* der Eintrag

avoir l'esprit pratique

esprit *m* [ɛspʀi] **1.** Geist, Verstand; ***plein d'esprit*** geistreich, witzig **2.** ***avoir l'esprit de ...*** Sinn für ... haben **3.** ***dans mon esprit***

pratique¹ [pʀatik] (⚠ pra<u>ti</u>que) praktisch
pratique² *f* [pʀatik] (⚠ pra<u>ti</u>que) **1.** (↔ *Theorie*) Praxis; ***mettre en pratique*** in die

→ einen Sinn für das Praktische haben

Tu ne trouves pas les mots recherchés dans un dictionnaire

> Cherche des mots de la même famille. Le contexte et tes connaissances t'aident à trouver une traduction en allemand.

un sous-titreur de film

sous [su] unter; ***sous terre*** unter <u>der</u> Erde

titre *m* [titʀ] **1.** (≈ *Überschrift, Name*) Titel **2.** *in der Zeitung*: ***les gros titres*** die Schlagzeilen **3.** *vor dem Namen, im Sport usw.*: Titel **4.** *Dokument*: Urkunde **4.** ***le***

film *m* [film] **1.** *im Kino, Fernsehen, Fotoapparat*: Film; ***le film muet*** der Stummfilm; ***le film policier*** der Krimi **2.** (≈ *dünne*

→ eine Person, die die Untertitel eines Filmes formuliert

►◄ *À l'aide de votre dictionnaire bilingue, trouvez la traduction allemande des mots suivants.*

l'éducation civique — une émission scientifique — le conseiller familial
un prof de littérature — un champion de la communication — des magazines scientifiques
le jeu informatique — un atelier artistique — une formation de secouriste

2 Utiliser un dictionnaire monolingue[1]

Un dictionnaire monolingue:
- t'aide à écrire et prononcer correctement un mot
- te donne des exemples de l'emploi d'un mot. Tu peux y trouver le contexte dans lequel un mot est utilisé
- te donne des synonymes[2] et des antonymes[3] pour mieux comprendre ce mot ou ne pas utiliser toujours le même mot dans un devoir.

Certains dictionnaires n'ont pas une entrée[4] pour chaque mot. Ils classent les mots par familles de mots.

Exemple: Tu cherches le mot «déshabiller». Si tu ne le trouves pas, regarde sous un verbe, un adjectif ou un autre mot de la même famille (→ habiller, habit, ...).

1 **monolingue** *m./f. adj.* einsprachig 2 **le synonyme** das gleichbedeutende Wort 3 **l'antonyme** *m.* Wort mit gegenteiliger Bedeutung 4 **l'entrée** *f.* der Eintrag

genre:
m. = masculin
f. = féminin

syn. = synonyme
contr. = contraire

catégorie grammaticale:
n. = nom/substantif
v. intr. = verbe intransitif
v. trans. = verbe transitif
adj. = adjectif
adv. = adverbe
prép. = préposition

lutte [lyt] n. f. 1. Effort fait par une personne, combat mené par un individu ou un groupe pour venir à bout d'un rival, d'un obstacle, d'un danger ou pour résister à une attaque: *La lutte contre un adversaire* (syn.: CONFLIT AVEC; contr.: ACCORD). – 2. Sport consistant à essayer de renverser et de maintenir à terre un adversaire. – 3. Opposition de deux ou plusieurs choses: *Des luttes d'intérêts* (syn.: CONFLIT) ◆ **lutter** [lyte] v. intr. Entrer en lutte avec quelqu'un ou quelque chose: *Les deux boxeurs ont lutté avec acharnement* (syn.: SE BATTRE). *Cesser de lutter* (syn.: RÉSISTER) ◆ **lutteur, lutteuse** n. 1. Personne qui pratique le sport de la lutte – 2. Personne qui fait preuve d'ardeur, de ténacité, d'énergie: *Tempérament de lutteur.*

a *Trouve pour le mot* environ:
1. sa ou ses catégories grammaticales
2. son genre
3. les contextes dans lesquels il s'emploie
4. les prépositions qui suivent
5. un synonyme
6. un antonyme
7. d'autres mots de la même famille

b *Trouve dans le dictionnaire monolingue:*
1. un synonyme de *peur, battre*
2. le contraire de *espoir, lever*
3. des mots appartenant à la même famille que *réchauffer, populaire, rondeur, philosophie*
4. le genre de *torse, sacrifice, haine, responsabilité*
5. les contextes dans lesquels on utilise *métisse, usure, admettons que*

3 Prendre des notes

Première étape: lire et annoter le document

1. Relève les mots-clés, les informations les plus importantes et les passages principaux. Tu peux par exemple

surligner	Jobs d'été
entourer	découvrir en Allemagne le monde du travail
souligner	4 semaines

2. Écris tes remarques dans la marge* du document. Pour cela, utilise des symboles.

!!	très important
??	je n'ai pas compris / je ne suis pas sûr(e)
+	c'est juste
–	pas d'accord

* **la marge** der Rand

Exemple:

Job d'été / Job dans la ville jumelée

Vous êtes lycéens, vous avez 16 ans ou plus et vous souhaitez faire un stage en entreprise en Allemagne? Le programme «Job d'été / Job dans la ville jumelée» de l'OFAJ vous offre la possibilité de faire un stage en entreprise et de découvrir en Allemagne le monde du travail tout en approfondissant la connaissance de la langue. !!

Deutsch-Französisches Jugendwerk
Office franco-allemand pour la Jeunesse

«Job d'été – Job dans la ville jumelée», c'est aussi l'occasion de vivre à l'heure allemande le temps de votre séjour et de nouer des amitiés et des contacts personnels bénéfiques. Alors, plus d'hésitation: pourquoi ne pas partir en stage en Allemagne ou y travailler pendant les vacances? ??

En savoir plus

Les bourses s'adressent aux lycéens âgés de 16 ans minimum en France ou dans les DOM. Les stages ont une durée de 4 semaines et peuvent être effectués à toute période de l'année, selon les disponibilités des stagiaires et de l'employeur. À la fin de leur séjour de découverte, les boursiers s'engagent à remettre à l'OFAJ un rapport de stage rédigé en français ou en allemand. Le rapport reprendra tant les impressions personnelles des participants que les aspects pratiques du stage. !!

Office franco-allemand de la jeunesse http://www.ofaj.org

Deuxième étape: relire et compléter ses notes

Complète tes notes dans le document et dans la marge.

Pense à
- écrire les noms sans articles, les verbes à l'infinitif
- utiliser des symboles:

=	c'est la même chose que ___ / c'est comme ___
≠	c'est le contraire de ___
:	ce qui signifie / pour préciser
→	conclusion
>	cela mène à ___
<	cela vient de ___
↔	il y a une relation entre ___ et ___
ex.	par exemple

Troisième étape: faire une fiche

Exemple:

Job d'été ↔ dans ville jumelée
Pour lycéens = au moins 16 ans
\> Stage en entreprise: > découvrir monde du travail
\> améliorer connaissances de langue
\> nouer amitiés / contacts personnels

Durée: 4 semaines; à toute période

Fin du stage: rapport < impressions personnelles
< aspects pratiques

Tes notes te servent
- à rendre à l'oral le contenu d'un texte.
- à prendre position dans une discussion, à argumenter.
- à rédiger un texte.

4 Faire une médiation

Tu peux faire une médiation (Sprachmittlung) de l'allemand vers le français ou du français vers l'allemand. Une médiation n'est pas une traduction mot à mot (wörtliche Übersetzung). Dans une médiation, tu donnes seulement les informations les plus importantes d'un texte écrit ou oral dans l'autre langue. Elle est donc plus courte qu'une traduction. Il n'est pas obligatoire de donner les informations nécessaires dans le même ordre que le texte original.

- Ermittle nur die wichtigsten Informationen bzw. Schlüsselwörter, die dein Gegenüber braucht, um den Text oder die Nachricht zu verstehen. Mache dir eventuell Notizen.
- Formuliere mit deinen eigenen Worten und gebrauche nur die Schlüsselwörter, die du kennst und sicher anwenden kannst.
- Für Wörter, die du in der Fremdsprache nicht kennst oder die dir nicht einfallen, setze folgende Techniken ein:

1. Umschreibe die Bedeutungen der Wörter mit einfacheren Wörtern.
2. Verdeutliche die Bedeutung der Wörter durch Beispiele.
3. Gebrauche Wörter mit ähnlicher Bedeutung (Synonyme) oder mit gegenteiliger Bedeutung (Antonyme).

Originaltext:	
Das ist ein <u>Schauspieler</u>.	Du umschreibst: C'est <u>une personne qui joue sur scène</u> / <u>dans un film</u>.
Das ist ein <u>Schauspieler</u>.	Du gibst das Beispiel: C'est qn qui joue dans un film, <u>comme p.ex. Johnny Depp</u>.
Das ist ein <u>Dieb</u>.	Du umschreibst mit dem einem Wort mit ähnlicher Bedeutung: C'est <u>un criminel</u>.
Es ist <u>still</u>.	Du umschreibst mit dem Antonym: Il n'y a <u>pas de bruit</u>.
Er ist sehr <u>freundlich</u>.	Du ersetzt „freundlich" durch „sympathisch", da du die Entsprechung „sympathique" kennst. Du sagst: Il est <u>sympathique</u>.

Exemple I: L'OFAJ donne des informations sur les possibilités de faire un stage en France. Lisez la traduction mot à mot et les médiations. Comparez.

Der folgende Text enthält vielleicht Wörter, deren Entsprechung du nicht auf Französisch kennst. Suche zuerst in deiner Muttersprache einfachere Formulierungen, die du dann auf Französisch wiedergeben kannst.

texte allemand

FERIENJOB / JOB IN DER PARTNERSTADT

Ihr geht aufs Gymnasium, Ihr seid 16 Jahre oder älter und möchtet ein Praktikum in einer Firma in der französischen Partnerstadt oder Partnerregion machen?

Mit dem Programm „Ferienjob / Job in der Partnerstadt" des DFJW könnt Ihr ein Praktikum in einer französischen Firma machen. Ihr werdet die Berufswelt Frankreichs entdecken und könnt ein Praktikum in einer französischen Firma in der Partnerstadt oder Partnerregion machen. Außerdem ist „Ferienjob / Job in der Partnerstadt" die ideale Gelegenheit, eine Zeitlang in die französische Lebensart einzutauchen, Freundschaften zu schließen und interessante persönliche Kontakte zu knüpfen.

Da bleibt kein Grund zu zögern! Warum also nicht ein Praktikum in Frankreich machen oder während der Ferien dort arbeiten?

Vergleiche:

traduction française

JOB D'ÉTÉ / JOB DANS LA VILLE JUMELÉE
Vous êtes lycéens, vous avez 16 ans ou plus et vous souhaitez faire un stage en entreprise dans la ville ou la région jumelée en France?
Le programme «Job d'été / Job dans la ville jumelée» de l'OFAJ vous offre la possibilité de faire un stage en entreprise dans la ville ou la région jumelée et de découvrir en France le monde du travail, tout en approfondissant la connaissance de la langue. «Job d'été / Job dans la ville jumelée», c'est aussi l'occasion de vivre à l'heure française le temps de votre séjour et de nouer des amitiés et des contacts personnels bénéfiques.
Alors, plus d'hésitation: pourquoi ne pas partir en stage en France ou y travailler pendant les vacances?

médiations en français

Il s'agit d'une page de l'OFAJ. Avec l'OFAJ, on peut aller en France et faire pendant les vacances un stage dans une entreprise de la ville ou la région jumelée. Pour participer à ce programme, il faut avoir au moins 16 ans et aller dans un Gymnasium en Allemagne.

ou:

Sur son site, l'OFAJ propose des stages aux lycéens allemands à partir de 16 ans dans des entreprises françaises de la ville ou de la région jumelée. On peut participer à ce programme pendant les vacances.

Exemple II: Tu passes tes vacances à Paris avec tes parents. Vous voulez aller au cinéma et vous cherchez des informations sur des films français sur Internet. Tes parents ne comprennent pas très bien le français, donc tu leur donnes les informations principales en allemand.

texte français

L'ESQUIVE
Réalisé par Abdellatif Kechiche
Avec Osman Elkharraz, Sara Forestier, Sabrina Ouazani
Abdelkrim, dit Krimo, quinze ans, vit dans une cité HLM de la banlieue parisienne. Il partage avec sa mère, employée dans un supermarché, et son père, en prison, un grand rêve fragile: partir sur un voilier au bout du monde.
En attendant, il traîne son ennui dans un quotidien banal de cité, en compagnie de son meilleur ami, Eric, et de leur bande de copains. C'est le printemps et Krimo tombe amoureux de Lydia, une fille de sa classe. Lydia fait partie d'un groupe d'élèves qui répète, pour leur cours de français, un passage du *Jeu de l'amour et du hasard* de Marivaux. Krimo qui veut attirer l'attention de Lydia réussit à jouer le rôle d'Arlequin dans la pièce. Mais, timide et maladroit, il a bien du mal à répéter la pièce et à séduire Lydia.

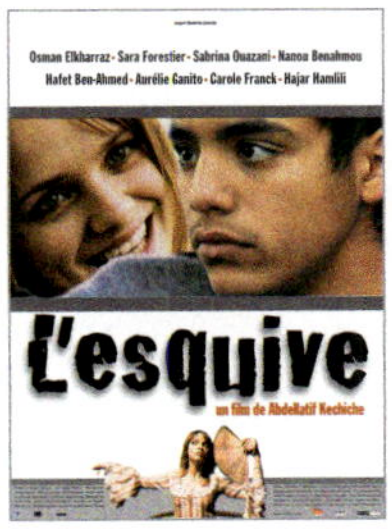

médiation en allemand

Krimo, ein Fünfzehnjähriger, wohnt in einer Pariser Vorstadt mit seiner Mutter. Sein Vater ist im Gefängnis. Sie haben den Traum wegzugehen.
Bis dahin langweilt er sich zusammen mit seinem besten Freund Eric und seiner Bande.
Es ist Frühling und Krimo verliebt sich in ein Mädchen aus seiner Klasse, die in einem Theaterstück mitspielt. Um sie auf sich aufmerksam zu machen, übernimmt er eine Rolle in dem Stück. Aber er ist schüchtern und es fällt ihm schwer, die Rolle zu spielen.

5 Faire un résumé

Pour faire un résumé, il faut avoir compris l'histoire. Ces questions peuvent t'aider à retrouver les éléments importants de l'histoire:

Exemple: Pierrot, mon héros (p. 65–67)

1. **Qui?**
   Quels sont les personnages importants de l'histoire? (p. ex.: Grand-Pierre, Kurt, ___)
2. **Où?**
   Quels sont les lieux? (p. ex.: Lons-le-Saunier dans le Jura, la ferme de Grand-Pierre, ___)
3. **Quoi? Quand?**
   Quelles sont les étapes de l'action dans l'ordre chronologique? (Lons le Saunier, ferme, 1944, guerre, l'Occupation, gens qui arrivent la nuit → groupe de résistants, le frère en fait partie, dimanche → va pêcher, pressentiment, rentre, hommes qui courent et crient, camion, soldats allemands, cherchent qc, se cache, soldat regarde le garçon, reste caché, il prépare son sac, se réfugie dans les collines, retrouve son frère, ___).
4. Fais une liste de **mots-clés**.
   (ferme, guerre, l'Occupation, résistants, nuit, pressentiment, soldats allemands, ___)

Quand tu as toutes les informations, tu peux écrire ton résumé. Voici quelques règles importantes:

Ein Resümee
- ist immer deutlich kürzer als der Ausgangstext.
- schreibst du im Präsens.
- schreibst du in der 3. Person.
- enthält eine Einleitung.
- enthält keine direkte Rede.
- schreibst du mit eigenen Worten.
- enthält nur Fakten aus dem Text und keine eigene Wertung.
- enthält „charnières*", die die Inhaltsangaben miteinander verbinden.

* **la charnière** die Verbindung, *auch:* das Scharnier

Charnières*
pour commencer: au début / d'abord / tout d'abord / premièrement / un jour
pour continuer: puis / ensuite / par la suite / après cela / mais
pour terminer: à la fin / enfin / finalement

Résumé

Le grand-père (Grand-Pierre) de Pierre Charnal raconte une histoire de sa jeunesse à son petit-fils. L'histoire se passe en 1944 pendant la guerre et pendant l'Occupation allemande.

Grand-Pierre a 15 ans et il habite avec sa famille dans une ferme du Jura. Marcel, son frère, fait partie d'un groupe de résistants qui viennent souvent à la ferme pendant la nuit. Les parents les aident: ils leur donnent des provisions.
Un jour, Grand-Pierre part très tôt pour aller pêcher. Mais il a un pressentiment et il rentre. Encore assez loin de la ferme, il entend des chiens et il voit des soldats allemands qui font monter ses parents et sa sœur dans un camion. Ils semblent chercher quelque chose autour de la maison. Grand-Pierre se cache et ne bouge plus. Un jeune soldat allemand le découvre mais il ne dit rien aux autres. Grand-Pierre reste longtemps caché derrière le buisson. Après, il rentre dans la ferme vide et il décide de partir et de retrouver son frère. La SS fusille son père et déporte sa mère et sa sœur.

6 Faire un exposé en groupe / une présentation

1. Organiser l'exposé

Choisissez un thème. Notez les aspects* importants de votre thème. Partagez-vous le travail: Qui s'occupe de quel aspect?

La Guadeloupe
- l'histoire
- le carnaval
- la langue
- ___

* **l'aspect** *m. hier:* das Unterthema

2. Travailler sur le thème

1. Travail individuel
Faites des recherches sur l'aspect du thème que vous avez choisi. Choisissez les photos / les documents que vous voulez présenter.

2. Mise en commun – première étape
Informez les autres membres du groupe de vos résultats. Discutez de vos résultats. Choisissez les aspects dont vous voulez parler: Quelles informations sont importantes/intéressantes pour vos camarades?

3. Mise en commun – deuxième étape
Structurez votre exposé: Combien de parties aura votre exposé? Par quel aspect est-ce que vous voulez commencer/continuer/finir?
Écrivez vos textes ou notez des mots-clés. Préparez une affiche / un transparent / ___ .

3. Préparer le déroulement de l'exposé

Qui va expliquer les mots nouveaux?
Qui va parler de quoi?
Qui va montrer quoi?
Répétez* entre vous et devant d'autres personnes (vos parents, vos amis) si possible.

* **répéter qc** *hier:* etw. proben

4. Faire votre exposé

Présentez les mots inconnus (au tableau, sur un poster, sur un transparent, sur des fiches).
N'oubliez pas de
– regarder vos camarades quand vous parlez,
– parler lentement et clairement,
– faire des pauses.

5. Après l'exposé

Laissez le temps à vos camarades de vous poser des questions.
Assurez-vous qu'ils ont bien compris:
Vous pouvez faire un test ou un quiz.

Pour évaluer l'exposé de vos camarades vous pouvez travailler avec une fiche d'évaluation. Voici un modèle:

	oui	non	plus ou moins
La présentation était intéressante.	☐	☐	☐
Les présentateurs ont bien réparti les rôles.	☐	☐	☐
Ils ont bien expliqué les mots nouveaux.	☐	☐	☐
Les médias utilisés étaient bien choisis.	☐	☐	☐
Ils ont bien structuré la présentation.	☐	☐	☐
Ils ont utilisé un langage simple et des phrases courtes et claires.	☐	☐	☐
Ils ont mis en relief les informations les plus importantes.	☐	☐	☐
Ils ont gardé le contact avec nous pendant la présentation.	☐	☐	☐
Ils ont parlé lentement et clairement.	☐	☐	☐
Ils ont fait des pauses.	☐	☐	☐
Ils ont terminé leur présentation par une conclusion.	☐	☐	☐
Ils nous ont donné le temps de poser des questions.	☐	☐	☐

Ce que j'ai appris: ___

Ce que je n'ai pas compris: ___

P

7 Travailler avec un organigramme

L'organigramme d'un texte peut t'aider à en faire le résumé à l'oral.
Voici un exemple d'organigramme pour le texte p. 30.

1. Cherche dans le texte les mots-clés et note-les sur une fiche.

Exemple:

Pierre Lartigue   concepteur-réalisateur   plusieurs stages   savoir organiser son travail
le multimédia   créer: des cédéroms, des jeux vidéos, des DVD, des sites Internet   technicien
apprendre chaque jour   artiste   ne jamais faire la même chose
être à son compte   travailler en équipe   pas d'emploi sûr   indépendance

2. Surligne de la même couleur ce qui va ensemble.

Exemple:

Pierre Lartigue   concepteur-réalisateur   plusieurs stages   savoir organiser son travail
le multimédia   créer: des cédéroms, des jeux vidéos, des DVD, des sites Internet   technicien
apprendre chaque jour   artiste   ne jamais faire la même chose
être à son compte   travailler en équipe   pas d'emploi sûr   indépendance

3. Sur une nouvelle fiche, écris les mots-clés et encadre[1]-les. Puis relie[2]-les par des lignes (—) pour les mettre en relation ou par des flèches[3] (→) pour exprimer une cause[4] ou une conséquence[5].

Exemple:

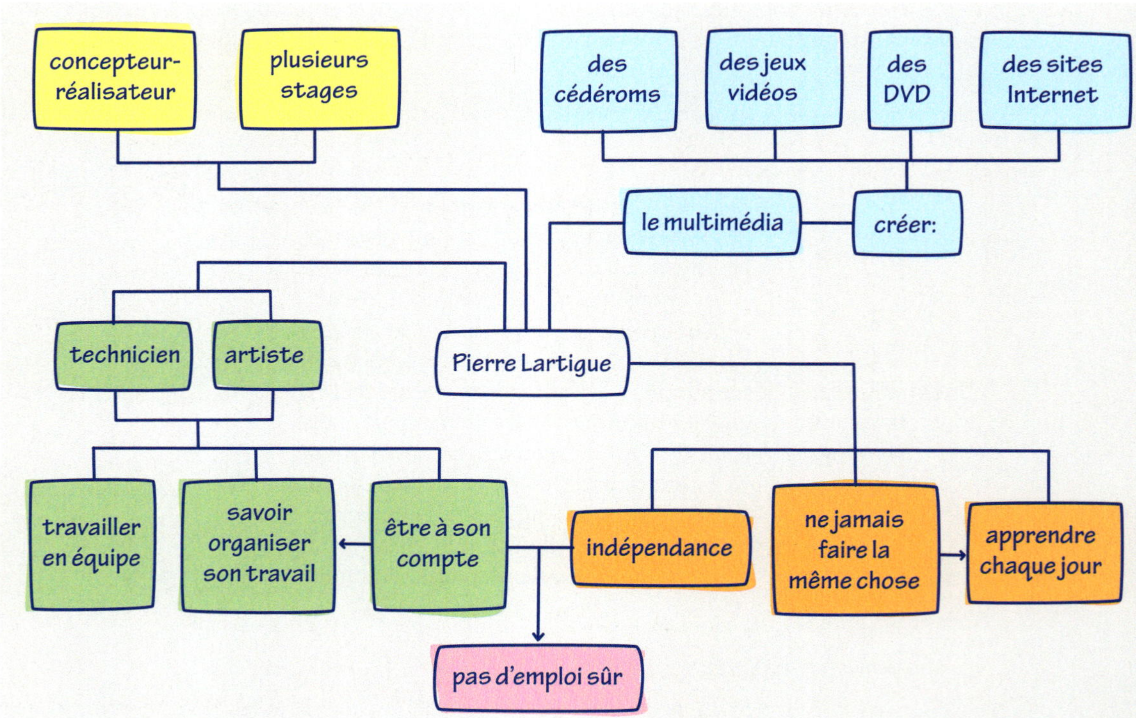

1 **encadrer qc** etw. umrahmen 2 **relier qc** etw. verbinden 3 **la flèche** der Pfeil 4 **la cause** der Grund 5 **la conséquence** die Folge

1 Comment écrire des lettres

Pour écrire une lettre, il faut respecter quelques règles. Voici un modèle de lettre que tu peux adapter selon tes besoins.

	Saarbrücken, le 5 mai 2007 — *Datum*
Absender bei einem förmlichen Brief	Sandra Maier Bayernstraße 5 66111 Saarbrücken tél. 0049/681/6 74 99 sanmer@t-online.de
Empfänger bei einem förmlichen Brief	Monsieur Claude Dufour 25, rue du Dagsbourg 68 000 Colmar

Anrede an einen Freund / eine Freundin	Cher Jérôme / Chère Nathalie,
an einen Unbekannten	Monsieur/Madame,
an einen Erwachsenen, den du kennst	Cher Monsieur / Chère Madame,
wenn du die Funktion der Person kennst	Monsieur le Directeur / Madame la Directrice,

Anliegen	Je suis ... Je voudrais ... / J'aimerais ... Pourriez-vous ...? Je vous remercie de votre lettre du 20 avril / de votre réponse si rapide.

Schluss bei einem förmlichen Brief	Dans l'attente de votre réponse, / Je vous remercie d'avance et — je vous prie de recevoir l'expression de mes sentiments les meilleurs.
weniger förmlich	Meilleures salutations / Sincèrement / Cordialement
an einen Freund / eine Freundin	Donne le bonjour à tes parents. (Grosses) Bises / (Gros) Bisous
Anlagen	Pièce(s) jointe(s)*: CV, diplôme de ...

* **la pièce jointe** die Anlage

2 Demande d'informations par mail

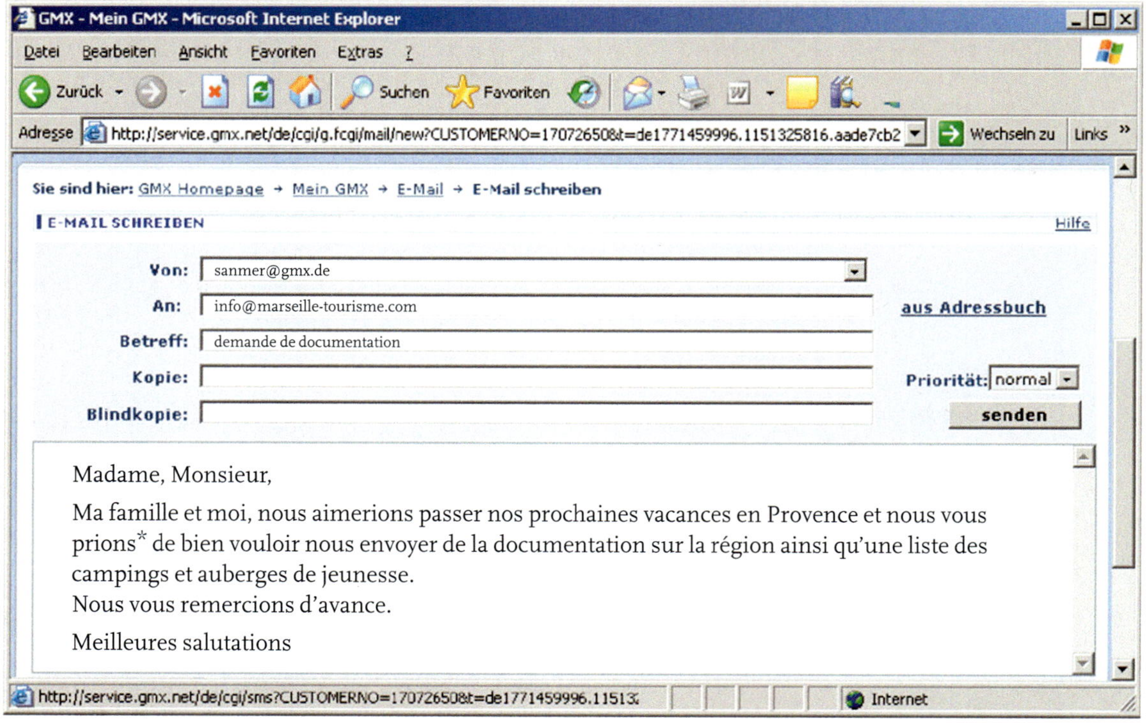
GMX - Mein GMX - Microsoft Internet Explorer

Sie sind hier: GMX Homepage → Mein GMX → E-Mail → E-Mail schreiben

E-MAIL SCHREIBEN

Von: sanmer@gmx.de

An: info@marseille-tourisme.com

Betreff: demande de documentation

Kopie:

Blindkopie:

Madame, Monsieur,

Ma famille et moi, nous aimerions passer nos prochaines vacances en Provence et nous vous prions* de bien vouloir nous envoyer de la documentation sur la région ainsi qu'une liste des campings et auberges de jeunesse.
Nous vous remercions d'avance.

Meilleures salutations

* **prier qn de faire qc** jdn bitten etw. zu tun

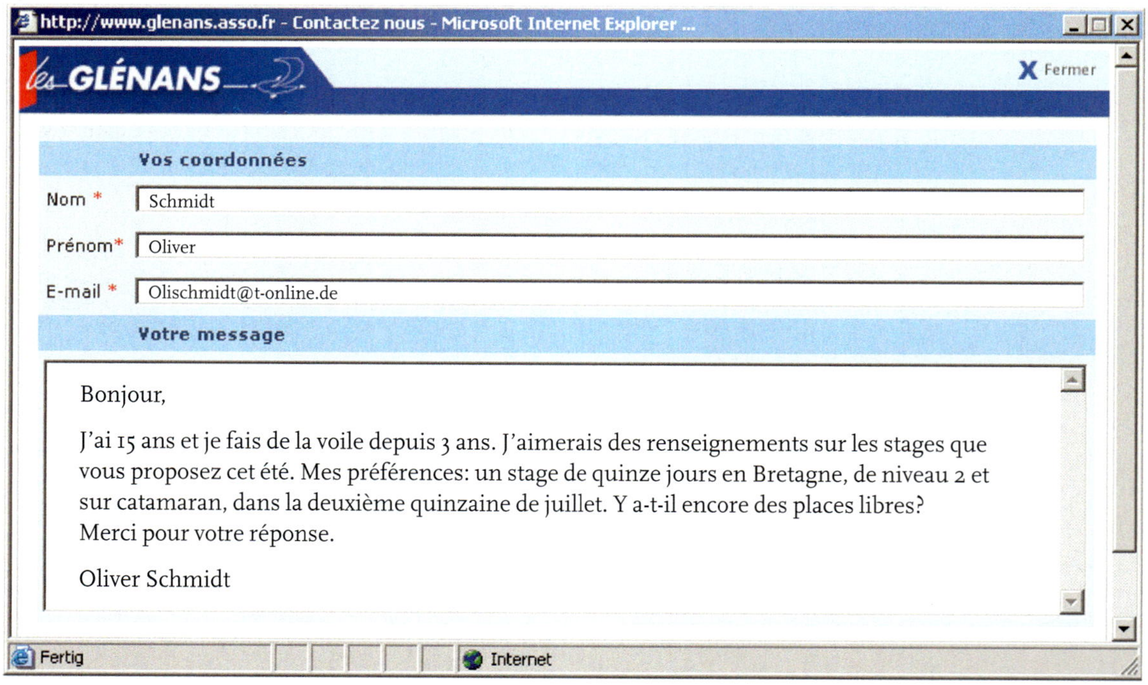
http://www.glenans.asso.fr - Contactez nous - Microsoft Internet Explorer ...

Vos coordonnées

Nom *: Schmidt

Prénom*: Oliver

E-mail *: Olischmidt@t-online.de

Votre message

Bonjour,

J'ai 15 ans et je fais de la voile depuis 3 ans. J'aimerais des renseignements sur les stages que vous proposez cet été. Mes préférences: un stage de quinze jours en Bretagne, de niveau 2 et sur catamaran, dans la deuxième quinzaine de juillet. Y a-t-il encore des places libres?
Merci pour votre réponse.

Oliver Schmidt

✎ *Contacte une de ces associations et renseigne-toi sur un camp de vacances. Tu peux aussi t'inscrire.*

UCAP
17 rue Rémy Dumoncel
75698 Paris Cédex 14

Vacances Léo Lagrange
67 La Canebière
13001 Marseille

Camps Odyssee
11 rue Crémazie Est
Québec (Québec)
G1R1Y1

Comment corriger ses fautes

N'oublie pas de relire les textes que tu écris et de corriger tes fautes. Pour en trouver le plus possible, relis ton texte plusieurs fois et concentre-toi à chaque relecture sur un point de grammaire précis. Voici quelques conseils:

1. Sind die Begleiter und Adjektive dem Geschlecht und der Zahl des Nomens angepasst?

   les copains, cet**te** cassette, un**e** maison blan**che**, **des** copines québécois**es**

   Hast du an die Apostrophierung oder die Veränderung des Begleiters, des Pronomens oder Adjektivs vor Nomen mit Vokal oder stummem „h" gedacht?

   l'hôtel, beaucoup **d'**oranges, cet artisan, **mon** amie, un **vieil** imperméable, un **bel** arbre, Elle l'a vu.

2. Stimmen die Verbformen mit ihren Subjekten überein? Hast du daran gedacht, das Partizip Perfekt anzugleichen, wenn es nötig ist?

   Tu parles, ils parl**ent**, elles parl**aient**, ils **font**; elles **sont** venues, mes copains **se sont** amusés

3. Hast du an die richtige Stellung der Adjektive gedacht und daran, dass die Adjektive „vieux", „beau" und „nouveau" im Singular drei Formen haben?

   une **nouvelle** chanteuse, un réalisateur **célèbre**, un **vieil** ami, un **bel** arbre

4. Stimmen die Pronomen in Geschlecht und Zahl mit den Wörtern überein, die sie ersetzen?

   Ces lunettes? Tu me **les** donnes? Tes parents? Tu **leur** as parlé?

5. Sieh dir den Aufbau deiner Sätze an. Hast du an die richtige Reihenfolge der Satzglieder gedacht? Subjekt-Verb-Ergänzung. Hast du an den richtigen Platz und die richtige Reihenfolge der Pronomen gedacht?

   Cet été, elle **n'**a **pas** passé ses vacances en France. Je **le** fais. Je peux **le** faire. Je vais **le** faire. Je **l'**ai fait. Il **me le** donne.

6. Hast du Zeitangaben verwendet, die das passé composé (z.B. „tout à coup") oder das „imparfait" (z.B. „d'habitude") nach sich ziehen?

   Comme d'habitude, elle **lisait**. Tout à coup, son frère **est entré**.

7. Hast du Auslöser für den „subjonctif" verwendet? Steht das Verb im „que"-Satz im „subjonctif"?

   Il faut que je **fasse** ___ .
   Notre prof veut que nous **apprenions** ___ .

8. Hast du Wörter, die im Deutschen oder Englischen ähnlich gebildet werden, richtig geschrieben?

   un exercice, le **ch**ocolat, la **c**atastrophe

Si tu ne te souviens plus des règles de grammaire utiles ici, consulte ta grammaire d'***À plus! 5***.

Expressions utiles

1 Aides à la compréhension

Demander des explications

Je n'ai pas compris.
Pardon?
Je ne sais pas si je vous ai bien compris/e.
Vous pouvez répéter, s'il vous plaît? / Tu peux répéter, s'il te plaît?
Vous parlez / Tu parles trop vite.
Vous pouvez / Tu peux parler | plus lentement? / plus fort?

Wenn du nicht sicher bist, ob du etwas richtig verstanden hast, kannst du mit einem dieser Sätze um genauere Erklärungen bitten.

Voulez-vous dire que ___ ?
Il me manque le mot ___ .
Je ne comprends pas « ___ ».
« ___ », qu'est-ce que ça veut dire?
Que signifie « ___ »?
Vous pouvez m'expliquer ce mot?

Pourriez-vous m'expliquer ce que « ___ » veut dire?
Est-ce que vous pouvez donner un exemple avec ce mot?
Est-ce que ça veut dire « ___ » ?
Vous pouvez / Tu peux épeler?
Est-ce que vous pouvez traduire?

Paraphraser quelque chose

C'est | un objet / une chose | avec lequel/laquelle ___ . / qui sert à ___ . / qu'on utilise pour ___ .

C'est | un endroit où ___ . / une personne qui ___ . / une organisation qui ___ . / un animal qui ___ . / un appareil qui ___ . / un bâtiment[1] qui/où ___ .

C'est | grand/petit. / long/court. / rond[2]/carré[3]/rectangulaire[4].

C'est en bois / en verre / en plastique.

C'est quelque chose d'important. / d'utile. / de bon.

C'est un peu comme ___ .
Ça ressemble à ___ .
C'est différent de ___ .
C'est le contraire de ___ .

Ça veut dire « ___ ».
C'est un autre mot pour « ___ ».

Wenn dir ein Wort nicht einfällt, versuche es zu umschreiben.

1 **le bâtiment** das Gebäude 2 **rond/e** rund
3 **carré/e** quadratisch 4 **rectangulaire** rechteckig

2 Donner son avis

J'aime / Je n'aime pas | le début / la fin / ___ .

Ce que j'ai aimé, c'est / ce sont ___ .
Ça me plaît. / Ça ne me plaît pas.
C'est trop long.

Ça fait réfléchir.
Ça donne envie de continuer.
On peut s'identifier à ___ .
Il y a du suspense / de l'action.
C'est facile/difficile à lire.

J'ai horreur | de + nom/infinitif. / des films | d'action. / de science-fiction. / d'aventure. / d'amour.

C'est une histoire qui | nous touche. / nous concerne.
C'est un sujet intéressant/original.
C'est impressionnant/passionnant/ennuyeux.
C'est bien écrit / bien construit.

___ joue bien.
Les acteurs sont très bons/beaux/nuls.
L'actrice est très belle / a de beaux yeux.
C'est un film / un documentaire trop long.

Les images sont très belles.
Ça fait un peu carte postale.
Les dialogues sont bons/nuls.

La musique me plaît beaucoup.
J'aime beaucoup le rap / le raï / ___ .
J'ai horreur du jazz / du rap / ___ .
Je déteste la musique classique / la Rn'B / ___ .
La chanteuse / Le chanteur a une très belle voix.
J'aime bien le clip vidéo de cette chanson.
Les paroles sont difficiles à comprendre.
Il y a trop de descriptions[1].

La langue | est trop compliquée. / n'est pas assez moderne.

Il y a plein de mots / d'expressions drôles/bizarres/___ .
C'est (un peu) tiré par les cheveux[2].

1 **la description** die Beschreibung 2 **tiré par les cheveux** an den Haaren herbeigezogen

3 Discuter

Je pense / Je trouve / Je sais / Je crois / Je suis sûr/e | que ___ .
À mon avis, ___ .
Pour ma part, ___ .

Je ne sais pas.
Je ne crois pas que + *subj.*
Je ne suis pas sûr/e que + *subj.*
Je n'en suis pas sûr/e.
J'en doute.

L'avantage, / L'inconvénient, c'est ___ .
Le point le plus important, c'est ___ .
Le plus intéressant, c'est ___ .
Il paraît / Il semble | être ___ .
Peut-être qu'il ___ .
Il est peut-être ___ .

Je n'ai pas compris ce que tu veux dire.
Est-ce que tu veux dire que ___ ?
Qu'est-ce que tu | en penses? / penses de ___ ?
Comment est-ce que tu trouves ___ ?
Ce n'est pas ce que je voulais dire.
Je ne sais pas comment vous expliquer.

Laisse-le/la parler!
Laisse-moi finir ma phrase.

1 **Ça dépend des choses.** Das kommt darauf an. 2 **avoir tort** Unrecht haben 3 **s'écarter du sujet** vom Thema abweichen

Tu es d'accord avec ce qu'elle/il a dit?
Je suis d'accord.
C'est (tout à fait) ça.
Je suis du même avis que toi/lui/ ___ .
Je suis de votre/ton avis.
C'est exactement ce que je pense.
C'est exactement ce que je vous dis.
Tu as raison.
C'est exact/juste.
On peut voir ça comme ça.
Ça dépend des choses[1].

Tu as tort[2].
Je ne suis pas d'accord.
Je ne suis pas de cet avis.
Ce n'est pas ça.
Ce n'est pas vrai.
C'est faux.

C'est exactement le contraire.
Si! / Si justement!
Ce n'est pas une raison!
Ce n'est pas un argument!
On ne peut pas comparer.
Il ne faut pas généraliser.
Il ne s'agit pas de ça.
Il ne suffit pas de ___ .
Il faut aussi ___ .

Vous compliquez les choses.
On s'écarte du sujet[3].
On parle de tout autre chose.
Ça ne sert à rien de discuter!

4 Les charnières* d'un texte

Exprimer une suite chronologique

pour commencer: au début / d'abord / tout d'abord / premièrement
pour continuer: puis / ensuite / par la suite / après cela
pour terminer/finir: à la fin / enfin / finalement

* **la charnière** die Verbindung, *auch:* das Scharnier

P

Argumenter

1. Donner une raison / une conséquence
car ___
comme ___ / puisque ___
pour cette raison / ainsi / par conséquent / c'est pourquoi ___
en effet, ___
en conclusion, ___
on peut en conclure que ___

2. Donner de nouveaux arguments
de plus / en plus ___
à part cela ___
il faut ajouter ___
d'ailleurs ___

3. Comparer
de même / également ___
en comparaison avec ___
à la différence de ___

4. Contredire
mais / pourtant / cependant / malgré cela / quand même / au contraire / contrairement à ___
d'une part ___ / d'autre part ___
d'un côté ___ / de l'autre côté ___

À vous:

a *Essayez de remplacer les charnières du texte par d'autres charnières que vous connaissez déjà.*

b *Résumez le texte en utilisant des charnières.*

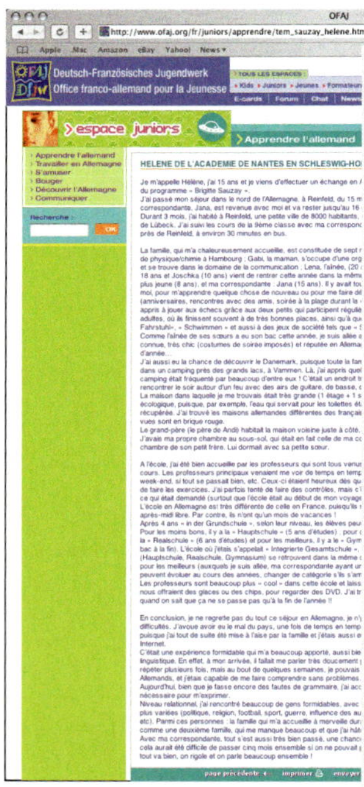

Je m'appelle Hélène, j'ai 15 ans et je viens d'effectuer un échange[1] en Allemagne avec Jana dans le cadre du programme «Brigitte Sauzay».
J'ai passé mon séjour dans le nord de l'Allemagne, à Reinfeld, du 15 mai au 5 août 2004. Ma correspondante, Jana, est revenue avec moi et va rester jusqu'au 16 octobre prochain.
Pour commencer, je dois dire que la famille de Jana m'a chaleureusement[2] accueillie. Il y avait toujours quelqu'un pour s'occuper de moi, pour m'apprendre quelque chose de nouveau ou pour me faire découvrir l'Allemagne. J'ai aussi eu la chance de découvrir le Danemark puisque toute la famille m'y a emmenée en vacances, dans un camping près des grands lacs, à Vammen. (...) De même à l'école, j'ai été bien accueillie par les professeurs qui sont tous venus me serrer la main au début de leur cours. (...) L'école en Allemagne est très différente de celle en France puisque les élèves travaillent que le matin et ont leur après-midi libre. Par contre, ils n'ont qu'un mois de vacances l'été. (..)
Deuxièmement, j'avoue que cette expérience formidable m'a beaucoup apporté. En effet, au début, il fallait me parler très lentement pour que je comprenne, et parfois répéter plusieurs fois, mais ensuite, j'ai pu suivre une conversation entre deux Allemands, et à la fin, j'étais capable de me faire comprendre sans problèmes. À part cela, avec ma correspondante, tout s'est aussi très bien passé: on rigole et on parle beaucoup ensemble!
En conclusion, je ne regrette pas du tout ce séjour en Allemagne. J'avoue avoir eu de temps en temps le mal du pays mais c'est arrivé assez rarement car j'ai tout de suite été mise à l'aise par la famille. De plus, j'ai été aussi en contact avec la France par Internet.

D'après: www.ofaj.org/de/juniors/apprendre/tem_sauzay_helene.htm

1 **effectuer un échange** = faire un échange 2 **chaleureusement** *adv.* herzlich

5 Présenter un sujet

Introduction

Aujourd'hui, je vais vous parler de ___ .
Aujourd'hui, je vais vous présenter un auteur / un livre / un sujet que j'aime. / qui m'intéresse.

J'ai choisi ___ parce que ___ .

Je vais vous faire écouter une chanson / une interview.
Je vais vous montrer un transparent / un extrait d'émission / ___ .
Je vais vous lire ___ .

Présentation

(Tout) d'abord, ___ . / Pour commencer ___ / Commençons par ___ .
Premièrement, ___ . / Deuxièmement, ___ . / Troisièmement, ___ .

D'ailleurs, ___ .
De plus, ___ .

Il faut dire / ajouter / avouer que ___ .

Conclusion

Pour terminer/finir/conclure[1] ___ .
Finalement, ___ .
En résumé, ___ .
En un mot, ___ .

Est-ce que vous avez des questions?

1 **pour conclure** zum Abschluss

6 Présenter la biographie de quelqu'un

Präsens verwenden!

Il/Elle est né(e) en ___ / à ___ .
Il/Elle passe son enfance à/en ___ .
Il/Elle fait des études de ___ / un apprentissage de ___ .
Très tôt, il/elle s'intéresse à ___ .
Il/Elle commence à jouer au foot en ___ /___ .
Il/Elle gagne ___ en ___ .
Il/Elle est influencé(e)[1] par ___ .
Ses idoles sont ___ .
Il/Elle écrit ___ / joue son premier rôle ___ / enregistre[2] son premier CD ___ .
Son premier livre/disque s'appelle « ___ ».
Son premier succès, c'est ___ .
En ___ , il/elle reçoit le prix ___ .
Il/Elle devient célèbre grâce à ___ .
Il/Elle arrête sa carrière en ___ / après ___ .
Il/Elle meurt en ___ .

1 **influencé/e** *adj.* beeinflusst
2 **enregistrer qc** etw. aufnehmen

7 Décrire un tableau / une photo / une BD

Erst beschreiben, dann kommentieren.

Il s'agit d'un tableau de ___ . / d'un dessin. / d'une photo. / d'une BD.

Ce tableau / Ce dessin / Cette photo montre ___ . / représente ___ . / symbolise ___ .

Au premier plan[1] / À l'arrière plan[2] / Au centre / À droite / À gauche se trouve ___ . / il y a ___ . / on voit ___ . / on découvre ___ .

Ce que je trouve bizarre/drôle, / Ce qui me plaît / me frappe, c'est ___ .

La BD raconte l'histoire de ___ .
La (première) vignette[3] montre (Titeuf) qui (mange).

L'homme au milieu est entouré de ___ .

Le texte des bulles[4] est drôle / plein d'humour. / écrit en français familier.

1 **au premier plan** im Vordergrund 2 **à l'arrière plan** im Hintergrund
3 **la vignette** das Kästchen (im Comic) 4 **la bulle** die Sprechblase

P

8 Décrire quelqu'un

Le physique

Il/Elle est grand(e)/petit(e)/mignon(ne).

Il/Elle a un beau sourire.

Il/Elle a l'air fatigué(e) / triste / en forme.

Le caractère

Il/Elle est | charmant(e)/généreux(-se)/honnête/compliqué(e)/curieux(-se)/sympa/drôle/génial(e)/lent(e)/courageux(-euse)/égoïste/agressif(-ve)/gentil(le)/économe.

Les vêtements *m. pl.*

Il/Elle s'habille | bien. / mal.

Il/Elle porte | une chemise bleue / une veste étroite / des lunettes de soleil / une casquette rouge / des collants à carreaux / des baskets blanches / un foulard en soie / ___ .

L'âge *m.*

Il/Elle est plus/moins âgé(e) que ___ .

Il/Elle est né(e) en 1998.

La famille

Il/Elle est franco-tunisien(ne)/___ .

Il/Elle a des frères et des sœurs.

Son père / Sa mère est | cuisinier(-ière) / prof de géo / médecin / ouvrier(-ière) / avocate / employé(e) chez ___ .

Il/Elle est marié(e) avec ___ / divorcé(e).

Il/Elle a deux enfants.

Les loisirs *m. pl.*

Il/Elle fait du skate / du surf / du cheval / ___ .

Il/Elle joue du piano / de la trompette / de la guitare / ___ .

Il/Elle aime | le rap / la bédé / la lecture / les séries policières / la boxe / les voyages / faire du lèche-vitrines / ___ .

Il/Elle s'intéresse à la peinture / aux échecs / ___ .

9 Parler et analyser des statistiques

le diagramme à barres

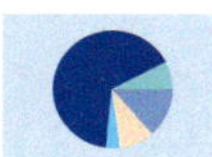

le diagramme circulaire

1990	2000	2001
13.000	15.000	14.000

le tableau

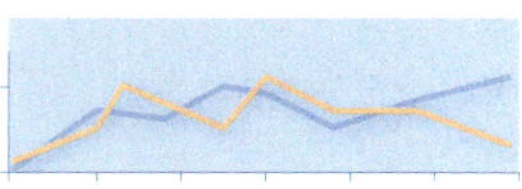

le graphique

Ce tableau / ce diagramme présente un sondage sur (la consommation d'énergie en France) réalisé en (2008).

La moitié Plus de la moitié La plupart La majorité / La minorité (Presqu')un tiers (À peu près) les deux tiers Un quart / les trois quarts Un cinquième Quarante pour cent	des Français	trouvent / croient que ___ . s'identifient à ___ . déclarent que ___ . acceptent de ___ . préfèrent ___ . (ne) sont (pas) d'accord avec ___ . s'opposent à ___ .

Un (Français) sur deux pense que ___ .
Presque tous les Français / Quelques Français trouvent que ___ .

Pour (dix) pour cents des Français, il est important de (connaître les conditions de production du produit acheté).

Le nombre de/d'(élèves) a augmenté[1]/diminué[2] de (18) pour cent depuis (2008).

Il y a une différence entre (2002) et (2008).

Cette augmentation[3]/diminution[4] concerne (les produits écologiques).

1 **augmenter de (18 %)** um (18 %) (an)steigen 2 **diminuer de (18 %)** um (18 %) sinken
3 **l'augmentation** *f.* der Anstieg 4 **la diminution** der Rückgang

Les verbes et leurs compléments Die Verben und ihre Ergänzungen

accepter de + *Inf.* akzeptieren etw. zu tun
adorer + *Inf.* etw. gerne mögen
aider qn à + *Inf.* jmd helfen etw. zu tun
aimer + *Inf.* etw. gerne mögen
s'amuser à + *Inf.* Spaß haben, etw. zu tun
appeler qn à + *Inf.* jdn aufrufen/auffordern etw. zu tun
apprendre à + *Inf.* lernen etw. zu tun; **apprendre qc à qn** jdm beibringen etw. zu tun
arrêter de + *Inf.* aufhören etw. zu tun
arriver à + *Inf.* schaffen etw. zu tun
attendre qn/qc auf jdn/etw. warten
avoir besoin de + *Inf.* etw. tun müssen; **avoir besoin de qn/qc** jdn/etw. brauchen
avoir envie de + *Inf.* Lust haben etw. zu tun; **avoir envie de qc** auf etw. Lust haben
avoir peur de + *Inf.* Angst haben etw. zu tun
avoir raison de + *Inf.* etw. zu Recht tun
avouer qc (à qn) (vor) jdm etw. zugeben
causer qc etw. bewirken
changer qc etw. (ver-)ändern; **changer de qn/qc** jdn/etw. wechseln
commencer à + *Inf.* beginnen etw. zu tun; **commencer par qn/qc** mit jdm/etw. anfangen
comparer qn/qc à qn/qc jdn/etw. mit jdm/etw. vergleichen
conduire qn à qn/qc jdn zu jdm/etw. hinbringen
confronter qn à qn/qc jdn mit jdm/etw. konfrontieren
conseiller qc à qn jdm etw. raten
consister en qc aus etw. bestehen, sich aus etw. zusammensetzen
continuer à + *Inf.* fortfahren etw. zu tun, etw. weitermachen
correspondre à qn/qc jdm/etw. entsprechen
craindre qn/qc jdn/etw. fürchten
croire qc etw. glauben; **croire qn** + *adj.* jdn für etw. halten
se décider à + *Inf.* sich entschließen etw. zu tun; **décider de** + *Inf.* beschließen etw. zu tun; **décider de qc** über etw. entscheiden
demander qc à qn jdn etw. fragen; **demander (à qn) de** + *Inf.* jdn bitten etw. zu tun
dépendre de qn/qc von jdm/etw. abhängen
détester + *Inf.* etw. sehr ungerne tun
dire qc à qn jdm etw. sagen
discuter de qc sich über etw. unterhalten
se disputer qc sich um etw. streiten
donner qc à qn jdm etw. geben
écouter qn jdm zuhören, auf jdn hören
empêcher qn de + *Inf.* jdn daran hindern etw. zu tun
enlever qc à qn jdm etw. wegnehmen
espérer + *Inf.* hoffen etw. zu tun
essayer de + *Inf.* versuchen etw. zu tun
faire + *Inf.* jdn veranlassen etw. zu tun
finir de + *Inf.* etw. abschließen, etw. zu Ende tun; **finir par** + *Inf.* schließlich etw. tun
s'habituer à + *Inf.* sich daran gewöhnen etw. zu tun
hésiter à + *Inf.* zögern etw. zu tun
s'identifier à qn sich mit jdm identifizieren
s'intéresser à qn/qc sich für jdn/etw. interessieren
laisser + *Inf.* jdn etw. tun lassen
se moquer de qn/qc sich über jdn/etw. lustig machen
s'opposer à qn/qc sich jdm/etw. widersetzen
oser + *Inf.* sich trauen etw. zu tun
oublier de + *Inf.* vergessen etw. zu tun
se passer de qn/qc jdn/etw. entbehren
penser + *Inf.* die Absicht haben etw. zu tun; **penser à** + *Inf.* daran denken etw. zu tun
permettre à qn de + *Inf.* jdm erlauben etw. zu tun
se plaindre de qn/qc sich über jdn/etw. beschweren
plaîre (à qn) de + *Inf.* etw. gerne tun
pouvoir + *Inf.* etw. tun können *in der Lage sein / die Erlaubnis haben etw. zu tun*
préférer + *Inf.* etw. lieber tun
(se) promettre de + *Inf.* sich vornehmen etw. zu tun
proposer de + *Inf.* vorschlagen etw. zu tun
refuser de + *Inf.* ablehnen etw. zu tun
regretter de + *Inf.* bedauern etw. zu tun
renoncer à + *Inf.* darauf verzichten etw. zu tun
réussir à + *Inf.* schaffen etw. zu tun
rêver de + *Inf.* davon träumen etw. zu tun
rimer avec qc sich auf etw. reimen
savoir + *Inf.* etw. tun können *die Fertigkeit erlernt haben etw. zu tun*
souhaiter + *Inf.* wünschen etw. zu tun
se souvenir de qn/qc sich an jdn/etw. erinnern
se spécialiser en qc sich auf etw. spezialisieren
téléphoner à qn jdn anrufen
venir de + *Inf.* gerade etw. getan haben
se voir + *Nomen/Adj.* sich sehen als + Nomen/Adj.
vouloir + *Inf.* gerne etw. tun wollen

Les différents sens d'un verbe **Verben mit mehreren Bedeutungen**

descendre	(ê)Elle **est descendue du** train.	aus etw. aussteigen
	Ils **ont descendu** la rue.	etw. heruntergehen
	(ê)Elles ne **sont** pas **descendues**.	herunterkommen
	Marie **a descendu** la poubelle.	etw. hinunterbringen
monter	(ê)Elle **est montée dans** la voiture.	in etw. einsteigen
	(ê)Ils **sont montés sur** un abre.	auf etw. hinaufklettern
	Il **a monté** l'escalier.	etw. hinaufgehen
	Marc **a monté** sa valise.	etw. hinaufbringen
sortir	(ê)Hier soir, elle **est sortie** avec son copain.	ausgehen
	(ê)Il **est sorti de table** à deux heures.	vom Tisch aufstehen
	(ê)Ils **sont sortis de** la maison à 17 heures.	aus etw. herauskommen
	(ê)Le film va bientôt **sortir**.	herauskommen
	Pierre n'**a** pas encore **sorti** son chien aujourd'hui.	jdn ausführen
	Il **s'en sort** de la situation.	klarkommen, etw. schaffen, rauskommen
changer	Il faut **changer** à Lyon.	umsteigen
	Elle n'**a** pas **changé**!	sich verändern
	Il ne veut pas **changer** ses habitudes.	etw. ändern
	Après le sport, il **change de** vêtements.	etw. wechseln
passer	Le temps **passe** vite!	vergehen
	Tu dois encore **passer** un examen?	etw. ablegen
	À la radio, ils **ont passé** une chanson de Diam's.	etw. spielen, etw. senden
	La Star Ac **passe sur** TF1.	auf etw. laufen (Fernseher, Radio)
	Tu peux me **passer** ton stylo?	jdm etw. geben/reichen
	(ê)Le chômage **est passé de** 8 % **à** 5 %.	*hier:* sinken; *auch:* ansteigen von … auf …
	(ê)Louise n'**est** pas **passée en** première.	in die nächste Klasse versetzt werden
	(ê)Il faut **passer par** Paris.	durch etw. durchfahren
se passer	(ê)Cette histoire **s'est passée** en 1871.	sich ereignen, passieren
	(ê)Elle ne peut pas **se passer de** ses copains.	jdn entbehren, ohne jdn/etw. auskommen
tenir	Il **tient** un restaurant.	etw. führen, etw. betreiben
	La mère **tient** son enfant dans ses bras.	jdn/etw. halten
	Elle a de belles dents, elle **tient** cela de son père.	etw. von jdm haben
	Je te **tiens au courant**.	jdn auf dem Laufenden halten

Les différents sens d'un adjectif **Bedeutungsveränderung bei Adjektiven**

Einige Adjektive verändern ihre Bedeutung, je nachdem, ob sie voran- oder nachgestellt werden.

un **cher** ami	lieb	une voiture **chère**	teuer
une **pauvre** fille	bedauernswert	une fille **pauvre**	arm
un **grand** homme	groß, berühmt	un homme **grand**	groß
un **vrai** copain	echt, wirklich	une histoire **vraie**	wahr
une **jeune** fille	jung	un professeur **jeune**	jugendlich wirkend
un **long** moment	lang *zeitlich*	une rue **longue**	lang *räumlich*
mon **seul** ami	einzig	un homme **seul**	allein, einsam
le **dernier** jour	letzter	le mois **dernier**	vorig
les **différentes** solutions	verschieden, mehrere	des opinions **différentes**	unterschiedlich

Comment former des adverbes **Wie man Adverbien bildet**

Die meisten Adverbien werden von Adjektiven abgeleitet.

Um das Adverb zu bilden, hängt man häufig an die weibliche Singularform des Adjektivs die Endung **-ment** *an.*	lent/e → lente**ment** sérieux/-euse → sérieuse**ment** long/ue → longue**ment**
Adjektive, deren männliche Form auf einem Vokal endet, leiten das Adverb von dieser Form ab.	difficile → difficile**ment** vrai → vrai**ment** absolu → absolu**ment**
Einige Adverbien verfügen über besondere Formen.	-ant → **-amment** constant/e → const**amment** courant/e → cour**amment** méchant/e → méch**amment** -ent → **-emment** différent/e → différ**emment** évident/e → évid**emment**
Einige Adverbien enden auf **-ément**. *Diese muss man lernen.*	énorme → énorm**ément** intense → intens**ément**
Unregelmäßige Adverbien	gentil/le → **gentiment** bon/ne → **bien** mauvais/e → **mal** meilleur/e → **mieux**

Nicht von allen Adjektiven können Adverbien abgeleitet werden.
In diesem Fall kann man de manière + *weibliche Form des Adjektivs benutzen:*

de manière intéressante/impressionnante/sportive/ridicule/vivante

Comment former le contraire d'un adjectif **Wie man ein Adjektiv gegenteiliger Bedeutung bildet**

Häufig bildet man von einem Adjektiv das Gegenteil, indem man das Präfix **in-** *voranstellt:*

tolérant/e – **in**tolérant/e
sensible – **in**sensible
intéressant/e – **in**intéressant/e
intelligent/e – **in**intelligent/e
humain/e – **in**humain/e
utile – **in**utile

confortable – **in**confortable
officiel/le – **in**officiel/le
dépendant/e – **in**dépendant/e
direct/e – **in**direct/e
juste – **in**juste

Merke

in *wird zu*	**im-** *vor* b *und* p	**il-** *vor* l	**ir-** *vor* r
	possible – **im**possible prudent/e – **im**prudent/e	limité/e – **il**limité/e	responsable – **ir**responsable

ANNEXE

Les verbes **Die Verben**

Hier findest du die Konjugationen der Verben aus den obligatorischen Unités.
⚠ (ê) *So gekennzeichnete Verben bilden die zusammengesetzten Zeiten mit „être".*

Les verbes auxiliaires „avoir" *et* „être" ***Die Hilfsverben*** „avoir" ***und*** „être"

infinitif	**avoir**		**être**	
présent	j'	ai	je	suis
	tu	as	tu	es
	il/elle/on	a	il/elle/on	est
	nous	avons	nous	sommes
	vous	avez	vous	êtes
	ils/elles	ont	ils/elles	sont
imparfait	j'	avais	j'	étais
futur simple	j'	aurai	je	serai
conditionnel	j'	aurais	je	serais
subjonctif	que j'	aie	que je	sois
	que tu	aies	que tu	sois
	qu'il/elle/on	ait	qu'il/elle/on	soit
	que nous	ayons	que nous	soyons
	que vous	ayez	que vous	soyez
	qu'ils/elles	aient	qu'ils/elles	soient
passé simple	j'eus, il eut, nous eûmes		je fus, il fut, nous fûmes	
impératif	Aie. Ayons. Ayez.		Sois. Soyons. Soyez.	
participe présent	ayant		étant	
participe passé	eu		été	

Les verbes réguliers en -er/-ir/-(d)re ***Die regelmäßigen Verben auf*** -er/-ir/-(d)re

infinitif	**parler**	
présent	je	parle
	tu	parles
	il/elle/on	parle
	nous	parlons
	vous	parlez
	ils/elles	parlent
imparfait	je	parlais
futur simple	je	parlerai
conditionnel	je	parlerais
subjonctif	que je	parle
passé simple	je parlai, il parla, nous parlâmes	
impératif	Parle. Parlons. Parlez.	
participe présent	parlant	
participe passé	parlé	

⚠ *Diese Verben haben jeweils eine Besonderheit in der Schreibung:*

acheter	j'achète, tu achètes, il/elle/on achète, nous achetons, vous achetez, ils achètent
amener	j'amène, tu amènes, il/elle/on amène, nous amenons, vous amenez, ils/elles amènent; *ebenso:* élever, emmener, enlever, épeler, lever, (ê)se lever, mener, peler, peser, (ê)se promener
(ê)s'appeler	je m'appelle, tu t'appelles, il/elle/on s'appelle, nous nous appelons, vous vous appelez, ils/elles s'appellent
avancer	nous avançons; *ebenso:* bercer, commencer, dénoncer, influencer, lancer, menacer, remplacer, renoncer
bouger	nous bougeons; *ebenso:* changer, déranger, (ê)se diriger, échanger, émerger, encourager, (ê)s'engager, manger, nager, obliger, partager, plonger, ranger, télécharger, voyager
espérer	j'espère, tu espères, il/elle/on espère, nous espérons, vous espérez, ils/elles espèrent; *ebenso:* exagérer, galérer, s'inquiéter, interpréter, modérer, posséder, préférer, prospérer, (ê)se refléter, régler, répéter
jeter	je jette, tu jettes, il/elle/on jette, nous jetons, vous jetez, ils/elles jettent
payer	je paie, tu paies, il/elle/on paie, nous payons, vous payez, ils/elles paient; *ebenso:* employer, (ê)s'ennuyer, envoyer, essayer, nettoyer
(ê)se protéger	je me protège, tu te protèges, il/elle/on se protège, nous nous protégeons, vous vous protégez, ils/elles se protègent

infinitif	**réagir**		**attendre**	
présent	je	réagis	j'	attends
	tu	réagis	tu	attends
	il/elle/on	réagit	il/elle/on	attend
	nous	réagissons	nous	attendons
	vous	réagissez	vous	attendez
	ils/elles	réagissent	ils/elles	attendent
imparfait	je	réagissais	j'	attendais
futur simple	je	réagirai	j'	attendrai
conditionnel	je	réagirais	j'	attendrais
subjonctif	que je	réagisse	que j'	attende
passé simple	je réagis, il réagit, nous réagîmes		j'attendis, il attendit, nous attendîmes	
impératif	Réagis. Réagissons. Réagissez.		Attends. Attendons. Attendez.	
participe présent	réagissant		attendant	
participe passé	réagi		attendu	
	ebenso: abolir, agir, applaudir, choisir, définir, envahir, finir, franchir, grandir, grossir, punir, réfléchir, réunir, réussir, subir, unir		*ebenso:* correspondre, défendre, dépendre, descendre, (ê)se détendre, entendre, (ê)s'entendre, interrompre, perdre, rendre, (ê)(re)descendre, répondre	

ANNEXE

infinitif	**accueillir**	**(ê)aller**	**(ê)s'asseoir**
présent	j' accueille tu accueilles il/elle/on accueille nous accueillons vous accueillez ils/elles accueillent	je vais tu vas il/elle/on va nous allons vous allez ils/elles vont	je m' assieds tu t' assieds il/elle/on s' assied nous nous asseyons vous vous asseyez ils s' asseyent
imparfait	j' accueillais	j' allais	je m' asseyais
futur simple	j' accueillerai	j' irai	je m' assiérai
conditionnel	j' accueillerais	j' irais	je m' assiérais
subjonctif	que j' accueille	⚠ que j' aille [aj] *aber:* que nous allions, que vous alliez	que je m' asseye
passé simple	j'accueillis, il accueillit, nous accueillîmes	j'allai, il alla, nous allâmes	je m'assis, il s'assit, nous nous assîmes
impératif	Accueille. Accueillons. Accueillez.	Va. Allons. Allez.	Assieds-toi. Asseyons-nous. Asseyez-vous.
participe présent	accueillant	allant	asseyant
participe passé	accueilli	allé/e	assis/e

infinitif	**battre**	**boire**	**connaître**
présent	je bats tu bats il/elle/on bat nous battons vous battez ils/elles battent	je bois tu bois il/elle/on boit nous buvons vous buvez ils/elles boivent	je connais tu connais il/elle/on connaît nous connaissons vous connaissez ils/elles connaissent
imparfait	je battais	je buvais	je connaissais
futur simple	je battrai	je boirai	je connaîtrai
conditionnel	je battrais	je boirais	je connaîtrais
subjonctif	que je batte	⚠ que je boive *aber:* que nous buvions, que vous buviez	que je connaisse
passé simple	je battis, il battit, nous battîmes	je bus, il but, nous bûmes	je connus, il connut, nous connûmes
impératif	Bats. Battons. Battez.	Bois. Buvons. Buvez.	Connais. Connaissons. Connaissez.
participe présent	battant	buvant	connaissant
participe passé	battu	bu	connu
	ebenso: abattre		*ebenso:* disparaître

infinitif	**conquérir**	**construire**	**convaincre**
présent	je conquiers tu conquiers il/elle/on conquiert nous conquérons vous conquérez ils/elles conquièrent	je construis tu construis il/elle/on construit nous construisons vous construisez ils/elles construisent	je convaincs tu convaincs il/elle/on convainc nous convainquons vous convainquez ils/elles convainquent
imparfait	je conquérais	je construisais	je convainquais
futur simple	je conquerrai	je construirai	je convaincrai
conditionnel	je conquerrais	je construirais	je convaincrais
subjonctif	que je conquière	que je construise	que je convainque
passé simple	je conquis, il conquit, nous conquîmes	je construisis, il construisit, nous construisîmes	je convainquis, il convainquit, nous convainquîmes
impératif	Conquiers. Conquérons. Conquérez.	Construis. Construisons. Construisez.	Convaincs. Convainquons. Convainquez.
participe présent	conquérant	construisant	convaincant
participe passé	conquis	construit	convaincu
		ebenso: conduire, s'instruire sur qn/qc, introduire, réduire, traduire	*ebenso:* vaincre

infinitif	**courir**	**croire**	**devoir**
présent	je cours tu cours il/elle/on court nous courons vous courez ils/elles courent	je crois tu crois il/elle/on croit nous croyons vous croyez ils/elles croient	je dois tu dois il/elle/on doit nous devons vous devez ils/elles doivent
imparfait	je courais	je croyais	je devais
futur simple	je courrai	je croirai	je devrai
conditionnel	je courrais	je croirais	je devrais
subjonctif	que je coure	⚠ que je croie *aber:* que nous croyions, que vous croyiez	⚠ que je doive *aber:* que nous devions, que vous deviez
passé simple	je courus, il courut, nous courûmes	je crus, il crut, nous crûmes	je dus, il dut, nous dûmes
impératif	Cours. Courons. Courez.	Crois. Croyons. Croyez.	*(selten verwendet)*
participe présent	courant	croyant	*(selten verwendet)*
participe passé	couru	cru	dû/due
	ebenso: parcourir		

infinitif	**dire**		**écrire**		**exclure**	
présent	je	dis	j'	écris	j'	exclus
	tu	dis	tu	écris	tu	exclus
	il/elle/on	dit	il/elle/on	écrit	il/elle/on	exclut
	nous	disons	nous	écrivons	nous	excluons
	vous	**dites**	vous	écrivez	vous	excluez
	ils/elles	disent	ils/elles	écrivent	ils/elles	excluent
imparfait	je	disais	j'	écrivais	j'	excluais
futur simple	je	dirai	j'	écrirai	j'	exclurai
conditionnel	je	dirais	j'	écrirais	j'	exclurais
subjonctif	que je	dise	que j'	écrive	que j'	exclue
passé simple	je dis, il dit, nous dîmes		j'écrivis, il écrivit, nous écrivîmes		j'exclus, il exclut, nous exclûmes	
impératif	Dis. Disons. Dites.		Écris. Écrivons. Écrivez.		Exclus. Excluons. Excluez.	
participe présent	disant		écrivant		excluant	
participe passé	dit		écrit		exclu	
	ebenso: interdire qc ⚠ *aber:* vous interdisez		*ebenso:* décrire			

infinitif	**envoyer**		**faire**		**falloir**	
présent	j'	envoie	je	fais		
	tu	envoies	tu	fais		
	il/elle/on	envoie	il/elle/on	fait	il	faut
	nous	envoyons	nous	faisons [nufəzɔ̃]		
	vous	envoyez	vous	**faites**		
	ils/elles	envoient	ils/elles	font		
imparfait	j'	envoyais	je	faisais [ʒəfəzɛ]	il	fallait
futur simple	j'	enverrai	je	ferai	il	faudra
conditionnel	j'	enverrais	je	ferais	il	faudrait
subjonctif ⚠	que j'	envoie *aber:* que nous envoyions, que vous envoyiez	que je	fasse	qu'il	faille [kilfaj]
passé simple	j'envoyai, il envoya, nous envoyâmes		je fis, il fit, nous fîmes		il	fallut
impératif	Envoie. Envoyons. Envoyez.		Fais. Faisons. Faites.		*(kein Imperativ)*	
participe présent	envoyant		faisant		*(kein participe présent)*	
participe passé	envoyé		fait		fallu	

infinitif	**interrompre**		**lire**		**mettre**	
présent	j'	interromps	je	lis	je	mets
	tu	interromps	tu	lis	tu	mets
	il/elle/on	interrompt	il/elle/on	lit	il/elle/on	met
	nous	interrompons	nous	lisons	nous	mettons
	vous	interrompez	vous	lisez	vous	mettez
	ils/elles	interrompent	ils/elles	lisent	ils/elles	mettent
imparfait	j'	interrompais	je	lisais	je	mettais
futur simple	j'	interromprai	je	lirai	je	mettrai
conditionnel	j'	interromprais	je	lirais	je	mettrais
subjonctif	que j'	interrompe	que je	lise	que je	mette
passé simple	j'interrompis, il interrompi, nous interrompîmes		je lus, il lut, nous lûmes		je mis, il mit, nous mîmes	
impératif	Interromps. Interrompons. Interrompez.		Lis. Lisons. Lisez.		Mets. Mettons. Mettez.	
participe présent	interrompant		lisant		mettant	
participe passé	interrompu		lu		mis	
					ebenso: permettre, promettre	

infinitif	(ê)**mourir**		**ouvrir**		**plaindre**	
présent	je	meurs	j'	ouvre	je	plains
	tu	meurs	tu	ouvres	tu	plains
	il/elle/on	meurt	il/elle/on	ouvre	il/elle/on	plaint
	nous	mourons	nous	ouvrons	nous	plaignons
	vous	mourez	vous	ouvrez	vous	plaignez
	ils/elles	meurent	ils/elles	ouvrent	ils/elles	plaignent
imparfait	il	mourait	j'	ouvrais	je	plaignais
futur simple	je	mourrai	j'	ouvrirai	je	plaindrai
conditionnel	je	mourrais	j'	ouvrirais	je	plaindrais
subjonctif ⚠	que je	meure *aber:* que nous mourions, que vous mouriez	que j'	ouvre	que je	plaigne
passé simple	il mourut		j'ouvris, il ouvrit, nous ouvrîmes		je plaignis, il plaignit, nous plaignîmes	
impératif	Meurs. Mourons. Mourez.		Ouvre. Ouvrons. Ouvrez.		Plains. Plaignons. Plaignez.	
participe présent	mourant		ouvrant		plaignant	
participe passé	mort		ouvert		plaint	
			ebenso: couvrir, découvrir, offrir, souffrir		*ebenso:* craindre, (ê)se plaindre	

infinitif	**plaire**		**pleuvoir**		**pouvoir**	
présent	je tu il/elle/on nous vous ils/elles	plais plais plaît plaisons plaisez plaisent	il	pleut	je tu il/elle/on nous vous ils/elles	peux peux peut pouvons pouvez peuvent
imparfait	je	plaisais	il	pleuvait	je	pouvais
futur simple	je	plairai	il	pleuvra	je	pourrai
conditionnel	je	plairais	il	pleuvrait	je	pourrais
subjonctif	que je	plaise	qu'il	pleuve	que je	puisse
passé simple	je plus, il plut, nous plûmes		il	plut	je pus, il put, nous pûmes	
impératif	Plais. Plaisons. Plaisez.		*(kein Imperativ)*		*(kein Imperativ)*	
participe présent	plaisant		pleuvant		pouvant	
participe passé	plu		plu		pu	
	ebenso: déplaire					

infinitif	**prendre**		**recevoir**		**rire**	
présent	je tu il/elle/on nous vous ils/elles	prends prends prend prenons prenez prennent	je tu il/elle/on nous vous ils/elles	reçois reçois reçoit recevons recevez reçoivent	je tu il/elle/on nous vous ils/elles	ris ris rit rions riez rient
imparfait	je	prenais	je	recevais	je	riais
futur simple	je	prendrai	je	recevrai	je	rirai
conditionnel	je	prendrais	je	recevrais	je	rirais
subjonctif	⚠ que je *aber:* que nous prenions, que vous preniez	prenne	⚠ que je *aber:* que nous recevions, que vous receviez	reçoive	que je	rie
passé simple	je pris, il prit, nous prîmes		je reçus, il reçut, nous reçûmes		je ris, il rit, nous rîmes	
impératif	Prends. Prenons. Prenez.		Reçois. Recevons. Recevez.		Ris. Rions. Riez.	
participe présent	prenant		recevant		riant	
participe passé	pris		reçu		ri	
	ebenso: apprendre, comprendre, reprendre		*ebenso:* décevoir			

infinitif	**savoir**		**(ê)sortir**		**suffire**	
présent	je	sais	je	sors		
	tu	sais	tu	sors		
	il/elle/on	sait	il/elle/on	sort	il	suffit
	nous	savons	nous	sortons		
	vous	savez	vous	sortez		
	ils/elles	savent	ils/elles	sortent		
imparfait	je	savais	je	sortais	il	suffisait
futur simple	je	saurai	je	sortirai	il	suffira
conditionnel	je	saurais	je	sortirais	il	suffirait
subjonctif	que je	sache	que je	sorte	qu'il	suffise
passé simple	je sus, il sut, nous sûmes		je sortis, il sortit, nous sortîmes		il	suffit
impératif	Sache. Sachons. Sachez.		Sors. Sortons. Sortez.		*(kein Imperativ)*	
participe présent	savant		sortant		suffisant	
participe passé	su		sorti/e		suffi	
			ebenso: dormir, (ê)s'endormir, (ê)partir, sentir, (ê)se sentir, servir			

infinitif	**suivre**		**(ê)venir**		**vivre**	
présent	je	suis	je	viens	je	vis
	tu	suis	tu	viens	tu	vis
	il/elle/on	suit	il/elle/on	vient	il/elle/on	vit
	nous	suivons	nous	venons	nous	vivons
	vous	suivez	vous	venez	vous	vivez
	ils/elles	suivent	ils/elles	viennent	ils/elles	vivent
imparfait	je	suivais	je	venais	je	vivais
futur simple	je	suivrai	je	viendrai	je	vivrai
conditionnel	je	suivrais	je	viendrais	je	vivrais
subjonctif	que je	suive	⚠ que je	vienne *aber:* que nous venions, que vous veniez	que je	vive
passé simple	je suivis, il suivit, nous suivîmes		je vins, il vint, nous vînmes		je vécus, il vécut, nous vécûmes	
impératif	Suis. Suivons. Suivez.		Viens. Venons. Venez.		Vis. Vivons. Vivez.	
participe présent	suivant		venant		vivant	
participe passé	suivi		venu/e		vécu	
			ebenso: appartenir, (ê)(re)devenir, obtenir, (ê)revenir, (ê)se souvenir, tenir, (ê)se tenir au courant		*ebenso:* survivre	

ANNEXE

infinitif	**voir**		**vouloir**	
présent	je	vois	je	veux
	tu	vois	tu	veux
	il/elle/on	voit	il/elle/on	veut
	nous	voyons	nous	voulons
	vous	voyez	vous	voulez
	ils/elles	voient	ils/elles	veulent
imparfait	je	voyais	je	voulais
futur simple	je	verrai	je	voudrai
conditionnel	je	verrais	je	voudrais
subjonctif	que je	voie	que je	veuille
	aber: que nous voyions, que vous voyiez		*aber:* que nous voulions, que vous vouliez	
passé simple	je vis, il vit, nous vîmes		je voulus, il voulut, nous voulûmes	
impératif	Vois. Voyons. Voyez.		*(selten verwendet)*	
participe présent	voyant		voulant	
participe passé	vu		voulu	
	ebenso: prévoir, revoir			

Les verbes pronominaux Die reflexiven Verben

Merke
Alle reflexiven Verben haben in den zusammengesetzten Zeiten das Hilfsverb *être*.
Das Partizip der reflexiven Verben ist also veränderlich.

infinitif	(ê) **se doucher**			(ê) **s'intéresser**		
présent	je	me	douche	je	m'	intéresse
	tu	te	douches	tu	t'	intéresses
	il/elle/on	se	douche	il/elle/on	s'	intéresse
	nous	nous	douchons	nous	nous	intéressons
	vous	vous	douchez	vous	vous	intéressez
	ils/elles	se	douchent	ils/elles	s'	intéressent
imparfait	je	me	douchais	je	m'	intéressais
futur simple	je	me	doucherai	je	m'	intéresserai
conditionnel	je	me	doucherais	je	m'	intéresserais
subjonctif	que je	me	douche	que je	m'	intéresse
passé simple	je me douchai, il se doucha, nous nous douchâmes			je m'intéressai, il s'intéressa, nous nous intéressâmes		
impératif	Douche-toi. Douchons-nous. Douchez-vous.			Intéresse-toi. Intéressons-nous. Intéressez-vous.		
participe présent	se douchant			s'intéressant		
participe passé	douché/e			intéressé/e		

Die Angabe in Klammern zeigt dir an, in welchem Dossier/Séquence der Begriff zum ersten Mal vorkommt: (→ D4/A) heißt z. B. Dossier 4 / Approches. Die unbekannten Wörter sind mit einem Sternchen versehen und mit ihrer Übersetzung auf S. 145 alphabetisch aufgelistet. Einige unbekannte Wörter kannst du dir selbst erschließen, da das deutsche Wort ähnlich ist.

Lieux

1. France

Anse-Bertrand [ɑ̃zbɛʀtʀɑ̃] environ 5 025 habitants
Ville de → la Guadeloupe dans le nord de Grande-Terre, une des deux îles principales de → la Guadeloupe. (→ D1/2)

Basse-Terre [bastɛʀ]
1. Une des deux îles principales de → la Guadeloupe.
2. Environ 12 410 habitants. Chef-lieu* de → la Guadeloupe. Située dans le sud-ouest de l'île de Basse-Terre, au pied du volcan de → la Soufrière. (→ D1/A)

Bernières-sur-mer [bɛʀnjɛʀsyʀmɛʀ]
environ 2 380 habitants
Ville du nord-ouest de la France au bord de la Manche*. Le 6 juin 1944, les Canadiens y débarquent. Ils font partie des troupes des Alliés qui libèrent la France de → l'Occupation allemande. (→ D3/A)

Bora Bora [boʀaboʀa] environ 7 295 habitants
Île de → la Polynésie française dans l'océan Pacifique. (→ D1/A)

le Causse rouge [ləkosʀuʒ]
Haut plateau* calcaire* du centre et du sud-est de la France. (→ D4/3)

Clermont-Ferrand [klɛʀmɔ̃fɛʀɑ̃]
environ 141 000 habitants
Ville française du centre de la France, située en Auvergne, dans une région où se trouvent beaucoup de volcans. La ville est le siège* de l'entreprise «Michelin», important fabricant de pneus*. (→ D4/3)

la Guadeloupe [lagwadlup]
environ 448 720 habitants
Archipel des → Petites-Antilles et → Département français d'outre-mer. Le chef-lieu* est → Basse-Terre. → Christophe Colomb découvre cet archipel en 1493. Aujourd'hui, le tourisme domine l'économie. Les cultures traditionnelles de bananes, de coton et de canne à sucre dépendent des subventions. (→ D1/A)

la Guyane [lagɥijan]
environ 190 840 habitants
→ Département français d'outre-mer, situé en Amérique du Sud au bord de l'océan Atlantique. Le chef-lieu* est Saint-Laurent-du-Maroni. 96 % du territoire est couvert de la fôret amazonienne* où on trouve une grande biodiversité*. (→ D1/A)

le Jura [ləʒyʀa]
1. Nom d'un département français.
2. Chaîne de montagnes de l'est de la France dont une partie est en Suisse.
(→ D3/3)

ANNEXE

le Larzac [ləlaʀzak]
Plateau* calcaire* au sud du Massif central. La production du fromage de Roquefort et l'élevage* de moutons* dominent l'économie. (→ D4/3)

Lens [lɑ̃s] environ 36 210 habitants
Ville française et ancienne ville minière*, située au nord de Paris. La ville de Lens a énormément souffert* de la Première Guerre mondiale. Dès 1914, elle connut* les horreurs de l'invasion, puis jusqu'en 1918, l'occupation. La ville fut largement détruite et sa population* fut diminuée* de moitié. (→ D3/1)

Lons-le-Saunier [lɔ̃sləsonje]
environ 19 970 habitants
Ville de l'est de la France. Chef-lieu* du département du → Jura. Lieu de naissance de Claude Joseph Rouget de Lisle (1760-1836), auteur du texte de la Marseillaise qui est l'hymne national français. (→ D3/3)

Marie-Galante [maʀigalɑ̃t] environ 13 470 habitants
Île de → la Guadeloupe. Connue pour ses magnifiques plages et sa végétation très riche. (→ D1/A)

les Marquises [lemaʀkiz] *f. pl.* environ 8 712 habitants
Îles de → la Polynésie française dans l'océan Pacifique. Le célèbre peintre Paul Gauguin y trouve l'inspiration et s'y engage pour défendre les droits des indigènes*. (→ D1/A)

la Martinique [lamaʀtinik]
environ 397 820 habitants
→ Département français d'outre-mer au nord-est de l'Amérique du Sud dans la mer des Caraïbes. Le chef-lieu* est Fort-de-France. Connue pour ses nombreuses variétés* de fleurs. (→ D1/A)

Mayotte [majɔt]
environ 201 240 habitants
→ Collectivité d'outre-mer au nord-ouest de → Madagascar dans l'océan Indien. Elle est située dans l'archipel des Comores et est composée* de plusieurs îles. Le chef-lieu* est Mamoudzou. (→ D1/A)

Millau [mijo] environ 21 340 habitants
Ville du sud-ouest de la France. Située sur → le Tarn, au cœur du parc naturel régional des Causses. (→ D4/3)

Montbéliard [mɔ̃beljaʀ] environ 27 570 habitants
Ville ancienne de l'est de la France, située dans le département du Doubs. Elle est classée ville d'art et d'histoire. (→ D2/1)

Montpellier [mɔ̃pəlje] environ 244 300 habitants
Ville ancienne dans le sud-est de la France, située à 10 km de la Méditerranée, dans le département de l'Hérault. La ville possède un important centre universitaire. Environ 60 000 étudiants y font leurs études.

Nanterre [nɑ̃tɛʀ] environ 86 700 habitants
Ville française dans la banlieue ouest de Paris. À Nanterre-Université se trouvent la faculté des lettres*, des sciences humaines* et de droit de l'université de Paris. Environ 35 000 étudiants y font leurs études. (→ D4/1)

la Normandie [lanɔʀmɑ̃di]
Région du nord-ouest de la France au bord de la Manche*. Pays du camembert et du calvados*. Les villes importantes sont Le Havre et Caen. (→ D3/A)

la Nouvelle-Calédonie
[lanuvɛlkaledɔni]
environ 232 260 habitants
Archipel dans l'océan Pacifique et → Collectivité d'outre-mer de la France. La capitale est Nouméa. La langue officielle est le français. Une ressource importante est le nickel. (→ D1/A)

Papeete [papɛtə] environ 26 220 habitants
Capitale de → la Polynésie française et principale ville de → Tahiti. (→ D1/A)

Pointe-à-Pitre [pwɛ̃tapitʀ] environ 20 930 habitants
Ville dans le département de → la Guadeloupe à l'ouest de Grande-Terre, située à la jointure* entre la Grande-Terre et → la Basse-Terre. Il y a un port de croisière*. (→ D1/1)

la Polynésie française [lapɔlinezifʀɑ̃sɛz] environ 245 405 habitants
Ensemble d'archipels et → Collectivité d'outre-mer dans l'océan Pacifique. La capitale est Papeete. Le tourisme domine l'économie. La culture des perles* est très développée. (→ D1/A)

la Réunion [laʀeynjɔ̃]
environ 785 200 habitants
→ Département français d'outre-mer de l'océan Indien à l'est de → Madagascar. Le chef-lieu* est Saint-Denis. Le tourisme et la culture de la canne à sucre occupent une place importante dans l'économie de l'île. (→ D1/A)

Saint-Barthélemy [sɛ̃baʀtelmi]
environ 7 000 habitants
Île des Petites Antilles et une → Collectivité d'outre-mer de la France depuis 2007. Son chef-lieu est Gustavia. (→ D1/A)

Saint-Georges-de-Luzençon [sɛ̃ʒɔʀʒdəlyzɑ̃sɔ̃]
environ 1 300 habitants
Commune française du sud-ouest de la France, non loin de la ville de → Millau. (→ D4/3)

Saint-Martin [sɛ̃maʀtɛ̃] environ 33 000 habitants
Île du nord-est des Antilles partagée entre les Pays-Bas et la France. La partie française se situe au nord de l'île et devient une → Collectivité d'outre-mer de la France en 2007. La capitale de la partie française est Marigot. (→ D1/A)

Saint-Pierre-et-Miquelon
[sɛ̃pjɛʀemikəlɔ̃]
environ 7 012 habitants
Petit archipel à l'est du Canada et → Collectivité d'outre-mer de la France. Le chef-lieu* est Saint-Pierre. C'est le seul territoire français en Amérique du Nord. (→ D1/A)

Sainte-Rose [sɛ̃tʀɔz] environ 6 545 habitants
Ville de → la Réunion. Point le plus à l'est de la France. (→ D1/A)

la Soufrière [lasufʀijɛʀ]
Volcan en activité de → la Guadeloupe. La dernière éruption* date de 1976. (→ D1/1)

Tahiti [taiti] environ 169 670 habitants
La plus grande île de → la Polynésie française dans l'océan Pacifique. (→ D1/A)

Taizé [teze]
1. 185 habitants. Village français du département de Saône-et-Loire au centre-est de la France.
2. Communauté* monastique* qui réunit de diverses confessions, fondé par le Frère Roger qui fut assassiné* en 2005. Elle accueille des milliers de jeunes chaque année qui viennent de toute l'Europe pour y partager une expérience spirituelle et œcuménique*. (→ D4/1)

le Tarn [lətaʀn]
1. Département français du sud-ouest de la France.
2. Rivière du sud de la France d'une longueur de 380,6 km. (→ D4/3)

Wallis et Futuna [valisefytyna]
environ 15 000 habitants
Archipel et → Collectivité d'outre-mer dans l'océan Pacifique dans le nord-est des îles Fidji. Beaucoup d'habitants ont quitté les îles et habitent en → Nouvelle-Calédonie. (→ D1/A)

2. Étranger

l'Algérie [lalʒeʀi] *f.* 33 200 000 habitants
Pays de l'Afrique du Nord, au bord de la Méditerranée. Ancienne colonie française (1827–1962).
La capitale est → Alger. Langues: l'arabe, le berbère, le français. (→ D5/A)

Bamako [bamakɔ] environ 1 690 470 habitants
Capitale du → Mali, située dans le sud-ouest du pays sur le fleuve → Niger. Centre administratif du → Mali. Important port fluvial* et centre commercial pour toute la région alentour*. Ville très cosmopolite*. (→ D5/2)

le Burkina Faso [ləbyʀkinafasɔ]
environ 13 902 970 habitants
Pays de l'Afrique occidentale. Ancienne colonie française. Date de l'indépendance: 1960. La capitale est → Ouagadougou. La langue officielle est le français mais au total, on y parle 60 langues. Les plus importantes sont le peulh, le moré, le dagaari, le bobo, le senoufo et d'autres. Malgré son importante production de coton, le pays compte parmi les plus pauvres du monde. (→ D5/A)

le Congo [ləkɔ̃gɔ]
1. République démocratique du Congo: environ 62 660 550 habitants. Pays d'Afrique centrale.

Ancienne colonie belge. Date de l'indépendance: 1960. La capitale est → Kinshasa. La langue officielle est le français mais il y a aussi quatre langues nationales africaines. Plus de 500 ethnies forment la population* du pays.
2. République du Congo: environ 2 894 340 habitants. Pays d'Afrique centrale. Ancienne colonie

française. Date de l'indépendance: 1960. La capitale est Brazzaville. Une des langues officielles est le français.
3. Fleuve en Afrique centrale d'une longeur de 4700 km qui traverse → la République démocratique du Congo.
(→ D5/2)

la Côte d'Ivoire [lakotdivwaʀ]
environ 17 298 040 habitants
Pays d'Afrique occidentale au bord de l'océan Atlantique. Ancienne colonie française. Date de l'indépendance: 1960. La capitale est → Yamoussoukro. La langue officielle est le français mais au total, on y parle environ 60 langues, parmi lesquelles le bambara, les langues gur, les langues kru et le malinké. Premier producteur* mondial de cacao. (→ D5/A)

Dakar [dakaʀ] environ 1 009 260 habitants
Capitale du → Sénégal. Située au bord de l'océan Atlantique sur la presqu'île* du Cap-Vert. C'est une des plus grandes villes et la ville la plus à l'ouest d'Afrique. Connue pour le Rallye Paris–Dakar. (→ D5/A)

Dioulassoba [djulasɔba]
Quartier le plus ancien de Bobo-Dioulasso, ville dans le sud-ouest du → Burkina Faso. (→ D5/A)

la Dominique [ladɔminik]
environ 75 850 habitants
État insulaire situé dans la mer des Caraïbes entre → la Guadeloupe et → la Martinique. Ancienne colonie française et britannique. Date de l'indépendance: 1978. La capitale est Roseau. La langue officielle est l'anglais mais 80 % de la population parlent un créole à base de français. (→ D1/A)

la Guinée [lagine]
environ 9 402 000 habitants
Pays d'Afrique occidentale au bord de l'océan Atlantique. Ancienne colonie française. Date de l'indépendance: 1958. La capitale est Conakry. La langue officielle est le français. Le pays est un important producteur de bauxite*. (→ D5/2)

Hombori [ɔ̃bɔʀi] environ 3000 habitants
Très vieux village du → Mali au bord du mont* Hombori, le plus haut du pays. (→ D5/1)

Kinshasa [kinʃasa] environ 7 500 000 habitants
Capitale de la → République démocratique du Congo. La ville compte plusieurs universités et instituts d'enseignement supérieur*. Le port de Kinshasa est le point de départ* et le terminus* de la navigation* sur le fleuve → Congo. (→ D5/2)

Kita [kita] environ 41 640 habitants
Ville dans l'ouest du → Mali. Connue pour ses collines rocheuses*, ses grottes et ses peintures* rupestres*. (→ D5/1)

Koulikoro [kulikɔʀo] environ 26 000 habitants
Ville du → Mali, très industrialisée, sur les rives du fleuve Niger. (→ D5/1)

Lagos [lagɔs] environ 9 020 090 habitants
La plus grande ville et ancienne capitale du → Nigeria, située au bord de l'océan Atlantique. Principal centre commercial et industriel du pays. (→ D5/A)

Madagascar [madagaskaʀ]
environ 18 040 340 habitants
État insulaire* situé dans l'océan Indien au sud-est de l'Afrique. Ancienne colonie française. Date de l'indépendance: 1960. La capitale est Antananarivo. Les langues officielles sont le français, le malgache et l'anglais. (→ D1/A)

le Mali [ləmali]
environ 13 518 000 habitants
Pays d'Afrique occidentale. Ancienne colonie française. Date de l'indépendance: 1960. La capitale est → Bamako. La langue officielle est le français. D'autres langues importantes sont le bambara, le peulh, le dogon, le soninké, le malinké et l'arabe. Deux tiers du pays sont complètement désertiques*. Les ressources importantes sont l'or*, le coton et le bétail. Le Mali compte parmi les pays les plus pauvres du monde. (→ D5/A)

le Mandingue [ləmɑ̃dɛ̃g]
1. Pays mandingue: Région d'Afrique occidentale comprenant* → le Burkina Faso, → la Côte d'Ivoire, la Gambie, → la Guinée, la Guinée Bissau, le Liberia, → le Mali, → le Sénégal et la Sierra Leone.
2. Peuple d'Afrique occidentale originaire du territoire occupé par l'actuel → Mali.
3. Langue africaine, parlée au → Sénégal, en Gambie et en → Guinée.
(→ D5/2)

l'île Maurice [lilmoʀis]
environ 1 240 830 habitants
État insulaire* situé dans l'océan Indien au sud-est de l'Afrique. Ancienne colonie française et britannique. Date de l'indépendance: 1968. La capitale est Port-Louis. Les langues officielles sont le français, le créole mauricien et l'anglais. La canne à sucre et le tourisme sont les secteurs les plus importants dans l'économie de l'île. (→ D5/A)

la Mauritanie [lamoʀitani]
environ 3 086 860 habitants
Pays du nord-ouest de l'Afrique au bord de l'océan Atlantique. Ancienne colonie française. Date de l'indépendance: 1960. La capitale est Nouakchott. Les langues officielles sont l'arabe et le français. (→ D5/A)

le Nigeria [ləniʒeʀja]
environ 140 millions d'habitants
Pays d'Afrique occidentale, situé dans le golfe de → Guinée au bord de l'océan Atlantique. Ancienne colonie britannique. Date de l'indépendance: 1960. La capitale est Abuja. La langue officielle est l'anglais. Troisième puissance économique de l'Afrique grâce à ses ressources pétrolières et son importante population*. (→ D5/A)

Ouagadougou [wagadugu]
environ 1 200 000 habitants
Capitale du → Burkina Faso. Centre culturel, économique et administratif du pays. (→ D5/A)

les Petites Antilles [leptitzɑ̃tij]
Longue chaîne* d'îles qui sépare la mer des Caraïbes de l'océan Atlantique. → La Guadeloupe, → la Martinique, → Saint-Barthélemy, → Saint-Martin et → la Dominique en font partie.

le Sahel [ləsaɛl]
Zone aride en Afrique qui s'étend* de l'océan Atlantique à la mer Rouge. Les pays traversés par le Sahel sont → le Sénégal, → la Mauritanie, → le Mali, → le Burkina Faso, le Niger, → le Nigeria du Nord, le Tchad et le Soudan. (→ D5/1)

ANNEXE

Saint-Louis [sɛ̃lwi] environ 154 500 habitants
Deuxième ville du → Sénégal. (→ D5/A)

le Sénégal [ləsenegal]
1. Environ 11 658 000 habitants. Pays d'Afrique occidentale au bord de l'océan Atlantique. Ancienne colonie française. La capitale est → Dakar. La langue officielle est le français. D'autres langues importantes sont le mandigue, le wolof, le peulh, le soninké et le dioula. La pêche et le tourisme sont les secteurs principaux dans l'économie du pays. Le Sénégal fait partie des pays africains les plus industrialisés.
2. Nom du fleuve d'Afrique de l'Ouest qui traverse le pays du Sénégal.
(→ D5/A)

Sikasso [sikasɔ] environ 135 000 habitants
Ville dans le sud du Mali. (→ D5/1)

Tombouctou [tɔ̃buktu] environ 32 420 habitants
Ville du Mali sur le fleuve Niger. (→ D5/1)

la Tunisie [latynizi] 10 031 100 habitants
Pays du Maghreb au bord de la mer Méditerranée. Ancienne colonie française (1881–1956). La capitale est Tunis. Langues: l'arabe (langue officielle), le berbère et le français. (→ D5/A)

Yamoussoukro [jamusukʀo]
environ 300 000 habitants
Capitale administrative et politique de → la Côte d'Ivoire depuis 1983. À Yamoussoukro se trouve un des plus grands monuments chrétiens du monde: la basilique Notre-Dame-de-la-Paix dont l'architecture est inspirée de la basilique Saint-Pierre à Rome. La construction a été réalisée entre 1985 et 1989. À l'intérieur, il y a de la place pour 18 000 personnes. Le dôme, avec une hauteur de 158 mètres, compte parmi les plus hauts clochers* du monde. La basilique a été offerte par l'État ivoirien* au Vatican.
(→ D5/4)

Personnes

Blum, Léon [blum]
(1872–1950)
Homme politique socialiste français. En 1936, il est président du Front populaire*, qui réunit les partis de gauche pour lutter contre le fascisme.
(→ D2/3)

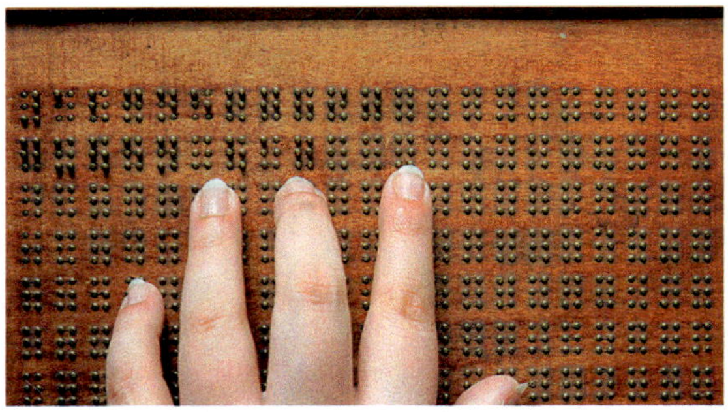

Braille, Louis [bʀaj] (1809–1852)
L'inventeur* d'un système d'écriture* pour personnes aveugles* ou malvoyantes*: l'écriture Braille. Il s'agit d'un système de points en relief, basé sur six points. Braille, lui-même, devient aveugle à l'âge de trois ans. (→ D5/2)

Colomb, Christophe [kɔlɔ̃] (1451–1506)
Navigateur* italien qui découvre l'Amérique en 1492. Premier Européen de l'histoire moderne qui traverse l'océan Atlantique et qui découvre une route entre le continent américain et l'Europe. (→ D1/1)

Curie, Marie [kyʀi] (1867–1934)
Physicienne française d'origine polonaise (Maria Sklodowska). Femme et collègue du physicien français → Pierre Curie. Avec lui, elle fait de nombreuses recherches* sur la radioactivité. En 1903, elle reçoit le Prix Nobel de physique et en 1911, le Prix Nobel de chimie. Elle participera avec l'institut Pasteur aux recherches sur le traitement* des cancers*. (→ D4/2)

Curie, Pierre [kyʀi] (1859–1906)
Physicien français. En 1895, il se marie avec la physicienne Maria Sklodowska (→ Marie Curie) avec laquelle il fait de nombreuses recherches* sur la radioactivité. En 1903, il reçoit le Prix Nobel de physique. (→ D4/2)

Fostin, Jane [fɔstin]
Née en 1967 à → la Guadeloupe, chanteuse française de RnB. (→ D1/A)

de Gaulle, Charles [dəgol] (1890–1970)
Général et homme politique français. Président

de la République française de 1959 à 1969. Pendant la Seconde Guerre mondiale, il s'exile en Angleterre où il devient chef de → la Résistance à → l'Occupation allemande de la France. (→ D3/A)

Hulot, Nicolas [ylo]
Né en 1955, reporter, écologiste et écrivain français, engagé dans la protection de l'environnement. (→ D4/2)

Keïta, Salif [keita]
Né en 1949, chanteur et musicien du → Mali. En 1984, il s'installe en France où sa musique connaît un grand succès. Il s'engage beaucoup pour les jeunes musiciens de son pays et pour les enfants albinos*. (→ D5/2)

Lagrange, Léo [lagʀɑ̃ʒ] (1900–1940)
Socialiste français très engagé dans le mouvement des sports et des auberges de jeunesse*. (→ D2/3)

Schoelcher, Victor [ʃœlʃœʀ] (1804–1893)
Homme politique français. Président de la commission d'abolition de l'esclavage et initiateur* du décret du 27 avril 1848 qui abolit définitivement l'esclavage en France et dans ses colonies. (→ D1/1)

Schuman, Robert [ʃuman] (1886–1963)
Homme politique français. Promoteur* important de la construction de l'Europe. (→ D3/A)

Senghor, Léopold Sédar [sɛ̃gɔʀ] (1906–2001)
Poète, écrivain et homme politique sénégalais.

Après avoir fait ses études en France, il devient professeur à l'université. En 1960, il devient président du Sénégal. Il soutient* la création de la Francophonie* et est le premier Africain à faire partie* de l'Académie française*. (→ D5/A)

Sœur Emmanuelle [sœʀemanɥɛl]
Née en 1908, religieuse et écrivain belge. En 1971, elle décide de partager la vie des plus pauvres, les chiffonniers* du Caire, en Égypte. Elle s'occupe surtout de la santé et de l'éducation des enfants. Elle fonde sa propre association en 1980: Asmae-Association Sœur Emmanuelle. (→ D4/2)

Thuram, Lilian [tyʀam]
Né en 1972 en → Guadeloupe, footballeur français. Membre du Haut Conseil à l'intégration en France. (→ D1/2)

Vargas, Fred [vaʀgas]
Née en 1957, femme écrivain française et chercheuse en archéologie. Connue pour ses romans policiers. (→ D4/2)

L'histoire du XXe siècle

les accords de Schengen [lezakɔʀdəʃɛngɛn] *m. pl.*
Traité signé en 1985 par plusieurs pays européens. Il permet à chaque habitant de ces pays de voyager sans contrôle d'identité dans cette zone. (→ D3/A)

le Débarquement [lədebaʀkmɑ̃] (6. juin 1944)
Action militaire des Alliés qui débarquent sur les plages de Normandie pour libérer les pays européens de la domination* nazie. (→ D3/A)

l'Europe des six [lœʀɔpdesis]
Autre nom pour la Communauté économique européenne (CEE) à ses débuts en 1957. L'Europe des Six était composée de l'Allemagne Fédérale, de la France, de l'Italie, de la Belgique, du Luxembourg et des Pays-Bas. (→ D3/A)

le maquis [ləmaki]
1. Groupes de résistants français à → l'Occupation allemande pendant la Seconde Guerre mondiale. Ils se cachent dans les forêts ou montagnes. Le nom fait référence* à une forme de végétation méditerranéenne.
2. «prendre le maquis»: se réfugier dans la forêt ou dans les régions isolées pour se cacher des autorités. (→ D3/3)

l'Office franco-allemand pour la Jeunesse [lɔfisfʀɑ̃koalmɑ̃puʀlaʒœnɛs] ou **l'OFAJ** [lofaʒ] *m.*
Institution franco-allemande créée en 1963 par le président français → Charles de Gaulle et le chancelier allemand Adenauer. L'OFAJ donne des bourses* à des jeunes pour qu'ils réalisent des projets franco-allemands (échanges scolaires, échanges en centre de vacances, stages dans l'autre pays ...) (→ D3/4)

l'Occupation [lɔkypasjɔ̃]
Époque de 1941 à 1945, pendant laquelle les Allemands occupent la France. C'est aussi le temps de la Collaboration entre l'Allemagne nazie et le régime de Vichy en France. (→ D3/3)

la Résistance [laʀezistɑ̃s]
Organisation qui s'oppose pendant la Seconde Guerre mondiale aux Allemands et au système de la Collaboration française. (→ D3/3)

le traité de Maastricht [lətʀɛtedəmastʀiʃt]
Traité signé le 7 février 1992 à Maastricht (Pays-Bas) par les États membres de la Communauté économique européenne (Allemagne, Belgique, France, Italie, Luxembourg, Pays-Bas, Danemark, Irlande, Royaume-Uni, Grèce, Espagne, Portugal). Il marque la fondation de l'Union européenne. Le traité lance également l'Union économique et monétaire (UEM) devant conduire à la création de l'euro.

l'Union européenne (UE) [lynjɔ̃øʀɔpeɛn] *f.*
Fondée le 7 février 1992 par la signature du traité de Maastricht. Elle est aujourd'hui composée* de 27 États (2007). (→ D3/A)

Divers

les COM [lekɔm] ou: **les Collectivités d'outre-mer** [lekɔlɛktivitedutʀəmɛʀ]
Territoires français administrés* par la République française situés hors* métropole. Ils ont une certaine autonomie depuis 1946. Il s'agit de: → Mayotte, → Saint-Pierre-et-Miquelon, → Saint-Martin, → Saint-Barthélémy, → Wallis-et-Futuna, → la Polynésie française, → la Nouvelle-Calédonie, les terres australes et antarctiques. Ce sont des anciennes colonies françaises. La langue officielle est le français. (→ D1/A)

les DOM [ledɔm] ou: **les Départements d'outre-mer** [ledepartmɑ̃dutʀmɛʀ]
Départements français depuis 1946 situés hors* métropole. Ils font partie de la République française. Il s'agit des anciennes colonies françaises: → la Guadeloupe, → la Martinique, → la Guyane et → la Réunion. La langue officielle est le français. (→ D1/A)

le Festival panafricain du cinéma et de la télévision d'Ouagadougou [ləfɛstivalpanafʀikɛ̃dysinemaedəlatelevizjɔ̃dwagadugu]
Créé en 1969 à Ouagadougou par des amateurs* de cinéma. Son principal objectif* est de diffuser* les œuvres du cinéma africain. (→ D5/2)

l'IUT (Institut universitaire de technologie) [liyte] *m.*
École faisant partie* des universités françaises préparant les étudiants à un diplôme universitaire de technologie (DUT) ou une licence* professionnelle. (→ D2/1)

Médecins du monde [medsɛ̃dymɔ̃d]
Association humanitaire* créée en 1980 par des médecins français qui agit en France et dans le monde entier. (→ D1/1)

Médecins sans frontières [medsɛ̃sɑ̃fʀɔ̃tjɛʀ]
Association humanitaire*, fondée en 1971 par des médecins français pour aider les victimes de guerres et de catastrophes naturelles. Prix Nobel de la paix en 1999. (→ D2/1)

le TGV [ləteʒeve]
Train automoteur* à grande vitesse* d'origine française. Train le plus rapide du monde avec un record de vitesse de 574,8 km/h atteint* en 2007. Il y a un grand réseau* de TGV en France mais il dessert* aussi l'Allemagne, la Belgique et les Pays-Bas (généralement sous la marque Thalys), l'Angleterre (sous la marque Eurostar), la Suisse (sous la marque Lyria) et l'Italie (sous la marque Artesia). (→ D4/A)

A

l'Académie française *f.* die französische Sprachakademie **administré** *adj.* verwaltet **l'albinos** *m.* der Albino **alentour** *adv.* ringsum **l'amateur/-trice** der/die Amateur/in **assassiner qn** jdn umbringen **l'association humanitaire** *f.* die Hilfsorganisation **atteindre qc** etw. erreichen **l'auberge de jeunesse** *f.* die Jugendherberge **automoteur** *adj.* motorgetrieben, selbstfahrend **aveugle** *m./f. adj.* blind

B

la bauxite der Bauxit **le bétail** das Vieh **la biodiversité** die Artenvielfalt

C

calcaire *m./f. adj.* Kalk- + *Nomen* **le calvados** *Apfelschnaps aus der Normandie* **le cancer** der Krebs *Krankheit* **la chaîne** die Kette **le charbon** die Kohle **le chef-lieu** die Hauptstadt einer Region **le chiffonnier** der Lumpensammler **le clocher** der Glockenturm **la communauté** die Gemeinschaft **être composé/e de qc** aus etw. bestehen **comprendre qc** *hier:* etw. umfassen **connaître qc** *hier:* etw. erleben **cosmopolite** *m./f. adj.* weltoffen **la croisière** die Kreuzfahrt **la culture des perles** die Perlenzucht

D

le départ die Abfahrt **désertique** *m./f. adj.* wüstenartig **desservir qc** etw. regelmäßig befahren, etw. bedienen **détruire qc** etw. zerstören **diffuser qc** etw. verbreiten, etw. vertreiben **diminuer qc** etw. minimieren, etw. verringern **la domination** die Herrschaft

E

l'écriture *f.* die Schrift **l'élévage** *m.* die Zucht **l'enseignement supérieur** *m.* die Hochschulausbildung **l'éruption** *f.* der Ausbruch (ê)**s'étendre de qc à qc** sich von etw. nach etw. erstrecken

F

faire partie de qc zu etw. dazugehören **faire référence à qn/qc** sich auf jdn/etw. beziehen **fluvial/e** *adj.* Binnen- + *Nomen* **la forêt amazonienne** der Regenwald im Amazonas **la Francophonie** die Frankophonie *der französische Sprachraum* **le Front populaire** die Volksfront

G

la gomme arabique das Gummiarabikum *Klebstoff*

H

hors qc *adv.* außerhalb von etw.

I

l'indigène *m./f.* der/die Ureinwohner/in **l'initiateur/-trice** der/die Initiator/in **insulaire** *m./f. adj.* Insel- + *Nomen* **l'inventeur/-trice** der/die Erfinder/in **ivorien/ne** *adj.* (von) der Elfenbeinküste

J

la jointure die Verbindung

L

les lettres *f. pl.* die Sprach-und Literaturwissenschaften
la licence die Lizenz, der Gewerbeschein, der Magister

M

malvoyant/e *adj.* sehbehindert **la Manche** der Ärmelkanal **minier/-ière** *adj.* Minen- + *Nomen,* Bergbau- + *Nomen* **monastique** *m./f. adj.* Kloster- + *Nomen* **le mont** der Berg **le mouton** das Schaf

N

le navigateur der Seefahrer **la navigation** die Schifffahrt

O

l'objectif *m.* das Ziel **œcumenique** *m./f. adj.* ökumenisch **l'or** *m.* das Gold

P

la peinture die Malerei **le plateau** die Hochebene **le pneu** ou: **le pneumatique** der Reifen **le point de passage** *hier:* der Übergang **la pointe** die Spitze **la population** die Bevölkerung
le producteur der Hersteller **le/la promoteur/-trice** der/die Gründer/in

R

être rattaché/e à qc zu etw. dazugehören **la recherche** die Forschung **le réseau** das Netz **rocheux/-euse** *adj.* felsig **rupestre** *m./f. adj.* Felsen- + *Nomen*

S

la science humaine die Gesellschafts- und Geisteswissenschaft **le siège** der Sitz **souffrir de qn/qc** unter jdm/etw. leiden **soutenir qn/qc** etw. unterstützen

T

le terminus die Endstation **le thon** der Thunfisch **le traitement** die Behandlung

V

la variété die Vielfalt **la vitesse** die Geschwindigkeit

ANNEXE

Liste chronologique des mots **Chronologische Wortliste**

Grundschrift: obligatorischer Wortschatz
kursiv: fakultativer Wortschatz

Symbole und Abkürzungen

~ bezeichnet die Lücke, in die das neue Wort einzusetzen ist.
~[1] Die Fußnote zeigt dir an, dass du auf die Angleichung des Wortes achten musst. Die richtige Lösung findest du auf einem grauen Streifen **am Ende jeder Séquence**.
⚠ Hier musst du besonders gut aufpassen.
≠ Gegenteil von
le ~ die ~ Vergleiche mit dem deutschen Artikel.
► Vergleiche mit bereits bekannten Wörtern.
Vergleiche mit dem Englischen.

→ Civilisation zeigt dir an, dass du im Petit dictionnaire de civilisation, S. 137, weitere Informationen zu dem Begriff findest.
→ Verbes zeigt dir an, dass du in der Liste des verbes, S. 128, die Konjugation des Verbs findest.

etw.	etwas	*Pron.*	Pronomen	*fam.*	familier (umgangssprachlich)
jdm/jdn	jemandem/jemanden	*Inf.*	Infinitiv	*f.*	féminin (feminin)
umg.	umgangssprachlich	*adj.*	adjectif (Adjektiv)	*m.*	masculin (maskulin)
Pers.	Person	*adv.*	adverbe (Adverb)	*pl.*	pluriel (Plural)
Sg.	Singular (Einzahl)	*conj.*	conjonction (Bindewort)	*qc*	quelque chose (etwas)
Pl.	Plural (Mehrzahl)	*prép.*	préposition (Präposition)	*qn*	quelqu'un (jemand)

Lerntipp

Viele Wörter kannst du verstehen, wenn du dir überlegst, ob du ein ähnlich lautendes deutsches oder englisches Wort kennst. Lege dir deshalb ein Vokabelheft (Französisch–Englisch–Deutsch) an, in dem du solche ähnlich lautenden Wörter sammelst. Manchmal schreiben sich diese Wörter aber anders oder sie sprechen sich anders aus. Markiere in deinem Vokabelheft also auch immer die Unterschiede, die du beachten musst.
Überall, wo dir diese Lupe begegnet, solltest du nach dem entsprechenden englischen Wort suchen. (→ Lösungen, S. 237)

DOSSIER 1, Approches

la Guadeloupe [lagwadlup]	Guadeloupe → Civilisation, p. 137	
l'archipel [laʀʃipɛl] *m.*	der Archipel, die Inselgruppe	La Guadeloupe est un ~.
les Petites Antilles *f. pl.* [leptitzɑ̃tij]	die Kleinen Antillen → Civilisation, p. 137	
être constitué/e de qc [ɛtʀəkɔ̃stitɥedə]	aus etw. bestehen, aus etw. zusammengesetzt sein	~ combien de personnes ~[1] une équipe de volley?
la Basse-Terre [labɑstɛʀ]	*westliche Hauptinsel von Guadeloupe* → Civilisation, p. 137	
Basse-Terre [bɑstɛʀ]	*Hauptstadt von Guadeloupe* → Civilisation, p. 137	
la variété [lavaʀjete]	die Vielfalt	J'aime beaucoup la ~ de la cuisine française.

le papillon [ləpapijɔ̃]	der Schmetterling	Le ~ compte parmi les plus beaux insectes.
le/la Guadeloupéen/ne [ləgwadlupeɛ̃/lagwadlupeɛn]	der/die Einwohner/in von Guadeloupe	Les ~[2] sont français.
la Réunion [laʀeynjɔ̃]	*französisches Überseedepartement im Indischen Ozean* → Civilisation, p. 137	
l'océan Indien [loseɑ̃nɛ̃djɛ̃] *m.*	der Indische Ozean	La Réunion se trouve dans l'~.
Madagascar [madagaskaʀ]	Madagaskar → Civilisation, p. 137	
débarquer [debaʀke]	landen *mit dem Schiff*	Avant de ~ à New York on passe devant la statue de la Liberté.
la canne à sucre [lakanasykʀ]	das Zuckerrohr	Jusqu'au XIXe siècle, c'est seulement la ~ qui nous donnait le sucre.
cultiver qc [kyltive]	etw. anbauen	En Allemagne, il ne fait pas assez chaud pour ~ la canne à sucre.
l'esclave [lɛsklav] *m./f.* ▶ l'esclavage *m.*	der Sklave / die Sklavin	Beaucoup d'Africains ont été envoyés en Amérique comme ~[3].
la ressource [laʀəsuʀs]	die Ressource, der Rohstoff	Il faut aider les pays qui ont peu de ~[4].
le département [lədepaʀtmɑ̃]	*Verwaltungseinheit in Frankreich*	Saint-Denis est la capitale du ~ de la Réunion.

Frankreich ist in 100 départements *eingeteilt. Davon liegen 96 in Europa, die wiederum in 22 Regionen gruppiert sind (siehe Karte auf der hinteren Innenseite des Buchumschlags). Die restlichen vier sind Überseedepartements und befinden sich außerhalb Europas:* la Martinique, la Guadeloupe, la Réunion *und* la Guyane. *Jedes der vier letztgenannten bildet zugleich auch eine eigene Region (siehe Karte auf der vorderen Innenseite des Buchumschlags).*

la Polynésie française [lapɔlinezifʀɑ̃sɛz]	Französisch-Polynesien → Civilisation, p. 137	
Tahiti [taiti]	*größte Insel Französisch-Polynesiens* → Civilisation, p. 137	
les Marquises [lemaʀkiz] *f. pl.*	die Marquesa-Inseln → Civilisation, p. 137	
Papeete [papɛtə]	*Hauptstadt von Französisch-Polynesien* → Civilisation, p. 137	
le lagon [ləlagɔ̃]	die Lagune	Un ~ est un lac d'eau salée dans la mer.
Bora Bora [boʀaboʀa]	*Atoll in Französisch-Polynesien* → Civilisation, p. 137	
d'outre-mer [dutʀəmɛʀ] *adj.*	Übersee- *+ Nomen*	La France a quatre départements ~.
les DOM [ledɔm] ou: **les Départements d'outre-mer** [ledepaʀtmɑ̃dutʀəmɛʀ]	*französische Überseeregionen bzw. -departements* → Civilisation, p. 137	

1

ANNEXE

les COM [lekɔm] ou: **les Collectivités d'outre-mer** [lekɔlɛktivitedutʀəmɛʀ]	*französische Überseegebiete mit relativ autonomem Status* → Civilisation, p. 137	
la métropole [lametʀɔpɔl]	das Mutterland *hier:* Frankreich	La France est la ~ des Guadeloupéens.

Unterscheide die zwei Bedeutungen:

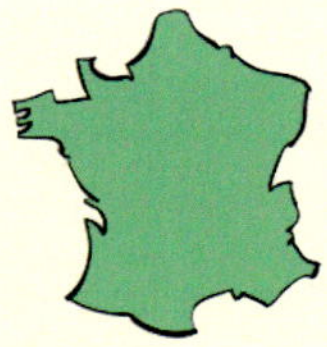

la métropole (das Mutterland)

la métropole (die Großstadt)

la Martinique [lamaʀtinik]	Martinique → Civilisation, p. 137	
la Guyane [lagɥijan]	Französisch-Guyana → Civilisation, p. 137	
la Nouvelle-Calédonie [lanuvɛlkaledɔni]	Neu-Kaledonien → Civilisation, p. 137	
Mayotte [majɔt]	Mayotte → Civilisation, p. 137	
Saint-Pierre-et-Miquelon [sɛ̃pjɛʀemikəlɔ̃]	Saint-Pierre und Miquelon → Civilisation, p. 137	
Wallis-et-Futuna [valise-fytyna]	Wallis und Futuna → Civilisation, p. 137	

VOCABULAIRE DU DOCUMENT SONORE

Pointe-à-Pitre [pwɛ̃tapitʀ]	*Stadt in Guadeloupe* → Civilisation, p. 137	
la seconde [lasəgɔ̃d]	*das 10. Schuljahr in Frankreich*	La ~ est la première classe au lycée.
le créole [ləkʀeɔl]	Kreolisch	Le ~ est constitué du français et des langues africaines.

Als Kreolen bezeichnete man in der frühen Kolonialzeit (16. Jahrhundert) europäische Kolonialherren französischer, spanischer oder portugiesischer Herkunft. Zu jener Zeit beginnt auch die Entstehung der so genannten Kreolsprachen. Dabei kommt es zu einer Vermischung von Elementen einer europäischen und einer oder mehrerer afrikanischer Sprachen. Der Wortschatz basiert – in Abhängigkeit von der jeweiligen Kolonialmacht – auf dem Portugiesischen, Französischen, Spanischen, Englischen oder dem Niederländischen. In den ehemaligen französischen Kolonien der Kleinen Antillen, wie z. B. in Guadeloupe und Martinique, wird demzufolge ein Kreolisch gesprochen, das auf dem Französischen basiert.

l'espagnol [lɛspaɲol] *m.*	Spanisch	L'~ se parle en Espagne et en Amérique Latine.
tenir qc [təniʀ]	*hier:* etw. betreiben, etw. führen *wird wie* venir *konjugiert* → Verbes, p. 128	Marc va ~ le restaurant de ses parents.
le blanc-manger [ləblɑ̃-mɑ̃ʒe]	*Süßspeise auf der Basis von Kokosmilch und Rohrzucker*	
le carnaval [ləkaʀnaval]	der Karneval	Tout le monde connaît le ~ de Rio.

l'abolition [labɔlisjɔ̃] *f.*	die Abschaffung	
l'esclavage [lɛsklavaʒ] *m.*	die Sklaverei	L'abolition de l'~ a été un grand progrès.
la natation [lanatasjɔ̃] ▶ nager	das Schwimmen	Combien de fois par semaine est-ce que tu fais de la ~?
le raggamuffin [ləʀagamafin]	*Musikrichtung, die sich aus dem Reggae entwickelt hat*	
Jane Fostin [ʒenfɔstin]	*Sängerin aus Guadeloupe* → Civilisation, p. 137	

1 De ... est constituée 2 Guadeloupéens 3 esclaves 4 ressources

DOSSIER 1, SÉQUENCE 1

mouvementé/e [muvmɑ̃te] *adj.*	bewegt	Quand il y a beaucoup de changements dans l'histoire d'un pays, on parle d'une histoire ~[1].
Christophe Colomb [kʀistɔfkɔlɔ̃]	Christoph Kolumbus → Civilisation, p. 137	
Marie-Galante [maʀigalɑ̃t]	*Insel von Guadeloupe* → Civilisation, p. 137	
Sainte-Rose [sɛ̃tʀoz]	*Insel von Guadeloupe* → Civilisation, p. 137	
sans merci [sɑ̃mɛʀsi] *adv.*	gnadenlos	Les marchands d'esclaves agissaient ~.
le colon [ləkɔlɔ̃] ▶ coloniser qn/qc	der Siedler	Beaucoup de ~[2] étaient sans merci.
la main d'œuvre [lamɛ̃dœvʀ]	die Arbeitskraft *Person*	Les esclaves étaient la ~ la moins chère.
réduire qn en esclavage [ʀedɥiʀɑ̃nɛsklavaʒ]	jdn versklaven *wird wie* construire *konjugiert* → Verbes, p. 128	Aujourd'hui, on ~ encore des gens ~[3].
la plantation [laplɑ̃tasjɔ̃]	die Plantage	Dans les ~[4] de la Guadeloupe ne travaillaient que les esclaves.
caraïbe [kaʀaib] *m./f. adj.*	karibisch	Quelques îles ~[5] sont françaises.
fonder qc [fɔ̃de] ▶ le/la fondateur/-trice	etw. gründen	Te souviens-tu qui a ~[6] la ville de Montréal?
abolir qc [abɔliʀ] ▶ l'abolition *f.*	etw. abschaffen *wird wie* réagir *konjugiert* → Verbes, p. 128	Il y a des gens qui veulent ~ l'école. Qu'est-ce que tu en penses?
Victor Schoelcher [viktɔʀʃœlʃœʀ]	*französischer Politiker* → Civilisation, p. 137	
l'Inde [lɛ̃d] *f.*	Indien	Bombay se trouve en ~.
immigrer [imigʀe]	einwandern	Beaucoup d'habitants des anciennes colonies françaises ~[7] en France.
la condition [lakɔ̃disjɔ̃]	die Bedingung	Il y a beaucoup de bruit ici. Dans ces ~[8] je n'arrive pas à me concentrer.
la mixité [lamiksite] ▶ mixte *m./f. adj.*	*hier:* die ethnische Vielfalt	Quand, dans un pays, il y a des gens de différentes origines, on parle de ~.

le kilomètre carré [ləkilɔmɛtʀkaʀe]	der Quadratkilometer	Sais-tu combien de ~[9] couvre la superficie de la France?
couper qc [kupe]	etw. schneiden	Pour faire des sandwichs, il faut ~ le pain.
le bras de mer [ləbʀadmɛʀ]	der Meeresarm	
la rivière [laʀivjɛʀ]	der (Neben-)Fluss	

Unterscheide:

un fleuve

une rivière

salé/e [sale] *adj.*	salzig	Cette soupe n'a plus de goût. Elle est trop ~[10]!
tropical/e [tʀɔpikal] *adj.* / **tropicaux** [tʀɔpiko] *m. pl.*	tropisch	La Guadeloupe est une île ~[11].
la Soufrière [lasufʀijɛʀ]	*Vulkan in Guadeloupe* → Civilisation, p. 137	
le volcan [ləvɔlkɑ̃]	der Vulkan	L'Etna est le ~ le plus haut d'Europe.
les eaux [lezo] *f. pl.* ▶ l'eau *f.*	die Gewässer	
la pêche [lapɛʃ] ▶ le pêcheur	die Fischerei	La ~ intensive est dangereuse pour les poissons.
l'agriculture [lagʀikyltyʀ] *f.*	die Landwirtschaft	Dans l'économie française, l'~ joue un rôle très important.
le cyclone [ləsiklon]	der tropische Wirbelsturm	En Allemagne, il n'y a pas de ~[12].
le cacao [ləkakao]	der Kakao	Le ~ sert à faire le chocolat.
le coton [ləkɔtɔ̃]	die Baumwolle	Tous mes tee-shirts sont en ~.
la production [lapʀɔdyksjɔ̃]	die Produktion	
agricole [agʀikɔl] *m./f. adj.* ▶ l'agriculture *f.*	landwirtschaftlich	Les paysans vivent de la production ~.
reposer sur qc [ʀəpozesyʀ]	*hier:* auf etw. basieren	La démocratie ~[13] l'idée que le pouvoir vient du peuple.
la culture [lakyltyʀ] ▶ cultiver qc	*hier:* der Anbau	En Allemagne, il n'y a pas de ~ de canne à sucre.
le melon [ləməlɔ̃]	die Honigmelone, die Zuckermelone	Le ~ de Cavaillon est très célèbre.

Unterscheide:

le melon (die Honigmelone) ≠ *la pastèque* (die Wassermelone)

la purée [lapyʀe]	das Püree, der Brei	Les enfants adorent la ~ de pommes de terre.
(ê)**se modifier / modifier qc** [mɔdifje]	sich verändern / etw. verändern	Au contact des langues, le français ~[14].
au contact de qn/qc [okɔ̃taktdə] *loc. prép.* ▶ le contact	im Kontakt mit jdm/etw.	

1 mouvementée 2 colons 3 réduit ... en esclavage 4 plantations 5 caraïbes 6 fondé 7 immigrent 8 conditions 9 kilomètres carrés 10 salée 11 tropicale 12 cyclones 13 repose sur 14 s'est modifié / se modifie

1

DOSSIER 1, SÉQUENCE 2

Lilian Thuram [liljɑ̃tyʀam]	*französischer Fußballspieler* → Civilisation, p. 137	
Anse-Bertrand [ɑ̃sbɛʀtʀɑ̃]	*Stadt in Guadeloupe* → Civilisation, p. 137	
connu/e [kɔny] *adj.* ▶ connaître qn/qc	bekannt	Tout le monde connaît Johnny Depp. C'est un acteur très ~.
l'engagement [lɑ̃gaʒmɑ̃] *m.* ▶ engagé/e *adj.*	das Engagement, der Einsatz	Maeva aide tout le monde. Son ~ est impressionnant.
social/e [sɔsjal] *adj.* / **sociaux** [sɔsjo] *m. pl.*	gesellschaftlich	Mon engagement ~? J'aide ma voisine qui a 94 ans.
(ê)**s'engager** [sɑ̃gaʒe] ▶ engagé/e *adj.*, l'engagement *m.*	sich engagieren *wird wie* bouger *konjugiert* → Verbes, p. 128	N'as-tu pas envie de ~[1] dans une association?
améliorer qc [ameljɔʀe]	etw. verbessern	Si on veut ~ son français, il faut aller en France ou dans un autre pays francophone.
le métissage [ləmetisaʒ]	*die Mischung verschiedener Ethnien*	Dans les DOM-COM, le ~ est grand.
la richesse [laʀiʃɛs] ▶ riche *m./f. adj.*	der Reichtum	
élever qn [elve]	jdn großziehen *wird wie* amener *konjugiert* → Verbes, p. 128	Il y a pas mal de gens qui ~[2] leurs enfants tout seuls.
l'immigré/e [limigʀe] ▶ immigrer	der/die Einwanderer/in	Les parents de Zidane sont des ~[3].
le prêtre [ləpʀɛtʀ]	der Priester	Un ~ travaille pour l'Église.
impressionner qn [ɛ̃pʀɛsjɔne] ▶ l'impression *f.*, impressionnant/e *adj.*	jdn beeindrucken	L'engagement social de Victor Schoelcher m'~[4] beaucoup.
la nationalité [lanasjɔnalite] ▶ national/e *adj.*	die Nationalität	Beaucoup de gens n'ont pas la ~ du pays dans lequel ils habitent.
c'est la raison pour laquelle [sɛlaʀɛzɔ̃puʀlakɛl]	deshalb	Beaucoup de gens vivent très mal dans leurs pays. ~ il y en a qui essaient d'immigrer dans les pays plus riches.

ANNEXE

abîmer qc [abime]	etw. beschädigen	Pendant les émeutes, quelques jeunes ont ~[5] plein de voitures.
(ê)**s'informer sur qc** [sɛ̃fɔʀmesyʀ] ▶ l'information *f.*	sich über etw. informieren	Avant d'aller à l'étranger, il faut ~ le pays.
le sujet [ləsyʒɛ]	der Gegenstand, das Thema	Quel est le ~ principal de ce dossier?
l'art [laʀ] *m.* ▶ l'artiste *m./f.*	die Kunst	Aujourd'hui, on va au musée d'~ moderne.
la politique [lapɔlitik] ▶ politique *m./f. adj.*	die Politik	Camille s'intéresse beaucoup à la ~. Elle lit le journal tous les jours.
défavorisé/e [defavɔʀize] *adj.*	benachteiligt	Il vient d'un mileu ~: ses parents sont pauvres et n'ont pas pu faire des études.
(ê)**s'en sortir** [sɑ̃sɔʀtiʀ] ▶ sortir	aus etw. herauskommen, etw. schaffen	Maxime est dans une situation difficile, mais avec l'aide de ses amis, il va ~.
le préjugé [ləpʀeʒyʒe]	das Vorurteil	Il est normal d'avoir des ~[6].
le milieu [ləmiljø]	das Milieu, das Umfeld	Pour les gens défavorisés il est souvent difficile de sortir de leur ~.
aisé/e [ɛze] *adj.* aisé/e ≠ défavorisé/e	wohlhabend, wohlsituiert	Grandir dans un milieu ~, est-ce une condition pour réussir dans la vie?

1 t'engager 2 élèvent 3 immigrés 4 impressionne 5 abîmé 6 préjugés

DOSSIER 2, Approches

le/la pilote [lə/lapilɔt]	der/die Pilot/in	Un ~ conduit des avions.
la thune [latyn] *fam.*	Kohle *umg. für Geld*	«~» veut dire «argent».
le maître nageur / la maître nageuse [ləmɛtʀnaʒœʀ/ lamɛtʀnaʒøz] ▶ le maître / la maîtresse, nager	der/die Bademeister/in	Un ~ on travaille dans une piscine ou à la plage.
l'interprète [lɛ̃tɛʀpʀɛt] *m./f.*	der/die Dolmetscher/in	Pour travailler comme ~ il faut savoir se concentrer.
le reporter [ləʀəpɔʀtɛʀ] *m./f.*	der/die Reporter/in	Tu aimes écrire et voyager? Deviens ~!
l'ingénieur [lɛ̃ʒenjœʀ] *m./f.*	der/die Ingenieur/in	Les ~[1] peuvent travailler dans des entreprises.
le son [ləsɔ̃]	der Ton	
le/la puériculteur/-trice [lə-pɥeʀikyltœʀ/lapɥeʀikyltʀis]	der Kinder(kranken)pfleger / die Kinder(kranken)schwester	Une ~[2] s'occupe de bébés et de petits enfants.
le/la concepteur/-trice [ləkɔ̃sɛptœʀ/lakɔ̃sɛptʀis]	der/die Programmentwickler/in	Un ~ doit avoir beaucoup d'idées.
le multimédia [ləmyltime-dja]	Multimedia	
le guide de haute montagne [ləgidəotmɔ̃taɲ]	der/die Hochgebirgsführer/in	Un ~ conduit les touristes au sommet d'une montagne.

le pompier [ləpɔ̃pje]	der Feuerwehrmann	Pour travailler comme ~ il faut être courageux.
le/la commercial/e [lə/lakɔmɛʀsjal] ▶ le/la commerçant/e	der/die Handelsvertreter/in	Le père de Clément voyage beaucoup. Il est ~ d'une grande entreprise.
l'informaticien/ne [lɛ̃fɔʀmatisjɛ̃/lɛ̃fɔʀmatisjɛn] ▶ l'informatique *f.*	der/die Informatiker/in	Un ~ crée des programmes d'ordinateur.
le/la mécanicien/ne [ləmekanisjɛ̃/lamekanisjɛn]	der/die Mechaniker/in	Connais-tu une ~[3]?
le/la coiffeur/-euse [ləkwafœʀ/lakwaføz]	der/die Friseur/in	Tes cheveux sont trop longs! Il faut que tu ailles chez le ~.
le pourcentage [ləpuʀsɑ̃taʒ]	der Prozentsatz	
le/la bachelier/-ière [ləbaʃ(ə)lje/labaʃ(ə)ljɛʀ] ▶ le bac	der/die Abiturient/in	Les ~[4] peuvent faire des études.

⚠ «faux ami»

le/la bachelier/-ière (der/die Abiturient/in) ≠ *engl.* the bachelor (der/die Hochschulabsolvent/in *auch:* der Junggeselle)

la génération [laʒeneʀasjɔ̃]	die Generation	Ce vieil homme fait partie de la ~ qui a connu deux guerres.
avoir confiance en qn/qc [avwaʀkɔ̃fjɑ̃s] ▶ la confiance, confier qc à qn	jdm/etw. vertrauen	Pour réussir dans la vie, il faut ~ soi.

VOCABULAIRE DU DOCUMENT SONORE

le point fort [ləpwɛ̃fɔʀ]	die Stärke	Les maths? Ce n'est pas mon ~.
(ê)**se voir** + *Nomen* [səvwaʀ]	sich als jdn/etw. sehen *wird wie* voir *konjugiert* → Verbes, p. 128	Dans ses rêves, Julie ~[5] chanteuse.
le/la traducteur/-trice [lətʀadyktœʀ/latʀadyktʀis] ▶ traduire qc	der/die Übersetzer/in	Un ~ doit connaître parfaitement deux langues.
quand même [kɑ̃mɛm] *adv.*	trotzdem	Antoine n'était pas très fort à l'école. Il a ~ eu son bac.
le jeu électronique [ləʒøelɛktʀɔnik] ▶ le jeu, jouer	das Computerspiel	On dit que quelques ~[6] sont un danger pour les jeunes. Qu'est-ce que tu en penses?
reprendre qc [ʀəpʀɑ̃dʀ]	etw. übernehmen *wird wie* prendre *konjugiert* → Verbes, p. 128	Si tes parents avaient une boutique, aimerais-tu la ~?

le salon de coiffure [ləsalɔ̃dkwafyʀ] ▶ le/la coiffeur/-euse	der Friseursalon	Dans ma rue, il y a un ~ pour chiens.

1 ingénieurs 2 puéricultrice 3 mécanicienne 4 bacheliers 5 se voit 6 jeux électroniques

DOSSIER 2, SÉQUENCE 1

la profession [lapʀɔfɛsjɔ̃] ▶ professionnel/le *adj.*	der Beruf	Quelle est sa ~?
le concepteur-réalisateur [ləkɔ̃septœʀealizatœʀ]	der/die Multimediadesigner/in	«~» est un métier assez nouveau.
la possibilité [lapɔsibilite] ▶ possible *m./f. adj.*	die Möglichkeit	Il y a plusieurs ~[1] pour avoir son bac.
le droit [lədʀwa]	*hier:* Jura	Pour être avocat, il faut faire des études de ~.
finir par + *Inf.* [finiʀpaʀ]	schließlich etw. tun *wird wie* réagir *konjugiert* → Verbes, p. 128	Il ne voulait pas venir avec nous, mais il ~[2] accepter.
l'IUT [liyte] ou: **l'institut universitaire de technologie de Services et Réseaux de communication** *m.*	*französische Fachhochschule* → Civilisation, p. 137	
Montbéliard [mɔ̃beljaʀ]	*ostfranzösische Stadt* → Civilisation, p. 137	
consister en qc [kɔ̃sisteɑ̃]	aus etw. bestehen	~ quoi ~[3] le travail d'une puéricultrice?
technique [tɛknik] *m./f. adj.*	technisch	Il faut que plus de filles choisissent un métier ~.
créatif/-ive [kʀeatif/kʀeativ] *adj.* ▶ créer qc	kreativ	Les artistes sont des personnes ~[4].
le compte [ləkɔ̃t] ▶ compter	die Abrechnung, das Konto	

être à son compte: selbstständig sein

le service [ləsɛʀvis] ▶ rendre service à qn	der Service, die Dienstleistung	
le/la scénariste [lə/lasenaʀist] *m./f.* ▶ la scène	der/die Drehbuchautor/in	Un ~ écrit le scénario d'un film.
exactement [egzaktəmɑ̃] *adv.*	genau	3 + 3? Ça fait ~ 6.
l'avantage [lavɑ̃taʒ] *m.*	der Vorteil	Parler plusieurs langues est un grand ~.
fabriquer qc [fabʀike]	etw. herstellen	Dans une boulangerie, on ~[5] du pain.
le neveu [lənəvø]	der Neffe	Les enfants de mon frère sont mes ~[6].
la nièce [lanjɛs]	die Nichte	La fille de ma sœur est ma ~.

l'inconvénient [lɛ̃kɔ̃venjɑ̃] *m.* l'inconvénient ≠ l'avantage	der Nachteil	Chaque métier a ses avantages et ses ~[7].
étant donné que [etɑ̃-dɔnekə] *prép.*	da	~ notre planète est en danger, il faut faire un effort pour la sauver.
le secteur [ləsɛktœʀ]	der Sektor	La production agricole est un ~ important en France.
correspondre à qn/qc [kɔʀɛspɔ̃dʀ]	jdm/etw. entsprechen *wird wie* attendre *konjugiert* → Verbes, p. 128	Léa a trouvé un métier qui ~[8] ses intérêts.
le guide interprète *m./f.* [ləgidɛ̃tɛʀpʀɛt]	*Reiseleiter/in, der/die gleichzeitig als Dolmetscher/in tätig ist*	Pour travailler comme ~ il faut parler couramment au moins deux langues.

Diese Berufe und Arbeitsstellen gehören zusammen:

Qui?		**Où?**
le/la médecin, l'infirmier/-ière, le/la puériculteur/-trice	→	à l'hôpital, au SAMU
le/la mécanicien/ne	→	dans un *garage* (in einer Werkstatt)
le/la chanteur/-euse, l'acteur/-trice	→	*sur scène* (auf der Bühne)
l'ingénieur du son	→	au théâtre, à l'opéra, dans une salle de concerts
le/la coiffeur/-euse	→	dans un salon de coiffure
le/la maître nageur/-euse	→	dans une piscine, à la plage
le guide interprète	→	dans un musée, dans le centre-ville
le professeur des écoles	→	à l'école primaire
le/la professeur, le/la conseiller/-ère d'orientation	→	au collège, au lycée
le/la documentaliste	→	au CDI, dans une bibliothèque
le/la policier/-ière	→	au commissariat, dans la rue
le/la vendeur/-euse, le/la caissier/-ière	→	au supermarché, dans un magasin
le/la boulanger/-ère	→	dans une boulangerie
le/la moniteur/-trice	→	dans un club
le/la pilote	→	dans un avion
le guide de haute montagne	→	à la montagne
l'animateur/-trice de télévision	→	à la télévision
le/la journaliste, le reporter	→	à la radio, à la télévision, dans un journal
le/la commercial/e, l'informaticien/ne, l'ingénieur	→	dans une entreprise
l'architecte, l'avocat/e, le/la secrétaire, le/la concepteur/-trice, le/la traducteur/-trice	→	dans un bureau
l'auteur	→	à la maison, pour une maison d'édition

le diplôme [lədiplom]	das Diplom	Malgré son ~ d'ingénieur Marc est au chômage.
^(ê)**aller sur le terrain** [alesyʀ(ə)tɛʀɛ̃]	in die Praxis gehen	Après avoir fini ses études, il faut ~ pour faire des expériences.
la préparation [lapʀepa-ʀasjɔ̃] ▶ préparer qc	die Vorbereitung	Un stage peut être une bonne ~ à la vie professionnelle.
actualiser qc [aktyalize] ▶ les actualités *f. pl.*	etw. aktualisieren	De temps en temps, il faut ~ les programmes d'ordinateur.
la connaissance [lakɔnɛsɑ̃s] ▶ connaître qn, faire la connaissance de qn	*hier:* die Kenntnis	

prendre contact avec qn [pʀɑ̃dʀkɔ̃taktavɛk]	mit jdm Kontakt aufnehmen *wird wie* prendre *konjugiert* → Verbes, p. 128	Tu veux faire un stage dans cet hôtel? Il faut que tu ~[9] le directeur.
le/la responsable [lə/laʀɛspɔ̃sabl] ▶ responsable de qn/qc *m./f. adj.*	der/die Verantwortliche	Emma est la ~ du groupe. Elle s'occupe de tout.
le site [ləsit]	*hier:* der Ort *auch:* die Webseite	Quel est ton ~ préféré en France?
la sortie [lasɔʀti] ▶ sortir	*hier:* der Ausflug	Dimanche prochain, on fera une ~ à la campagne.
obtenir qc [ɔptəniʀ]	etw. erhalten *wird wie* venir *konjugiert* → Verbes, p. 128	Pour ~ de bonnes notes, il faut travailler dur.
l'autorisation [lotoʀizasjɔ̃] *f.*	die Erlaubnis	Pour prendre des photos dans un musée, il faut demander l'~.
la visite [lavizit] ▶ visiter qc	die Besichtigung	Une ~ du Louvre est toujours impressionnante.
éveiller qc [evɛje]	etw. wecken	La publicité essaie d'~ l'attention des gens.
la curiosité [lakyʀjɔzite]	die Neugier	La ~ est un signe d'intelligence.
la retraite [laʀətʀɛt]	der Ruhestand	À l'âge de 67 ans, on prend sa ~.
le car [ləkaʀ]	der Reisebus	Pour aller de Berlin à Paris, on peut prendre l'avion, le train ou le ~.
le/la pédagogue [lə/lapedagɔg]	der/die Pädagoge/-in	Les profs doivent être de bons ~[10].
(ê)**s'adapter à qn/qc** [sadaptea]	sich jdm/etw. anpassen	Quand on change d'école, il faut ~ sa nouvelle classe.
le public [ləpyblik]	das Publikum	Le concert de Tryo a beaucoup plu au ~.
cultivé/e [kyltive] *adj.* ▶ cultiver qc, la culture	gebildet	Ma sœur lit beaucoup. Elle est très ~[11].

Vergleiche:

cultiver qc

une personne cultivée

bilingue [bilɛ̃g] *m./f. adj.*	zweisprachig	Quand on parle deux langues dès l'enfance, on est ~.
posséder qc [pɔsede]	etw. besitzen *wird wie* espérer *konjugiert* → Verbes, p. 128	Il y a des gens qui ~[12] plusieurs maisons.
excellent/e [ɛksɛlɑ̃/ɛksɛlɑ̃t] *adj.*	ausgezeichnet, hervorragend	Aller à Marseille? C'est une ~[13] idée!
l'archéologie [laʀkeɔlɔʒi] *f.*	die Archäologie	Pascal fait des études d'~.
la tradition [latʀadisjɔ̃] ▶ traditionnel/le *adj.*	die Tradition	Il faut garder les bonnes ~[14].

la croisière [lakʀwazjɛʀ]	die Kreuzfahrt	Ma grand-mère vient de faire une ~ en Méditerranée.
la carte professionnelle [lakaʀtpʀɔfɛsjɔnɛl]	die Gewerbeerlaubnis	Pour être à son compte, il faut avoir une ~.
l'agence [laʒɑ̃s] *f.*	die Agentur	Parler plusieurs langues est un avantage pour travailler dans une ~ de voyages.
la bibliothèque [labibljɔtɛk]	die Bibliothek	Quand on fait des études, on va souvent à la ~ .
le parcours [ləpaʀkuʀ]	*hier:* die Führung *auch:* die Strecke, der Weg	Chaque année, on choisit un ~ différent pour le Tour de France.
la sécurité [lasekyʀite] ▶ sûr/e *adj.*	die Sicherheit	La police est responsable de la ~ des gens.
adorable [adɔʀabl] *m./f. adj.* ▶ adorer qn/qc	entzückend	Cet enfant rigole beaucoup. Il est ~!

1 possibilités 2 a fini par 3 En ... consiste 4 créatives 5 fabrique 6 neveux 7 inconvénients 8 correspond à 9 prennes contact avec 10 pédagogues 11 cultivée 12 possèdent 13 excellente 14 traditions

DOSSIER 2, SÉQUENCE 2

la section [lasɛksjɔ̃]	die Sektion, die Fachrichtung	
moyen/ne [mwajɛ̃/mwajɛn] *adj.*	*hier:* mittlerer/-es/-e *auch:* durchschnittlich	Un 3, en Allemagne, c'est une note ~[1].
préparatoire [pʀepaʀatwaʀ] *m./f. adj.* ▶ préparer qc, la préparation	vorbereitend	En France, il y a des classes ~[2] aux concours des Grandes Écoles.
élémentaire [elemɑ̃tɛʀ] *m./f. adj.*	Grund- + *Nomen*, elementar	L'école primaire est une école ~.
l'adaptation [ladaptasjɔ̃] *f.* ▶ s'adapter à qn/qc	die Anpassung	

BEP (brevet d'enseignement professionnel):
Facharbeiterabschluss mit hohem theoretischen Anteil (entspricht in Deutschland einer drei- bis dreieinhalbjährigen Berufsausbildung)

CAP (certificat d'aptidude professionnelle):
einfacher Facharbeiterabschluss (entspricht in Deutschland einer zweijährigen Facharbeiterausbildung)

Bac professionnel:
Fachabitur, das nach 12 Schuljahren am Lycée professionnel *erworben wird und zum Hochschulstudium berechtigt. Voraussetzung dafür ist das* CAP.

Bac général:
Allgemeine Hochschulreife (Abitur), die nach 12 Schuljahren erworben wird und zu einem Hochschul- bzw. Universitätsstudium berechtigt

Terminale générale:
Abschlussklasse am lycée général, *die zum* bac général *führt. Die Schüler/innen am* lycée général *spezialisieren sich nach der* seconde *(10. Schuljahr = Orientierungsstufe) in einem der drei folgenden Bereiche:*
L (littérature): *Literatur, Sprachen, Kunst*
S (scientifique): *Mathematik, Physik, Chemie, Naturwissenschaften, Industrietechnologie*
ES (Sciences économiques et sociales): *Mathematik, Wirtschafts-und Sozialwissenschaften, Sprachen*

Terminale technologique:
Abschlussklasse am lycée technologique, *die zum* bac technologique *führt und auf ein technisch orientiertes Studium vorbereitet*

l'ANPE [laɛnpeə] ou: **l'Agence nationale pour l'emploi** [laʒɑ̃snasjɔnalpuʀlɑ̃plwa]	*Arbeitsamt in Frankreich*	
l'orientation [lɔʀjɑ̃tasjɔ̃] *f.*	*hier:* der Schwerpunkt	Quelle ~ vas-tu choisir? S, L ou ES?
galérer en qc [galeʀeɑ̃] *fam.* ▶ la galère	sich in etw. abrackern *wird wie* espérer *konjugiert* → Verbes, p. 128	Il a longtemps ~³ maths avant d'avoir des notes moyennes.
le côté [ləkote]	die Seite	Le ~ agréable de l'école, ce sont les vacances.

mettre toutes les chances de son côté: sich alle Möglichkeiten offen halten

le recul [ləʀəkyl]	der Abstand	Quand Lise regarde les choses avec un peu de ~, elle avoue qu'elle s'est trompée.
Y a pas le feu. [japalfø] *fam.* ▶ le feu	Keine Eile!	J'ai encore le temps, ~!
la responsabilité [laʀɛspɔ̃sabilite] ▶ le/la responsable, responsable de qn/qc *m./f. adj.*	die Verantwortung	Le chef d'une entreprise a beaucoup de ~.
imiter qn [imite]	jdn nachahmen	Sais-tu ~ une personne célèbre?
libéral/e [libeʀal] *adj.* / **libéraux** [libeʀo] *m. pl.*	*hier:* freiberuflich	
le droit [lədʀwa]	das Recht	On a toujours le ~ de poser des questions.
décider de qc [desidedə] ▶ décider de + *Inf.*	über etw. entscheiden	Il faut que tu ~ toi-même ~⁴ ton avenir.
le hasard [ləazaʀ]	der Zufall	C'est vous, Madame de Crémoux? Quel ~ de vous rencontrer ici!

par hasard *adv.* = zufällig

le professeur des écoles [ləpʀɔfɛsœʀdezekɔl] *m./f.*	der/die Grundschullehrer/in	Un ~ travaille à l'école primaire.
autre [otʀ] *m./f. adj.* ▶ l'autre *m./f.*	anders, sonstig	Ça, c'est une ~ question.
l'autre jour [lotʀəʒuʀ] *adv.*	letztens, neulich	
d'un côté ... de l'autre [dɛ̃kote...dəlotʀ] *adv.* ▶ le côté	einerseits ..., andererseits ...	~ je suis content/e d'avoir réussi à l'examen, ~ j'aurais aimé avoir une meilleure note.
supporter qn/qc [sypɔʀte]	jdn/etw. ertragen	Océane ne ~⁵ pas le rap.
soupirer [supiʀe]	seufzen	Arrête de ~! Tu me rends triste!
rien du tout [ʀjɛ̃dytu] *adv.*	überhaupt nichts, gar nichts	Marc a eu un beau rêve. Mais il ne se souvient de ~.
l'usine [lyzin] *f.*	der Betrieb, die Fabrik	La mère de Thomas est chef d'une ~.
bref [bʀɛf] *adv.*	kurz	Non! ~, je ne suis pas de ton avis.

le boulot [ləbulo] *fam.*	der Job	Patrice a trouvé un ~ qui lui plaît.
[(ê)]**se renseigner (sur qn/qc)** [səʀɑ̃seɲe(syʀ)]	sich informieren, sich erkundigen (über jdn/etw.)	On devrait ~ et demander le prix avant d'acheter quelque chose.
pour que + *subj.* [puʀkə] *conj.*	damit, um	Je te raconte tout ça ~ tu connaisses toute l'histoire.
le Ministère de l'Éducation nationale [ləministɛʀdəledykasjɔ̃nasjɔnal]	*das französische Bildungsministerium*	
la voie [lavwa]	*hier:* der Weg, die Richtung	Il faut trouver la bonne ~ dans la vie.

1 moyenne 2 préparatoires 3 galéré en 4 décides … de 5 supporte

3

DOSSIER 3, Approches

mondial/e [mɔ̃djal] *adj.* / **mondiaux** [mɔ̃djo] *m. pl.* ▶ le monde	Welt- + *Nomen*	Zidane était une star ~[1].
ruiner qn/qc [ʀɥine] ▶ la ruine	jdn/etw. ruinieren	Fumer ~[2] la santé.
le continent [ləkɔ̃tinɑ̃]	der Kontinent	Parfois on appelle l'Europe «le vieux ~».
l'homme politique / la femme politique [lɔmpɔlitik/lafampɔlitik] ▶ la politique	der/die Politiker/in	Charles de Gaulle était un grand ~ français.
Robert Schuman [ʀobɛʀʃuman]	*französischer Politiker* → Civilisation, p. 137	
appeler qn à + *Inf.* [aplea] ▶ s'appeler	jdn aufrufen etw. zu tun *wird wie* s'appeler *konjugiert* → Verbes, p. 128	Le délégué de classe ~ les élèves ~[3] participer à la réunion.
[(ê)]**se réconcilier** [səʀekɔ̃silje]	sich versöhnen	Après une dispute, il faut toujours essayer de se ~.
durable [dyʀabl] *m./f. adj.* ▶ durer	dauerhaft	Ce qui dure longtemps, c'est ~.
Rome [ʀɔm]	Rom	
l'Europe des Six [lœʀɔpdesis]	die Europäische Gemeinschaft im Jahr 1957 → Civilisation, p. 137	
le/la président/e [ləpʀezidɑ̃/lapʀezidɑ̃t]	der/die Präsident/in	Charles de Gaulle est devenu ~ de la République en 1959.
Charles de Gaulle [ʃaʀldəgol]	*französischer Politiker* → Civilisation, p. 137	
le/la chancelier/-ière [ləʃɑ̃səlje/laʃɑ̃səljɛʀ]	der/die Kanzler/in	Angela Merkel est la première ~[4] de l'Allemagne.
la coopération [lakɔɔpeʀasjɔ̃]	die Zusammenarbeit	Dans une équipe, c'est la ~ qui fait le succès.
la création [lakʀeasjɔ̃] ▶ créer qc	die Schaffung, die Gründung	La ~ de nouveaux modèles est importante dans le domaine de la mode.

ANNEXE

l'Office franco-allemand pour la jeunesse [lɔfisfʀɑ̃koalmɑ̃puʀlaʒœnɛs] ou: **l'O. F. A. J.** [lɔfaʒ] *m.*	das Deutsch-Französische Jugendwerk (DFJW) → Civilisation, p. 137	
le traité de Maastricht [lətʀɛtedəmastʀiʃt]	der Vertrag von Maastricht → Civilisation, p. 137	
le jumelage [ləʒymlaʒ] ▶ le jumeau / la jumelle	die Städtepartnerschaft	Est-ce qu'il existe un ~ entre ta ville et une ville française?
l'Union européenne (UE) [lynjɔ̃øʀɔpeɛn] *f.*	die Europäische Union → Civilisation, p. 137	
le membre [ləmɑ̃bʀ]	das Mitglied	Combien de ~[5] l'Union européenne compte-t-elle?
l'accord [lakɔʀ] *m.*	*hier:* das Abkommen *auch:* die Zustimmung	Un ~ est un contrat entre plusieurs pays.
les accords de Schengen [lezakɔʀdəʃɛngɛn] *m. pl.*	das Schengener Abkommen → Civilisation, p. 137	
la frontière [lafʀɔ̃ntjɛʀ]	die Grenze	Est-ce que tu sais quel fleuve est à la ~ entre l'Allemagne et la France?
l'Européen/l'Européenne [lœʀɔpeɛ̃/lœʀɔpeɛn]	der/die Europäer/in	~ du futur parlera au moins quatre langues.
introduire qc [ɛ̃tʀɔdɥiʀ]	etw. einführen *wird wie* construire *konjugiert* → Verbes, p. 128	Dans chaque dossier, on ~[6] des mots nouveaux.
le pays membre [ləpeimɑ̃bʀ] ▶ le membre	das Mitgliedsland	La France et l'Allemagne comptent parmi les premiers ~[7] de l'UE.

Les pays membres de l'Union européenne et leurs nationalités

Pays	Nationalité	Pays	Nationalité
l'Allemagne *f.*	allemand/e	la Lettonie	letton/ne
l'Autriche *f.*	autrichien/ne	la Lituanie	lituanien/ne
la Belgique	belge *m./f.*	le Luxembourg	luxembourgeois/e
la Bulgarie	bulgare *m./f.*	Malte	maltais/e
Chypre	chypriote *m./f.*	les Pays-Bas *m. pl.*	néerlandais/e
le Danemark	danois/e	la Pologne	polonais/e
l'Espagne *f.*	espagnol/e	le Portugal	portugais/e
l'Estonie *f.*	estonien/ne	la République tchèque	tchèque *m./f.*
la Finlande	finlandais/e	la Roumanie	roumain/e
la France	français/e	le Royaume-Uni	britannique *m./f.*
la Grèce	grec/grecque	la Slovaquie	slovaque *m./f.*
la Hongrie	hongrois/e	la Slovénie	slovène *m./f.*
l'Irlande *f.*	irlandais/e	la Suède	suédois/e
l'Italie *f.*	italien/ne		

Merke:
Die meisten Ländernamen, die auf -e *enden, sind weiblich. (Ausnahme z. B.* **le** Mexique.*)*

^(ê)^**passer à qc** [pɑsea] ▶ passer	*hier:* ansteigen auf	Le nombre de morts dans l'accident de voiture est ~[8] cinq.

Le chômage est passé de 8 à 11 pour cent. ↗
Die Arbeitslosigkeit ist von 8 auf 11 % angestiegen.

Le chômage est passé de 10 à 5 pour cent. ↘
Die Arbeitslosigkeit ist von 10 auf 5 % gesunken.

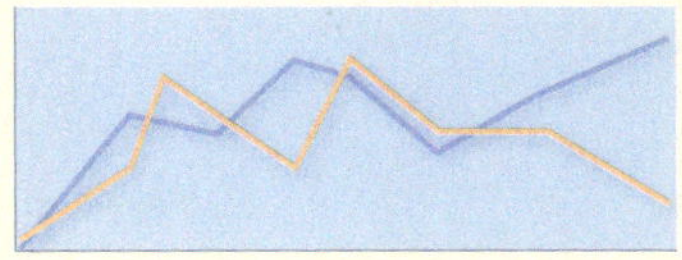

le projet [ləpʀɔʒɛ]	das Projekt	
peuplé/e [pœple] *adj.* ▶ le peuple	bevölkert, bevölkerungsreich	Quel est le pays le plus ~ du monde?
la Chine [laʃin]	China	
le milliard [ləmiljaʀ]	die Milliarde	On dit qu'il y a six ~[9] de personnes dans le monde.
l'Inde [lɛ̃d] *f.*	Indien	
les États-Unis [lezetazyni]	die USA	
la Russie [laʀysi]	Russland	
émerger de qc [emɛʀʒe]	aus etw. herausragen *wird wie* bouger *konjugiert* → Verbes, p. 128	En Bretagne, on peut voir de gros rochers qui ~[10] de l'océan.
le globe [ləglɔb]	der Erdball	Le ~, c'est notre planète: la Terre.
l'union [lynjɔ̃] *f.*	die Union, die Einheit	
l'adhésion [ladezjɔ̃] *f.*	der Beitritt	L'~, c'est l'acte de devenir membre d'une organisation.
l'unification [lynifikasjɔ̃] *f.*	die Vereinigung	
l'ancêtre [lɑ̃sɛtʀ] *m.*	der Vorfahre	Parmi les Allemands qui ont un nom français, il y en a beaucoup qui ont des ~[11] huguenots.
la Grande-Bretagne [lagʀɑ̃dbʀətaɲ]	Großbritannien	
la puissance [lapɥisɑ̃s]	die Macht	Les États-Unis sont une grande ~ mondiale.
romain/e [ʀɔmɛ̃/ʀɔmɛn] *adj.*	römisch	L'Espagne et la France sont des anciennes colonies ~[12].
diversifier qc [divɛʀsifje]	etw. abwechslungsreich gestalten	Quand on veut que chaque partie d'une chose soit différente, on essaie de la ~.
la devise [ladəviz]	die Devise, das Motto	As-tu une ~ de vie?
unir qn/qc [yniʀ] ▶ l'union *f.*, l'unification *f.*	jdn/etw. vereinen *wird wie* réagir *konjugiert* → Verbes, p. 128	Quand on veut réaliser un projet important, il faut ~ toutes les forces.
la diversité [ladivɛʀsite] ▶ diversifier qc	die Vielfalt	En Europe, on trouve une grande ~ culturelle.
commercial/e [kɔmɛʀsjal] *adj.* ▶ le/la commerçant/e	Handel- + *Nomen*	C'est un traité ~ qui est à l'origine de l'Union européenne.
le Japon [ləʒapɔ̃]	Japan	

VOCABULAIRE DU DOCUMENT SONORE

l'épisode [lepizɔd] *m.*	die Episode, die Begebenheit	Un ~ est une partie d'une histoire.
la trêve [latʀɛv]	die Waffenruhe	Pendant une ~ la guerre s'arrête pour un moment.
en effet [ɑ̃nefɛ] ▶ l'effet *m.*	tatsächlich	~, vous avez raison.
le Débarquement [ləde-baʀkmɑ̃] ▶ débarquer	*die Landung der Alliierten in Frankreich* → Civilisation, p. 137	
les Alliés [lezalje]	die Alliierten	Après la Seconde Guerre mondiale, les ~ ont occupé Berlin et l'Allemagne.
la Normandie [lanɔʀmɑ̃di]	die Normandie → Civilisation, p. 137	
Bernières-sur-mer [bɛʀnjɛʀsyʀmɛʀ]	*Seebad in der Normandie* → Civilisation, p. 137	

1 mondiale 2 ruine 3 appelle ... à 4 chancelière 5 membres 6 introduit 7 pays membres 8 passé à 9 millards 10 émergent 11 ancêtres 12 romaines

DOSSIER 3, SÉQUENCE 1

[ê]**se dérouler** [sədeʀule]	sich entwickeln, sich abspielen	«~», c'est «se passer».
l'Écossais/e [lekɔsɛ/lekɔsɛz]	der/die Schotte/-in	Les ~[1] vivent dans le nord de la Grande-Bretagne.
écossais/e [ekɔsɛ/ekɔsɛz] *adj.* ▶ l'Écossais/e	schottisch	Le kilt est le vêtement ~ traditionnel.
prêt/e [pʀɛ/pʀɛt] *adj.*	fertig, bereit	Thomas est ~? On peut partir?

être prêt/e à + *Inf.*: bereit sein etw. zu tun

le/la spectateur/-trice [ləspɛktatœʀ/laspɛktatʀis]	der/die Zuschauer/in	Les gens qui regardent un spectacle sont les ~[2].
transporter qn/qc [tʀɑ̃spɔʀte] ▶ le transport	jdn/etw transportieren	Le métro de Paris ~[3] des millions de personnes par jour.
le/la Danois/e [lədanwa/ladanwaz] *adj.*	der Däne / die Dänin	
interrompre qn/qc [ɛ̃tɛʀɔ̃mpʀ]	jdn/etw. unterbrechen → Verbes, p. 128	Il n'est pas poli d'~ quelqu'un.
l'officier [lɔfisje] *m.*	der Offizier	L'~ est le chef d'un groupe de soldats.
la séquence [lasekɑ̃s]	die Sequenz	Dans ce livre, chaque dossier a deux ~[4].
le lieutenant [ləljøtnɑ̃]	der Leutnant	
le **front** [ləfʀɔ̃]	die Front	
la tranchée [latʀɑ̃ʃe]	der Schützengraben	Une ~ doit protéger la vie des soldats.

Lens [lɑ̃s]	*nordfranzösische Stadt* → Civilisation, p. 137	
abattre qn [abatʀ]	*hier:* jdn erschießen *wird wie* battre *konjugiert* → Verbes, p. 128	
observer qn/qc [ɔpsɛʀve]	jdn/etw. beobachten	Aimes-tu ~ les animaux?
ennemi/e [ɛnmi] *adj.* ennemi/e ≠ amical/e	feindlich	Les lieutenants des armées ~[5] se rencontrent.
la permission [lapɛʀmisjɔ̃] ▶ permettre à qn de + *Inf.*	*hier:* der Heimaturlaub *auch:* die Erlaubnis	Les enfants demandent la ~ à leurs parents avant de faire quelque chose.
auprès de qn [opʀɛdə] *prép.*	zu jdm, bei jdm	Léa est restée toute la nuit ~ sa mère malade.
le sapin [ləsapɛ̃]	der Tannenbaum	À Noël, beaucoup de gens mettent un ~ dans leur salle de séjour.
la bougie [labuʒi]	die Kerze	Sur l'arbre de Noël on met souvent des ~[6].
soudain [sudɛ̃] *adv.*	plötzlich	«~» veut dire «tout à coup».
reprendre qc [ʀəpʀɑ̃dʀ] ▶ prendre	*hier:* etw. wiederaufnehmen *wird wie* prendre *konjugiert* → Verbes, p. 128	Il y a des groupes qui ont ~[7] des chansons des Beatles.
la cornemuse [lakɔʀnəmyz]	der Dudelsack	La ~ est un instrument de musique traditionnelle.
la clé [lakle]	der Schlüssel	Il ne peut pas rentrer chez lui parce qu'il a perdu sa ~.
le moment-clé [ləmɔmɑ̃kle] ▶ le moment	die Schlüsselszene	Le ~ d'un film, c'est le moment principal.
(ê)**s'avancer** [savɑ̃se] ▶ avancer	sich nähern *wird wie* avancer *konjugiert* → Verbes, p. 128	«~» c'est «s'approcher».
à son tour [asɔ̃tuʀ] ▶ C'est son tour.	seinerseits, ihrerseits	
caresser qn/qc [kaʀɛse]	jdn/etw. streicheln	Les chiens aiment bien qu'on les ~[8].
le pasteur [ləpastœʀ]	der Pfarrer, der Pastor	Le ~ est un homme d'Église protestante.
la messe [lamɛs]	die (katholische) Messe *Kirche*	À Noël, beaucoup de gens vont à la ~ de minuit.

dire une messe: eine Messe lesen

la ferveur [lafɛʀvœʀ]	die Inbrunst	La ~ est une forte émotion.

avec ferveur *adv.*: inbrünstig, ergriffen

la caméra [lakameʀa]	die Filmkamera	On utilise une ~ pour faire des films.

Verwechsle nicht:

la caméra 

 l'appareil photo (numérique) *m.*

le gros plan [ləɡʀoplɑ̃]	die Nahaufnahme	Quand on veut montrer quelque chose de très près dans un film, on le montre en ~.
le visage [ləvizaʒ]	das Gesicht	Le matin, on se lave le ~.
[ê]**se mettre d'accord (pour + *Inf.*)** [səmɛtʀdakɔʀ(puʀ)] ▶ mettre, l'accord *m.*	sich einigen (über etw.) *wird wie* mettre *konjugiert* → Verbes, p. 128	
enterrer qn/qc [ɑ̃tɛʀe] ▶ la terre	jdn/etw. beerdigen	~ un mort, c'est le mettre dans la terre.
extraordinaire [ɛkstʀaɔʀdinɛʀ] *m./f. adj.*	außergewöhnlich	Le film «Joyeux Noël» montre une histoire ~.
la fraternisation [lafʀatɛʀnizasjɔ̃] ▶ le frère	die Verbrüderung	Une ~, c'est un acte de solidarité.
punir qn [pyniʀ]	jdn bestrafen *wird wie* réagir *konjugiert* → Verbes, p. 128	Ce despote est un criminel. Il faut le ~.
le/la supérieur/e [lə/lasypeʀjœʀ]	der/die Vorgesetzte	Le directeur d'une école est le ~ de tous les profs.
tenir secret qc [təniʀsəkʀɛ] ▶ le secret	etw. geheim halten	Les informations importantes ont été ~[9].

1 Écossais 2 spectateurs 3 transporte 4 séquences 5 ennemies 6 bougies 7 repris 8 caresse 9 tenues secrètes

DOSSIER 3, SÉQUENCE 2

pas possible [pɑpɔsibl] *adj.* ▶ possible *m./f. adj.*	*hier:* unglaublich *auch:* unmöglich	J'ai un frère ~. Il se moque de tout le monde.
l'asthme [lasm] *m.*	das Asthma	Quand on a de l'~, on a des difficultés à respirer.
allergique à qc [alɛʀʒika] *m./f. adj.*	allergisch gegen etw.	Il y a des gens qui sont ~[1] lait.
le poil [ləpwal]	das Tierhaar	Roman est allergique aux ~[2] de chats.
l'humeur [lymœʀ] *f.*	die Stimmung, die Laune	La plupart des gens sont de bonne ~ quand il fait beau.
prêter qc à qn [pʀɛtea]	jdm etw. leihen	J'ai oublié mon stylo. Tu peux ~[3] le tien?
le matelas [ləmatla]	die Matratze	Je dors mieux sur un ~ dur.
[ê]**s'asseoir** [saswaʀ] ▶ assis/e	sich setzen → Verbes, p. 128	Ne restez pas debout! ~[4], s'il vous plaît!
bruyant/e [bʀɥijɑ̃/bʀɥijɑ̃t] *adj.* ▶ le bruit	laut	C'est difficile de vivre avec des voisins ~[5].
le maire [ləmɛʀ]	der/die Bürgermeister/in	Connais-tu le ~ de ta ville?
la tribune [latʀibyn]	die Tribüne	Au stade, il y a deux grandes ~[6].
la commune [lakɔmyn]	die Gemeinde	Le maire s'occupe des affaires de sa ~.

symbolique [sɛ̃bɔlik] *m./f. adj.* ▶ le symbole	symbolisch	
l'événement [levɛnmɑ̃] *m.*	das Ereignis	La Coupe du monde de football en 2006 a été un grand ~ en Allemagne.
dessus [dəsy] *adv.*	darauf	Mon sandwich est tombé par terre, ne marche pas ~.
beurk! [bœʀk] *fam.*	igitt!	
le rouquin / la rouquine [ləʀukɛ̃/laʀukin] *fam.* ▶ rouge *m./f. adj.*	der/die Rothaarige	

être blond/e

être brun/e

être *roux/rousse*

la brosse [labʀɔs]	die Bürste	On peut nettoyer les chaussures à l'aide d'une ~.

avoir les cheveux en brosse*:* einen Bürstenschnitt haben

l'appel [lapɛl] *m.* ▶ s'appeler, appeler qn	der Aufruf	En 1940, Charles de Gaulle a fait son célèbre ~ au peuple français.
accompagner qn [akɔ̃paɲe]	jdn begleiten	Je ne veux pas aller tout seul au cinéma. Tu~[7]?
intimider qn [ɛ̃timide]	jdn einschüchtern	Ce garçon est trop intelligent. Il m'~[8].

avoir le cœur qui bat à cent à l'heure*:* starkes Herzklopfen haben, sehr aufgeregt sein

le parcours [ləpaʀkuʀ]	der Weg, die Strecke	Tous les jours, je fais le même ~ à vélo.
le bout [ləbu]	das Ende	Ce village se trouve vraiment au ~ du monde.
entraîner qn (vers qn/qc) [ɑ̃tʀɛne(vɛʀ)]	jdn führen, jdn mit sich ziehen (zu jdm/etw.)	Mathis ~ sa copine ~[9] la table.
l'instant [lɛ̃stɑ̃] *m.*	der Augenblick	Attendez un ~, on va vous servir tout de suite.

à cet instant *adv.:* in diesem Augenblick

la rencontre [laʀɑ̃kɔ̃tʀ] ▶ rencontrer qn	das Treffen	Les jumelages franco-allemands permettent des ~[10] entre des Français et des Allemands.
exceptionnel/le [eksɛp-sjɔnɛl] *adj.*	außergewöhnlich	Connais-tu une personne ~[11]?

timide [timid] *m./f. adj.* ▶ intimider qn	schüchtern	Ce garçon est tellement ~ qu'il n'ose pas parler avec les filles.
souabe [swab] *m./f. adj.*	schwäbisch	Les «Maultaschen» sont un plat ~.
inoubliable [inublijabl] *m./f. adj.* ▶ oublier qn/qc	unvergesslich	On a passé quelques jours ~[12] à Paris.
(ê)**s'inquiéter** [sɛ̃kjete]	sich beunruhigen *wird wie* espérer *konjugiert* → Verbes, p. 128	Tu as peur qu'il ne vienne pas? Ne ~[13] pas. Il arrive toujours en retard.
le sommeil [ləsɔmɛj]	der Schlaf, die Müdigkeit	Parfois on fait de beaux rêves pendant son ~.
l'étudiant/e [letydjɑ̃/letydjɑ̃t]	der/die Student/in	
Erasmus [ɛʀasmys]	*hier: europäisches Studentenaustauschprogramm (benannt nach dem holländischen Philosophen Erasmus von Rotterdam)*	
subventionner qn/qc [sybvɑ̃sjɔne]	jdn/etw. subventionieren *mit Geld unterstützen*	L'Union européenne ~[14] l'agriculture.
sur place [syʀplas] *adv.*	vor Ort	
faire (qc) pareil [fɛʀpaʀɛj] ▶ faire, pareil/le *adj.*	(etw.) genauso machen	Moi, à ta place, je ~[15].
braver qn/qc [bʀave]	jdm/etw. trotzen, jdm/etw. die Stirn bieten	Cet homme n'a jamais peur: il ~[16] tous les dangers.
la déclinaison [ladeklinɛzɔ̃]	die Deklination	Il n'y a pas de ~ en français.
l'accusatif [lakysatif] *m.*	der Akkusativ	
le datif [lədatif]	der Dativ	
l'expo [lɛkspo] *fam.* ou: **l'exposition** [lɛkspozisjɔ̃] *f.*	die Ausstellung	L'autre jour, j'ai visité une ~ de photos très intéressante.
l'abeille [labɛj] *f.*	die Biene	Grâce aux ~[17], on a du miel.
être lié/e à qn/qc [ɛtʀəliea]	mit jdm/etw. verbunden sein	
informatique [ɛ̃fɔʀmatik] *m./f. adj.*	Computer- + *Nomen*	
pire [piʀ] *m./f. adj.*	schlimmer	
reculer [ʀəkyle] ▶ le recul	zurückweichen	Ce gros chien devant la porte nous a fait ~.
le pas [ləpɑ]	der Schritt	

reculer d'un pas: einen Schritt zurückweichen

1 allergiques au 2 poils 3 me prêter 4 Asseyez-vous 5 bruyants 6 tribunes 7 m'accompagnes 8 intimide 9 entraîne ... vers 10 rencontres 11 exceptionnelle 12 inoubliables 13 t'inquiètes 14 subventionne 15 ferais pareil 16 brave 17 abeilles

la tendance [latɑ̃dɑ̃s]	*hier:* der Trend, der Zeitgeist *auch:* die Tendenz	Faut-il toujours suivre les dernières ~[1] de la mode?
chauffer (qc) [ʃofe] ▶ chaud/e *adj.*	*hier ugs.:* ernst werden *auch:* (etw.) heizen	Dans la banlieue, ça ~[2]! Comment ~[3]-vous votre appartement?

Ça va chauffer! *fam.* = Die Sache wird ernst.

Montpellier [mɔ̃pəlje]	*Stadt in Südfrankreich* → Civilisation, p. 137	
entouré/e de qn/qc [ɑ̃tuʀedə] *adj.*	umgeben von jdm/etw.	La maison est ~[4] un beau jardin.
la steppe [lastɛp]	die Steppe	Les ~[5] sont des régions très sèches.
aride [aʀid] *m./f. adj.*	karg, trocken	
régulariser qn [ʀegylaʀize]	*hier:* jdn anerkennen *jdm die Aufenthaltsgenehmigung geben*	Beaucoup d'immigrés espèrent qu'on les ~[6] un jour.
le/la sans-papier [lə/lasɑ̃papje] ▶ le papier, sans	der/die Immigrant/in ohne Aufenthaltsgenehmigung	La situation des ~[7] est difficile.
scolariser qn [skɔlaʀize] ▶ scolaire *m./f. adj.*	jdn einschulen	En général, on ~[8] les enfants à six ans.
juste [ʒyst] *adv.*	*hier:* nur	Je ne veux pas te déranger. J'ai ~ une petite question.
consommer (qc) [kɔ̃sɔme]	(etw.) konsumieren, (etw.) verbrauchen	Combien de chocolat ~[9]-tu par an?
le chaton [ləʃatɔ̃]	das Kätzchen *hier: Kosewort in Frankreich*	Je t'aime beaucoup, mon ~.

Vergleiche:

Mein Spatz! Meine Maus!

Ma puce! (la puce: der Floh) Mon chaton!

découper qc [dekupe]	etw. ausschneiden	Cet article m'intéresse, je vais le ~.
recycler qc [ʀəsikle]	etw. wieder verwerten, etw. recyclen	On peut ~ beaucoup de choses, p. ex. le papier, le verre et le plastique.
commander qc [kɔmɑ̃de]	etw. bestellen	Dans un restaurant, on ~[10] un repas.
lutter [lyte]	kämpfen	Parfois il faut ~ dur pour obtenir quelque chose.

(ê)**se foutre de qn/qc** [səfutʀdə] *fam.*	auf jdn/etw. pfeifen	Antoine fait ce qu'il veut. Il ~[11] ce que disent les autres.
la console [lakɔ̃sɔl]	die Spielkonsole	
la consommation [lakɔ̃sɔmasjɔ̃] ▶ consommer	der Verbrauch	
l'énergie [lenɛʀʒi] *f.*	die Energie	Les pays riches consomment trop d'~.
renouvelable [ʀənuvlabl] *m./f. adj.* ▶ nouveau/nouvelle *adj.*	erneuerbar	En Allemagne, on utilise de plus en plus d'énergies ~[12].
le gaz [ləgaz]	das Gas	
le nucléaire [lənykleɛʀ]	die Kernenergie	En France, on utilise beaucoup de ~.
le pétrole [ləpetʀɔl]	das Erdöl	Le ~ est une ressource non renouvelable.
tenir compte de qn/qc [təniʀkɔ̃tdə]	jdn/etw. berücksichtigen *wird wie* venir *konjugiert* → Verbes, p. 128	
le/la consommateur/-trice [ləkɔ̃sɔmatœʀ/lakɔ̃sɔmatʀis] ▶ consommer, la consommation	der/die Verbraucher/in	En Allemagne, il y a une association qui s'occupe des droits des ~[13].
le produit [ləpʀɔdɥi] ▶ la production	das Produkt	Avant d'acheter un ~, il faudrait s'informer sur les conditions de production.
le nouvel Observateur [lənuvɛlɔpsɛʀvatœʀ] ou: **le nouvel Obs** [lənuvɛlɔps] *fam.*	*wöchentlich erscheinende französische Zeitschrift*	
la natalité [lanatalite] ▶ être né/e	die Geburtenrate	La ~ en Allemagne est plus basse qu'en France.
Vive qn/qc! [viv] ▶ vivre	Es lebe jmd/etw.!	~ la République!
À quoi bon? [akwabɔ̃]	Wofür ist das gut? Was nützt es?	
le record [ləʀəkɔʀ]	der Rekord	Sais-tu qui a battu le ~ mondial des 100 m?
le TGV [ləteʒeve]	*französischer Hochgeschwindigkeitszug* → Civilisation, p. 137	

VOCABULAIRE DU DOCUMENT SONORE

trier qc [tʀije]	etw. sortieren	On ~[14] le papier, le verre et le plastique pour les recycler.
les déchets [ledeʃɛ] *m. pl.*	der Müll, der Abfall	Malheureusement, il y a des gens qui jettent leurs ~ dans la forêt.
prendre un bain [pʀɑ̃dʀɛ̃bɛ̃] ▶ (ê)se baigner	baden, ein Bad nehmen → Verbes, p. 128	~ fait consommer beaucoup d'énergie, alors je préfère prendre une douche.

au lieu de qc [oljødə]	anstatt / anstelle von etw.	Il faudrait plutôt agir ~ parler.
économiser qc [ekɔnɔmize] ▶ l'économie *f.*, économe *m./f. adj.*	etw. sparen	Pour pouvoir faire un voyage, il faut ~ un peu d'argent.
électrique [elɛktʀik] *m./f. adj.*	elektrisch	Il y a des appareils ~[15] qui consomment trop d'énergie.
l'essence [lɛsɑ̃s] *f.*	das Benzin	Les grosses voitures consomment trop d'~.
imprimer qc [ɛ̃pʀime]	etw. drucken	Veux-tu ~ ces photos?
débrancher qc [debʀɑ̃ʃe]	etw. abschalten *den Stecker ziehen*	N'oublie pas de ~ la télévision avant de partir en vacances.
le commerce [ləkɔmɛʀs] ▶ le/la commerçant/e	der Handel	Marc veut travailler dans le ~.
équitable [ekitabl] *m./f. adj.*	gerecht, fair	Dans presque tous les supermarchés, on peut acheter des produits du commerce ~.
le réflexe [ləʀeflɛks]	der Reflex, die Reaktion	C'est important d'avoir de bons ~[16].

avoir le réflexe de faire qc: etw. automatisch/reflexartig tun, etw. ohne nachzudenken tun

le climat [ləklima]	das Klima	Le ~ change.
(ê)**se réchauffer** [səʀeʃofe] ▶ chaud/e *adj.*, chauffer	sich erwärmen	Notre planète est en train de ~.

1 tendances 2 chauffe 3 chauffez 4 entourée d' 5 steppes 6 régularisera 7 sans-papier *(unveränderlich)* 8 scolarise 9 consommes 10 commande 11 s'en fout de 12 renouvelables 13 consommateurs 14 trie 15 électriques 16 réflexes

DOSSIER 4, SÉQUENCE 1

actuel/le [aktɥɛl] *adj.* ▶ les actualités *f. pl.*	aktuell	Ces informations ne sont plus ~[1].
la sociologie [lasɔsjɔlɔʒi]	die Soziologie	La ~ est une science qui étudie la société humaine.
Nanterre [nɑ̃tɛʀ]	*Vorort von Paris* → Civilisation, p. 137	
la spiritualité [laspiʀitɥa-lite] ▶ l'esprit *m.*	die Spiritualität	
Taizé [teze]	*Name einer Gemeinde und eines Klosters in der Bourgogne* → Civilisation, p. 137	
passionnant/e [pasjɔnɑ̃/pasjɔnɑ̃t] *adj.* ▶ la passion	spannend	Il faut que tu lises ce roman. Il est vraiment ~!
il n'y a pas longtemps de ça [ilnjapalɔ̃tɑ̃dəsa] *fam.*	vor nicht allzu langer Zeit	

4

ANNEXE

dès que + *futur antérieur* [dɛkə] *conj.*	sobald	~ Claire aura fini l'école, elle partira à la Réunion pour faire un stage.
remettre qn/qc en question [ʀəmɛtʀɑ̃kɛstjɔ̃] ▶ mettre	jdn/etw. in Frage stellen *wird wie* mettre *konjugiert* → Verbes, p. 128	Parfois on devrait ~ les informations qu'on reçoit des médias.
la manifestation [lamanifɛstasjɔ̃] ou: **la manif** [lamanif] *fam.*	die Demonstration	Demain, tout le collège va participer à une ~ contre le racisme.
rare [ʀaʀ] *m./f. adj.*	selten	C'est ~ de réussir dans toutes les matières.
critique [kʀitik] *m/f. adj.* ▶ critiquer qn/qc	kritisch	Laure n'accepte pas tout ce qu'on lui raconte. Elle a un esprit ~.
la promesse [lapʀɔmɛs] ▶ promettre qc à qn	das Versprechen	Il faut essayer de tenir ses ~[2].

tenir une promesse: ein Versprechen halten

le salaire [ləsalɛʀ]	der Lohn, das Gehalt	Aurélie travaille dix heures par jour mais son ~ est très bas.
le médicament [ləmedikamɑ̃]	das Medikament	On peut acheter des ~[3] dans une pharmacie.
le sida [ləsida]	Aids	Le ~ est une maladie très grave.
le droit de l'homme [lədʀwadəlɔm]	das Menschenrecht	Connais-tu tous les ~[4]?

Aus der Allgemeinen Erklärung der Menschenrechte (la Déclaration universelle des droits de l'homme) der UNO (1948):

Art. 1 Alle Menschen sind frei und gleich an Würde und Rechten geboren.
Tous les êtres humains naissent libres et égaux en dignité et en droits.

la société du spectacle [lasɔsjetedyspɛktakl]	die Spaßgesellschaft	
influencer qn/qc [ɛ̃flyɑ̃se]	jdn/etw. beeinflussen *wird wie* avancer *konjugiert* → Verbes, p. 128	Il ne faut pas se laisser trop ~ par les médias.
le comportement [ləkɔ̃pɔʀt(ə)mɑ̃]	das Verhalten	Grâce à son bon ~, Lucas peut sortir de prison.
virtuel/le [viʀtɥɛl] *adj.*	virtuell	Il y a des gens qui se réfugient dans une vie ~[5].
ouvrir son ordinateur [uvʀiʀsɔ̃nɔʀdinatœʀ]	den Computer hochfahren	Avant d'aller sur Internet, il faut ~.
second/e [səgɔ̃/səgɔ̃d] *adj.*	zweiter/-e	~ veut dire «deuxième».
multiple [myltipl] *m./f. adj.*	vielfältig, mannigfaltig	Il y a beaucoup de mots qui ont de ~[6] sens.
malsain/e [malsɛ̃/malsɛn] *adj.*	ungesund	Fumer est très ~.
[ê]**s'éclater** [seklate] *fam.*	sich austoben, sich amüsieren	Julie ~[7] au concert de rap.

le goût [ləgu]	*hier:* die Vorliebe	Amélie a un ~ pour le chocolat noir.

Unterscheide:

Il a un goût pour les voitures de sport.
(= die Vorliebe)

Cette voiture n'est pas à son goût.
(= der Geschmack)

extrême [ɛkstʀɛm] *m./f. adj.*	extrem, Extrem- + *Nomen*	L'escalade urbaine est un sport ~.
l'objectif [lɔbʒɛktif] *m.*	das Ziel	Mon ~ est d'avoir mon bac.
la sensation [lasɑ̃sasjɔ̃]	der Eindruck, die Empfindung	
la santé [lasɑ̃te] ▶ malsain/e *adj.*	die Gesundheit	Faire du sport est bon pour la ~.
le titre [lətitʀ]	der Titel	Quel est le ~ du roman que tu es en train de lire?
la beauté [labote] ▶ beau/belle *adj.*	die Schönheit	Certaines personnes dépensent beaucoup d'argent pour les produits de ~.
la préoccupation [lapʀeɔkypasjɔ̃]	die Sorge	«~» veut dire «souci».
l'écolo [lekɔlo] *fam.* ou: **l'écologiste** [lekɔlɔʒist] *m./f.*	der/die Umweltschützer/in	En France, il y a de plus en plus d'~[8].
le sac en plastique [ləsakɑ̃plastik]	die Plastiktüte	Prends-tu des ~[9] quand tu fais les courses?
disparaître [dispaʀɛtʀ]	verschwinden *wird wie* connaître *konjugiert* → Verbes, p. 128	Notre chat n'est plus là. Il a ~[10].
le déluge [lədelyʒ]	die Sintflut	Hier il a plu très fort, c'était le ~.
l'Arctique [laʀktik] *f.*	die Arktis	
souffrir de qn/qc [sufʀiʀdə]	an jdm/etw. leiden *wird wie* ouvrir *konjugiert* → Verbes, p. 128	Il y a encore trop de gens qui ~[11] faim.
le changement de climat [ləʃɑ̃ʒmɑ̃dklima] ▶ changer	der Klimawandel	Le ~ peut avoir des effets inattendus.
provoquer qn/qc [pʀɔvɔke]	jdn/etw. herausfordern, etw. verursachen	Les conducteurs imprudents ~[12] des accidents.
définir qc [definiʀ]	etw. definieren, etw. beschreiben *wird wie* réagir *konjugiert* → Verbes, p. 128	Avant de nous pencher sur le problème, essayons de le ~.
la rapidité [laʀapidite]	die Schnelligkeit, die Schnelllebigkeit	Mon ordinateur travaille à une ~ extraordinaire.

1 actuelles 2 promesses 3 médicaments 4 droits de l'homme 5 virtuelle 6 multiples 7 s'éclate 8 écolos 9 sacs en plastique 10 disparu 11 souffrent de 12 provoquent

le héros / l'héroïne [ləeʀo/leʀɔin]	der/die Held/in	Qui est ton ~?
la discussion [ladiskysjɔ̃] ▶ discuter	das Gespräch, die Diskussion	Les ~[1] sont importantes pour connaître beaucoup d'opinions.
l'animateur/-trice [lanimatœʀ/lanimatʀis]	*hier:* der/die Moderator/in	Malika a toujours adoré les émissions à la radio. Aujourd'hui, elle est ~[2].
citer qn/qc [site]	jdn/etw. zitieren, etw. nennen	Peux-tu ~ dix villes françaises?
exemplaire [ɛgzɑ̃plɛʀ] *m./f. adj.* ▶ l'exemple *m.*	vorbildlich, nachahmenswert	L'engagement social de Mathis est ~.
le piège [ləpjɛʒ]	die Falle	Attention! Ne tombe pas dans le ~!
la question-piège: die Fangfrage		
alors que [alɔʀkə] *conj.*	obwohl	Mathieu préfère rester à la maison ~[3] il fait beau.
immédiatement [imedjatmɑ̃] *adv.*	sofort	«~» veut dire «tout de suite».
Nicolas Hulot [nikɔlaylo]	*französischer Umweltschützer* → Civilisation, p. 137	
obliger qn (à + *Inf.*) [ɔbliʒe] ▶ obligatoire *m./f. adj.*	jdn verpflichten, jdn zwingen (etw. zu tun) *wird wie* bouger *konjugiert* → Verbes, p. 128	Personne n'a le droit de t'~ à faire ce que tu n'as pas envie de faire.
mettre la pression [mɛtʀlapʀɛsjɔ̃]	Druck ausüben	
la fondation [lafɔ̃dasjɔ̃] ▶ fonder qc	die Stiftung	Connais-tu une ~ qui aide les jeunes artistes?
rassembler qc [ʀasɑ̃ble]	etw. sammeln	Avant d'écrire un livre, il faut ~ des idées.
la signature [lasiɲatyʀ] ▶ signer qc	die Unterschrift	Dans cette lettre, il manque la ~.
faire circuler qc [fɛʀsiʀkyle] ▶ circuler	etw. in den Umlauf bringen	Pendant la Révolution française, on a ~[4] des idées modernes.
borné/e [bɔʀne] *adj.*	borniert, engstirnig	Mon voisin n'a pas l'esprit ouvert, il est plutôt ~.
supprimer qc [sypʀime]	etw. abschaffen	Dans certains pays, on essaie de ~ les droits de l'homme.
priver qn de qc [pʀivedə]	jdm etw. entziehen, jdm etw. wegnehmen	Quand on met quelqu'un en prison, on le ~[5] sa liberté.
modérer qc [mɔdeʀe]	etw. einschränken *wird wie* espérer *konjugiert* → Verbes, p. 128	Il faut essayer de ~ la consommation d'énergie.
l'usage [lyzaʒ] *m.* ▶ utiliser qc	der Gebrauch	

déplaire à qn [deplɛʀ] déplaire ≠ plaire	jdm missfallen *wird wie* plaire *konjugiert* → Verbes, p. 128	Le comportement de mon frère me ~[6]. Il ne dit bonjour à personne.
reprocher qc à qn [ʀəpʀɔʃe]	jdm etw. vorwerfen	Laure a fait de son mieux. On ne peut rien lui ~.
heureusement (que) [øʀøzmɑ̃] *adv.* ▶ heureux/-euse *adj.* heureusement ≠ malheureusement	glücklicherweise	Le médecin est ~ venu au bon moment.
la prune [lapʀyn]	die Pflaume	Quelles ~[7] préfères-tu: les bleues ou les jaunes?

faire qc pour des prunes: etw. umsonst tun

Je suis de ton avis. [ʒəsɥidətɔ̃avi]	Ich bin deiner Meinung.	
négatif/-ive [negatif/negativ] *adj.*	negativ	Léo a envoyé sa candidature à la Star Ac' mais il a eu une réponse ~[8].
l'environnement [lɑ̃viʀɔnmɑ̃] *m.*	die Umwelt	Beaucoup de jeunes s'occupent de la protection de l'~.
Dis toujours. [dituʒuʀ] *fam.*	Na sag schon.	
Marie Curie [maʀikyʀi]	*französische Physikerin* → Civilisation, p. 137	
l'homme scientifique / la femme scientifique [lɔmsjɑ̃tifik/lafamsjɑ̃tifik] ▶ scientifique *m./f. adj.*	der/die Wissenschaftler/in	Connais-tu une ~[9] allemande célèbre?
courant/e [kuʀɑ̃/kuʀɑ̃t] *adj.*	gängig, an der Tagesordnung	L'usage de l'ordinateur au collège est très ~.
la radioactivité [laʀadjɔaktivite]	die Radioaktivität	Il faut se protéger des effets négatifs de la ~.
Pierre Curie [pjɛʀkyʀi]	*französischer Physiker* → Civilisation, p. 137	
le/la chercheur/-euse [ləʃɛʀʃœʀ/laʃɛʀʃøz]	der/die Forscher/in	Albert Einstein était un grand ~.
à propos [apʀɔpo]	apropos, übrigens	
Fred Vargas [fʀɛdvaʀgas]	*französische Schriftstellerin* → Civilisation, p. 137	
la peste [lapɛst]	die Pest	Au Moyen-Âge, la ~ était assez courante.
l'archéologue [laʀkeɔlɔg] *m./f.* ▶ l'archéologie	der/die Archäologe/-in	L'~ étudie des cultures anciennes.
le laboratoire [ləlabɔʀatwaʀ]	das Labor	Beaucoup de chercheurs travaillent dans un ~.
scientifique [sjɑ̃tifik] *m./f. adj.* ▶ la science, l'homme / la femme scientifique	wissenschaftlich	Les chercheurs font un travail ~.

l'épidémie [lepidemi] *f.*	die Epidemie, die Seuche	Quand il y a une ~, beaucoup de gens tombent malade.
inventer qc [ɛ̃vɑ̃te]	etw. erfinden	~, c'est créer quelque chose de nouveau.
la combinaison [lakɔ̃bi-nɛzɔ̃]	*hier:* die Schutzkleidung *auch:* die Kombination	Les gens qui travaillent dans un laboratoire doivent porter une ~.
la grippe [lagʀip]	die Grippe	En hiver, il y a des épidémies de ~.
aviaire [avjɛʀ] *m./f. adj.*	Vogel- + *Nomen*	La grippe ~ peut être dangereuse pour les hommes.
Sœur Emmanuelle [sœʀemanɥɛl]	*belgische Ordensschwester* → Civilisation, p. 137	
profondément [pʀɔfɔ̃demɑ̃] *adv.*	tief, zutiefst	L'enfant dort ~.
à l'heure actuelle [alœʀaktɥɛl] *adv.* ▶ l'heure *f.*, actuel/le *adj.*	heutzutage, im Moment	~, les relations entre la France et l'Allemagne sont très bonnes.
l'Égypte [leʒipt] *f.*	Ägypten	Nicolas vient de faire un voyage en ~.
le dispensaire [lədispɑ̃sɛʀ]	die Ambulanz *im Krankenhaus*	Dans un ~ on s'occupe des malades.
le confort [ləkɔ̃fɔʀ] ▶ confortable *m./f. adj.*	der Komfort	Cette chambre a tout le ~ qu'il faut pour bien dormir.

1 discussions 2 animatrice 3 alors qu' 4 fait circuler 5 prive de 6 déplaît 7 prunes 8 négative 9 femme scientifique

DOSSIER 5, Approches

le Mali [ləmali]	Mali → Civilisation, p. 137	
le sel [ləsɛl] ▶ salé/e *adj.*	das Salz	Ne mets pas trop de ~ dans la soupe!
l'uranium [lyʀanjɔm] *m.*	das Uran	L'~ possède une forte radioactivité.
le Sénégal [ləsenegal]	Senegal → Civilisation, p. 137	
le Burkina Faso [ləbyʀkina-faso]	Burkina Faso → Civilisation, p. 137	
l'arachide [laʀaʃid] *f.*	die Erdnuss	Aimes-tu le beurre d'~?
le maïs [ləmais]	der Mais	Dans beaucoup de pays, on utilise la farine de ~ pour préparer des plats traditionnels.
la mine [lamin]	die Mine, das Bergwerk	Le travail dans une ~ est très dur.
le cuivre [ləkɥivʀ]	das Kupfer	Ma grand-mère a des assiettes en ~.
le fer [ləfɛʀ]	das Eisen	Le chocolat est riche en ~.
la Côte d'Ivoire [lakotdi-vwaʀ]	Elfenbeinküste → Civilisation, p. 137	
le bois [ləbwa]	das Holz	En Allemagne, il n'y a pas beaucoup de maisons en ~.

pétrolier/-ière [petʀɔlje/petʀɔljɛʀ] *adj.* ▶ le pétrole	Erdöl- + *Nomen*	L'essence est un produit ~.
Yamoussoukro [jamu-sukʀo]	*Hauptstadt der Elfenbeinküste* → Civilisation, p. 137	
l'ananas [lanana(s)] *m.*	die Ananas	L'~ est un fruit exotique.
administratif/-ive [adminis-tʀatif/administʀativ] *adj.*	Verwaltungs- + *Nomen*	Dans les DOM, la langue ~[1] est le français.
privilégié/e [privileʒje] *adj.*	privilegiert, begünstigt, günstig	
maternel/le [matɛʀnɛl] *adj.*	Mutter- + *Nomen*, mütterlich	On apprend beaucoup à l'école ~[2].
l'enseignement [lɑ̃sɛɲəmɑ̃] *m.*	der Unterricht, das Bildungs-wesen	Les profs travaillent dans l'~.
l'île Maurice [lilmoʀis] *f.*	Mauritius → Civilisation, p. 137	
la Tunisie [latynizi]	Tunesien → Civilisation, p. 137	
l'Algérie [lalʒeʀi] *f.*	Algerien → Civilisation, p. 137	
le Congo [ləkɔ̃go] ou: **la République démocratique du Congo** [laʀepyblikde-mɔkʀatikdykɔ̃go]	die Demokratische Republik Kongo → Civilisation, p. 137	
le Nigeria [ləniɡeʀja]	Nigeria → Civilisation, p. 137	
subsaharien/ne [sypsaaʀjɛ̃/sypsaaʀjɛn] *adj.*	subsaharisch, südlich der Sahara	
le Caire [ləkɛʀ]	Kairo	
Lagos [lagɔs]	*Stadt in Nigeria* → Civilisation, p. 137	
multiplier qc (par qc) [myltiplije(paʀ)] ▶ multiple *m./f. adj.*	etw. vervielfältigen, etw. mit etw. multiplizieren	Si l'on ~[3] 5 par 4, on obtient 20.

VOCABULAIRE DU DOCUMENT SONORE

le wolof [ləwɔlɔf]	*afrikanische Sprache*	Au Sénégal, on parle le ~.

Wolof ist eine Sprache, die überwiegend im Senegal gesprochen und von etwa 80 Prozent der Senegalesen als Umgangssprache beherrscht wird. Etwa 40 Prozent der Senegalesen (ca. 3,2 Mio. Menschen) sprechen Wolof als Muttersprache und weitere 40 Prozent als Zweitsprache.

la Mauritanie [lamoʀitani]	Mauretanien → Civilisation, p. 137	
désertique [dezɛʀtik] *m./f. adj.* ▶ le désert	wüstenartig, Wüsten- + *Nomen*	En Afrique, il y a beaucoup de zones ~[4].
la savane [lasavan]	die Savanne	Au sud du désert, il y a encore des ~[5].
la grande forêt [lagʀɑ̃dfɔʀɛ]	*Regenwald im Süden Senegals*	

Saint-Louis [sɛ̃lwi]	*hier: Stadt im Senegal* → Civilisation, p. 137	
la trace [latʀas]	die Spur	Les Français ont laissé des ~[6] dans la culture de leurs anciennes colonies.
le passé [ləpɑse] ▶ passer	die Vergangenheit	Dans le ~, beaucoup de pays d'Afrique étaient des colonies.
colonial/e [kɔlɔnjal] *adj.* ▶ la colonie	Kolonial- + *Nomen*	L'époque ~[7] en Afrique est finie.
le Lac rose [ləlakʀoz]	*See im Senegal*	

Der Lac rose *ist ein Salzsee etwa 40 km nordöstlich von Dakar. Bakterien, die rotes Eisenoxid ausscheiden, geben dem See seine besondere Färbung. Der See ist fast so salzhaltig wie das Tote Meer (300–400 g/Liter). Deshalb nutzt man ihn zur Salzgewinnung. Vom Atlantik ist er nur durch ein paar Dünen getrennt.*

l'hospitalité [lɔspitalite] *f.*	die Gastfreundschaft	Dans quelques pays, le sens de l'~ est impressionnant.
la communication [lakɔmynikasjɔ̃] ▶ communiquer	die Kommunikation	Le portable et Internet sont les principaux moyens de ~ d'aujourd'hui.
Dakar [dakaʀ]	*Hauptstadt von Senegal* → Civilisation, p. 137	

Die Rallye Dakar (früher: Rallye Paris–Dakar) ist ein seit Ende der 1970er-Jahre einmal jährlich stattfindendes Offroad-Motorsportrennen, das hauptsächlich auf dem afrikanischen Kontinent ausgetragen wird. Sie gilt als die berühmteste und gefährlichste Wüstenrallye der Welt. Sie ist ein Langstreckenrennen, bei dem einzelne Etappen von über 800 km Länge zurückgelegt werden, der Großteil davon auf Wüstenboden. Die erste Rallye Dakar wurde am 26. Dezember 1978 in Paris gestartet und endete am 14. Januar 1979 in Dakar. Das Endziel ist immer der Lac rose *bei Dakar.*

Senghor, Léopold Sédar [sɛ̃gɔʀ]	*senegalesischer Schriftsteller* → Civilisation, p. 137	
Dioulassoba [djulasoba]	→ Civilisation, p. 137	
le crocodile [ləkʀɔkɔdil]	das Krokodil	Dans les fleuves européens, il n'y a pas de ~[8].
le dôme [lədom]	die Kuppel, das Gewölbe	
les dômes de Fabédougou [ledomdəfabedugu]	*Felsenlandschaft im Westen von Burkina Faso*	
Ouagadougou [wagadugu]	*Hauptstadt von Burkina Faso* → Civilisation, p. 137	
africain/e [afʀikɛ̃/afʀikɛn] *adj.* ▶ l'Afrique *f.*	afrikanisch	Il y a environ deux mille langues ~[9].
le metteur en scène [ləmɛtœʀɑ̃sɛn] ▶ mettre, la scène	der/die Regisseur/in	Le ~ dirige les acteurs quand on tourne un film.

1 administrative 2 maternelle 3 multiplie 4 désertiques 5 savanes 6 traces 7 coloniale 8 crocodiles 9 africaines

à travers [atʀavɛʀ] *adv.*	durch	Tim a fait un voyage ~ le Sénégal.
le **reportage** [ləʀəpɔʀtaʒ]	die Reportage	Je viens de lire un ~ sur l'Afrique.
le/la descendant/e [lədesɑ̃dɑ̃/ladesɑ̃dɑ̃t]	der Nachfahre / die Nachfahrin	Les ~[1] des Huguenots en Allemagne ont gardé leurs noms français.
enlever qc (à qn) [ɑ̃ləve]	(jdm) etw. wegnehmen *wird wie* peser *konjugiert* → Verbes, p. 128	Cette femme est très malheureuse. On lui a ~[2] son enfant.
la gentillesse [laʒɑ̃tijɛs] ► gentil/le *adj.*	die Freundlichkeit	Malgré ses conditions de vie très difficiles, elle n'a pas perdu sa ~.
le bambara [ləbɑ̃baʀa]	*Sprache, die in Westafrika gesprochen wird*	Au Mali, on parle aussi le ~.

Bambara ist eine afrikanische Sprache. Sie wird von ca. 30 Mio. Menschen in zehn Ländern Westafrikas in unterschiedlichem Maße verstanden und gesprochen. Bambara ist mit einem Sprecheranteil von 40 Prozent die in Mali meist verbreitete Sprache. Französisch hingegen ist Amtssprache, besitzt für die meisten Malier den Status einer Fremdsprache und wird von nur rund 10 Prozent der Bevölkerung gesprochen. Neben Bambara und Französisch existieren in Mali noch eine Vielzahl anderer Sprachen.

le peulh [ləpœl]	Fulfulde *Sprache, die in Westafrika gesprochen wird*	

Peulh oder Fulfulde ist eine afrikanische Sprache, die dem Wolof ähnelt. Sie wird von 10 bis 16 Mio. Menschen in etwa 20 Ländern Zentral- und Westafrikas gesprochen, u. a. in Mali, Senegal, Burkina Faso, Niger, Nigeria, Elfenbeinküste und Tschad.

faire place à qn/qc [fɛʀplasa] ► la place	jdm/etw. Platz einräumen / Platz machen	Les petits magasins ~[3] supermarchés.
superbe [sypɛʀb] *m./f. adj.*	herrlich	Paris est une ville ~.
fascinant/e [fasinɑ̃/fasinɑ̃t] *adj.*	faszinierend	L'histoire du monde est ~[4]!
le Niger [ləniʒɛʀ]	der Niger *Fluss*	
parcourir qc [paʀkuʀiʀ] ► le parcours	*hier:* etw. durchfließen *auch:* etw. durchqueren, etw. zurücklegen *wird wie* courir *konjugiert* → Verbes, p. 128	Habib a ~[5] le Sahara avec un groupe de touristes.
la saison [lasɛzɔ̃]	die Jahreszeit	Quelle ~ préfères-tu? Le printemps ou l'automne?

le printemps

l'été *m.*

l'automne *m.*

l'hiver *m.*

la pluie [laplɥi] ▶ pleuvoir	der Regen	J'adore le bruit de la ~ quand je suis au lit.

la saison des pluies: die Regenzeit

l'inondation [linɔ̃dasjɔ̃] *f.*	die Überschwemmung	À Yamoussoukro, quand il y a des ~[6], les crocodiles se retrouvent dans les rues.
Koulikoro [kulikɔʀɔ]	*Stadt in Mali* → Civilisation, p. 137	
Tombouctou [tɔ̃buktu]	*Stadt in Mali* → Civilisation, p. 137	
transformer qn/qc [tʀɑ̃sfɔʀme]	jdn/etw. verwandeln	Le changement de climat va ~ le paysage.
doux/douce [du/dus] *adj.* doux/douce ≠ salé/e	*hier:* süß *auch:* weich, sanft	Il est très ~, ce petit chat.

Vergleiche:

l'eau douce

l'eau salée

irriguer qc [iʀige]	etw. bewässern	Pour faire de l'agriculture dans les régions sèches, il faut ~ les terres.
Sikasso [sikaso]	*Stadt in Mali* → Civilisation, p. 137	
fertile [fɛʀtil] *m./f. adj.*	fruchtbar	Dans les régions sèches, la terre n'est pas très ~.
cependant [səpɑ̃dɑ̃]	dennoch, jedoch	
menacer qn [mənase]	jdn bedrohen *wird wie* avancer *konjugiert* → Verbes, p. 128	Attention! Le bandit est en train de ~ la femme qui passe.
l'équilibre [lekilibʀ] *m.*	das Gleichgewicht	
publique [pyblik] *m./f. adj.* ▶ la publicité	öffentlich	La plupart des élèves vont dans des écoles ~[7].
Hombori [ɔ̃bɔʀi]	*Dorf in Mali* → Civilisation, p. 137	
le Sahel [ləsaɛl]	*Dornstrauchsavanne am südlichen Rand der Sahara* → Civilisation, p. 137	
grossir [gʀosiʀ] ▶ gros/se *adj.*	*hier:* wachsen *auch:* zunehmen, dicker werden *wird wie* réagir *konjugiert* → Verbes, p. 128	Paul a besoin d'un nouveau pantalon. Il a beaucoup ~[8].
le long de qc [ləlɔ̃də] *adv.* ▶ long/ue *adj.*	an etw. entlang	On trouve beaucoup de villages ~[9] fleuve Niger.
le goudron [ləgudʀɔ̃]	der Teer	En Côte d'Ivoire, presque toutes les routes sont en ~.

le millet [ləmijɛ]	die Hirse	Le ~ est un produit agricole.
le matériel [ləmateʀjɛl]	das Material	Pour cultiver la terre, il faut avoir du ~ agricole.
l'enseignant/e [lɑ̃sɛnjɑ̃/lɑ̃sɛnjɑ̃t]	der/die Lehrer/in	«Être ~» veut dire «être professeur».
fréquenter qn/qc [fʀekɑ̃te]	jdn/etw. besuchen	Les fans de foot ~[10] le stade.
le luxe [ləlyks]	der Luxus	Pour beaucoup d'Africains, l'eau est un ~.
gratuit/e [gʀatɥi/gʀatɥit] *adj.*	umsonst, kostenlos	Ce qui ne coûte rien est ~.
spécial/e [spesjal] *adj.* / **spéciaux** *m. pl.*	speziell	À la télévision, il y a des émissions ~[11] pour enfants.
s'instruire sur qn/qc [sɛ̃stʀɥiʀsyʀ]	sich über jdn/etw. informieren *wird wie* construire *konjugiert* → Verbes, p. 128	Grâce à Internet, on peut ~ toutes sortes de choses.
l'agriculteur/-trice [lagʀikyltœʀ/lagʀikyltʀis] ▸ agricole *adj.*, l'agriculture *f.*	der/die Landwirt/in	L'~ s'occupe de la production agricole.
la météo [lameteo]	der Wetterbericht, die Wettervorhersage	– Quel temps fera-t-il demain? – Regarde la ~!
le satellite [ləsatɛlit]	der Satellit	Quand il fait nuit, on peut voir des ~[12].
l'accès [laksɛ] *m.*	der Zugang	Tous les enfants devraient avoir ~ à une formation scolaire.

avoir accès à qc: Zugang zu etw. haben

la bibliothèque [labiblijotɛk]	die Bibliothek	Miriam adore lire. Elle passe tout son temps à la ~.
Kita [kita]	*Stadt im Westen Malis* → Civilisation, p. 137	
le cybercafé [ləsibɛʀkafe]	das Internetcafé	Au ~, on peut communiquer par Internet.
afin de + *Inf.* [afɛ̃də] *adv.*	um zu + *Inf.*	On apprend des langues ~ communiquer avec des gens d'autres pays.
infime [ɛ̃fim] *m./f. adj.*	winzig	Une ~ minorité d'Européens vit sans télévision.
le coin [ləkwɛ̃]	die Ecke	L'Auvergne, c'est un joli ~ en France.

1 descendants 2 enlevé 3 font place aux 4 fascinante 5 parcouru 6 inondations 7 publiques 8 grossi 9 le long du 10 fréquentent 11 spéciales 12 satellites

Die Zahl hinter dem Pfeil zeigt dir an, in welchem Dossier / in welcher Séquence das Wort zum ersten Mal vorkommt: 5/A heißt z. B. Dossier 5, Approches; 1/2 steht z. B. für Dossier 1, Séquence 2. Wenn keine Zahl hinter dem Wort steht, kennst du es schon aus den vorherigen Bänden.
In **rot** ist angegeben, auf welchen Seiten du die Konjugation der Verben findest.
(ê) So gekennzeichnete Verben bilden das passé composé mit être.

A

à *prép.* in; **à bientôt** [abjɛ̃to] bis bald; **à cause de** [akozdə] wegen; **à côté de qn/qc** [akotedə] *prép.* neben jdm/etw.; **À demain!** [adəmɛ̃] Bis morgen!; **à droite** [adʀwat] *adv.* rechts; **à gauche** [agoʃ] *adv.* links; **à part** [apaʀ] abgesehen von; **À plus!** [aplys] *fam.* Bis später! **à propos** [apʀɔpo] apropos, übrigens → 4/2; **à quoi bon?** [akwabɔ̃] wozu eigentlich? was nützt es? → 4/A; **à son tour** [asɔ̃tuʀ] seinerseits, ihrerseits → 3/1; **à travers** [atʀavɛʀ] durch → 5/1

abattre qc [abatʀ] etw. fällen *wie* battre *S. 130*; **abattre qn** jdn erschießen → 3/1

l' **abeille** [abɛj] *f.* die Biene → 3/2

abîmer qc [abime] etw. beschädigen → 1/2

abolir qc [abɔliʀ] etw. abschaffen *wie* réagir *S. 129* → 1/1

l' **abolition** [abɔlisjɔ̃] *f.* die Abschaffung → 1/A

l' **abricot** [abʀiko] *m.* die Aprikose

abriter qn/qc [abʀite] jdn/etw. beherbergen

absolu/e [apsɔly] *adj.* *hier:* absolutistisch, uneingeschränkt; absolut; **absolument** [apsɔlymɑ̃] *adv.* absolut

abstrait/e [apstʀɛ/apstʀɛt] *adj.* abstrakt

l' **accent** [aksɑ̃] *m.* der Akzent

accepter qn/qc [aksɛpte] jdn/etw. akzeptieren, jdn/etw. gelten lassen; **accepter de** + *Inf.* akzeptieren etw. zu tun

l' **accès** [aksɛ] *m.* der Zugang → 5/1; **avoir accès à qc** [avwaʀaksɛa] zu etw. Zugang haben → 5/1

l' **accident** [aksidɑ̃] *m.* der Unfall

accompagner qn [akɔ̃paɲe] jdn begleiten → 3/2

l' **accord** [akɔʀ] *m.* das Abkommen, die Zustimmung → 3/A

l' **accordéon** [akɔʀdeɔ̃] *m.* das Akkordeon

accueillir qn [akœjiʀ] jdn empfangen, aufnehmen *S. 130*

acheter qc [aʃte] etw. kaufen *S. 129*

l' **acrobate** [akʀɔbat] *m./f.* der/die Akrobat/in

l' **acrobatie** [akʀɔbasi] *f.* die Akrobatik

l' **acte** [akt] *m.* die Tat, der Akt

l' **acteur/-trice** [aktœʀ/aktʀis] der/die Schauspieler/in

l' **action** [aksjɔ̃] *f.* die Handlung

actualiser qc [aktɥalize] etw. aktualisieren → 2/1

les **actualités** [lezaktɥalite] *f. pl.* die Nachrichten

actuel/le [aktɥɛl] *adj.* aktuell → 4/1; **à l'heure actuelle** [alœʀaktɥɛl] *adv.* heutzutage, im Moment → 4/2

actuellement [aktɥɛlmɑ̃] *adv.* derzeit, gegenwärtig

l' **adaptation** [ladaptasjɔ̃] *f.* die Anpassung → 2/2

(ê)**s'adapter à qn/qc** [sadaptea] sich jdm anpassen → 2/1

l' **adhésion** [ladezjɔ̃] *f.* der Beitritt → 3/A

administratif/-ive [administʀatif/administʀativ] *adj.* Verwaltungs- + *Nomen*

admirer qn/qc [admiʀe] jdn/etw. bewundern

l' **ado** [lado] *fam. m./f.* ou: **l'adolescent/e** [ladɔlɛsɑ̃/ladɔlɛsɑ̃t] der/die Jugendliche

adorable [adɔʀabl] *m./f. adj.* entzückend → 2/1

adorer qn/qc [adɔʀe] jdn/etw. lieben, sehr lieben

l' **adresse** [ladʀɛs] *f.* die Adresse; **l'adresse e-mail** [ladʀɛsimɛl] *f.* die E-Mail-Adresse

l' **adulte** [ladylt] *m./f.* der/die Erwachsene; **adulte** [adylt] *m./f. adj.* erwachsen

l' **affaire** [lafɛʀ] *f.* der Fall; **les affaires** [lezafɛʀ] *f. pl.* die Sachen

l' **affiche** [lafiʃ] *f.* das Plakat, der Aushang, das Poster

affreux/-euse [afʀø/afʀøz] *adj.* schrecklich

afin de + *Inf.* [afɛ̃də] *adv.* um zu + *Inf.* → 5/1

africain/e [afʀikɛ̃/afʀikɛn] *adj.* afrikanisch → 5/A

l' **Afrique** *f.* [lafʀik] *f.* Afrika

l' **âge** [lɑʒ] *m.* das Alter; **Tu as quel âge?** [tyakɛlɑʒ] Wie alt bist du?; **à ton âge** [atɔ̃nɑʒ] in deinem Alter

l' ***agence*** [laʒɑ̃s] *f.* die Agentur → 2/1

l' **agenda** [laʒɛ̃da] *m.* der Taschenkalender, das Merkbuch

agir [aʒiʀ] handeln *wie* réagir *S. 129*; (ê)**s'agir de** [saʒiʀdə] sich handeln um

agréable [agʀeabl] *m./f. adj.* angenehm

agresser qn [agʀese] jdn angreifen

l' **agresseur** [lagʀesœʀ] *m.* der Angreifer

agressif/-ive [agʀɛsif/agʀɛsiv] *adj.* aggressiv

agricole [agʀikɔl] *m./f. adj.* landwirtschaftlich → 1/1

l' **agriculteur/-trice** [lagʀikyltœʀ/lagʀikyltʀis] der/die Landwirt/in → 5/1

l' **agriculture** [lagʀikyltyʀ] *f.* die Landwirtschaft → 1/1

l' **aide** [lɛd] *f.* die Hilfe

aider qn (à + *Inf.*) [ɛde] jdm helfen (etw. zu tun)

aimer qn/qc [ɛme] jdn/etw. lieben, mögen

aîné/e [ɛne] *adj.* älterer/ältere

ainsi [ɛ̃si] *adv.* so

l' **air** [lɛʀ] *m.* die Luft; **avoir l'air** [avwaʀlɛʀ] aussehen

aisé/e [eze] *adj.* wohlhabend, wohlsituiert → 1/2

ajouter qc [aʒute] etw. hinzufügen
l' **album** [lalbɔm] *m.* das Album
l' **Algérie** [lalʒeʀi] *f.* Algerien
l' **Algérien/ne** [lalʒeʀjɛ̃/lalʒeʀjɛn] der/die Algerier/in; **algérien/ne** [alʒeʀjɛ̃/alʒeʀjɛn] algerisch
l' **allée** [lale] *f.* die Allee, der Gang
l' **Allemagne** [lalmaɲ] *f.* Deutschland
l' **allemand** [lalmɑ̃] *m.* die deutsche Sprache; **l'Allemand/e** [lalmɑ̃/lalmɑ̃d] der/die Deutsche; **allemand/e** [almɑ̃/almɑ̃d] *adj.* deutsch
(ê)**aller** [ale] gehen, fahren *S. 130;* (ê)**aller bien avec qc** [alebjɛ̃avɛk] gut zusammenpassen; (ê)**s'en aller** [sɑ̃nale] weggehen, losgehen; (ê)**aller ensemble** [aleɑ̃sɑ̃bl] zusammenpassen; (ê)**aller pour le mieux** [alepuʀləmjø] alles bestens gehen; (ê)**aller sur le terrain** [alesyʀləteʀɛ̃] in die Praxis gehen → 2/1; (ê)**aller voir qn** [alevwaʀ] jdn besuchen; **Allez hop!** [aleɔp] Los!; **Allez!** [ale] *fam.* Ach komm!; **Ça ne lui va pas.** [sanəlɥivapɑ] Das steht ihr/ihm nicht.; **Ça ne va pas?** [sanəvapɑ] Geht's dir nicht gut?; **Ça va!** [sava] Es geht (mir) gut.; **Ça va?** [sava] Wie geht's?
allergique à qc [alɛʀʒika] *m./f. adj.* allergisch gegen etw. → 3/2
les **Alliés** [lezalje] die Alliierten → 3/A
Allô! [alo] Ja, bitte?, Hallo? *am Telefon*
allumer qc [alyme] etw. anschalten, anmachen
l' **allure** [lalyʀ] *f. hier:* das Aussehen → 5/1
alors [alɔʀ] *adv.* also; *hier:* damals; **alors que** [alɔʀkə] *hier:* während; **alors que** [alɔʀkə] *conj.* obwohl → 4/2
l' **Alsace** [lalzas] *f.* das Elsass
l' **altitude** [laltityd] *f.* die Höhe
l' **ambiance** [lɑ̃bjɑ̃s] *f.* die Stimmung, das Ambiente
améliorer qc [ameljɔʀe] etw. verbessern → 1/2
amener qn/qc [amne] jdn/etw. hinbringen *S. 129*
américain/e [ameʀikɛ̃/ameʀikɛn] *adj.* amerikanisch
l' **Amérique** [lameʀik] *f.* Amerika
l' **ami/e** [lami] *m./f.* der/die Freund/in
amical/e [amikal] *adj.* / **amicaux** [amiko] *m. pl.* freundschaftlich
l' **amitié** [lamitje] *f.* die Freundschaft
l' **amour** [lamuʀ] *m.* die Liebe
amoureux/-euse [amuʀø/amuʀøz] *adj.* verliebt; **tomber amoureux/-euse de qn** [tɔ̃beamuʀø/amuʀøz] sich in jdn verlieben
(ê)**s'amuser** [samyze] sich amüsieren, Spaß haben, **s'amuser à** + *Inf.* Spaß haben etw. zu tun
l' **an** [lɑ̃] *m.* das Jahr
l' **ananas** [lanana] *m.* die Ananas → 5/1
l' **ancêtre** [lɑ̃sɛtʀ] *m.* der Vorfahr → 3/A
ancien/ne [ɑ̃sjɛ̃/ɑ̃sjɛn] *adj.* alt, ehemalig
l' **andouillette** [lɑ̃dujɛt] *f.* die Kuttelwurst
l' **anglais** [lɑ̃glɛ] *m.* Englisch
l' **angle mort** [lɑ̃gləmɔʀ] der tote Winkel
l' **animal / les animaux** [lanimal/lezanimo] *m.* das Tier
l' **animateur/-trice** [lanimatœʀ/lanimatʀis] der/die Animateur/in, Freizeitpädagoge/-in, Moderator/in → 4/2
animer qn/qc [anime] jdn/etw. beleben
l' **année** [lane] *f.* das Jahr *in seinem Verlauf;* **l'année scolaire** [laneskɔlɛʀ] das Schuljahr; **les années cinquante** [lezanesɛ̃kɑ̃t] *f. pl.* die 50er Jahre
annexer qc [anɛkse] etw. annektieren *Land*
l' **anniversaire** [laniverser] *m.* der Geburtstag
anonyme [anɔnim] *m./f. adj.* anonym
l' **anorak** [lanɔʀak] *m.* der Anorak
août [ut] *m.* der August
l' **apéritif** [lapeʀitif] *m.* der Aperitiv
l' **appareil** [lapaʀɛj] *m.* das Gerät, der Apparat
l' **appartement** [lapaʀtəmɑ̃] *m.* die Wohnung
appartenir à qc [apaʀtəniʀa] etw. zugehören, etw. angehören *wie* venir *S. 135*
l' **appel** [lapɛl] *m.* der Aufruf → 3/2
appeler qn [ap(ə)le] jdn anrufen *S. 129;* jdn rufen; **appeler qn à** + *Inf.* jdn aufrufen etw. zu tun → 3/A; (ê)**s'appeler** [sap(ə)le] heißen
applaudir [aplodiʀ] Beifall klatschen, applaudieren *wie* réagir *S. 129*
apporter qc (à qn) [apɔʀte] (jdm) etw. mitbringen; **apporter quelques corrections** [apɔʀtekɛlkəkɔʀɛksjɔ̃] einige Korrekturen hinzufügen
apprécier qn/qc [apʀesje] jdn/etw. schätzen
apprendre qc [apʀɑ̃dʀ] etw. lernen, von etw. erfahren *wie* prendre *S. 134;* **apprendre à** + *Inf.* lernen etw. zu tun; **apprendre qc à qn** jdm etw. beibringen
l' **apprenti/e** [lapʀɑ̃ti] *m./f.* der/die Auszubildende, der Lehrling
l' **apprentissage** [lapʀɑ̃tisaʒ] *m.* die Lehre
approcher [apʀɔʃe] annähern, näher kommen, (ê)**s'approcher** [sapʀɔʃe] sich nähern
après [apʀɛ] nach
l' **après-midi** [lapʀemidi] *m./f.* der Nachmittag
l' **Arabe** [laʀab] *m./f.* der/die Araber/in; **l'arabe** [laʀab] *m.* das Arabische *Sprache;* **arabe** [aʀab] *m./f. adj.* arabisch
l' **arachide** [laʀaʃid] *f.* die Erdnuss → 5/A
l' **arbre** [laʀbʀ] *m.* der Baum; **l'arbre fruitier** [laʀbʀfʀɥitje] der Obstbaum
l' **archéologie** [laʀkeɔlɔʒi] *f.* **die** Archäologie → 2/1
l' **archéologue** [laʀkeɔlɔg] *m./f.* der/die Archäologe/-in → 4/2

ANNEXE

l' **archipel** [laRʃipɛl] *m.* der Archipel, die Inselgruppe → 1/A
l' **architecte** [laRʃitɛkt] *m./f.* der/die Architekt/in
l' **architecture** [laRʃitɛktyR] *f.* die Architektur
l' **Arctique** [laRktik] *f.* die Arktis → 4/1
l' **argent** [laRʒɑ̃] *m.* das Geld
l' **argent de poche** [laRʒɑ̃dəpɔʃ] *m.* das Taschengeld
l' **argument** [laRgymɑ̃] *m.* das Argument
aride [aRid] *m./f. adj.* karg, trocken → 4/A
l' **arme** [laRm] *f.* die Waffe
l' **armoire** [laRmwaR] *f.* der Schrank
l' **arnaque** [laRnak] *f. fam.* die Betrügerei
arrêter [aRɛte] aufhören, ausschalten; **arrêter de** + *Inf.* aufhören etw. zu tun; (ê)**s'arrêter** [saRɛte] anhalten, stehen bleiben
(ê)**arriver** [aRive] (an)kommen; [aRive] passieren; (ê)**arriver à** + *Inf.* [aRivea] schaffen etw. zu tun
l' **arrondissement** [laRɔ̃dismɑ̃] *m.* der Stadtbezirk
l' **art** [laR] *m.* die Kunst → 1/2
l' **article** [laRtikl] *m.* der Artikel
l' **artisan/e** [laRtizɑ̃/laRtizan] *m./f.* der/die Handwerker/in
l' **artiste** [laRtist] *m./f.* der/die Künstler/in
(ê)**s'asseoir** [saswaR] sich setzen S. 130 → 3/2
assez [ase] ziemlich; **assez de** [asedə] genug
l' **assiette** [lasjɛt] *f.* der Teller
assis/e [asi/asiz] *adj.* sitzend
l' **association** [lasɔsjasjɔ̃] *f.* der Verein
l' **asthme** [lasm] *m.* das Asthma → 3/2
l' **astronaute** [lastRɔnot] *m./f.* der/die Astronaut/in
l' **atelier** [latəlje] *m.* die Werkstatt
l' **athlétisme** [latletizm] *m.* die Leichtathletik
l' **atlas** [latlas] *m.* der Atlas
attendre qn/qc [atɑ̃dR] auf jdn/etw. warten S. 129
l' **attention** [atɑ̃sjɔ̃] *f.* die Vorsicht, die Aufmerksamkeit; **Attention!** [atɑ̃sjɔ̃] Achtung!; **faire attention (à qc)** [fɛRatɑ̃sjɔ̃] (auf etw.) aufpassen
attraper qn/qc [atRape] jdn/etw. fangen
au bord de qc [obɔRdə] am Ufer von etw.; **au bout de qc** [obudə] am Ende von etw., nach etw.; **au début (de qc)** [odeby] *adv.* am Anfang (von etw.), zuerst; **au fait** [ofɛt] übrigens; **au moins** [omwɛ̃] zumindest, mindestens; **Au revoir.** [ORVWAR] *adj.* Auf Wiedersehen!; **Au secours!** [oskuR] (Zu) Hilfe!
l' **auditeur/-trice** [loditœR/loditRis] der/die Zuhörer/in
aujourd'hui [oʒuRdɥi] *adv.* heute
auprès de qn [opRɛdə] zu, bei → 3/1
aussi [osi] *adv.* auch
aussitôt [osito] *adv.* sofort
l' **auteur** [lotœR] *m./f.* der/die Autor/in
l' **automne** [lotɔn] *m.* der Herbst
l' **autorisation** [lotoRizasjɔ̃] *f.* die Erlaubnis → 2/1
l' **autorité** [lotoRite] *f.* die Autorität
l' **autoroute** [lotoRut] *f.* die Autobahn
autour de qc [otuRdə] um etw. herum; **tout autour** [tutotuR] ringsherum
l' **autre** [lotR] *m./f.* der/die/das Andere; **autre** [otR] *m./f. adj.* ander/e, sonstig/e → 2/2; **l'autre jour** [lotRəʒuR] *adv.* neulich → 2/2
autrefois [otRəfwa] *adv.* früher
l' **Autriche** [lotRiʃ] *f.* Österreich
avancer [avɑ̃se] voranschreiten S. 129; **avancer qc** [avɑ̃se] *hier:* etw. ausstrecken, vorstrecken; (ê)**s'avancer** [savɑ̃se] sich nähern → 3/1
avant [avɑ̃] vor *zeitlich;* **comme avant** wie früher
l' **avantage** [lavɑ̃taʒ] *m.* der Vorteil → 2/1
avec [avɛk] mit, bei
l' **avenir** [lavniR] *m.* die Zukunft
l' **aventure** [lavɑ̃tyR] *f.* das Abenteuer
l' **avenue** [lavny] *f.* die Allee
aviaire [avjɛR] *m./f. adj.* Vogel- + *Nomen* → 4/2
l' **aviateur/-trice** [lavjatœR/lavjatRis] der/die Pilot/in
l' **avion** [lavjɔ̃] *m.* das Flugzeug
l' **avis** [lavi] *m.* die Meinung; **à ton avis** [atɔ̃navi] deiner Meinung nach; **Je suis de ton avis.** [ʒəsɥidətɔ̃avi] Ich bin deiner Meinung. → 4/2
l' **avocat/e** [lavoka/lavokat] *m./f.* der/die Rechtsanwalt/Rechtsanwältin
avoir [avwaR] haben S. 128; **avoir besoin de qn/qc** [avwaRbəzwɛ̃də] jdn/etw. brauchen; **avoir besoin de** + *Inf.* etw. tun müssen; **avoir confiance en qn/qc** [avwaRkɔ̃fjɑ̃sɑ̃] jdm/etw. vertrauen → 2/A; **avoir envie de** + *Inf.* / **de qc** [avwaRɑ̃vidə] Lust haben etw. zu tun / auf etw. Lust haben; **avoir l'air** [avwaRlɛR] aussehen; **avoir la musique dans la peau** [avwaRlamyzikdɑ̃lapo] Musik im Blut haben; **avoir la trouille** [avwaRlatRuj] *fam.* Schiss haben; **avoir le cafard** [avwaRləkafaR] *fam.* deprimiert sein; **avoir le moral** [avwaRləmɔRal] gut drauf sein; **avoir lieu** [avwaRljø] stattfinden; **avoir marre de qn/qc** [avwaRmaRdə] *fam.* die Nase voll haben von jdm/etw., es satt haben; **avoir raison** [avwaRɛzɔ̃] Recht haben; **avoir raison de** + *Inf.* etw. zu Recht tun; **avoir tort** [avwaRtɔR] Unrecht haben
avouer + *Inf.* [avue] zugeben etw. zu tun; **avouer qc (à qn)** (jdm) etw. zugeben
avril [avRil] *m.* April

B

le **bac** [ləbak] *fam.* ou: **le baccalauréat** [ləbakalɔRea] das Abi, das Abitur
le/la **bachelier/-ière** [ləbaʃəlje/labaʃəljɛR] der/die Abiturient/in → 2/A
la **baguette** [labagɛt] das Baguette

[(ê)] **se baigner** [səbɛɲe] baden
bâiller [bɑje] gähnen
la **balade** [labalad] der Spaziergang
[(ê)] **se balader** [səbalade] spazieren gehen
la **baleine** [labalɛn] der Wal
le **ballon** [ləbalɔ̃] der Ball, der Ballon; **la balade en ballon** [labaladɑ̃balɔ̃] die Ballonfahrt
la **banane** [labanan] die Banane
bander qc [bɑ̃de] etw. verbinden
le **bandit** [ləbɑ̃di] der Bandit
la **banlieue** [labɑ̃ljø] die Vororte einer Großstadt, der Stadtrand
bas/basse [bɑ/bɑsse] *adj.* tief (gelegen)
la **basilique** [labazilik] die Basilika
les **baskets** [lebaskɛt] *f. pl.* die Turnschuhe
la **basse** [labɑs] *hier:* die Bassgitarre
le **bassin** [ləbasɛ̃] das Becken
le **bateau / les bateaux** [lə/lebato] das Boot, Schiff
battre qn [batʀ] jdn schlagen *S. 130*
bavarder [bavaʀde] schwatzen, plaudern, quatschen
beau/bel [bo/bɛl] *m. adj.* / **belle** [bɛl] *f.* / **beaux** [bo] *m. pl.* schön; **Il fait beau.** [ilfɛbo] Es ist schönes Wetter.
beaucoup [boku] *adv.* viel; **beaucoup de choses** [bokudʃoz] *adv.* viele Sachen, vieles
la **beauté** [labote] die Schönheit → 4/1
le **bébé** [ləbebe] das Baby
la **bédé** [labede] *fam.* ou: **la bande dessinée** [labɑ̃dədesine] ou: **la BD** [labede] der Comic
la **Belgique** [labɛlʒik] Belgien
la **belle-sœur** [labɛlsœʀ] die Schwägerin, die Stiefschwester
ben [bɛ̃] naja, äh
le **B.E.P.** [ləbeəpe] *ein Diplom im* lycée professionnel
le **berbère** [ləbɛʀbɛʀ] Berberisch *Sprache der Berber*
le/la **Berbère** [ləbɛʀbɛʀ/labɛʀbɛʀ] der/die Berber/in
la **bêtise** [labɛtiz] die Dummheit, der Unsinn
beurk! [bœʀk] igitt! → 3/2
le **beurre** [ləbœʀ] die Butter
la **bibliothèque** [labiblijɔtɛk] die Bibliothek → 5/1
bien [bjɛ̃] *adv.* gut; **bien sûr** [bjɛ̃syʀ] *adv.* natürlich, selbstverständlich
bientôt [bjɛ̃to] *adv.* bald; **à bientôt** [abjɛ̃to] bis bald
le **bijou / les bijoux** [ləbiʒu/lebiʒu] das Schmuckstück
bilingue [bilɛ̃g] *m./f. adj.* zweisprachig → 2/1
le **billet** [ləbijɛ] der Geldschein, die Fahrkarte, die Eintrittskarte
la **bise** [labiz] der Kuss, das Küsschen
bizarre [bizaʀ] *m./f. adj.* merkwürdig
blanc/blanche [blɑ̃/blɑ̃ʃ] *adj.* weiß
le **blanc-manger** [ləblɑ̃mɑ̃ʒe] *Süßspeise auf der Basis von Kokosmilch und Rohrzucker* → 1/A
blessé/e [blɛse] *adj.* verletzt
bleu/e [blø] *adj.* blau
le **blog** [ləblɔg] der Blog
blond/e [blɔ̃/blɔ̃d] *adj.* blond
bloqué/e [blɔke] *adj.* blockiert, gesperrt
boire qc [bwaʀ] etw. trinken *S. 130*
le **bois** [ləbwa] das Holz → 5/A
la **boisson** [labwasɔ̃] das Getränk
la **boîte aux lettres** [labwatolɛtʀ] der Briefkasten
le **bol** [ləbɔl] die Trinkschale
bon/ne [bɔ̃/bɔn] *adj.* gut; **Bon!** [bɔ̃] *adv.* Einverstanden!; **le Bon Dieu** [ləbɔ̃djø] der liebe Gott
le **bonheur** [ləbɔnœʀ] das Glück
Bonjour! [bɔ̃ʒuʀ] Guten Tag! Guten Morgen!
Bonsoir! [bɔ̃swaʀ] Guten Abend!
border qc [bɔʀde] etw. säumen
borné/e [bɔʀne] *adj.* borniert, engstirnig → 4/2
bouger [buʒe] sich bewegen, unterwegs sein *S. 129*; [(ê)] **se bouger** [səbuʒe] *fam.* sich bewegen, aktiv werden
la **bougie** [labuʒi] die Kerze → 3/1
la **bouillabaisse** [labujabɛs] der Fischeintopf
la **boulangerie** [labulɑ̃ʒʀi] die Bäckerei
le **boulevard** [ləbulvaʀ] der Boulevard *breite Straße*
le **boulot** [ləbulo] *fam.* der Job → 2/2
bousculer qn [buskyle] jdn anstoßen, schubsen
le **bout** [ləbu] das Ende → 3/2
la **bouteille** [labutɛj] die Flasche
la **boutique** [labutik] der Laden, die Boutique
la **boxe** [labɔks] das Boxen, der Boxsport
le **bras** [ləbʀa] der Arm; **le bras de mer** [ləbʀadmɛʀ] der Meeresarm → 1/1
le **brassard** [ləbʀasaʀ] die Armbinde
braver qn/qc [bʀave] jdm/etw. trotzen, jdm/etw. die Stirn bieten → 3/2
bref [bʀɛf] *adv.* kurz → 2/2
le **Brésil** [ləbʀezil] Brasilien
breton/ne [bʀətɔ̃/bʀətɔn] *adj.* bretonisch
le/la **Breton/ne** [ləbʀətɔ̃/labʀətɔn] der/die Bretone/-in
le **brevet** [ləbʀəvɛ] *Diplom im* collège *(Mittlere Reife)*
le **bricolage** [ləbʀikɔlaʒ] das Basteln, das Heimwerken
briller [bʀije] glänzen, scheinen *Sonne*
la **brochette** [labʀɔʃɛt] der Spieß
la **broderie** [labʀɔdʀi] das Sticken
bronzer [bʀɔ̃ze] bräunen, sich sonnen
la **brosse** [labʀɔs] die Bürste → 3/2; **avoir les cheveux en brosse** einen Bürstenschnitt haben → 3/2
le **bruit** [lebʀɥi] das Geräusch, der Lärm
brûler (qc) [bʀyle] brennen, etw. verbrennen
brun/e [bʀɛ̃/bʀyn] *adj.* braun, dunkelhaarig
brutal/e [bʀytal] *adj.* / **brutaux** [bʀyto] *m. pl.* brutal
bruyant/e [bʀɥijɑ̃/bʀɥijɑ̃t] *adj.* laut → 3/2
la **bûche de Noël** [labyʃdənɔɛl] *Weihnachtstorte in Form eines Holzscheits*

ANNEXE

la **Bulgarie** [labulgaʀi] Bulgarien → 3/A
le **bulletin** [ləbyltɛ̃] das Zeugnis
le **bureau / les bureaux** [lə/lebyʀo] das Büro, das Arbeitszimmer *auch:* der Schreibtisch
le **bus** [ləbys] der Bus
le **but** [ləby(t)] das Tor, das Ziel; **marquer un but** [maʀkeɛ̃byt] ein Tor schießen

C

c'est [sɛ] das ist; **c'est ça?** [sɛsa] Stimmt's?; **C'est déjà ça.** [sɛdeʒasa] Wenigstens etwas.; **C'est l'horreur.** [sɛlɔʀœʀ] Das ist schrecklich.; **c'est la raison pour laquelle** [sɛlaʀɛzɔ̃puʀlakɛl] *loc.* deshalb → 1/2; **C'est mon tour.** [sɛmɔ̃tuʀ] Ich bin an der Reihe.
ça [sa] das, das da; **Ça m'est égal.** [samɛtegal] Das ist mir egal.; **Ça n'a rien à voir.** [sanaʀjɛ̃navwaʀ] Das hat nichts damit zu tun!; **Ça suffit!** [sasyfi] Jetzt reichts aber!; **Ça vaut le coup.** [savolәku] Das lohnt sich!; **Ça y est!** [saijɛ] Alles klar!, Fertig!
la **cabane** [lakaban] die Hütte, das Baumhaus
la **cabine (téléphonique)** [lakabin (telefɔnik)] die (Telefon-)Zelle; **la cabine de bain** [lakabindəbɛ̃] die Strandkabine
le **cacao** [ləkakao] der Kakao → 1/1
(ê)**se cacher** [səkaʃe] sich verstecken
le **cadeau / les cadeaux** [ləkado/lekado] das Geschenk
le **cafard** [ləkafaʀ] die Schabe, die Kakerlake; **avoir le cafard** [avwaʀləkafaʀ] *fam.* deprimiert sein
le **café** [ləkafe] das Café, der Kaffee; **le café au lait** [ləkafeolɛ] der Milchkaffee
le **cahier de textes** [ləkajedətɛkst] das Hausaufgabenheft
le **caillou** [ləkaju] / **les cailloux** [lekaju] der Stein
la **calanque** [lakalɑ̃k] *Kalksteinbucht am Mittelmeer*

le **calcul** [ləkalkyl] das Rechnen, die Berechnung; **faire des calculs** [fɛrdekalkyl] rechnen
le **calme** [ləkalm] die Ruhe
calme [kalm] *m./f. adj.* ruhig
le/la **camarade** [lə/lakamaʀad] der/die (Klassen-)Kamerad/in
la **caméra** [lakameʀa] die Filmkamera → 3/1
le **camp** [ləkɑ̃] das Lager; **le camp de vacances** [ləkɑ̃dvakɑ̃s] das Ferienlager
la **campagne** [lakɑ̃paɲ] das Land, die ländliche Gegend
le **Canada** [ləkanada] Kanada
le/la **candidat/e** [ləkɑ̃dida/lakɑ̃didat] der/die Kandidat/in
la **candidature** [lakɑ̃didatyʀ] die Bewerbung; **poser sa candidature** [pozesakɑ̃didatyʀ] sich bewerben
la **canne à sucre** [lakanasykʀ] das Zuckerrohr → 1/A
le **canot** [ləkano] das Boot
la **cantine** [lakɑ̃tin] die Kantine, der Speisesaal
capable de + *Inf.* [kapabldə] *m./f. adj.* fähig etw. zu tun
la **capacité** [lakapasite] die Fähigkeit
le **capitaine de l'équipe** [ləkapitɛnd(ə)lekip] der Mannschaftskapitän
la **capitale** [lakapital] die Hauptstadt
car [kaʀ] *conj.* denn, weil
le **car** [ləkaʀ] der Reisebus → 2/1
le **caractère** [ləkaʀaktɛʀ] der Charakter; **avoir du caractère** [avwaʀdykaʀaktɛʀ] eine starke Persönlichkeit haben; **avoir un caractère de chien** [avwaʀɛ̃kaʀaktɛʀdəʃjɛ̃] *fam.* einen schwierigen Charakter haben
caraïbe [kaʀaib] *m./f. adj.* karibisch → 1/1
caresser qn/qc [kaʀɛse] jdn/etw. streicheln → 3/1
le **caribou** [ləkaʀibu] das Karibu
le **carnaval** [ləkaʀnaval] der Karneval → 1/A
la **carotte** [lakaʀɔt] die Möhre
le **carrefour** [ləkaʀfuʀ] die Kreuzung
la **carrière** [lakaʀjɛʀ] die Karriere, die Laufbahn

le **cartable** [ləkaʀtabl] die Schultasche
la **carte** [lakaʀt] die Karte; **la carte d'identité** [lakaʀtdidɑ̃tite] der Personalausweis; ***la carte professionnelle*** [lakaʀtpʀɔfɛsjɔnɛl] die Gewerbeerlaubnis → 2/1
le **carton** [ləkaʀtɔ̃] der Karton
le **casque** [ləkask] der Helm
la **casquette** [lakaskɛt] die Schirmmütze
casser qc [kase] etw. brechen, zerbrechen, kaputtmachen
la **cassette** [lakasɛt] die Kassette; **la cassette vidéo** [lakasɛtvideo] die Videokassette
le **casting** [ləkastiŋ] das Casting
les **catacombes** [lekatakɔ̃b] *f. pl.* die Katakomben
la **catastrophe** [lakatastʀɔf] *ou:* **la cata** [lakata] *fam.* die Katastrophe
le **catéchisme** [ləkateʃizm] der katholische Religionsunterricht
la **cathédrale** [lakatedʀal] die Kathedrale
catholique [katɔlik] *m./f. adj.* katholisch
le **cauchemar** [ləkoʃmaʀ] der Albtraum
causer [koze] sich unterhalten, plaudern; **causer qc** [koze] etw. bewirken, verursachen
le **CD** [ləsede] die CD; **le cédérom** [ləsedeʀɔm] die CD-ROM
le **CDI** [ləsedei] das Informations- und Dokumentationszentrum, die Schulbibliothek
ce que [səkə], **ce qui** [səki] was *Relativpronomen*
ceci [səsi] dies(es), das
cela [səla] jenes, dieses, das
célèbre [selɛbʀ] *m./f. adj.* berühmt
le **centime** [ləsɑ̃tim] der Cent
le **centre** [ləsɑ̃tʀ] das Zentrum
cependant [səpɑ̃dɑ̃] *adv.* dennoch, jedoch → 5/1
certain/e [sɛʀtɛ̃/sɛʀtɛn] *adj.* gewisser/-e
chacun/e [ʃakɛ̃/ʃakyn] jeder/jede
le **chagrin** [ləʃagʀɛ̃] der Kummer; **le chagrin d'amour** [ləʃagʀɛ̃damuʀ] der Liebeskummer

la **chaîne** [laʃɛn] der Kanal, der Sender

la **chaise** [laʃɛz] der Stuhl

la **chambre** [laʃɑ̃bʀ] das (Schlaf-) Zimmer

le **champagne** [ləʃɑ̃paɲ] der Champagner, der Sekt

le/la **champion/ne** [ləʃɑ̃pjɔ̃/laʃɑ̃pjɔn] der/die Meister/in, der Champion

le **championnat** [ləʃɑ̃pjɔna] der Wettkampf, die Meisterschaft

la **chance** [laʃɑ̃s] das Glück, die Chance; **avoir de la chance** [avwaʀd(ə)laʃɑ̃s] Glück haben; **mettre toutes les chances de son côté** [mɛtʀtutleʃɑ̃sdəsɔ̃kote] sich alle Möglichkeiten offen halten → 2/2

le/la **chancelier/-ière** [ləʃɑ̃səlje/laʃɑ̃səljɛʀ] der/die Kanzler/in → 3/A

le **changement** [ləʃɑ̃ʒmɑ̃] die Veränderung; **le changement de climat** [ləʃɑ̃ʒmɑ̃dklima] der Klimawandel → 4/1

changer qc [ʃɑ̃ʒe] etw. ändern, etw. verändern *wie* bouger *S. 129*; **changer de qn/qc** jdn/etw. wechseln; **changer de train** umsteigen

la **chanson** [laʃɑ̃sɔ̃] das Lied

le **chant** [ləʃɑ̃] der Gesang

chanter qc [ʃɑ̃te] etw. singen

le/la **chanteur/-euse** [ləʃɑ̃tœʀ/laʃɑ̃tøz] der/die Sänger/in

chaque [ʃak] jeder/jede/jedes

le **char** [ləʃaʀ] der Wagen, das Auto *nur in Québec*

la **charcuterie** [laʃaʀkytʀi] der Wurst- und Fleischaufschnitt, die Metzgerei; **le/la charcutier/-ière** [ləʃaʀkytje/laʃaʀkytjɛʀ] der/die Metzger/in, der/die Fleischer/in

chargé/e de qc [ʃaʀʒedə] *adj.* beladen mit etw.

le **charmeur de serpents** [ləʃaʀmœʀd(ə)sɛʀpɑ̃] der Schlangenbeschwörer

la **charte** [laʃaʀt] die Charta

le **chat** [ləʃa] die Katze

le **château / les châteaux** [ləʃɑto/leʃɑto] das Schloss

le **chaton** [ləʃatɔ̃] das Kätzchen *Kosewort* → 4/A

chaud/e [ʃo/ʃod] *adj.* warm, heiß; **il fait chaud** [ilfɛʃo] es ist heiß/warm

chauffer (qc) [ʃofe] *hier:* ernst werden *auch:* (etw.) heizen → 4/A; **Ça va chauffer.** *fam.* Die Sache wird ernst. → 4/A

le **chauffeur** [ləʃofœʀ] der Chauffeur

le **chausson** [ləʃosɔ̃] der Ballettschuh

la **chaussure** [laʃosyʀ] der Schuh

le/la **chef** [lə/laʃɛf] der/die Chef/in

le **chemin** [ləʃəmɛ̃] der Weg

la **chemise (à carreaux)** [laʃəmiz (akaʀo)] das (karierte) Hemd

cher/chère [ʃɛʀ] *adj.* lieb, teuer

chercher qn/qc [ʃɛʀʃe] jdn/etw. suchen; **venir chercher qn** [vəniʀʃɛʀʃe] jdn abholen

le/la **chercheur/-euse** [ləʃɛʀʃœʀ/laʃɛʀʃøz] der/die Forscher/in → 4/2

le/la **chéri/e** [lə/laʃeʀi] Liebling

les **cheveux** [leʃəvø] *m. pl.* die Haare; **avoir les cheveux en brosse** einen Bürstenschnitt haben → 3/2

chez [ʃe] bei, zu einer Person

chic [ʃik] *m./f. adj.* schick, vornehm

le/la **chien/ne** [ləʃjɛ̃/laʃjɛn] der/die Hund/Hündin

la **chimie** [laʃimi] die Chemie

la **Chine** [laʃin] China

le **choc** [ləʃɔk] der Zusammenstoß

le **chocolat** [ləʃɔkɔla] die Schokolade

choisir qc [ʃwaziʀ] etw. aussuchen, auswählen *wie* réagir *S. 129*

le **choix** [ləʃwa] die Wahl

le **chômage** [ləʃomaʒ] die Arbeitslosigkeit; **être au chômage** [ɛtʀoʃomaʒ] arbeitslos sein

la **chorale** [lakɔʀal] der Chor

le/la **choriste** [ləkɔʀist/lakɔʀist] der/die Chorsänger/in

la **chose** [laʃoz] die Sache

chouette [ʃwɛt] *m./f. adj. fam.* toll, großartig

chrétien/ne [kʀetjɛ̃/kʀetjɛn] *adj.* christlich

chut! [ʃyt] Pst!, Still!

le **ciel** [ləsjɛl] der Himmel

la **cigogne** [lasigɔɲ] der Storch

le **cimetière** [ləsimtjɛʀ] der Friedhof

le **cinéma** [ləsinema] ou: **le ciné** [ləsine] *fam.* das Kino

la **cinquième** [lasɛ̃kjɛm] die Fünfte *(= 7. Klasse in Deutschland)*

circuler [siʀkyle] (herum) fahren; zirkulieren; **faire circuler qc** [fɛʀsiʀkyle] etw. in den Umlauf bringen → 4/2

le **cirque** [ləsiʀk] der Zirkus

la **cité** [lasite] *hier:* Hochhaussiedlung am Stadtrand

citer qn/qc [site] jdn/etw. zitieren, etw. nennen → 4/2

le **citron** [ləsitʀɔ̃] die Zitrone

clair/e [klɛʀ] *adj.* klar, deutlich; **clairement** [klɛʀmɑ̃] *adv.* klar, deutlich

claquer qc [klake] etw. zuschlagen

la **clarinette** [laklaʀinɛt] die Klarinette

la **classe** [laklas] die Klasse

classer qn/qc [klase] jdn/etw. einordnen, klassifizieren

classique [klasik] *m./f. adj.* klassisch

la **clé** [lakle] der Schlüssel → 3/1

le **climat** [ləklima] das Klima → 4/A

le **clown** [ləklun] der Clown

le **club-photo** [ləklœbfɔto] der Foto-Club, die Foto-Arbeitsgemeinschaft

le **cochon d'Inde** [ləkɔʃɔ̃dɛ̃d] das Meerschweinchen

le **cœur** [ləkœʀ] das Herz; **avoir le cœur qui bat à cent à l'heure** [avwaʀləkœʀkibaasɑ̃talœʀ] sehr aufgeregt sein, starkes Herzklopfen haben → 3/2; **par cœur** [paʀkœʀ] auswendig

le/la **coiffeur/-euse** [ləkwafœʀ/lakwaføz] der/die Friseur/in → 2/A

le **coin** [ləkwɛ̃] die Ecke → 5/1

la **colère** [lakɔlɛʀ] die Wut

le **collant** [ləkɔlɑ̃] die Strumpfhose

la **colle** [lakɔl] der Klebstoff

collectif/-ive [kɔlɛktif/kɔlɛktiv] *adj.* gemeinschaftlich, Gemeinschafts- + *Nomen*

ANNEXE

la **collectivité** [lakɔlɛktivite] *hier:* das Territorium *auch:* die Gemeinschaft → 1/A
le **collège** [ləkɔlɛʒ] *allgemeinbildende Schule in Frankreich (6.–9. Schuljahr)*
le/la **collégien/ne** [ləkɔleʒjɛ̃/lakɔleʒjɛn] der/die Schüler/in eines collège
coller qc [kɔle] etw. kleben
la **colline** [lakɔlin] der Hügel
le **colon** [ləkɔlɔ̃] der Siedler → 1/1
colonial/e [kɔlɔnjal] *adj.* Kolonial- + *Nomen* → 5/A
la **colonie** [lakɔlɔni] die Kolonie
coloniser qc [kɔlɔnize] etw. kolonisieren
colorer qc [kɔlɔʀe] etw. färben
les **COM** [lekɔm] ou: **les Collectivités d'outre mer** [lekɔlɛktivitedutʀəmɛʀ] *Französische Überseegebiete mit relativ autonomem Status* → 1/A
combien [kɔ̃bjɛ̃] *Fragepronomen, conj.* wie viel
la **combinaison** [lakɔ̃binɛzɔ̃] der Overall; *hier:* die Schutzkleidung *auch:* die Kombination → 4/2
commander qc [kɔmɑ̃de] etw. bestellen → 4/A
comme [kɔm] *adv.* wie, als; **comme avant** [kɔmavɑ̃] *adv.* wie früher; **comme ça** [kɔmsa] *adv.* so; **comme chien et chat** [kɔmʃjɛ̃eʃa] wie Hund und Katze
commencer qc [kɔmɑ̃se] etw. anfangen *wie* avancer *S. 129*; **commencer à** + *Inf.* beginnen etw. zu tun; **commencer par qc** [kɔmɑ̃sepaʀ] mit etw. anfangen, beginnen
comment [kɔmɑ̃] *adv.* wie; **Comment allez-vous?** [kɔmɑ̃talevu] Wie geht es euch/Ihnen?
le **commentaire** [ləkɔmɑ̃tɛʀ] der Kommentar
le/la **commerçant/e** [ləkɔmɛʀsɑ̃/lakɔmɛʀsɑ̃t] der/die Händler/in
le **commerce** [ləkɔmɛʀs] der Handel → 4/A

le/la **commercial/e** [ləkɔmɛʀsjal] der/die Handelsvertreter/in → 2/A
commercial/e [kɔmɛrsjal] *adj.* Handel- + *Nomen* → 3/A
le **commissariat** [ləkɔmisaʀja] die Polizeidienststelle
la **commune** [lakɔmyn] die Gemeinde → 3/2
la **communication** [lakɔmynikasjɔ̃] → 5/A
communiquer [kɔmynike] kommunizieren, in Verbindung sein
le **compagnon** [ləkɔ̃paɲɔ̃] *hier:* der Geselle *auch:* der Facharbeiter
comparer qn/qc à qn/qc [kɔ̃paʀe] jdn/etw. mit jdm/etw. vergleichen
compliqué/e [kɔ̃plike] *adj.* kompliziert
(ê)**se compliquer la vie** [səkɔ̃plikelavi] *fam.* sich das Leben schwer machen
le **comportement** [ləkɔ̃pɔ̃ʀt(ə)mɑ̃] das Verhalten → 4/1
comprendre qn/qc [kɔ̃pʀɑ̃dʀ] jdn/etw. verstehen *wie* prendre *S. 134;* (ê)**se comprendre** sich verständigen, sich verstehen
le **compte** [ləkɔ̃t] die Abrechnung, das Konto → 2/1; **être à son compte** [ɛtʀasɔ̃kɔ̃t] auf Honorarbasis arbeiten, selbstständig sein → 2/1
compter [kɔ̃te] zählen
(ê)**se concentrer** [səkɔ̃sɑ̃tʀe] sich konzentrieren
le/la **concepteur/-trice** [ləkɔ̃sɛptœʀ/lakɔ̃sɛptʀis] der/die Programmentwickler/in → 2/A
le **concepteur-réalisateur** [ləkɔ̃septœʀealizatœʀ] der/die Multimediadesigner/in → 2/1
concerné/e [kɔ̃sɛʀne] *adj.* betroffen
le **concert** [ləkɔ̃sɛʀ] das Konzert
le **concombre** [ləkɔ̃kɔ̃bʀ] die Gurke
le **concours d'entrée** [ləkɔ̃kuʀdɑ̃tʀe] die Aufnahmeprüfung
la **condition** [lakɔ̃disjɔ̃] die Bedingung → 1/1

le/la **conducteur/-trice** [ləkɔ̃dyktœʀ/ləkɔ̃dyktʀis] der/die Fahrer/in
conduire qn à qn/qc [kɔ̃dɥiʀ] jdn zu jdm/etw. hinbringen *im Fahrzeug wie* construire *S. 131*
la **confiance** [lakɔ̃fjɑ̃s] das Vertrauen; **avoir confiance en qn/qc** [avwaʀkɔ̃fjɑ̃sɑ̃] jdm/etw. vertrauen → 2/A
confier qc à qn [kɔ̃fje] jdm etw. anvertrauen
la **confiture** [lakɔ̃fityʀ] die Marmelade
le **conflit** [ləkɔ̃fli] der Konflikt
le **confort** [ləkɔ̃fɔʀ] der Komfort → 4/2
confortable [kɔ̃fɔʀtabl] *m./f. adj.* bequem, komfortabel; **le plus confortablement du monde** [ləplykɔ̃fɔʀtabləmɑ̃dymɔ̃d] *adv.* superbequem, am allerbequemsten
la **connaissance** [lakɔnɛsɑ̃s] die Bekanntschaft; *hier:* die Kenntnis → 2/1; **faire la connaissance de qn** [fɛʀlakɔnɛsɑ̃sdə] jdn kennen lernen
connaître qn/qc [kɔnɛtʀ] jdn/etw. kennen *S. 130*
connu/e [kɔny] *adj.* bekannt → 1/2
conquérir qn/qc [kɔ̃keʀiʀ] jdn/etw. erobern *S. 131*
le **conseil de classe** [ləkɔ̃sɛjd(ə)klas] die Klassenkonferenz
conseiller qc à qn [kɔ̃seje] jdm etw. raten
le **conservatoire** [ləkɔ̃sɛʀvatwaʀ] die Musikschule
consister en qc [kɔ̃sisteɑ̃] aus etw. bestehen → 2/1
la **console** [lakɔ̃sɔl] die Spielkonsole → 4/A
consoler qn [kɔ̃sɔle] jdn trösten
le/la **consommateur/-trice** [ləkɔ̃sɔmatœʀ/lakɔ̃sɔmatʀis] der/die Konsument/in → 4/A
la **consommation** [lakɔ̃somasjɔ̃] der Verbrauch → 4/A
consommer (qc) [kɔ̃sɔme] (etw.) konsumieren, (etw.) verbrauchen → 4/A
constamment [kɔ̃stamɑ̃] *adv.* ständig

constant/e [kɔ̃stɑ̃/kɔ̃stɑ̃t] *adj.* ständig
construire qc [kɔ̃stʀɥiʀ] etw. bauen, konstruieren *S. 131*
le **contact** [ləkɔ̃takt] der Kontakt; **au contact de qn/qc** [okɔ̃taktdə] *loc. prép.* im Kontakt mit jdm/etw. → 1/1
le **conte** [ləkɔ̃t] das Märchen, die Erzählung; **le conte amoureux** [ləkɔ̃tamuʀø] die Liebesgeschichte
content/e de qn/qc [kɔ̃tɑ̃/kɔ̃tɑ̃t] *adj.* mit jdm/etw. zufrieden, glücklich
le **conteur** [ləkɔ̃tœʀ] der Geschichtenerzähler
le **continent** [ləkɔ̃tinɑ̃] der Kontinent → 3/A
continuer (à + *Inf.*) [kɔ̃tinɥe] weitergehen, etw. weitermachen
la **contradiction** [lakɔ̃tʀadiksjɔ̃] der Widerspruch
le **contrat** [ləkɔ̃tʀa] der Vertrag
contre [kɔ̃tʀ] gegen, dagegen; **par contre** [paʀkɔ̃tʀ] aber, hingegen; **peser le pour et le contre** [pəzeləpuʀeləkɔ̃ntʀ] das Für und Wider abwägen
contrôler qn/qc [kɔ̃tʀole] jdn/etw. kontrollieren
convaincre qn [kɔ̃vɛ̃kʀ] jdn überzeugen *S. 131*
cool [kul] *fam. m./f. adj.* cool
la **coopération** [lakɔɔpeʀasjɔ̃] die Zusammenarbeit → 3/A
le/la **copain/copine** [ləkɔpɛ̃/lakopin] *fam.* der/die Freund/in
le **coquillage** [ləkɔkijaʒ] die Muschel
la **cornemuse** [lakɔʀnəmyz] der Dudelsack → 3/1
la **correction** [lakɔʀɛksjɔ̃] die Korrektur
le/la **correspondant/e** [ləkɔʀɛspɔ̃dɑ̃/lakɔʀɛspɔ̃dɑ̃t] der/die Brieffreund/in
correspondre [kɔʀɛspɔ̃dʀ] korrespondieren, im Briefwechsel stehen *wie* attendre *S. 129*; **correspondre à qn/qc** [kɔʀɛspɔ̃dʀa] jdm/etw. entsprechen → 2/1
la **côte** [lakot] die Küste; **la côte Atlantique** [lakotatlɑ̃tik] die Atlantikküste
le **côté** [ləkote] die Seite → 2/2; **d'un côté ... de l'autre côté** [dɛ̃kotedəlotʀkote] *adv.* einerseits ..., andererseits ... → 2/2; **mettre toutes les chances de son côté** [mɛtʀtutləʃɑ̃sdəsɔ̃kɔte] sich alle Möglichkeiten offen halten → 2/2
le **coton** [ləkɔtɔ̃] die Baumwolle → 1/1
couchant/e [kuʃɑ̃/kuʃɑ̃t] *adj.* untergehend
(ê)**se coucher** [səkuʃe] schlafen gehen, sich hinlegen
Coucou! [kuku] Kuckuck!, Hallo!
le **coude** [ləkud] der Ellenbogen
la **couleur** [lakulœʀ] die Farbe
le **coup** [ləku] *hier:* der Gag; **le coup de foudre** [ləkudfudʀ] die Liebe auf den ersten Blick; **Ça vaut le coup.** [savoləku] *fam.* Das lohnt sich!; **donner un coup de pouce à qn** [dɔneɛ̃kudpusa] *fam.* jdm helfen, jdm zur Hand gehen
la **Coupe du monde** [lakupdymɔ̃d] die Weltmeisterschaft
couper qc [kupe] etw. schneiden → 1/1
le **couple** [ləkuplə] das Paar
la **cour** [lakuʀ] der Hof
courageux/-euse [kuʀaʒø/kuʀaʒøz] *adj.* mutig
couramment [kuʀamɑ̃] *adv.* fließend
courant/e [kuʀɑ̃/kuʀɑ̃t] *adj.* fließend; *adj.* gängig, an der Tagesordnung → 4/2
courir [kuʀiʀ] rennen, laufen *S. 131*; **courir balle au pied** [kuʀiʀbalopje] den Ball (am Fuß) führen
le **courriel** [ləkuʀiɛl] die E-Mail
le **cours** [ləkuʀ] die Unterrichtsstunde, der Kurs
les **courses** [lekuʀs] *f. pl.* die Einkäufe; **faire les courses** [fɛʀlekuʀs] einkaufen
court/e [kuʀ/kuʀt] *adj.* kurz
le/la **courtisan/e** [ləkuʀtizɑ̃/lakuʀtizan] der Höfling, die Hofdame
le **cousin / la cousine** [ləkuzɛ̃/lakuzin] der Cousin, die Cousine
coûter [kute] kosten
le/la **couturier/-ière** [ləkutyʀje/lakutyʀjɛʀ] *hier:* der/die Schneider/in; *auch:* der/die Modeschöpfer/in
le **couvert** [ləkuvɛʀ] das Besteck
couvrir qn/qc [kuvʀiʀ] jdn/etw. bedecken *wie* ouvrir *S. 133*
cracher [kʀaʃe] spucken
craindre qn/qc [kʀɛ̃dʀ] jdn/etw. fürchten *wie* plaindre *S. 133*; **craindre que** + *subj.* fürchten, dass
le **crayon** [ləkʀɛjɔ̃] der Bleistift
créatif/-ive [kʀeatif/kʀeativ] *adj.* kreativ → 2/1
la **création** [lakʀeasjɔ̃] die Schaffung, die Gründung → 3/A
créer qc [kʀee] etw. (er)schaffen
la **crème** [lakʀɛm] die Sahne, die Creme
le **créole** [ləkʀeɔl] Kreolisch → 1/A
la **crêpe** [lakʀɛp] die Crêpe
crevé/e [kʀəve] *fam.* fix und fertig
crier [kʀije] schreien
la **crise** [lakʀiz] die Krise
critique [kʀitik] *m/f. adj.* kritisch → 4/1
critiquer qn/qc [kʀitike] jdn/etw. kritisieren
le **crocodile** [ləkʀɔkɔdil] das Krokodil → 5/A
croire qc [kʀwaʀ] etw. glauben *S. 131*; **croire qn** + *adj.* jdn für etw. halten
la ***croisière*** [lakʀwazjɛʀ] die Kreuzfahrt → 2/1
la **cruauté** [lakʀyote] die Grausamkeit
les **crudités** [lekʀydite] *f. pl.* der Rohkostsalat
cruel/le [kʀyɛl] *adj.* grausam
les **crustacés** [lekʀystase] *m. pl.* die Krustentiere
la **cuillère** [lakɥijɛʀ] der Löffel
la **cuisine** [lakɥizin] die Küche; **faire la cuisine** [fɛʀlakɥizin] kochen
le/la **cuisinier/-ière** [ləkɥizinje/lakɥizinjɛʀ] der Koch / die Köchin
cuit/e [kɥi/kɥit] *adj.* durch(gebraten)

ANNEXE

le **cuivre** [ləkɥivʀ] das Kupfer → 5/A
cultivé/e [kyltive] *adj.* gebildet → 2/1
cultiver qc [kyltive] etw. anbauen → 1/A
la **culture** [lakyltyʀ] die Kultur; *hier:* der Anbau → 1/1
culturel/le [kyltyʀɛl] *adj.* kulturell
la **curiosité** [lakyʀjɔzite] die Neugier → 2/1
le **cybercafé** [ləsibɛʀkafe] das Internetcafé → 5/1
le **cyclone** [ləsiklon] der tropische Wirbelsturm → 1/1

D

d'abord [dabɔʀ] *adv.* zuerst
d'accord [dakɔʀ] *adv.* einverstanden
d'ailleurs [dajœʀ] *hier:* übrigens *auch:* anderswoher, von woanders
d'habitude [dabityd] *adv.* gewöhnlich
la **dame** [ladam] die Dame
le **Danemark** [lədanmaʀk] Dänemark
le **danger** [lədɑ̃ʒe] die Gefahr; **être en danger** [ɛtʀɑ̃dɑ̃ʒe] in Gefahr sein
dangereusement [dɑ̃ʒ(ə)ʀøzmɑ̃] *adv.* gefährlich;
dangereux/-euse [dɑ̃ʒ(ə)ʀø/dɑ̃ʒ(ə)ʀøz] *adj.* gefährlich
le/la **Danois/e** [lədanwa/ladanwaz] der Däne / die Dänin → 3/1
dans [dɑ̃] *prép.* in *räumlich, zeitlich;* **dans la rue** [dɑ̃laʀy] auf der Straße; **dans l'ensemble** [dɑ̃lɑ̃sɑ̃bl] *adv.* insgesamt; **dans le sud de** [dɑ̃ləsydə] *adv.* im Süden von
la **danse** [ladɑ̃s] der Tanz, das Tanzen
danser [dɑ̃se] tanzen
la **danseuse étoile / le danseur étoile** [ladɑ̃søzetwal/lədɑ̃sœʀetwal] die Primaballerina, der/die Startänzer/in
la **date** [ladat] das Datum
dater de [datedə] datieren von
de [də] *prép.* von; **de ... à ...** [də...a] von ... bis ... *zeitlich,* zwischen ... und ...; **de la part de** [dəlapaʀdə] vonseiten, seitens; **de loin** [dəlwɛ̃] *adv.* von weit her; **de manière** + *adj.* [dəmanjɛʀ] *adv.* auf eine Art und Weise; **de plus** [dəplys] *adv.* außerdem; **de plus en plus** [dəplyzɑ̃ply(s)] mehr und mehr, immer mehr; **de son côté** [dəsɔ̃kote] *loc. adv.* seinerseits, ihrerseits; **de toute façon** [dətutfasɔ̃] *adv.* auf jeden Fall
débarquer [debaʀke] landen *mit dem Schiff* → 1/A
debout [dəbu] *adv.* stehend
débrancher qc [debʀɑ̃ʃe] etw. abschalten, den Stecker ziehen → 4/A
[ê]**se débrouiller** [sədebʀuje] zurechtkommen, sich durchwursteln *umg.*
le **début** [lədeby] der Anfang; **au début (de qc)** [odeby] *adv.* am Anfang (von etw.), zuerst
décembre [desɑ̃bʀ] *m.* Dezember
décevoir qn [desvwaʀ] jdn enttäuschen *wie* recevoir *S. 134*
les **déchets** [ledeʃɛ] *m. pl.* der Müll, der Abfall → 4/A
décider de + *Inf.* [desidedə] entscheiden, beschließen etw. zu tun; **décider de qc** über etw. entscheiden → 2/2
déclarer qc [deklaʀe] etw. verkünden, deklarieren, erklären *Krieg*
la **déclinaison** [ladeklinɛzɔ̃] die Deklination → 3/2
découper qc [dekupe] etw. ausschneiden → 4/A
découvrir qn/qc [dekuvʀiʀ] jdn/etw. entdecken *wie* ouvrir *S. 133*
décrire qn/qc [dekʀiʀ] jdn/etw. beschreiben *wie* écrire *S. 132*
dedans [dədɑ̃] *adv.* darin, innen, drin
le **défaut** [ladefo] der Fehler, der Mangel
défavorisé/e [defavɔʀize] benachteiligt → 1/2
défendre qn/qc [defɑ̃dʀ] jdn/etw. verteidigen *wie* attendre *S. 129*
définir qc [definiʀ] etw. definieren, etw. beschreiben *wie* réagir *S. 129* → 4/1
dégoûter qn [degute] jdn nerven, anwidern
dehors [dəɔʀ] *adv.* draußen
déjà [deʒa] *adv.* schon
le **déjeuner** [lədeʒœne] das Mittagessen
le/la **délégué/e de classe** [lə/ladelegedəklas] der/die Klassensprecher/in
délinquant/e [delɛ̃kɑ̃/delɛ̃kɑ̃t] *adj.* straffällig
le **déluge** [lədelyʒ] die Sintflut → 4/1
demain [dəmɛ̃] *adv.* morgen; **demain matin** [dəmɛ̃matɛ̃] morgen früh; **À demain!** [adəmɛ̃] Bis morgen!
demander qc à qn [dəmɑ̃de] jdn etw. fragen; **demander à qn de** + *Inf.* jdn bitten etw zu tun; [ê]**se demander** [sədəmɑ̃de] sich fragen; **demander le chemin** [dəmɑ̃deləʃəmɛ̃] nach dem Weg fragen
demi/e [dəmi] *adj.* halb; **la demi-finale** [ladəmifinal] das Halbfinale
la **démocratie** [lademɔkʀasi] die Demokratie
la **demoiselle** [ladmwazɛl] das Fräulein
dénoncer qn [denɔ̃se] jdn verraten, verpetzen *wie* avancer *S. 129*
la **dent** [ladɑ̃] der Zahn
le **département** [lədepaʀt(ə)mɑ̃] *französische Verwaltungseinheit* → 1/A
dépendant/e [depɑ̃dɑ̃/depɑ̃dɑ̃t] *adj.* abhängig
dépendre de qn/qc [depɑ̃dʀ] von jdm/etw. abhängen *wie* attendre *S. 129;* **Ça dépend.** [sadepɑ̃] Das kommt darauf an.
dépenser qc [depɑ̃se] etw. ausgeben
déplaire à qn [deplɛʀ] jdm missfallen *wie* plaire *S. 134* → 4/2
déprimé/e [depʀime] *adj.* deprimiert, niedergeschlagen
depuis [dəpɥi] seit; **depuis** [dəpɥi] *prép. hier:* von etw. aus *örtlich;* **depuis que** [dəpɥikə] seitdem

déranger qn [deʀɑ̃ʒɛ] jdn stören *wie* bouger *S. 129*
dernier/-ère [dɛʀnje/dɛʀnjɛʀ] *adj.* letzter/-e/-es, voriger/-e/-es
(ê)**se dérouler** [sədeʀule] sich entwickeln, sich abspielen → 3/1
derrière qn/qc [dɛʀjɛʀ] hinter jdm/etw.
dès [dɛ] *prép.* seit, ab *zeitlich;* **dès que** + *futur antérieur* [dɛkə] *conj.* wenn → 4/1
le/la **descendant/e** [lədesɑ̃dɑ̃/ladesɑ̃dɑ̃t] der/die Nachfahre/-in → 5/1
(ê)**descendre** [desɑ̃dʀ] aussteigen, hinuntergehen *wie* attendre *S. 129*
le **désert** [ledezɛʀ] die Wüste
désertique [dezɛʀtik] *m./f. adj.* wüstenartig, Wüsten- + *Nomen* → 5/A
désespéré/e [dezɛspeʀe] *adj.* verzweifelt
le **désordre** [lədezɔʀdʀ] die Unordnung; **être en désordre** [ɛtʀɑ̃dezɔʀdʀ] unaufgeräumt sein
le **despote** [lədɛspɔt] der Despot
le **dessert** [lədesɛʀ] das Dessert, der Nachtisch
le **dessin** [lədesɛ̃] das Zeichnen, die Zeichnung
dessus [dəsy] *adj.* darauf → 3/2
(ê)**se détendre** [sədetɑ̃dʀ] sich entspannen *wie* attendre *S. 129*
détester qn/qc [detɛste] jdn/etw. nicht mögen, hassen
les **dettes** [ledɛt] *f. pl.* die Schulden
devant [dəvɑ̃] vor
le **développement** [lədevəlɔpmɑ̃] die Entwicklung
(ê)**devenir** [dəvniʀ] werden *wie* venir *S. 135;* **devenir médecin** [dəvniʀmedsɛ̃] Arzt werden
deviner qc [dəvine] etw. raten, erraten
la **devise** [ladəviz] die Devise, das Motto → 3/A
devoir + *Inf.* [dəvwaʀ] etw. tun müssen *S. 131*
le **devoir sur table** [lədəvwaʀsyʀtabl] die Klassenarbeit; **les devoirs** [ledəvwaʀ] *m. pl.* die Hausaufgaben

le **dictionnaire** [lədiksjɔnɛʀ] das Wörterbuch
(le) **Dieu** [(lə)djø] (der) Gott
différemment [difeʀamɑ̃] *adv.* anders, unterschiedlich
différent/e [difeʀɑ̃/difeʀɑ̃t] *adj.* anders, unterschiedlich
difficile [difisil] *m./f. adj.* schwer, schwierig
la **difficulté** [ladifikylte] die Schwierigkeit
dimanche [dimɑ̃ʃ] *m.* Sonntag
la **dinde** [ladɛ̃d] die Pute
le **dîner** [ladine] das Abendessen
dîner [dine] zu Abend essen
dingue [dɛ̃g] *m./f. adj. fam.* verrückt
le **diplôme** [lədiplom] das Diplom → 2/1
dire (qc à qn) [diʀ] (jdm etw.) sagen *S. 132;* **dire merci à qn** [diʀmɛʀsi] sich bei jdm bedanken; **dire au revoir à qn** [diʀɔʀvwaʀ] sich von jdm verabschieden; **dire bonjour à qn** [diʀbɔ̃ʒuʀ] jdn begrüßen; **ça veut dire** [savødiʀ] das bedeutet, das heißt; **dire ses quatre vérités à qn** [diʀsekatʀveʀite] Klartext sprechen; **dis** [di] *fam.* sag mal; **Dis toujours.** [dituʒuʀ] Nun sag schon. → 4/2
direct/e [diʀɛkt] *adj.* direkt
directement [diʀɛktəmɑ̃] *adv.* direkt
le/la **directeur/-trice** [lədiʀɛktœʀ/ladiʀɛktʀis] der/die Direktor/in
la **direction** [ladiʀɛksjɔ̃] die Richtung
diriger qc [diʀiʒe] etw. leiten, führen *wie* bouger *S. 129;* (ê)**se diriger vers qn/qc** [sədiʀiʒevɛʀ] sich jdm/etw. zuwenden
la **discipline** [ladisiplin] das Fach; die Disziplin
la **discussion** [ladiskysjɔ̃] das Gespräch, die Diskussion → 4/2
discuter [diskyte] diskutieren; **discuter (de qc)** [diskyte] sich (über etw.) unterhalten
disparaître [dispaʀɛtʀ] verschwinden *wie* connaître *S. 130* → 4/1
le **dispensaire** [lədispɑ̃sɛʀ] die Ambulanz → 4/2
(ê)**se disputer qc** [sədispyte] sich um etw. streiten; (ê)**se disputer avec qn** [sədispyte] sich mit jdm streiten

le **disque** [lədisk] die Platte *CD und Schallplatte*
la **disquette** [ladiskɛt] die Diskette
distribuer qc [distʀibɥe] etw. verteilen, austeilen
dit/e [di/dit] *adj.* genannt
diversifier qc [divɛʀsifje] etw. abwechslungsreich gestalten → 3/A
la **diversité** [ladivɛʀsite] die Vielfalt → 3/A
le **documentaire** [lədɔkymɑ̃tɛʀ] der Dokumentarfilm
le/la **documentaliste** [lədɔkymɑ̃talist] *m./f.* der/die Bibliothekar/in
les **DOM** [ledɔm] ou: **les Départements d'outre mer** [ledepartmɑ̃dutʀmɛʀ] *französische Überseeregionen bzw. -departements* → 1/A
le **domaine** [lədɔmɛn] der Bereich; **le domaine internet** [lədomɛnɛ̃tɛʀnɛt] die Internetdomain
le **dôme** [lədom] die Kuppel, das Gewölbe → 5/A
domestique [dɔmɛstik] *m./f. adj.* Haus- + *Nomen*
dominer qn/qc [dɔmine] jdn/etw. dominieren, beherrschen, überragen
dommage [dɔmaʒ] schade
donc [dɔ̃k] *conj.* also, folglich; **Dis donc!** [didɔ̃k] Na sag mal!
donner qc à qn [dɔne] jdm etw. geben; **donner un coup de pouce à qn** [dɔneɛ̃kudpusa] *f. fam.* jdm helfen, jdm zur Hand gehen; **donner (un) rendez-vous à qn** [dɔneʀɑ̃devu] sich mit jdm verabreden; **donner le bonjour à qn** [dɔneləbɔ̃ʒuʀ] jdn grüßen; **donner sans compter** [dɔnesɑ̃kɔ̃te] sehr großzügig sein; **donner son avis** [dɔnesɔ̃navi] seine Meinung sagen
dont [dɔ̃] *Relativpronomen* dessen, deren
doré/e [dɔʀe] *adj.* golden
dormir [dɔʀmiʀ] schlafen *wie* sortir *S. 135*

ANNEXE

le **dos** [lədo] der Rücken
le **dossier** [lədosje] die Mappe
doubler qn [duble] jdn überholen
la **douche** [laduʃ] die Dusche
(ê)**se doucher** [səduʃe] duschen
le **doute** [lədut] der Zweifel; **sans doute** [sɑ̃dut] *adv.* gewiss
doux/douce [du/dus] *adj. hier:* süß *auch:* weich, sanft → 5/1
le **drame** [lədʀam] das Drama
le **drap** [lədʀa] das Tuch, das Laken
le **dribble** [lədʀibl] das Dribbling
la **drogue** [ladʀɔg] die Droge
le **droit** [lədʀwa] *hier:* Jura → 2/1; das Recht → 2/2; le **droit de l'homme** [lədʀwadlɔm] das Menschenrecht → 4/1
drôle [dʀol] *m./f. adj.* lustig
drôlement [dʀolmɑ̃] *adv. fam.* ganz schön
la **dune** [ladyn] die Düne
dur/e [dyʀ] *adj.* hart, schwierig
durable [dyʀabl] *m./f. adj.* dauerhaft → 3/A
durer [dyʀe] dauern
le **DVD** [lədevede] die DVD

E

l' **eau** [lo] *f.* das Wasser
les **eaux** [lezo] *f. pl.* die Gewässer → 1/1
l' **échafaud** [leʃafo] *m.* das Schafott
l' **échange** [leʃɑ̃ʒ] *m.* der Austausch
échanger qc (contre qc) [eʃɑ̃ʒe] etw. (gegen etw.) tauschen *wie* bouger *S. 129*
les **échecs** [lezeʃɛk] *m. pl.* das Schachspiel
(ê)**s'éclater** [seklate] sich austoben, sich amüsieren → 4/1
l' **école** [lekɔl] *f.* die Schule; **l'école maternelle** [lekɔlmatɛʀnɛl] *f.* der Kindergarten; **l'école primaire** [lekɔlpʀimɛʀ] *f.* die Grundschule
l' **écolo** [lekolo] *fam.* ou: **l'écologiste** [lekɔlɔʒist] *m./f.* der/die Umweltschützer/in → 4/1
économe [ekɔnɔm] *m./f. adj.* sparsam
l' **économie** [lekɔnɔmi] *f.* die Wirtschaft
économiser qc [ekɔnɔmize] etw. sparen → 4/A
l' **écorce** [lekɔʀs] *f.* die Rinde, die Schale
l' **Écossais/e** [lekɔsɛ/lekɔsɛz] der/die Schotte/-in → 3/1
écossais/e [ekɔsɛ/ekɔsɛz] *adj.* schottisch → 3/1
écouter qc [ekute] etw. hören; **écouter qn** jdm (zu)hören, auf jdn hören
l' **écran** [lekʀɑ̃] *m.* der Bildschirm, die Leinwand
écrire (qc à qn) [ekʀiʀ] (jdm etw). schreiben *S. 132;* **écrire comme un chat** [ekʀiʀkɔmɛ̃ʃa] unsauber schreiben
l' **écrivain** [lekʀivɛ̃] *m./f.* der/die Schriftsteller/in
l' **éducateur/-trice** [ledykatœʀ/ledykatʀis] der/die Erzieher/in
l' **éducation civique** [ledykasjɔ̃sivik] *f.* die Sozialkunde, die Gemeinschaftskunde
l' **effet** [lefɛ] *m.* die Wirkung, der Effekt; en **effet** [ɑ̃efɛ] *adv.* tatsächlich → 5/1
l' **effort** [lefɔʀ] *m.* die Anstrengung; **faire un effort** [fɛʀɛ̃nefɔʀ] sich anstrengen
l' **église** [legliz] *f.* die Kirche
égoïste [egɔist] *m./f. adj.* egoistisch
eh bien [ebjɛ̃] also
électrique [elɛktʀik] *m./f. adj.* elektrisch → 4/A
électronique [elɛktʀɔnik] *m./f. adj.* elektronisch
élégant/e [elegɑ̃/elegɑ̃t] *adj.* elegant → 5/1
élémentaire [elemɑ̃tɛʀ] *adj.* Grund-+ *Nomen,* elementar → 2/2
l' **éléphant** [lelefɑ̃] *m.* der Elefant
l' **élève** [lelɛv] *m./f.* der/die Schüler/in
élever qn [elve] jdn großziehen *wie* amener *S. 129* → 1/2
l' **élimination** [leliminasjɔ̃] *f. hier:* der Ausschluss, das Ausscheiden
éliminer qn [elimine] jdn ausschließen, durchfallen lassen
l' **embouteillage** [lɑ̃butɛjaʒ] *m.* der Verkehrsstau
l' **embrouille** [lɑ̃bʀuj] *f. fam.* das Wirrwarr, die Verwicklung
émerger de qc [emɛʀʒe] aus etw. herausragen *wie* bouger *S. 129* → 3/A
l' **émeute** [lemøt] *f.* der Aufstand
l' **émigration** [lemigʀasjɔ̃] *f.* die Auswanderung
l' **émission** [lemisjɔ̃] *f.* die Sendung
emmener qn [ɑ̃mne] jdn mitnehmen, wegführen *wie* amener *S. 129*
l' **émotion** [lemɔsjɔ̃] *f.* die Rührung, die Ergriffenheit
empêcher qn de + *Inf.* [ɑ̃pɛʃedə] jdn daran hindern etw. zu tun
l' **empire** [lɑ̃piʀ] *m.* das Reich
l' **emploi** [lɑ̃plwa] *m.* der Arbeitsplatz; **l'emploi du temps** [lɑ̃plwadytɑ̃] *m.* der Stundenplan
employer qn [ɑ̃plwaje] jdn beschäftigen *wie* payer *S. 129*
en [ɑ̃] in; **en direct** [ɑ̃diʀɛkt] *adj.* live, direkt *bei Radio- und Fernsehsendungen;* **en effet** [ɑ̃nefɛ] tatsächlich → 3/A; **en face de** [ɑ̃fasdə] gegenüber von; **en fait** [ɑ̃fɛt] eigentlich; **en haut** [ɑ̃o] *adv.* oben; **en ce moment** [ɑ̃smɔmɑ̃] zur Zeit; **en gros plan** [ɑ̃gʀoplɑ̃] die Nahaufnahme → 3/1; **en secret** [ɑ̃səkʀɛ] im Geheimen
encore [ɑ̃kɔʀ] *adv.* außerdem, noch, schon wieder; **encore plus** [ɛ̃kɔʀplys] *adv.* noch mehr
encourager qn [ɑ̃kuʀaʒe] jdm Mut machen *wie* bouger *S. 129*
(ê)**s'endormir** [sɑ̃dɔʀmiʀ] einschlafen *wie* sortir *S. 135*
l' **endroit** [lɑ̃dʀwa] *m.* der Ort
l' **énergie** [lenɛʀʒi] *f.* die Energie
(ê)**s'énerver contre qn** [senɛʀvekɔ̃tʀ] sich über jdn aufregen
l' **enfance** [lɑ̃fɑ̃s] *f.* die Kindheit
l' **enfant** [lɑ̃fɑ̃] *m./f.* das Kind
l' **enfer** [lɑ̃fɛʀ] *m.* die Hölle
enfin [ɑ̃fɛ̃] *adv.* schließlich, jedenfalls
engagé/e [ɑ̃gaʒe] engagiert
l' **engagement** [lɑ̃gaʒmɑ̃] *m.* das Engagement, der Einsatz → 1/2

(ê)**s'engager** [sɑ̃gaʒe] sich engagieren *wie* bouger *S. 129* → 1/2
enlever qc [ɑ̃lve] etw. ausziehen, etw. ablegen *Kleidung* *wie* amener *S. 129*; **enlever qc à qn** [ɑ̃lve] jdm etw. wegnehmen → 5/1
ennemi/e [ɛnmi] *adj.* feindlich → 3/1
(ê)**s'ennuyer** [sɑ̃nɥije] sich langweilen *wie* payer *S. 129*
ennuyeux/-euse [ɑ̃nɥijø/ɑ̃nɥijøz] *adj.* langweilig
énorme [enɔʀm] *adj.* ungeheuer, enorm; **énormément** [enɔʀmemɑ̃] *adv.* ungeheuer, enorm
l' **enseignant/e** [lɑ̃sɛɲɑ̃/lɑ̃sɛɲɑ̃t] der/die Lehrer/in → 5/1
l' **enseignement** [lɑ̃sɛɲəmɑ̃] *m.* der Unterricht, das Bildungswesen → 5/A
ensemble [ɑ̃sɑ̃bl] *adv.* zusammen
ensuite [ɑ̃sɥit] *adv.* danach, anschließend
entendre qn/qc [ɑ̃tɑ̃dʀ] jdn/etw. hören *wie* attendre *S. 129*; (ê)**s'entendre avec qn** [sɑ̃tɑ̃dʀavɛk] sich mit jdm verstehen
enterrer qn [ɑ̃tɛʀe] jdn beerdigen → 3/1
entier/-ière [ɑ̃tje/ɑ̃tjɛʀ] *adj.* ganz, voll
entouré/e de qn/qc [ɑ̃tuʀedə] *adj.* umgeben von jdm/etw. → 4/A
(ê)**s'entraîner** [sɑ̃tʀene] trainieren; **entraîner qn (vers qn/qc)** jdn führen, jdn mit sich ziehen → 3/2
l' **entraîneur/-euse** [lɑ̃tʀɛnœʀ/lɑ̃tʀɛnøz] der/die Trainer/in
entre [ɑ̃tʀ] zwischen
l' **entrepreneur/-euse** [lɑ̃tʀəpʀənœʀ/lɑ̃tʀəpʀənøz] der/die Unternehmer/in
l' **entreprise** [lɑ̃tʀəpʀiz] *f.* das Unternehmen, die Firma
(ê)**entrer** [ɑ̃tʀe] hineingehen, eintreten
envahir qc [ɑ̃vaiʀ] etw. überfallen *ein Land*, einfallen *in ein Land* *wie* réagir *S. 129*
l' **environnement** [lɑ̃viʀɔnmɑ̃] *m.* die Umwelt → 4/2
envoyer qc à qn [ɑ̃vwajea] jdm etw. schicken *wie* payer *S. 129*
l' **épaule** [epol] *f.* die Schulter
épeler qc [epəle] etw. buchstabieren *wie* amener *S. 129*
l' **épidémie** [lepidemi] *f.* die Epidemie, die Seuche → 4/2
l' **épisode** [lepizɔd] *m.* die Episode, die Begebenheit → 3/A
l' **époque** [lepɔk] *f.* die Epoche
épouser qn [epuze] jdn heiraten
l' **équilibre** [lekilibʀ] *m.* das Gleichgewicht → 5/1
l' **équipe** [lekip] *f.* die Mannschaft, das Team
l' **équipement** [lekipmɑ̃] *m.* die Einrichtung
équitable [ekitabl] *m./f. adj.* gerecht, fair → 4/A
l' **érable** [leʀabl] *m.* der Ahorn
l' **escalade** [lɛskalad] *f.* das Klettern; **l'escalade urbaine** [lɛskaladyʀbɛn] Urban climbing
escalader qc [ɛskalade] etw. hinaufklettern
l' **escalier** [lɛskalje] *m.* die Treppe
l' **esclavage** [lɛsklavaʒ] *m.* die Sklaverei → 1/A
l' **esclave** [lɛsklav] *m./f.* der Sklave / die Sklavin → 1/A
l' **espace vert** [lɛspasvɛʀ] die Grünanlage
l' **Espagne** [lɛspaɲ] *f.* Spanien
l' **espagnol** [lɛspaɲol] *m.* Spanisch → 1/A
espérer *(+ Inf.)* [ɛspeʀe] hoffen (etw. zu tun) *S. 129*
l' **espoir** [lɛspwaʀ] *m.* die Hoffnung
l' **esprit** [lɛspʀi] *m.* der Geist, der Sinn; **reprendre ses esprits** [ʀəpʀɑ̃dʀsezɛspʀi] wieder zu sich kommen → 3/2
essayer qc [esɛje] etw. versuchen, (an)probieren *wie* payer *S. 129*; **essayer de** + *Inf.* versuchen etw. zu tun
l' **essence** [lɛsɑ̃s] *f.* das Benzin → 4/A
l' **est** [lɛst] *m.* der Osten; **à l'est de** [alɛstdə] östlich von
et [e] *conj.* und; **Et alors?** [ealɔʀ] Na und?
l' **étagère** [letaʒɛʀ] *f.* das Regal
étant donné que [etɑ̃dɔnekə] *prép.* da → 2/1
l' **étape** [letap] *f.* die Etappe
l' **État** [leta] *m.* der Staat
les **États-Unis** [lezetazyni] die USA → 3/A
l' **été** [lete] *m.* der Sommer
(ê)**s'étirer** [setiʀe] sich strecken
l' **étranger** [letʀɑ̃ʒe] *m.* das Ausland; **l'étranger/-ère** [letʀɑ̃ʒe/letʀɑ̃ʒɛʀ] der/die Fremde, der/die Ausländer/in
être [ɛtʀ] sein *S. 128*; **être à qn** [ɛtʀakɛlkɛ̃] jdm gehören; **être à son compte** [ɛtʀasɔ̃kɔ̃t] beruflich selbstständig sein → 2/1; **être assis/e** [ɛtʀasi/ɛtʀasiz] sitzen; **être constitué/e de qc** [kɔ̃stitɥedə] aus etw. bestehen, aus etw. zusammengesetzt sein → 1/A; **être décidé/e à** + *Inf.* [ɛtʀədesidea] entschlossen sein etw. zu tun → 1/1; **être en avance** [ɛtʀɑ̃navɑ̃s] zu früh kommen; **être en colère** [ɛtʀɑ̃kɔlɛʀ] wütend sein; **être en forme** [ɛtʀɑ̃fɔʀm] in Form sein; **être en train de** + *Inf.* [ɛtʀɑ̃tʀɛ̃də] gerade etw. tun / dabei sein etw. zu tun; **être lié/e à qn/qc** [ɛtʀliea] mit jdm/etw. verbunden sein → 3/2; **être sous pression** [ɛtʀsupʀesjɔ̃] unter Druck stehen
les **études** [lezetyd] *f. pl.* das Studium; **les études dirigées** [lezetydiʀiʒe] *f. pl. Zeit, in der die Schüler ihre Hausaufgaben unter Aufsicht anfertigen;* **faire des études** [fɛʀdezetyd] studieren
l' **étudiant/e** [letydjɑ̃/letydjɑ̃t] der/die Student/in → 3/2
étudier [etydje] *hier:* lernen
l' **euro** [løʀo] *m.* der Euro
l' **Europe** [løʀɔp] *f.* Europa
l' **Européen/l'Européenne** [lœʀɔpeɑ̃/lœʀɔpeɛn] der/die Europäer/in → 3/A
(ê)**s'évader (dans)** [sevade(dɑ̃)] entfliehen, flüchten
éveiller qc [evɛje] etw. wecken → 2/1
l' **événement** [levɛnmɑ̃] *m.* das Ereignis → 3/2
évidemment [evidamɑ̃] *adv.* klar, eindeutig, selbstverständlich

ANNEXE

évident/e [evidɑ̃/evidɑ̃t] *adj.* klar, eindeutig, selbstverständlich
éviter qc / éviter de + *Inf.* [evite] etw. vermeiden / vermeiden etw. zu tun
exactement [ɛgsaktəmɑ̃] *adv.* genau → 2/1
exagérer qc [ɛgzaʒeʀe] etw. übertreiben *wie* espérer *S. 129*
l' **examen** [lɛgsamɛ̃] *m.* die Prüfung
excellent/e [ɛkselɑ̃/ɛkselɑ̃t] *adj.* ausgezeichnet, hervorragend → 2/1
exceptionnel/le [eksɛpsjɔnel] *adj.* außergewöhnlich → 3/2
exclure qn [eksklyʀ] jdn/etw. ausschließen *S. 132*
l' **excursion** [lɛkskyʀsjɔ̃] *f.* der Ausflug, die Exkursion
exemplaire [ɛgsɑ̃plɛʀ] *m./f. adj.* vorbildlich, nachahmenswert → 4/2
l' **exemple** [lɛgzɑ̃pl] *m.* das Beispiel
exercer qc [ɛgzɛrse] etw. gebrauchen, ausüben *wie* avancer *S. 129*
l' **exercice** [lɛgzɛʀsis] *m.* die Übung
l' **exil** [lɛgzil] *m.* das Exil
exister [ɛgziste] existieren
l' **expérience** [lɛkspeʀjɑ̃s] *f.* die Erfahrung
l' **explication de texte** [lɛksplikasjɔ̃dətɛkst] *f.* der Aufsatz *Textinterpretation*
expliquer qc à qn [ɛksplikea] jdm etw. erklären
l' **explorateur/-trice** [lɛksplɔʀatœʀ/lɛksplɔʀatʀis] der/die Entdecker/in
l' **exposition** [lɛkspozisjɔ̃] *f.* ou: **l'expo** [lɛkspo] *fam.* die Ausstellung → 3/2
l' **exposé** [lɛkspoze] *m.* das Referat, der Vortrag
l' **expression** [lɛkspʀesjɔ̃] *f.* der Ausdruck
extraordinaire [ɛkstʀaɔʀdinɛʀ] *m./f. adj.* außergewöhnlich → 3/1
extrême [ɛkstʀɛm] *m./f. adj.* extrem, Extrem-+ *Nomen* → 4/1

F

la **fable** [lafabl] *f.* die Fabel
fabriquer qc [fabʀike] etw. herstellen → 2/1
fâché/e [faʃe] *adj.* verärgert
facile [fasil] *m./f. adj.* leicht, einfach
la **faim** [lafɛ̃] *f.* der Hunger; **avoir faim** [avwaʀfɛ̃] Hunger haben
faire qc [fɛʀ] etw. machen, tun *S. 132*; **faire qc à qn** [fɛʀ] jdm etw. (an)tun; **faire des calculs** [fɛrdekalkyl] rechnen; **faire des études** [fɛʀdezetyd] studieren; **faire la cuisine** [fɛʀlakɥizin] kochen; **faire la prière** [fɛʀlapʀijɛʀ] beten; **faire (qc) pareil** [fɛʀpaʀɛj] (etw.) genauso machen → 3/2; **faire partie de qc** [fɛʀpaʀtidə] zu etw. dazugehören; **faire passer qn** [fɛʀpɑse] *hier:* jdn schleusen, jdn illegal über die Grenze bringen; **faire place à qn/qc** [fɛʀplasa] jdm/etw. Platz einräumen / Platz machen → 5/1; **faire prospérer qc** [fɛʀpʀɔspeʀe] etw. zum Blühen bringen; **faire tout son possible** [fɛʀtusɔ̃pɔsiblə] sein/ihr Möglichstes tun; [(ê)] **se faire un nom** [səfɛʀɛ̃nɔ̃] sich einen Namen machen; **faire venir qn** [fɛʀvəniʀ] jdn kommen lassen; **Fais voir!** [fɛvwaʀ] Zeig her!; **il fait moins vingt** [ilfɛmwɛ̃vɛ̃] es sind – 20°; **ça fait deux** [safɛdø] das sind zwei Dinge, die nicht zusammenpassen; **ça fait du bien (de** + *Inf.*) [safɛdybjɛ̃] es tut gut (etw. zu tun)
falloir [falwaʀ] müssen *S. 132*; **il faut** + *Nomen/Inf.* [ilfo] man braucht, man muss; **il faut que** + *subj.* [ilfokə] es ist nötig (etw. zu tun); **comme il faut** [kɔmilfo] ordentlich, wie es sich gehört; **il faudrait que** + *subj.* [ilfodʀɛkə] es wäre nötig, man müsste
la **famille** [lafamij] die Familie; **la famille nombreuse** [lafamijnɔ̃bʀøz] die kinderreiche Familie
le/la **fan** [lefan/lafan] der Fan
fantastique [fɑ̃tastik] *m./f. adj.* phantastisch

la **farine** [lafaʀin] das Mehl
fascinant/e [fasinɑ̃/fasinɑ̃t] *adj.* faszinierend → 5/1
la **fatigue** [lafatig] die Erschöpfung
fatigué/e [fatige] *adj.* müde
la **faute** [lafot] der Fehler, die Schuld
faux/ fausse [fo/fos] *adj.* falsch
la **félicitation** [lafelisitasjɔ̃] der Glückwunsch
la **femme** [lafam] die Frau, die Ehefrau; **la jeune femme** [laʒœnfam] *f.* die junge Frau; **la femme au foyer** [lafamofwaje] die Hausfrau
la **fenêtre** [lafnɛtʀ] das Fenster
le **fer** [ləfɛʀ] das Eisen → 5/A
fermer qc [fɛʀme] etw. schließen
fertile [fɛʀtil] *m./f. adj.* fruchtbar → 5/1
la **ferveur** [lafɛʀvœʀ] **die** Inbrunst → 3/1; **avec ferveur** *adj.* inbrünstig → 3/1
le **festival** [ləfɛstival] das Festival
la **fête** [lafɛt] die Feier, die Fete
fêter qc [fɛte] etw. feiern; **ça se fête** [sasəfɛt] *fam.* das feiert man, das wird gefeiert
le **feu / les feux** [ləfø/lefø] das/die Feuer; **le feu de camp** [ləfød(ə)kɑ̃] das Lagerfeuer; **le feu rouge** [ləføʀuʒ] die Ampel; **Y a pas le feu.** [japɑlfø] *fam.* Keine Eile! → 2/2
la **feuille** [lafœj] das Blatt
février [fevʀije] *m.* Februar
les **fiançailles** [lefijɑ̃saj] *f. pl.* die Verlobung
fier/-ière (de qn/qc) [fjɛʀ] *adj.* stolz (auf jdn/etw.)
le **filet** [ləfilɛ] das Netz
la **fille** [lafij] das Mädchen, die Tochter; **la jeune fille** [laʒœnfij] *f.* das junge Mädchen
le **film** [ləfilm] der Film; **le film d'action** [ləfilmdaksjɔ̃] der Actionfilm; **le film d'horreur** [ləfilmdɔʀœʀ] der Horrorfilm
le **fils** [ləfis] der Sohn
la **fin** [lafɛ̃] das Ende
finalement [finalmɑ̃] *adv.* schließlich, endlich
finir (qc) [finiʀ] enden, etw. beenden *wie* réagir *S. 129*; **finir de** + *Inf.* etw. zu Ende tun; **finir**

par + *Inf.* [finiʀpaʀ] schließlich etw. tun → 2/1
la **fleur** [laflœʀ] die Blume
le **fleuve** [ləflœv] der Fluss
le **flic** [ləflik] *fam.* der Polizist, der Bulle
la **foire** [lafwaʀ] der Jahrmarkt
la **fois** [lafwa] das Mal
le/la **fonctionnaire** [lə/lafɔ̃ksjɔnɛʀ] der Beamte / die Beamtin
le/la **fondateur/-trice** [ləfɔ̃datœʀ/lafɔ̃datʀis] der/die Gründer/in
la **fondation** [lafɔ̃dasjɔ̃] die Stiftung → 4/2
fonder qc [fɔ̃de] etw. gründen → 1/1
le **foot** [ləfut] Fußball
le/la **footballeur/-euse** [ləfutbalœʀ/lafutbaløz] der/die Fußballer/in
la **force** [lafɔʀs] die Kraft; **de toutes ses forces** [dətutsefɔʀs] mit seiner/ihrer ganzen Kraft
la **forêt** [lafɔʀɛ] der Wald
la **formation** [lafɔʀmasjɔ̃] die Ausbildung; **la formation en alternance** [lafɔʀmasjɔ̃nɑ̃nal-tɛʀnɑ̃s] *duale Ausbildung*
(ê)**se former** [səfɔʀme] sich bilden
formidable [fɔʀmidabl] *m./f. adj.* hervorragend, toll
fort/e [fɔʀ/fɔʀt] *adj.* stark
fou/folle [fu/fɔl] *adj.* verrückt
fouiller dans qc [fujedɑ̃] in etw. wühlen, kramen
le **foulard** [ləfulaʀ] der Schal, das Halstuch
(ê)**se foutre de qn/qc** [səfutʀdə] *fam.* auf jdn/etw. pfeifen *wie attendre S. 129* → 4/A
la **fraîcheur** [lafʀɛʃœʀ] die Frische
frais/fraîche [fʀɛ/fʀɛʃ] *adj.* frisch
le **français** [ləfʀɑ̃sɛ] Französisch, die französische Sprache; **en français** [ɑ̃fʀɑ̃sɛ] auf Französisch
le/la **Français/e** [ləfʀɑ̃sɛ/lafʀɑ̃sɛz] der Franzose / die Französin
la **France** [lafʀɑ̃s] Frankreich
franchir qc [fʀɑ̃ʃiʀ] etw. überwinden, etw. durchlaufen *wie réagir S. 129*
franco-italien/ne [fʀɑ̃koitaljɛ̃/fʀɑ̃koitaljɛn] *adj.* französisch-italienisch
francophone [fʀɑ̃kɔfɔn] *m./f. adj.* französischsprachig
frapper qn/qc [fʀape] jdn/etw. schlagen; **frapper qn** *hier:* jdm auffallen, jdn in Erstaunen versetzen
la **fraternisation** [lafʀatɛʀnizasjɔ̃] die Verbrüderung → 3/1
fréquemment [fʀekamɑ̃] *adv.* häufig
fréquent/e [fʀekɑ̃/fʀekɑ̃t] *adj.* häufig
fréquenter qn/qc [fʀekɑ̃te] jdn/etw. besuchen → 5/1
le **frère** [ləfʀɛʀ] der Bruder; **les frères et sœurs** [lefʀɛʀesœʀ] *m. pl.* die Geschwister
le **fric** [ləfʀik] *fam.* das Geld, die Knete
les **fringues** [lefʀɛ̃g] *f. pl. fam.* die Klamotten
le **frisson** [ləfʀisɔ̃] das Zittern
les **frites** [lefʀit] *f. pl.* die Pommes frites
froid/e [fʀwa/fʀwad] *adj.* kalt; **Il fait froid.** [ilfɛfʀwa] Es ist kalt.
le **fromage** [ləfʀɔmaʒ] der Käse
le **front** [ləfʀɔ̃] die Front → 3/1
la **frontière** [lafʀɔ̃tjɛʀ] die Grenze → 3/A
le **fruit** [ləfʀɥi] die Frucht; **les fruits** [lefʀɥi] *m. pl.* das Obst
la **fuite** [lafɥit] die Flucht
fumer [fyme] rauchen
le **fumier** [ləfymje] der Nährboden, der Mist
furieux/-euse [fyʀjø/fyʀjøz] *adj.* wütend

G

gâcher qc [gɑʃe] etw. verderben
le/la **gagnant/e** [ləgaɲɑ̃/lagaɲɑ̃t] der/die Gewinner/in
gagner qc [gaɲe] etw. gewinnen, (Geld) verdienen
la **galère** [lagalɛʀ] die Galeere *Kriegsschiff*
galérer en qc [galeʀeɑ̃] *fam.* sich in etw. abrackern *wie espérer S. 129* → 2/2
le **gamin / la gamine** [ləgamɛ̃/lagamin] *fam.* der kleine Junge / das kleine Mädchen
le **gant** [ləgɑ̃] der Handschuh; **prendre des gants** [pʀɑ̃dʀdegɑ̃] (jdn) mit Samthandschuhen anfassen
le **garçon** [ləgaʀsɔ̃] der Junge
garder qn/qc [gaʀde] auf jdn/etw. aufpassen, etw. aufbewahren, behalten
la **gare** [lagaʀ] der Bahnhof
garer qc [gaʀe] etw. einparken *einen Wagen*
le **gars** [ləgɑ] der Junge, der Bursche *nur in Québec*
gâté/e [gɑte] *adj.* verwöhnt
le **gâteau / les gâteaux** [lə/legɑto] der Kuchen
le **gaz** [ləgaz] das Gas → 4/A
la **génération** [laʒeneʀasjɔ̃] die Generation → 2/A
généreux/-euse [ʒeneʀø/ʒeneʀøz] *adj.* großzügig
génial/e [ʒenjal] *adj.* / **géniaux** [ʒenjo] *m. pl.* toll, super, genial
le **genre** [ləʒɑ̃ʀ] die Art, das Genre; die Gattung
les **gens** [leʒɑ̃] *m. pl.* die Leute
gentil/le [ʒɑ̃ti/ʒɑ̃tij] *adj.*
la **gentillesse** [laʒɑ̃tijɛs] die Freundlichkeit → 5/1
gentiment [ʒɑ̃timɑ̃] *adv.* nett
la **géographie** [laʒeɔgʀafi] die Geographie, die Erdkunde
le **geste** [ləʒɛst] die Geste, die Handbewegung
la **glace** [laglas] das (Speise-)Eis
le **globe** [ləglɔb] der Erdball → 3/A
le **golfe** [ləgɔlf] der Golf
le **goudron** [ləgudʀɔ̃] der Teer → 5/1
le **goût** [ləgu] der Geschmack; die Vorliebe → 4/1
grâce à [gʀɑsa] *prép.* dank
le **gramme** [ləgʀam] das Gramm
grand/e [gʀɑ̃/gʀɑ̃d] *adj.* groß
la **Grande-Bretagne** [lagʀɑ̃dbʀə-taɲ] Großbritannien → 3/A
grandir [gʀɑ̃diʀ] aufwachsen, wachsen *wie réagir S. 129*
la **Grande école** [lagʀɑ̃dekɔl] die Elitehochschule
la **grand-mère** [lagʀɑ̃mɛʀ] die Großmutter
le **grand-père** [ləgʀɑ̃pɛʀ] der Großvater
les **grands-parents** [legʀɑ̃paʀɑ̃] *m. pl.* die Großeltern

ANNEXE

le **gratin** [ləgʀatɛ̃] der Auflauf
le **gratte-ciel** [ləgʀatsjɛl] der Wolkenkratzer
gratuit/e [gʀatɥi/gʀatɥit] *adj.* umsonst → 5/1
grave [gʀav] *m./f. adj.* schlimm
griller qc [gʀije] etw. grillen
la **grippe** [lagʀip] die Grippe → 4/2
gris/e [gʀi/gʀiz] *adj.* grau
gros/se [gʀo/gʀos] *adj.* groß, dick; **le gros plan** [ləgʀoplɑ̃] die Nahaufnahme → 3/1
grossir [gʀosiʀ] hier: wachsen, *auch:* zunehmen, dicker werden *wie* réagir *S. 129* → 5/1
le **groupe** [ləgʀup] die Gruppe, die Band
le/la **Guadeloupéen/ne** [ləgwadlupeɛ̃/lagwadlupeɛn] der/die Einwohner/in von Guadeloupe → 1/A
la **guerre** [lagɛʀ] der Krieg
le **guide** [ləgid] der (Reise-)Führer; **le guide de haute montagne** [ləgidəotmɔ̃taɲ] der/die Hochgebirgsführer/in → 2/A; le **guide interprète** [ləgidɛ̃tɛʀpʀɛt] *Reiseleiter/in, der/die gleichzeitig als Dolmetscher/in tätig ist* → 2/1
guider qn [gide] jdn leiten, anführen
la **guitare** [lagitaʀ] die Gitarre
le **gymnase** [ləʒimnaz] die Turnhalle
la **gymnastique** [laʒimnastik] *f.* der Sportunterricht, die Gymnastik

H

[ê]**s'habiller** [sabije] sich anziehen
l' **habitant/e** [labitɑ̃/labitɑ̃t] der/die Einwohner/in
habiter [abite] wohnen
l' **habitude** [labityd] *f.* die Gewohnheit, die Angewohnheit; **prendre l'habitude (de +** *Inf.***)** [pʀɑ̃dʀəlabityd] die Gewohnheit annehmen etw. zu tun, sich etw. angewöhnen; **d'habitude** [dabityd] gewöhnlich
[ê]**s'habituer à qn/qc** [sabitɥea] sich an jdn/etw. gewöhnen; [ê] **s'habituer à** + *Inf.* sich daran gewöhnen etw. zu tun

le **handball** [ləɑ̃dbal] Handball
le **hasard** [ləazaʀ] der Zufall → 2/2; **par hasard** [paʀazaʀ] *adv.* zufällig → 2/2
haut/e [o/ot] *adj.* hoch
le **héros / l'héroïne** [ləeʀo/leʀɔin] der/die Held/in → 4/2
hésiter [ezite] zögern; **hésiter à** + *Inf.* zögern etw. zu tun
l' **heure** [lœʀ] *f.* Uhr *zur Angabe der Uhrzeit*, die Stunde; à **l'heure actuelle** [alœʀaktyɛl] *adv.* heutzutage, im Moment → 4/2; **C'est l'heure.** [sɛlœʀ] Es ist so weit. Es ist Zeit; **Il est quelle heure?** [ilɛkɛlœʀ] *f.* Wie spät ist es?; **À quelle heure?** [akɛlœʀ] Um wie viel Uhr?; **être à l'heure** [ɛtʀalœʀ] pünktlich sein
heureux/-euse [øʀø/øʀøz] *adj.* glücklich; **être heureux comme tout** [ɛtʀøʀøkɔmtu] überglücklich sein
heureusement (que) [øʀøzmɑ̃] *adv.* glücklicherweise → 4/2
hier [jɛʀ] *adv.* gestern
le **hip-hop** [ləipɔp] *m.* der Hip-Hop
l' **histoire** [listwaʀ] *f.* die Geschichte
historique [istɔʀik] *m./f. adj.* historisch
l' **hiver** [livɛʀ] *m.* der Winter
l' **homme** [lɔm] *m.* der Mann; *hier:* der Mensch; **le jeune homme** [ləʒœnɔm] *m.* der junge Mann
honnête [ɔnɛt] *m./f. adj.* aufrichtig
l' **hôpital / les hôpitaux** [lɔpital/lezɔpito] *m.* das Krankenhaus
l' **horizon** [lɔʀizɔ̃] *m.* der Horizont
l' **horloge** [lɔʀlɔʒ] *f.* die Uhr
l' **horoscope** [lɔʀɔskɔp] *m.* das Horoskop
horrible [ɔʀibl] *m./f. adj.* furchtbar, schrecklich
hospitalier/-ière [ɔspitalje/ɔspitaljɛʀ] *adj.* gastfreundlich
l' **hospitalité** [lɔspitalite] *f.* die Gastfreundschaft → 5/A
l' **hôtel de ville** [lotɛldəvil] *m.* das Rathaus
les **Huguenots** [leygno] die Hugenotten

l' **huître** [lɥitʀ] *f.* die Auster
humain/e [ymɛ̃/ymɛn] *adj.* menschlich
l' **humeur** [lymœʀ] *f.* die Stimmung, die Laune → 3/2
l' **humour** [lymuʀ] *m.* der Humor

I

ici [isi] *adv.* hier
l' **idée** [lide] *f.* die Idee, der Einfall
il y a [ilja] es gibt; vor *zeitlich;* **il y a de cela très longtemps** [iljadəsəlatʀɛlɔ̃tɑ̃] vor langer, langer Zeit
l' **île** [lil] *f.* die Insel
l' **image** [limaʒ] *f.* das Bild
imaginer qc [imaʒine] sich etw. vorstellen; [ê]**s'imaginer qc** [simaʒine] sich etw. vorstellen
l' **imbécile** [lɛ̃besil] *m./f.* der Dummkopf
imiter qn [imite] jdn nachahmen → 2/2
immédiatement [imedjatmɑ̃] *adv.* sofort → 4/2
immense [imɑ̃s] *m./f. adj.* riesig, gewaltig
l' **immeuble** [limœbl] *m.* das Gebäude
l' **immigré/e** [limigʀe] der/die Einwanderer/-in → 1/2
immigrer [imigʀe] einwandern → 1/1
l' **imperméable** [lɛ̃pɛʀmeabl] *m.* der Regenmantel
important/e [ɛ̃pɔʀtɑ̃/ɛ̃pɔʀtɑ̃t] *adj.* wichtig
impossible [ɛ̃pɔsibl] *adj.* unmöglich
l' **impression** [lɛ̃pʀɛsjɔ̃] *f.* der Eindruck; **avoir l'impression** [avwaʀlɛ̃pʀɛsjɔ̃] den Eindruck haben
impressionnant/e [ɛ̃pʀɛsjɔnɑ̃/ɛ̃pʀɛsjɔnɑ̃t] *adj.* beeindruckend
impressionner qn [ɛ̃pʀɛsjɔne] jdn beeindrucken → 1/2
imprimer qc [ɛ̃pʀime] etw. drucken → 4/A
imprudent/e [ɛ̃pʀydɑ̃/ɛ̃pʀydɑ̃t] *adj.* unvorsichtig
l' **inconvénient** [lɛ̃kɔ̃venjɑ̃] *m.* der Nachteil → 2/1
l' **Inde** [lɛ̃d] *f.* Indien → 3/A

l' **indépendance** [lɛ̃depɑ̃dɑ̃s] *f.* die Unabhängigkeit
l' **Indien/ne** [lɛ̃djɛ̃/lɛ̃djɛn] der/die Indianer/in
infime [ɛ̃fim] *m./f. adj.* winzig → 5/1
l' **infirmier/-ière** [lɛ̃fiʀmje/lɛ̃fiʀmjɛʀ] der Krankenpfleger / die Krankenschwester
influencer qn/qc [ɛ̃flyɑ̃se] jdn/etw. beeinflussen *wie* avancer *S. 129* → 4/1
l' **informaticien/ne** [lɛ̃fɔʀmatisjɛ̃/lɛ̃fɔʀmatisijɛn] der/die Informatiker/in → 2/A
l' **information** [lɛ̃fɔʀmasjɔ̃] *f.* die Information
l' **informatique** [lɛ̃fɔʀmatik] *f.* die Informatik
(ê)**s'informer sur qc** [sɛ̃fɔʀmesyʀ] sich über etw. informieren → 1/2
l' **ingénieur** [lɛ̃ʒenjœʀ] *m./f.* der/die Ingenieur/in → 2/A
injuste [ɛ̃ʒyst] *adj.* ungerecht
innombrable [inɔ̃bʀabl] *m./f. adj.* unzählig
l' **inondation** [linɔ̃dasjɔ̃] *f.* die Überschwemmung → 5/1
inoubliable [inublijabl] *m./f. adj.* unvergesslich → 3/2
(ê)**s'inquiéter** [sɛ̃kjete] sich beunruhigen *wie* espérer *S. 129* → 3/2
inséparable [ɛ̃sepaʀabl] *m./f. adj.* unzertrennlich
l' **instant** [lɛ̃stɑ̃] *m.* der Augenblick → 3/2; **à cet instant** [asɛtɛ̃stɑ̃] *adv.* in diesem Augenblick → 3/2
l' **instituteur/-trice** [lɛ̃stitytœʀ/lɛ̃stitytʀis] der/die Grundschullehrer/in
s'instruire sur qn/qc [sɛ̃stʀɥiʀsyʀ] sich über etw. Kenntnisse aneignen *wie* construire *S. 131* → 5/1
l' **instrument** [lɛ̃stʀymɑ̃] *m.* das Instrument, das Werkzeug; **jouer d'un instrument** [ʒuedɛ̃nɛ̃stʀymɑ̃] ein Instrument spielen
l' **intellectuel/le** [lɛ̃tɛlɛktɥɛl] der/die Intellektuelle, der/die Streber/in

intelligent/e [ɛ̃tɛliʒɑ̃/ɛ̃tɛliʒɑ̃t] *adj.* intelligent
intense [ɛ̃tɑ̃s] *adj.* intensiv;
intensément [ɛ̃tɑ̃semɑ̃] *adv.* intensiv
intensif/-ive [ɛ̃tɑ̃sif/ɛ̃tɑ̃siv] *adj.* intensiv
interdire à qn de + *Inf.* [ɛ̃tɛʀdiʀ] jdm verbieten etw. zu tun *wie* dire *S. 132*
interdit/e [ɛ̃tɛʀdi/ɛ̃tɛʀdit] *adj.* verboten
intéressant/e [ɛ̃teʀɛsɑ̃/ɛ̃teʀɛsɑ̃t] *adj.* interessant
intéresser [ɛ̃teʀɛse] interessieren; (ê)**s'intéresser à qn/qc** sich für jdn/etw. interessieren
l' **internat** [lɛ̃tɛʀna] *m.* das Internat
international/e [ɛ̃tɛʀnasjɔnal] *adj.* / **internationaux** [ɛ̃tɛʀnasjɔno] *m. pl.* international
l' **interprète** [lɛ̃tɛʀpʀɛt] *m./f.* der/die Dolmetscher/in → 2/A
interpréter qc [ɛ̃tɛʀpʀete] etw. interpretieren *wie* espérer *S. 129*
l' **interrogation** [lɛ̃teʀɔgasjɔ̃] *f.* ou: **l'interro** [lɛ̃teʀo] *fam.* die Klassenarbeit
interrompre qn/qc [ɛ̃teʀɔ̃mpʀ] jdn/etw. unterbrechen *S. ###* → 3/1
l' **interview** [lɛ̃tɛʀvju] *f.* das Interview
intimider qn [ɛ̃timide] jdn einschüchtern → 3/2
l' **intrigue** [lɛ̃tʀig] *f.* die Intrige; **intriguer (contre qn)** [ɛ̃tʀige] intrigieren (gegen jdn)
introduire qc [ɛ̃tʀɔdɥiʀ] etw. einführen *wie* construire *S. 131* → 3/A
inutile [inytil] *m./f. adj.* unnütz
inventer qc [ɛ̃vɑ̃te] etw. erfinden → 4/2
inviter qn [ɛ̃vite] jdn einladen
irriguer qc [iʀige] etw. bewässern → 5/1
l' **islam** [lislam] *m.* der Islam
l' **Italie** [litali] *f.* Italien
italien/ne [italjɛ̃/italjɛn] *adj.* italienisch

J

la **jalousie** [laʒaluzi] die Eifersucht; **par jalousie** [paʀjaluzi] aus Eifersucht
jaloux/jalouse [ʒalu/ʒaluz] *adj.* eifersüchtig
la **jambe** [laʒɑ̃b] *f.* das Bein
janvier [ʒɑ̃vje] *m.* Januar
le **Japon** [ləʒapɔ̃] Japan → 3/A
le **jardin** [ləʒaʀdɛ̃] *m.* der Garten; **le jardin des Plantes** [ləʒaʀdɛ̃deplɑ̃t] der botanische Garten
jaune [ʒon] *m./f. adj.* gelb
le **jean** [lədʒin] *m.* die Jeans
les **Jésuites** [leʒezɥit] die Jesuiten
jeter qc [ʒəte] etw. werfen, schleudern *S. 129*
le **jeu / les jeux** [ləʒø/leʒø] das Spiel; **le jeu électronique** [ləʒøelɛktʀonik] das Computerspiel → 2/A
jeudi [ʒødi] *m.* Donnerstag
le/la **jeune** [lə/laʒœn] *m./f.* der/die Jugendliche; **jeune** [ʒœn] *m./f. adj.* jung
joli/e [ʒɔli] *adj.* hübsch, niedlich
jongler [ʒɔ̃gle] jonglieren
jouer [ʒwe] spielen; **jouer à qc** etw. spielen *ein Spiel*; **jouer aux échecs** [ʒweozeʃɛk] Schach spielen; **jouer d'un instrument** [ʒwedɛ̃nɛ̃stʀymɑ̃] ein Instrument spielen
le **jour** [ləʒuʀ] der Tag; **un jour** [ɛ̃ʒuʀ] eines Tages; **ce jour-là** [səʒuʀla] an jenem Tag
le **journal / les journaux** [ləʒuʀnal/leʒuʀno] die Zeitung, das Tagebuch; **le JT** [ləʒite] ou: **le journal télévisé** [ləjuʀnaltelevize] die Fernsehnachrichten
le **journalisme** [ləʒuʀnalism] der Journalismus
le/la **journaliste** [lə/laʒuʀnalist] der/die Journalist/in
la **journée** [laʒuʀne] der Tag *in seinem Verlauf*; **toute la journée** [tutlaʒuʀne] den ganzen Tag lang
le **judo** [ləʒydo] das Judo
juif/juive [ʒɥif/ʒɥiv] *adj.* jüdisch
juillet [ʒɥijɛ] *m.* Juli
juin [ʒɥɛ̃] *m.* Juni

ANNEXE

le **jumeau / la jumelle** [ləʒymo/laʒymɛl] der Zwillingsbruder / die Zwillingsschwester; *hier:* die Partnerstadt

le **jumelage** [ləʒymlaʒ] die Städtepartnerschaft → 3/A

la **jupe** [laʒyp] der Rock

jurer [ʒyʀe] schwören; **Juré, promis, craché.** [ʒyʀepʀɔmikʀaʃe] Ich schwöre!, Versprochen!

le **jus de fruits** [ləʒydfʀɥi] der Fruchtsaft

jusque [ʒysk] *prép.* bis; **jusqu'à présent** [ʒyskapʀezɑ̃] bis jetzt

juste [ʒyst] *m./f. adj.* richtig, gerecht; **juste** *adv. hier:* nur → 4/A

justement [ʒyst(ə)mɑ̃] *adv.* eben, genau

la **justice** [laʒystis] *hier:* das Rechtswesen, die Justiz

K

le **kayak** [ləkajak] der Kajak

le **kilo** [ləkilo] das Kilo

le **kilomètre** [ləkilɔmɛtʀ] der Kilometer; **le kilomètre carré** [ləkilɔmɛtʀkaʀe] der Quadratkilometer → 1/1; **km/h** [kilɔmɛtʀœʀ] Stundenkilometer

L

là [la] *adv.* dort, da; **là-bas** [labɑ] *adv.* dort

le **laboratoire** [ləlabɔʀatwaʀ] das Labor → 4/2

le **lac** [ləlak] der See

lâcher qn/qc [lɑʃe] jdn/etw. loslassen

le **lagon** [ləlagɔ̃] die Lagune → 1/A

laisser qc [lɛse] etw. hinterlassen, lassen; **laisser** + *Inf.* jdn etw. tun lassen; **Laisse tomber!** [lɛstɔ̃be] *fam.* Ach, lass doch!, Vergiss es!

le **lait** [ləlɛ] die Milch

la **lampe** [lalɑ̃p] die Lampe

lancer qc [lɑ̃se] etw. ins Leben rufen, etw. werfen *wie* avancer *S. 129*

la **langue** [lalɑ̃g] die Sprache, die Zunge

large [laʀʒ] *m./f. adj.* weit, breit

la **larme** [lalaʀm] die Träne

le **latin** [ləlatɛ̃] Latein, die lateinische Sprache

le **laurier-rose** [ləlɔʀjeʀoz] der Oleander

laver qc [lave] etw. waschen

le **lèche-vitrines** [ləlɛʃvitʀin] der Schaufensterbummel

la **leçon** [laləsɔ̃] die Lektion

le/la **lecteur/-trice** [ləlɛktœʀ/lalɛktʀis] der/die Leser/in

le **lecteur mp3** [ləlɛktœʀɛmpetʀwa] der MP3-Player

la **légende** [laleʒɑ̃d] die Legende

les **légumes** [lelegym] *m. pl.* das Gemüse

le **lendemain** [ləlɑ̃dmɛ̃] am nächsten Tag

lent/e [lɑ̃ /lɑ̃t] *adj.* langsam; **lentement** [lɑ̃tmɑ̃] *adv.* langsam

lequel/laquelle [ləkɛl/lakɛl] welcher/-es/-e

la **lettre** [lalɛtʀ] der Brief; **la lettre de motivation** [lalɛtʀdəmɔtivasjɔ̃] das Bewerbungsschreiben

[(ê)] **se lever** [sələve] aufstehen *wie* amener *S. 129*

libéral/e [libeʀal] *adj.* / **libéraux** [libeʀo] *m. pl. hier:* freiberuflich → 2/2

la **liberté** [libeʀte] die Freiheit

la **librairie** [lalibʀeʀi] die Buchhandlung

libre [libʀ] *m./f. adj.* frei; **être libre** [ɛtʀlibʀ] frei haben, frei sein

le **lieu** [ləljø] der Ort; **au lieu de qc** [oljødə] anstatt, anstelle von etw. → 4/A

le **lieutenant** [ləljøtnɑ̃] der Leutnant → 3/1

la **ligne** [laliɲ] die Linie

la **limite** [lalimit] die Grenze, die Beschränkung

limité/e (à) [limite(a)] *adj.* begrenzt (auf)

le **linge** [ləlɛ̃ʒ] die Wäsche

lire qc [liʀ] etw. lesen *S. 133*

le **lit** [ləli] das Bett

littéraire [liteʀɛʀ] *m./f. adj.* literarisch, Literatur- + *Nomen*

le **livre** [ləlivʀ] das Buch

loin [lwɛ̃] *adv.* weit; **de loin** [dəlwɛ̃] von weit her

les **loisirs** [lelwaziʀ] *m. pl.* die Freizeit

long/longue [lɔ̃/lɔ̃g] *adj.* lang; **le long de qc** [ləlɔ̃də] *adv.* an etw. entlang → 5/1

longtemps [lɔ̃tɑ̃] *adv.* lange; **il n'y a pas longtemps de ça** [ilnjapɑlɔ̃tɑ̃dəsa] vor nicht allzu langer Zeit → 4/1

la **Lorraine** [lalɔʀɛn] Lothringen

louche [luʃ] *m./f. adj. fam.* verdächtig

la **lumière** [lalymjɛʀ] das Licht

lundi [lɛ̃di] *m.* Montag

les **lunettes (de soleil)** [lelynɛt (dəsɔlɛj)] *f. pl.* die (Sonnen-) Brille

lutter [lyte] kämpfen → 4/A

le **luxe** [ləlyks] der Luxus → 5/1

le **lycée** [ləlise] das Gymnasium, *Oberstufe in Frankreich (10. bis 12. Schuljahr);* **le lycée d'enseignement général** [ləlisedɑ̃sɛɲəmɑ̃ʒeneʀal] das allgemeinbildende Gymnasium; **le lycée professionnel** [ləliseprɔfɛsjɔnɛl] *das berufliche Gymnasium, das Fachgymnasium*

le/la **lycéen/ne** [ləliseɛ̃/laliseɛn] der/die Schüler/in eines lycée

M

Machinchose [maʃɛ̃ʃoz] *m./f. fam.* Dingsda, Dingsbums

Madame [madam] / **Mesdames** [medam] Frau / Meine Damen *Anrede*

Mademoiselle [madmwazɛl] / **Mesdemoiselles** [medmwazɛl] *f. pl.* Fräulein / Meine Damen *Anrede für junge Frauen*

le **magasin** [ləmagazɛ̃] das Geschäft

le **magazine** [ləmagazin] die Zeitschrift

le **Maghreb** [ləmagʀɛb] der Maghreb

le **magistrat** [ləmaʒistʀa] der Gerichtsbeamte

magnifique [maɲifik] *m./f. adj.* wundervoll

mai [mɛ] *m.* Mai

la **main** [lamɛ̃] die Hand; **la main d'œuvre** [lamɛ̃dœvʀ] die Arbeitskraft *Person* → 1/1; **travailler de ses mains** [tʀavajedəsemɛ̃] mit seinen Händen arbeiten

maintenant [mɛ̃tnɑ̃] *adv.* jetzt

le **maire** [ləmɛʀ] der Bürgermeister → 3/2

la **mairie** [lamɛʀi] das Rathaus

mais [mɛ] *conj.* aber; **Mais enfin!** [mɛɑ̃fɛ̃] Jetzt ist es aber genug!

le **maïs** [ləmais] der Mais → 5/A

la **maison** [lamɛzɔ̃] das Haus; **à la maison** [alamɛzɔ̃] zu Hause

le **maître / la maîtresse** [ləmɛtʀ/lamɛtʀɛs] der/die Meister/in, der/die Grundschullehrer/in; **le maître nageur / la maître nageuse** [ləmɛtʀənaʒœʀ/lamɛtʀənaʒøz] der/die Bademeister/in → 2/A

la **majorité** [lamaʒɔʀite] die Mehrheit

mal [mal] *adv.* schlecht; **le mal du pays** [ləmaldypei] das Heimweh; **faire mal à qn** [fɛʀmal] jdm wehtun; **Ça fait mal.** [safɛmal] Das tut weh.

malade [malad] *m./f. adj.* krank

le **malentendu** [ləmalɑ̃tɑ̃dy] das Missverständnis

malgré qc [malgʀe] trotz etw.

le **malheur** [ləmalœʀ] das Unglück

malheureusement [maløʀøzmɑ̃] *adv.* leider; **malheureux/-euse** [maløʀø/maløʀøz] *adj.* unglücklich

malsain/e [malsɛ̃/malsɛn] *adj.* ungesund → 4/1

maman [mamɑ̃] *f. fam.* Mutti, Mama

manger qc [mɑ̃ʒe] etw. essen *wie* bouger *S. 129*; **manger à sa faim** [mɑ̃ʒeasafɛ̃] sich satt essen

la **mangue** [lamɑ̃g] die Mango

les **manières** [lemanjɛʀ] *f. pl.* die (guten) Manieren; **de manière** + *adj.* [dəmanjɛʀ] auf eine Art und Weise

la **manifestation** [lamanifɛstasjɔ̃] ou: **la manif** [lamanif] *fam.* die Demonstration → 4/1

le **mannequin** [lemankɛ̃] das Mannequin, das Model

manquer à qn [mɑ̃kea] jdm fehlen

la **manufacture** [lamanyfaktyʀ] die Manufaktur

le/la **marchand/e** [ləmaʀʃɑ̃/lamaʀʃɑ̃d] der/die (Markt-) Händler/in

marchander qc [maʀʃɑ̃de] etw. aushandeln

la **marche** [lamaʀʃ] die Stufe

le **marché** [ləmaʀʃe] der Markt

le **marché aux puces** [ləmaʀʃeopys] der Flohmarkt

marcher [maʀʃe] funktionieren, gehen, laufen

mardi [maʀdi] *m.* Dienstag

la **marée** [lamaʀe] die Gezeiten (Ebbe und Flut); **la marée noire** [lamaʀenwaʀ] die Ölpest

le **mariage** [ləmaʀjaʒ] die Ehe

(ê)**se marier** [səmaʀje] heiraten

le **marin** [ləmaʀɛ̃] der Matrose

le **Maroc** [ləmaʀɔk] Marokko

marocain/e [maʀɔkɛ̃/maʀɔkɛn] *adj.* marokkanisch; **le/la Marocain/e** [ləmaʀɔkɛ̃/lamaʀɔkɛn] der/die Marokkaner/in

la **marque** [lamaʀk] die Marke

marquer [maʀke] markieren; **marquer un but** [maʀkeɛ̃byt] ein Tor schießen

la **marraine** [lamaʀɛn] die (Tauf-) Patin

marrant/e [maʀɑ̃/maʀɑ̃t] *fam. adj.* lustig, spaßig

mars [maʀs] *m.* März

le **match** [ləmatʃ] das (Fußball-) Spiel

le **matelas** [ləmatla] die Matratze → 3/2

le **matériel** [ləmateʀjɛl] das Material → 5/1

maternel/le [matɛʀnɛl] *adj.* Mutter- + *Nomen*, mütterlich → 5/A

les **mathématiques** [lematematik] *f. pl.* ou: **les maths** [lemat] *fam.* Mathematik

la **matière** [lamatjɛʀ] das Fach

le **matin** [ləmatɛ̃] der Morgen, morgens

mauvais/e [movɛ/movɛz] *adj.* schlecht

le **maximum** [ləmaksimɔm] das Maximum, das Äußerste

le/la **mécanicien/ne** [ləmekanisjɛ̃/lamekanisjɛn] der/die Mechaniker/in → 2/A

méchant/e [meʃɑ̃/meʃɑ̃t] *adj.* böse/bösartig

le **médecin** [ləmedsɛ̃] der Arzt / die Ärztin

les **médias** [lemedja] *m. pl.* die Medien

le/la **médiateur/-trice** [ləmedjatœʀ/lamedjatʀis] der/die (Streit-) Schlichter/in

le **médicament** [ləmedikamɑ̃] das Medikament → 4/1

meilleur/e [mɛjœʀ] *adj.* besser/e/es *Komparativ zu* bon/ne; **le meilleur** [ləmɛjœʀ] der/die/das Beste

mêler qc (à qc) [mɛle] etw. mit etw. mischen

le **melon** [ləməlɔ̃] die Zucker- bzw. Honigmelone → 1/1

le **membre** [ləmɑ̃bʀ] das Mitglied → 3/A

la **mémé** [meme] *f. fam.* Oma

même [mɛm] *adv.* sogar, selbst

même [mɛm] *m./f. adj.* der/die/das gleiche, selbe

la **mémoire** [lamemwaʀ] das Gedächtnis

menacer qn (de qc) [mənase (də)] jdn (mit etw.) bedrohen *wie* avancer *S. 129* → 5/1

le **ménage** [ləmenaʒ] der Haushalt; **faire le ménage** [fɛʀləmenaʒ] putzen

le/la **mendiant/e** [ləmɑ̃djɑ̃/lamɑ̃djɑ̃t] der/die Bettler/in

mener qn/qc [məne] jdn/etw. führen *wie* amener *S. 129*

la **mentalité** [lamɑ̃talite] die Mentalität

mépriser qn/qc [mepʀize] jdn/etw. missachten

la **mer** [lamɛʀ] das Meer; **d'outre-mer** [dutʀəmɛʀ] *adj.* Übersee- + *Nomen* → 1/A; **la mer Méditerranée** [lamɛʀmediteʀane] das Mittelmeer; **le bras de mer** [ləbʀadmɛʀ] der Meeresarm → 1/1

merci [mɛʀsi] danke

mercredi [mɛʀkʀədi] *m.* Mittwoch

la **mère** [lamɛʀ] die Mutter

merveilleux/-euse [mɛʀvɛjø/mɛʀvɛjøz] *adj.* wunderbar, wundervoll

le **message** [ləmɛsaʒ] *m.* die Nachricht

ANNEXE

la **messe** [lamɛs] die Messe *katholisch* → 3/1; **dire une messe** [diʀynmɛs] eine Messe lesen → 3/1
la **météo** [lameteo] der Wetterbericht, die Wettervorhersage → 5/1
la **méthode** [lametɔd] die Methode
le **métier** [ləmetje] *m.* der Beruf
le **métissage** [ləmetisaʒ] **die** *Mischung verschiedener Ethnien* → 1/2
le **métro** [ləmetʀo] die U-Bahn
la **métropole** [lametʀɔpɔl] die Metropole; das Mutterland → 1/A
le **metteur en scène** [ləmɛtœʀɑ̃sɛn] der/die Regisseur/in → 5/A
mettre qc [mɛtʀ] etw. setzen, stellen, etw. anziehen, (hinein-)legen, auftragen, hineinstecken *S. 133*; [(ê)]**se mettre à table** [səmɛtʀatabl] sich an den Tisch setzen; [(ê)]**se mettre d'accord (pour +** *Inf.*) [səmɛtʀdakɔʀ (puʀ)] sich einigen (über etw.) → 3/1; **mettre le couvert** [mɛtʀləkuvɛʀ] den Tisch decken; **mettre qn à la porte** [mɛtʀalapɔʀt] jdn hinauswerfen; **mettre toutes les chances de son côté** [mɛtʀtutleʃɑ̃sdəsɔ̃kɔte] sich alle Möglichkeiten offen halten → 2/2; **mettre un point à qc** [mɛtʀɛ̃pwɛ̃a] etw. ein Ende setzen
midi [midi] *m.* 12.00 Uhr, Mittag
le **miel** [ləmjɛl] der Honig
mieux [mjø] *inv. adv.* besser; **le mieux** [ləmjø] *adv.* am besten
mignon/ne [miɲɔ̃/miɲɔn] *adj.* süß, niedlich
le **milieu** [ləmiljø] das Milieu, das Umfeld → 1/2
le **millet** [ləmije] die Hirse → 5/1
le **milliard** [ləmiljaʀ] die Milliarde → 3/A
le **millier** [ləmilje] das Tausend; **des milliers de** [demiljedə] tausende von
le **million** [ləmiljɔ̃] die Million
le **minaret** [ləminaʀɛ] das Minarett
la **mine** [lamin] die Mine, das Bergwerk → 5/A
la **minorité** [laminɔʀite] die Minderheit
les **minots** [lemino] *m. pl. fam.* die kleinen Kinder *in Südfrankreich gebräuchlich*
minuit [minɥi] *m.* Mitternacht
la **minute** [laminyt] die Minute
le **miracle** [ləmiʀakl] das Wunder
la **mixité** [lamiksite] *hier:* die ethnische Vielfalt → 1/1
mixte [mikst] *m./f. adj.* gemischt
le **mobbing** [ləmɔbiŋ] das Mobbing
mobiliser qn [mɔbilize] jdn mobilisieren
la **mobylette** [lamɔbilɛt] das Mofa
moche [mɔʃ] *m./f. adj. fam.* hässlich
la **mode** [lamɔd] *f.* die Mode; **à la mode** [alamɔd] modisch
le **modèle** [ləmɔdɛl] das Modell, das Vorbild; **modèle** [mɔdɛl] *m./f. adj.* Muster- + *Nomen*
modérer qc [mɔdeʀe] etw. einschränken *wie* espérer *S. 129* → 4/2
moderne [mɔdɛʀn] *m./f. adj.* modern
modeste [mɔdɛst] *m./f. adj.* bescheiden
[(ê)]**se modifier / modifier qc** [mɔdifje] sich verändern / etw. verändern → 1/1
les **mœurs** [lemœʀs] *f. pl.* die Sitten
moi-même [mwamɛm] ich selbst
moins [mwɛ̃] *adv.* weniger, minus; **au moins** [omwɛ̃] *adv.* zumindest; **le moins** [ləmwɛ̃] *adv.* am wenigsten; **moins que** [mwɛ̃kə] *adv.* weniger als
le **mois** [ləmwa] der Monat
la **moitié** [lamwatje] die Hälfte
le **moment** [ləmɔmɑ̃] der Moment, der Augenblick; **le moment-clé** [ləmɔmɑ̃kle] die Schlüsselszene → 3/1; **en ce moment** [ɑ̃smɔmɑ̃] zur Zeit
la **monarchie constitutionnelle** [lamɔnaʀʃikɔ̃stitysjɔnɛl] die konstitutionelle Monarchie
le **monde** [ləmɔ̃d] die Welt; **tout le monde** [tuləmɔ̃d] alle; **le monde entier** [ləmɔ̃dɑ̃tje] die ganze Welt
mondial/e [mɔ̃djal] *adj.* / **mondiaux** [mɔ̃djo] *m. pl.* Welt- + *Nomen* → 3/A
le/la **moniteur/-trice** [ləmɔnitœʀ/lamɔnitʀis] der/die Betreuer/in
la **monnaie** [lamɔnɛ] *hier:* die Währung *auch:* das Kleingeld
Monsieur [məsjø] *m.* Herr; **Messieurs** [mesjø] *m. pl.* Meine Herren
la **montagne** [lamɔ̃taɲ] der Berg, das Gebirge; **le guide de haute montagne** [ləgidəotmɔ̃taɲ] der/die Hochgebirgsführer/in → 2/A
[(ê)]**monter** [mɔ̃te] (hinauf-)steigen; einsteigen *in ein Verkehrsmittel*
la **montre** [lamɔ̃tʀ] die Armbanduhr
montrer qc à qn [mɔ̃tʀe] jdm etw. zeigen
le **monument** [ləmɔnymɑ̃] das berühmte Bauwerk
[(ê)]**se moquer de qn/qc** [səmɔke] sich über jdn/etw. lustig machen
la **morale** [lamɔʀal] die Moral, die Ethik
le/les **morceau/-eaux** [lə/lemɔʀso] das Stück
la **mort** [lamɔʀ] der Tod; **le/la mort/e** [ləmɔʀ/lamɔʀt] der/die Tote; **mort/e** [mɔʀ/mɔʀt] *adj.* tot
la **mosquée** [lamɔske] die Moschee
le **mot** [ləmo] das Wort
motiver qn [mɔtive] jdn motivieren
le **mouchoir** [ləmuʃwaʀ] das Taschentuch
[(ê)]**mourir** [muʀiʀ] sterben *S. 133*; **mourir de faim** [muʀiʀdəfɛ̃] verhungern; **mourir de froid** [muʀiʀdəfʀwa] erfrieren
la **mousse au chocolat** [lamusoʃɔkɔla] französische Schokoladencreme
mouvementé/e [muvmɑ̃te] *adj.* bewegt → 1/1

moyen/ne [mwajɛ̃/mwajɛn] *adj. hier:* mittlerer/-e, *auch:* durchschnittlich → 2/2
le **moyen** [ləmwajɛ̃] das Mittel
le **moyen de transport** [ləmwajɛ̃dətʀɑ̃spɔʀ] das Verkehrsmittel
le **Moyen-Âge** [ləmwajɛnɑʒ] das Mittelalter
le **multimédia** [ləmyltimedja] Multimedia → 2/A
multiple [myltipl] *m./f. adj.* vielfältig, mannigfaltig → 4/1
multiplier qc (par qc) [myltiplije(paʀ)] etw. vervielfältigen, etw. mit etw. multiplizieren → 5/A
le **mur** [ləmyʀ] die Mauer
mûr/e [myʀ] *adj.* reif
le **muscle** [ləmyskl] der Muskel
le **musée** [ləmyze] das Museum
musical/e [myzikal] *adj.* / **musicaux** *m. pl.* [myziko] musikalisch, Musik- + *Nomen*
le/la **musicien/ne** [ləmyzisjɛ̃/lamyzisjɛn] der/die Musiker/in
la **musique** [lamyzik] die Musik

N

nager [naʒe] schwimmen *wie* bouger *S. 129*
la **naissance** [lanɛsɑ̃s] die Geburt
natal/e [natal] *adj.* Heimat- + *Nomen*
la **natalité** [lanatalite] die Geburtenrate → 4/A
la **natation** [lanatasjɔ̃] das Schwimmen → 1/A
national/e [nasjɔnal] / **nationaux** [nasjɔno] *m. pl. adj.* national
la **nationalité** [lanasjɔnalite] die Nationalität → 1/2
la **nature** [lanatyʀ] die Natur
naturel/le [natyʀɛl] *adj.* natürlich
ne … ni … ni [nə…ni…ni] *conj.* weder … noch
ne … pas [nə…pɑ] *adv.* nicht; **ne … pas de** *adv.* kein; **ne … pas encore** [nə…pɑ(z)ɑ̃kɔʀ] *adv.* noch nicht; **ne … jamais** [nə…ʒamɛ] *adv.* nie, niemals; **ne … personne** [nə…pɛʀsɔn] *adv.* niemand; **ne … plus** [nə…ply] *adv.* nicht … mehr; **ne … plus de** *adv.* kein/e/en … mehr; **ne … que** *adv.* nur, erst; **ne … rien** [nə…ʀjɛ̃] *m./f. adv.* nichts
né/e [ne] *adj.* geboren
nécessaire [nesesɛʀ] *m./f. adj.* nötig
négatif/-ive [negatif/negativ] *adj.* negativ → 4/2
nettoyer qc [nɛtwaje] etw. reinigen, säubern *wie* payer *S. 129*
le **neveu** [lənəvø] der Neffe → 2/1
le **nez** [ləne] die Nase
nia nia nia [njanjanja] *fam.* bla bla bla
le **nid** [ləni] das Nest
la **nièce** [lanjɛs] die Nichte → 2/1
n'importe quel/le [nɛ̃pɔʀtəkɛl] *adj.* irgendein/e; **n'importe quoi** [nɛ̃pɔʀtəkwa] irgendetwas, dummes Zeug
le/la **noble** [lənɔbl/lanɔbl] der/die Adlige
Noël [nɔɛl] *m.* Weihnachten
noir/e [nwaʀ] *adj.* schwarz
le **nom** [lənɔ̃] der Name; (ê)**se faire un nom** [səfɛʀɛ̃nɔ̃] sich einen Namen machen
nombreux/-euse [nɔ̃bʀø/nɔ̃bʀøz] *adj.* zahlreich
non [nɔ̃] *adv.* nein; **non plus** [nɔ̃ply] *adv.* auch nicht
le **nord** [lənɔʀ] der Norden; **au nord de** [onɔʀdə] nördlich von
normal/e [nɔʀmal] *adj.* / **normaux** [nɔʀmo] *m. pl.* normal; **c'est normal** [sɛnɔʀmal] es ist normal
le/la **notaire** [lə/lanɔtɛʀ] der/die Notar/in
la **note** [lanɔt] die Note, die Zensur
noter qc [nɔte] etw. notieren, aufschreiben
la **notion** [lanɔsjɔ̃] die Kenntnis
la **nourriture** [lanuʀityʀ] die Nahrung, das Essen
nouveau/nouvel [nuvo/nuvɛl] *m. adj.* / **nouvelle** [nuvɛl] *f.* / **nouveaux** [nuvo] *m. pl.* neu
la **nouvelle** [lanuvɛl] die Nachricht, die Neuigkeit
novembre [nɔvɑ̃bʀ] *m.* November
le **nuage** [lənɥaʒ] die Wolke
le **nucléaire** [lənykleɛʀ] die Kernenergie → 4/A
la **nuit** [lanɥi] die Nacht
nul [nyl] schwach, blöd; **être nul en qc** [ɛtʀnylɑ̃] *fam.* in etw. sehr schwach sein, in etw. eine Niete sein
numérique [nymeʀik] *m./f. adj.* digital
le **numéro** [lənymeʀo] die Nummer; **faire un numéro** [fɛʀɛ̃nymeʀo] eine Nummer wählen *Telefon*

O

obéir (à qn) [ɔbeiʀ] (jdm) gehorchen *wie* réagir *S. 129*
l' **objectif** [lɔbʒɛktif] *m.* das Ziel → 4/1
l' **objet** [lɔbʒɛ] *m.* das Objekt; **l'objet-culte** [lɔbʒɛkylt] *m.* das Kultobjekt
obliger qn (à + *Inf.*) [ɔbliʒe] jdn verpflichten, jdn zwingen → 4/2
observer qn/qc [ɔpsɛʀve] jdn/etw. beobachten → 3/1
obtenir qc [ɔbtəniʀ] etw. erhalten *wie* venir *S. 135* → 2/1
occuper qc [ɔkype] etw. besetzen; (ê)**s'occuper de qn/qc** [sɔkypedə] sich um jdn/etw. kümmern
l' **océan Atlantique** [loseɑ̃atlɑ̃tik] *m.* der Atlantische Ozean
octobre [ɔktɔbʀ] *m.* Oktober
l' **odeur** [lodœʀ] *f.* der Geruch, der Duft
l' **œil / les yeux** [lœj/lezjø] *m.* das Auge
l' **œuf / les œufs** [lœf/lezø] *m.* das Ei
l' **œuvre** [lœvʀ] *f.* das Werk
l' **office de tourisme** [lɔfisdətuʀism] *m.* das Fremdenverkehrsamt, die Touristeninformation
l' **Office franco-allemand pour la jeunesse** [lɔfisfʀɑ̃kɔalmɑ̃puʀlaʒœnɛs] ou: **l'O.F.A.J.** [lɔfaʒ] *m.* das Deutsch-Französische Jugendwerk (DFJW) → 3/A
officiel/le [ɔfisjɛl] *adj.* offiziell
l' **officier** [lɔfisje] der Offizier → 3/1
offrir qc (à qn) [ɔfʀiʀ] (jdm) etw. anbieten, schenken; etw. bieten *wie* ouvrir *S. 133*
l' **oignon** [lɔɲɔ̃] *m.* die Zwiebel

ANNEXE

l' **oiseau / les oiseaux** [lwazo/lezwazo] *m.* der Vogel
l' **olivier** [lɔlivje] *m.* der Olivenbaum
l' **opéra** [lɔpeʀa] *m.* die Oper
l' **opération** [lɔpeʀasjɔ̃] *f.* die Operation, die Aktion
opposer qn/qc et qn/qc [ɔpoze] jdn/etw. jdm/etw. gegenüberstellen; [(ê)]**s'opposer à qn/qc** sich jdm/etw. widersetzen
l' **Oranais/e** [lɔʀanɛ/lɔʀanɛz] der/die Einwohner/in von Oran
l' **orange** [lɔʀɑ̃ʒ] *f.* die Orange, die Apfelsine
l' **oranger** [lɔʀɑ̃ʒe] *m.* der Orangenbaum
l' **ordinateur** [lɔʀdinatœʀ] *m.* der Computer; **ouvrir l'ordinateur** [uvʀiʀlɔʀdinatœʀ] den Computer hochfahren → 4/1
l' **oreille** [lɔʀɛj] *f.* das Ohr
l' **orfèvre** [lɔʀfɛvʀ] *m.* der Goldschmied
l' **organisation** [lɔʀganisasjɔ̃] *f.* die Organisation, der Verband
organiser qc [ɔʀganize] etw. organisieren
l' **orientation** [lɔʀjɑ̃tasjɔ̃] *f. hier:* der Schwerpunkt → 2/2
original/e [ɔʀiʒinal] *adj.* / **originaux** [ɔʀiʒino] *m. pl.* originell
l' **origine** [lɔʀiʒin] *f.* die Herkunft, die Abstammung; **d'origine française** [dɔʀiʒinfʀɑ̃sɛz] französischer Herkunft
oser + *Inf.* [oze] sich trauen etw. zu tun
l' **otage** [lɔtaʒ] *m.* die Geisel
ou [u] *conj.* oder
où [u] *adv.* wo, wohin
ouais [wɛ] *fam.* oui
oublier qn/qc [ublije] jdn/etw. vergessen; **oublier de** + *Inf.* vergessen etw zu tun
l' **ouest** [lwɛst] *m.* der Westen; **à l'ouest de** [alwɛstdə] westlich von
oui [wi] *adv.* ja
ouille! [uj] aua!
l' **ours en peluche** [luʀsɑ̃plyʃ] *m.* der Teddybär
ouvrir qc [uvʀiʀ] etw. öffnen *S. 133*; **ouvrir l'ordinateur** [uvʀiʀlɔʀdinatœʀ] den Computer hochfahren → 4/1

P

la **page** [lapaʒ] die Seite
le **pain** [ləpɛ̃] das Brot; le **pain au chocolat** [ləpɛ̃oʃɔkɔla] das Schokocroissant
la **paix** [lapɛ] der Frieden
le **palais** [ləpalɛ] der Palast, das Palais
le **Palatinat** [ləpalatina] die Pfalz
pâle [pɑl] *m./f. adj.* blass
le **palmier** [ləpalmje] die Palme
le **pantalon** [ləpɑ̃talɔ̃] die Hose
le **papi** [ləpapi] *fam.* Opa
le **papier** [ləpapje] das Papier, der Zettel; **le papier d'aluminium** [ləpapjedalyminjɔm] die Aluminiumfolie; **le/la sans-papier** [lə/lasɑ̃papje] der/die Immigrant/in ohne Aufenthaltsgenehmigung → 4/A
le **papillon** [ləpapijɔ̃] der Schmetterling → 1/A
par [paʀ] durch; **par contre** [paʀkɔ̃tʀ] aber, hingegen; **par jalousie** [paʀʒaluzi] aus Eifersucht
le **paradis** [ləpaʀadi] das Paradies
le **parc** [ləpaʀk] der Park
parce que [paʀskə] *conj.* weil
parcourir qc [paʀkuʀiʀ] etw. durchqueren, etw. zurücklegen *Strecke*, etw. durchfließen → 5/1
le **parcours** [ləpaʀkuʀ] *hier:* die Führung, *auch:* die Strecke, der Weg → 3/2
Pardon! [paʀdɔ̃] Entschuldigung!
pareil/le [paʀɛj] *adj.* ähnlich, gleich
les **parents** [lepaʀɑ̃] *m. pl.* die Eltern
parfois [paʀfwa] *adv.* manchmal
parier sur qc [paʀjesyʀ] auf etw. wetten/setzen
parisien/ne [paʀizjɛ̃/paʀizjɛn] *m. adj.* aus Paris
parler (à qn) [paʀle] (mit) jdm sprechen; **parler de qc à qn** jdm von etw. erzählen; **sans parler de** [sɑ̃paʀledə] ganz zu schweigen von
parmi [paʀmi] zwischen, unter
partager qc avec qn [paʀtaʒeavɛk] etw. mit jdn teilen *wie bouger S. 129*
participer à qc [paʀtisipea] an etw. teilnehmen
la **partie** [lapaʀti] das Spiel, die Partie; der Teil; **faire partie de qc** [fɛʀpaʀtidə] zu etw. dazugehören
[(ê)]**partir** [paʀtiʀ] wegfahren, weggehen *wie sortir S. 135*
partout [paʀtu] *adv.* überall
le **pas** [ləpɑ] der Schritt → 3/2
pas mal de [pɑmaldə] *fam.* ziemlich viel, ganz schön viel;
pas possible [pɑpɔsibl] *adj.* unglaublich *auch:* unmöglich → 3/2
la **passe** [lapɑs] die Ballabgabe *Fußball*
le **passé** [ləpɑse] die Vergangenheit → 5/A
passer [pɑse] vergehen, verbringen; [(ê)]**passer à qc** [pɑsea] *hier:* ansteigen auf → 3/A; **passer qc** etw. ablegen *eine Prüfung*; **passer qc (à la radio)** etw. im Radio senden/spielen; [(ê)]**se passer** [səpɑse] passieren, sich ereignen, geschehen; [(ê)]**passer de ... à** sinken von ... auf; [(ê)]**se passer de qn/qc** jdn/etw. entbehren; [(ê)]**passer avant qn/qc** [pɑseavɑ̃] vor etw./jdm Vorrang haben, vorgehen; [(ê)]**passer en** versetzt werden; **passer par la tête** [pɑsepaʀlatɛt] durch den Kopf gehen → 1/4
le **passeur** [ləpɑsœʀ] der Fluchthelfer, der Schleuser
la **passion** [lapasjɔ̃] die Leidenschaft
passionnant/e [pasjɔnɑ̃/pasjɔnɑ̃t] *adj.* spannend → 4/1
le **pasteur** [ləpastœʀ] der Pfarrer, der Pastor → 3/1
la **patate** [lapatat] *fam.* der Blödmann, die Kartoffel
les **pâtes** [lepɑt] *f. pl.* die Nudeln
le **patin à glace** [ləpatɛ̃aglas] der Schlittschuh
la **patinoire** [lapatinwaʀ] die Eisbahn
le/la **pauvre** [lə/lapovʀ] der/die Arme
payer qc [pɛje] etw. bezahlen *S. 129*

le **pays** [lәpei] das Land; **le pays-membre** [lәpeimɑ̃mbʀ] das Mitgliedsland → 3/A
le **paysage** [lәpeizaʒ] die Landschaft
le/la **paysan/ne** [lәpeizɑ̃/lapeizan] der Bauer, die Bäuerin
les **Pays-Bas** [lepeibɑ] *m. pl.* die Niederlande
la **peau** [lapo] die Haut; **avoir la musique dans la peau** Musik im Blut haben
la **pêche** [lapɛʃ] der Pfirsich
la **pêche** [lapɛʃ] die Fischerei → 1/1
le **pêcheur** [lәpɛʃœʀ] der Fischer
le/la **pédagogue** [lә/lapedagɔg] der/die Pädagoge/-in → 2/1
peler qc [pәle] etw. schälen *wie* amener *S. 129*
pendant [pɑ̃dɑ̃] während; **pendant des heures** [pɑ̃dɑ̃dezœʀ] stundenlang
la **péninsule** [lapenɛ̃syl] die Halbinsel
penser (à qn/qc) [pɑ̃se] (an jdn/etw.) denken
la **pension** [lapɑ̃sjɔ̃] *hier:* der Unterhalt
le **pépé** [lәpepe] *m. fam.* Opa
le/la **perdant/e** [lәpɛʀdɑ̃/lapɛʀdɑ̃t] der/die Verlierer/in
perdre qn/qc [pɛʀdʀ] jdn/etw. verlieren *wie* attendre *S. 129*; **perdre sa langue** [pɛʀdʀәsalɑ̃g] jdm die Sprache verschlagen; **perdre la tête** [pɛʀdʀәlatɛt] den Verstand verlieren
le **père** [lәpɛʀ] der Vater
le **Père Noël** [lәpɛʀnɔɛl] der Weihnachtsmann
permanent/e [pɛʀmanɑ̃/pɛʀmanɑ̃t] *adj.* permanent, ständig
permettre à qn de + *Inf.* [pɛʀmɛtʀa] jdm erlauben etw. zu tun *wie* mettre, *S. 133*
la **permission** [lapɛʀmisjɔ̃] *hier:* der Heimaturlaub *auch:* die Erlaubnis → 3/1
la **perruche** [lapeʀyʃ] der Wellensittich
le **personnage** [lәpɛʀsɔnaʒ] die Person, die Figur
la **personnalité** [lapɛʀsɔnalite] die Persönlichkeit
la **personne** [lapɛʀsɔn] die Person
peser qn/qc [pәze] jdn/etw. wiegen *wie* amener *S. 129*; **peser le pour et le contre** [pәzelәpuʀelәkɔ̃ntʀ] das Für und Wider abwägen
la **peste** [lapɛst] die Pest → 4/2
petit/e [pәti/pәtit] *adj.* klein; **petit à petit** [pәtitapәti] *adv.* allmählich
le **petit-déjeuner** [lәpәtideʒœne] das Frühstück; **prendre le petit-déjeuner** [pʀɑ̃dʀlәpәtideʒœne] frühstücken
les **Petites Antilles** [leptitsɑ̃tij] die Kleinen Antillen
les **petits-enfants** [lepәtizɑ̃fɑ̃] *m. pl.* die Enkelkinder, die Enkel; **le petit-fils / la petite-fille** [lәpәtifis/lapәtitfij] der/die Enkel/in
le **pétrole** [lәpetʀɔl] das Erdöl
pétrolier/-ière [petʀɔlje/petʀɔljɛʀ] *adj.* Erdöl- + *Nomen* → 5/A
un **peu** [ɛ̃pø] *adv.* ein bisschen, ein wenig
le **peulh** [lәpøl] westafrikanische Sprache → 5/1
le **peuple** [lәpœpl] das Volk
peuplé/e [pœple] *adj.* bevölkert, bevölkerungsreich → 3/A
la **peur** [lapœʀ] die Angst; **avoir peur (de qn/qc)** [avwaʀpœʀ] (vor jdm/etw.) Angst haben; **avoir peur de** + *Inf.* Angst haben etw. zu tun; **faire peur à qn** [fɛʀpœʀa] jdm Angst machen
peut-être [pøtɛtʀ] *adv.* vielleicht
le **phare** [lәfaʀ] der Leuchtturm
la **pharmacie** [lafaʀmasi] die Apotheke
le/la **philosophe** [lәfilɔzɔf/lafilɔzɔf] *m./f.* der/die Philosoph/in; **la philosophie** [lafilɔzɔfi] die Philosophie
la **photo** [lafɔto] das Foto, das Fotografieren; **photographier qn/qc** [fɔtɔgʀafje] jdn/etw. fotografieren
la **phrase** [lafʀaz] der Satz
physique [fizik] *m./f. adj.* physisch, körperlich
le **piano** [lәpjano] das Klavier
la **pièce** [lapjɛs] das Stück
le **pied** [lәpje] der Fuß; **pieds nus** [pjeny] barfuß; **à pied** [apje] zu Fuß; **au pied de qc** [opjedә] *hier:* unter etw.; **C'est pas le pied!** [sɛpɑlәpje] *fam.* Das kannst du vergessen!
le **piège** [lәpjɛʒ] die Falle → 4/2; **la question-piège** [lakɛstjɔ̃pjɛʒ] die Fangfrage → 4/2
le/la **pilote** [lә/lapilɔt] der/die Pilot/in → 2/A
le **pire** [lәpiʀ] das Schlimmste
la **piscine** [lapisin] das Schwimmbad
pittoresque [pitɔʀɛsk] *m./f. adj.* malerisch
la **pizza** [lapidza] die Pizza
la **place** [laplas] der Platz, der Sitzplatz, die Eintrittskarte; **faire place à qn/qc** [fɛʀplasa] jdm/etw. Platz einräumen / Platz machen → 5/1; **à la place de (qc)** [alaplasdә] anstelle von; **sur place** [suʀplas] vor Ort → 3/2
le **plafond** [lәplafɔ̃] die Decke
la **plage** [laplaʒ] der Strand
plaindre qn [plɛ̃dʀ] jdn bemitleiden/bedauern *S. 133*; [(ê)]**se plaindre de qn/qc** [sәplɛ̃dʀdә] sich über jdn/etw. beschweren
plaire à qn [plɛʀa] jdm gefallen *S. 134*; **ça (me) plaît de** + *Inf.* [samәplɛdә] etw. gern tun
le **plaisir** [lәplɛziʀ] das Vergnügen, die Freude; **faire plaisir à qn** [fɛʀplɛziʀa] jdm eine Freude machen
le **plan** [lәplɑ̃] der Plan
la **planche à voile** [laplɑ̃ʃavwal] das Windsurfen
la **planète** [laplanɛt] der Planet
la **plantation** [laplɑ̃tasjɔ̃] die Plantage → 1/1
le **plastique** [lәplastik] der Kunststoff, das Plastik
le **plat** [lәpla] das Gericht, der Teller
plein/e [plɛ̃/plɛn] *adj.* voll; **plein de** [plɛ̃dә] viele
pleurer [plœʀe] weinen; **pleurer qn/qc** jdn/etw. beweinen
pleuvoir [pløvwaʀ] regnen *S. 134*; **il pleut** [ilplø] es regnet

ANNEXE

la **plongée** [laplɔ̃ʒe] das Tauchen; **la plongée sous-marine** [laplɔ̃ʒesumaʀin] das Sporttauchen
plonger [plɔ̃ʒe] tauchen, eintauchen *wie* bouger *S. 129*
la **pluie** [laplɥi] der Regen → 5/1; **la saison des pluies** [lasɛzɔ̃deplɥi] die Regenzeit → 5/1
la **plupart des** + *Nomen* [laplypaʀde] die meisten + *Nomen*
plus [plys] *adv.* mehr; **plus que** [plykə] *adv.* mehr als; **le plus** [ləplys] *adv.* am meisten; **plus rien** [plyʀjɛ̃] *adv.* nichts mehr; **de plus en plus** [dəplyzɑ̃ply(s)] *adv.* immer mehr
plusieurs [plyzjœʀ] *adj.* mehrere
plutôt [plyto] *adv.* eher, lieber
la **poche** [lapɔʃ] die Hosentasche, die Tasche
le **poème** [ləpɔɛm] das Gedicht
la **poésie** [lapɔezi] die Poesie, die Dichtung
le **poète** [ləpɔɛt] der Dichter
le **poil** [ləpwal] das Tierhaar → 3/2
le **point** [ləpwɛ̃] der Punkt; **mettre un point à qc** [mɛtʀɛ̃pwɛ̃a] etw. ein Ende setzen; **le point fort** [ləpwɛ̃fɔʀ] die Stärke → 2/A
le **poisson** [ləpwasɔ̃] der Fisch
le **poivron** [ləpwavʀɔ̃] die Paprikaschote
poli/e [pɔli] *adj.* höflich
la **police** [lapɔlis] die Polizei
le **policier** [ləpɔlisje] der Polizist; **policier/-ière** [pɔlisje/pɔlisjɛʀ] *adj.* Polizei-/Kriminal- + *Nomen*
politique [pɔlitik] *m./f. adj.* politisch; **l'homme politique / la femme politique** [lɔmpɔlitik/lafampɔlitik] der/die Politiker/in → 3/A
la **politique** [lapɔlitik] die Politik → 1/2
la **pollution** [lapɔlysjɔ̃] die Verschmutzung
la **pomme de terre** [lapɔmdətɛʀ] die Kartoffel
le **pompier** [ləpɔ̃pje] der Feuerwehrmann
le **pont** [ləpɔ̃] die Brücke
la **population** [lapɔpylasjɔ̃] die Bevölkerung
le **port** [ləpɔʀ] der Hafen
le **portable** [ləpɔʀtabl] das Handy
la **porte** [lapɔʀt] die Tür; **la porte d'entrée** [lapɔʀtdɑ̃tʀe] Eingangstür, Haustür
le **porte-bonheur** [ləpɔʀtbɔnœʀ] der Glücksbringer
le **porte-monnaie** [ləpɔʀtmɔnɛ] das Portmonee, der Geldbeutel
porter qc [pɔʀte] etw. tragen; **porter qc à l'écran** [pɔʀtealekʀɑ̃] etw. verfilmen
portugais/e [pɔʀtygɛ/pɔʀtygɛz] *adj.* portugiesisch
poser qc [poze] etw. installieren, hinstellen, etw. anbringen; **poser une question** [pozeynkɛstjɔ̃] eine Frage stellen; **poser sa candidature** [pozesakɑ̃didatyʀ] sich bewerben
posséder qc [pɔsede] etw. besitzen *wie* espérer *S. 129* → 2/1
la **possibilité** [lapɔsibilite] die Möglichkeit → 2/1
possible [pɔsibl] *m./f. adj.* möglich; **faire tout son possible** [fɛʀtusɔ̃pɔsibl] sein/ihr Möglichstes tun
la **poste** [lapɔst] das Postamt
le **pot** [ləpo] der Topf, das Glas
le **potage** [ləpɔtaʒ] die Suppe
le **pote** [ləpɔt] *fam.* der Kumpel
la **poubelle** [lapubɛl] der Mülleimer
le **pouce** [ləpus] der Daumen; **donner un coup de pouce à qn** [dɔneɛ̃kudpus] *fam.* jdm helfen, jdm zur Hand gehen
le **poulet** [ləpulɛ] das Hühnchen
pour [puʀ] für, wegen; **pour** + *Inf.* um ... zu + *Inf.*; **pour cent** [puʀsɑ̃] Prozent; **le pour et le contre** [ləpuʀeləkɔ̃tʀ] das Für und Wider; **pour la première fois** [puʀlapʀəmjɛʀfwa] zum ersten Mal; **pour le moment** [puʀləmɔmɑ̃] im Moment; **pour que** + *subj.* [puʀkə] *conj.* damit, um → 2/2; **pour quoi faire?** [puʀkwafɛʀ] wozu?; **pour un oui et pour un non** [puʀɛ̃wiepuʀɛ̃nɔ̃] um ein Nichts
le **pourcentage** [ləpuʀsɑ̃taʒ] der Prozentsatz → 2/A
pourquoi [puʀkwa] *conj.* warum; **pourquoi pas?** [puʀkwapɑ] warum nicht?; **c'est pourquoi** [sɛpuʀkwa] *conj.* deshalb
pourri/e [puʀi] *fam. adj.* faul, verdorben
pourtant [puʀtɑ̃] *adv.* dennoch, trotzdem
pouvoir + *Inf.* [puvwaʀ] können *S. 134*
le **pouvoir** [ləpuvwaʀ] die Macht
pratique [pʀatik] *m./f. adj.* praktisch
pratiquement [pʀatikmɑ̃] *adv.* fast
pratiquer qc [pʀatike] etw. praktizieren
précieux/-euse [pʀesjø/pʀesjøz] *adj.* kostbar, wertvoll
prédire qc [pʀediʀ] etw. voraussagen *wie* dire *S. 132*
préféré/e [pʀefeʀe] *adj.* Lieblings- + *Nomen*
préférer qc [pʀefeʀe] etw. bevorzugen, lieber mögen *wie* espérer *S. 129*
le **préjugé** [ləpʀeʒyʒe] das Vorurteil → 1/2
premier/-ière [pʀəmje/pʀəmjɛʀ] *adj.* erster/-e/-es
prendre qc [pʀɑ̃dʀ] etw. nehmen *S. 134*; **prendre contact avec qn** [pʀɑ̃dʀkɔ̃taktavɛk] mit jdm Kontakt aufnehmen → 2/1; **prendre la fuite** [pʀɑ̃dʀlafɥit] fliehen; **prendre le petit-déjeuner** [pʀɑ̃dʀləpətidejœne] frühstücken; **prendre l'habitude (de** + *Inf.***)** [pʀɑ̃dʀlabityd] die Gewohnheit annehmen etw. zu tun, sich etw. angewöhnen; **prendre qn/qc au sérieux** [pʀɑ̃dʀoseʀjø] jdn/etw. ernst nehmen; **prendre sa vie en main** [pʀɑ̃dʀsaviɑ̃mɛ̃] sein Leben in die Hand nehmen; **Qu'est-ce qui lui prend?** [kɛskilɥipʀɑ̃] Was ist los mit ihm/ihr?; [(ê)] **se prendre pour qn** [səpʀɑ̃dʀpuʀ] sich für jdn halten; **prendre un bain** [pʀɑ̃dʀɛ̃bɛ̃] baden, ein Bad nehmen → 4/A; **prendre une douche** [pʀɑ̃dʀynduʃ] duschen

le **prénom** [ləpʀenɔ̃] der Vorname
la **préoccupation** [lapʀeɔkypasjɔ̃] die Sorge → 4/1
la **préparation** [lapʀeparasjɔ̃] die Vorbereitung → 2/1
préparatoire [pʀepaʀatwaʀ] *m./f. adj.* vorbereitend → 2/2
préparer qc [pʀepaʀe] etw. zubereiten, vorbereiten
près de [pʀɛdə] *adv.* in der Nähe von, nahe bei
présent/e [pʀezɑ̃/pʀezɑ̃t] *adj.* da, anwesend
présenter qc/qn à qn [pʀezɑ̃te] jdm etw./jdn vorstellen
le/la **président/e** [ləpʀezidɑ̃/lapʀezidɑ̃t] der/die Präsident/in → 3/A
presque [pʀɛsk(ə)] *adv.* fast
la **presqu'île** [lapʀɛskil] die Halbinsel
presser qc [pʀɛse] etw. (aus-)pressen
la **pression** [lapʀɛsjɔ̃] der Druck; **mettre la pression** [mɛtʀlapʀɛsjɔ̃] Druck ausüben → 4/2
prêt/e [pʀɛ/pʀɛt] *adj.* fertig, bereit → 3/1; **être prêt/e à** + *Inf.* [ɛtʀpʀɛta] bereit sein etw. zu tun → 3/1
prêter qc à qn [pʀɛtea] jdm etw. leihen → 3/2
le **prêtre** [ləpʀɛtʀ] der Priester → 1/2
prévoir qc [pʀevwaʀ] etw. vorsehen *wie* voir *S. 136*
la **prière** [lapʀijɛʀ] das Gebet; **faire la prière** [fɛʀlapʀijɛʀ] beten
le **principal** [ləpʀɛ̃sipal] der Direktor, der Schulleiter
principal/e [pʀɛ̃sipal] *adj.* / **principaux** [pʀɛ̃sipo] *m. pl.* Haupt- + *Nomen*
le **printemps** [ləpʀɛ̃tɑ̃] der Frühling
la **prison** [lapʀizɔ̃] das Gefängnis
priver qn de qc [pʀivedə] jdm etw. entziehen, jdm etw. wegnehmen → 4/2
privilégié/e [pʀivileʒje] *adj.* privilegiert, begünstigt, günstig → 5/A
le **prix** [ləpʀi] der Preis
le **problème** [ləpʀɔblɛm] das Problem
prochain/e [pʀɔʃɛ̃/pʀɔʃɛn] *adj.* nächste
la **production** [lapʀɔdyksjɔ̃] die Produktion → 1/1
le **produit** [ləpʀɔdɥi] das Produkt → 4/A
le/la **prof** [lə/lapʀɔf] *m./f. fam.* ou **le professeur** [ləpʀɔfɛsœʀ] *m./f.* der Lehrer / die Lehrerin; **le professeur des écoles** [ləpʀɔfɛsœʀdezekɔl] *m./f.* der/die Grundschullehrer/in → 2/2
la **profession** [lapʀɔfɛsjɔ̃] der Beruf → 2/1
professionnel/le [pʀɔfɛsjɔnɛl] ou: **pro** [pʀo] *fam. adj.* beruflich, Berufs- + *Nomen*; *adj.* professionell
profondément [pʀɔfɔ̃demɑ̃] *adv.* tief, zutiefst → 4/2
le **programme** [ləpʀɔgʀam] das Programm
programmer qc [pʀɔgʀame] etw. programmieren, vorprogrammieren
le **progrès** [ləpʀɔgʀɛ] der Fortschritt
le **projet** [ləpʀɔʒɛ] das Projekt → 3/A
la **promenade** [lapʀɔmnad] der Spaziergang
^(ê)**se promener** [səpʀɔmne] spazieren gehen *wie* amener *S. 129*
la **promesse** [lapʀɔmɛs] das Versprechen → 4/1; **tenir une promesse** [təniʀynpʀɔmɛs] ein Versprechen halten → 4/1
promettre qc à qn [pʀɔmɛtʀa] jdm etw. versprechen *wie* mettre *S. 133*; ^(ê)**se promettre de** + *Inf.* sich vornehmen etw. zu tun
proposer qc à qn [pʀɔpozea] jdm etw. vorschlagen; **proposer de** + *Inf.* vorschlagen etw. zu tun
prospérer [pʀɔspeʀe] gedeihen, vorwärtskommen *wie* espérer *S. 129*; **faire prospérer qc** [fɛʀpʀɔspeʀe] etw. zum Blühen bringen
la **protection** [lapʀɔtɛksjɔ̃] der Schutz, die Unterstützung
le **protectorat** [ləpʀɔtɛktɔʀa] das Schutzgebiet, das Protektorat
protégé/e [pʀɔteʒe] *hier:* unter Naturschutz
^(ê)**se protéger** [səpʀɔteʒe] sich schützen *S. 129*
le/la **protestant/e** [ləpʀɔtɛstɑ̃/lapʀɔtɛstɑ̃t] der/die Protestant/in
protester (contre qc) [pʀɔtɛste] (gegen etw.) protestieren
les **provisions** [lepʀɔvizjɔ̃] *f. pl.* die Vorräte, der Proviant
provoquer qn/qc [pʀɔvɔke] jdn/etw. herausfordern, etw. verursachen → 4/1
prudent/e [pʀydɑ̃/pʀydɑ̃t] *adj.* vorsichtig
la **prune** [lapʀyn] die Pflaume → 4/2; **faire qc pour des prunes** *fam.* etw. umsonst tun → 4/2
la **Prusse** [lapʀys] Preußen
le **pseudo** [ləpsødo] *fam.*, **le pseudonyme** [ləpsødonim] der Deckname, das Pseudonym
le **public** [ləpyblik] das Publikum → 2/1
la **publicité** [lapyblisite] die Werbung
publique [pyblik] *m./f. adj.* öffentlich → 5/1
le/la **puériculteur/-trice** [lepɥeʀikyltœʀ/lapɥeʀikyltʀis] der Kinderkrankenpfleger / die Kinderkrankenschwester → 2/A
puis [pɥi] *adv.* dann
puisque [pɥisk(ə)] *conj.* da
la **puissance** [lapɥisɑ̃s] die Macht → 3/A
le **pull** [ləpyl] der Pulli
punir qn [pyniʀ] jdn bestrafen *wie* réagir *S. 129* → 3/1
la **purée** [lapyʀe] das Püree, der Brei → 1/1
la **pyramide** [lapiʀamid] die Pyramide

Q

le **quai** [ləke] der Kai, der Bahnsteig
la **qualité** [lakalite] die Qualität; die Eigenschaft
quand [kɑ̃] *Fragepronomen* + *conj.* wann, wenn, als
quand même [kɑ̃mɛm] *adv.* trotzdem → 2/A
la **quantité** [lakɑ̃tite] die Menge, die Quantität

ANNEXE

le **quart** [ləkaʀ] das Viertel; **le quart d'heure** [ləkaʀdœʀ] die Viertelstunde

le **quartier** [ləkaʀtje] das Viertel

que [kə] was *Fragepronomen;* den, die, das *Relativpronomen*

le **Québec** [ləkebɛk] Quebec

le/la **Québécois/e** [ləkebekwa/lakebekwaz] der/die Einwohner/in von Quebec

quel/le [kɛl] *Fragepronomen* welcher/-es/-e

quelqu'un [kɛlkɛ̃] jemand

quelque chose [kɛlkəʃoz] *adj.* etwas; **quelque part** [kɛlkəpaʀ] irgendwo

quelquefois [kɛlkəfwa] *adv.* manchmal

quelques [kɛlkə] *m./f. pl. adj.* einige, ein paar

qu'est-ce que [kɛskə], **qu'est-ce qui** [kɛski] was *Fragepronomen*

la **question** [lakɛstjɔ̃] die Frage; **poser une question** [pozeynkɛstjɔ̃] eine Frage stellen; **la question-piège** [lakɛstjɔ̃pjɛʒ] die Fangfrage → 4/2

la **queue** [lakø] die (Menschen-)Schlange

qui [ki] wer *Fragepronomen;* der, die, das *Relativpronomen*

quinze jours [kɛ̃zʒuʀ] zwei Wochen, 14 Tage

quitter qn/qc [kite] jdn/etw. verlassen

quoi [kwa] was *Fragepronomen; fam.* halt, eben *Füllwort am Ende eines Satzes*

le **quotidien** [ləkɔtidjɛ̃] der Alltag; **quotidien/ne** [kɔtidjɛ̃/kɔtidjɛn] *adj.* alltäglich, täglich

R

raccrocher [ʀakʀɔʃe] aufhängen, auflegen *Telefon*

le **racisme** [leʀasism] der Rassismus

raconter qc (à qn) [ʀakɔ̃te] (jdm) etw. erzählen

la **radio** [laʀadjo] das Radio

la **radioactivité** [laʀajɔaktivite] die Radioaktivität → 4/2

le **raggamuffin** [ləʀagamafin] *Musikrichtung, die sich aus dem Reggae entwickelt hat* → 1/A

la **raison** [laʀɛzɔ̃] der Grund; **c'est la raison pour laquelle** [sɛlaʀɛzɔ̃puʀlakɛl] *loc.* deshalb

raisonnable [ʀɛzɔnabl] *m./f. adj.* vernünftig

le **rallye** [ləʀali] die Rallye

ramasser qc [ʀamase] etw. einsammeln, aufsammeln

ramer [ʀame] rudern

ranger qc [ʀɑ̃ʒe] etw. aufräumen *wie* bouger *S. 129*

le **rap** [ləʀap] der Rap

la **rapidité** [laʀapidite] die Schnelligkeit, die Schnelllebigkeit → 4/1

rappeler qc à qn [ʀap(ə)lea] jdn an etw. erinnern

le/la **rappeur/-euse** [ləʀapœʀ/laʀapøz] der/die Rapper/in

rare [ʀaʀ] *m./f. adj.* selten → 4/1

rassembler qc [ʀasɑ̃ble] etw. sammeln → 4/2

rassurer qn [ʀasyʀe] jdn beruhigen, ermutigen

le **rat** [ləʀa] die Ratte

rater qc [ʀate] etw. nicht schaffen, etw. verpassen, durchfallen

le **rayon** [ləʀɛjɔ̃] die Abteilung

la **réaction** [laʀeaksjɔ̃] die Reaktion

réagir (à qc) [ʀeaʒiʀ] (auf etw.) reagieren *S. 129*

réaliser qc [ʀealize] etw. verwirklichen

réaliste [ʀealist] *m./f. adj.* realistisch

la **réalité** [laʀealite] die Wirklichkeit, die Realität

la **recette** [laʀəsɛt] *f.* das Kochrezept

recevoir qn/qc [ʀəsəvwaʀ] etw. bekommen/erhalten, jdn empfangen *S. 134*

le **récit** [ləʀesi] der Bericht, die Erzählung; **réciter qc** [ʀesite] etw. vortragen

(ê)**se réchauffer** [ʀeʃofe] sich erwärmen → 4/A

réclamer qc [ʀeklame] etw. verlangen

(ê)**se réconcilier** [səʀekɔ̃silje] sich versöhnen → 3/A

le **record** [ləʀəkɔʀ] der Rekord → 4/A

la **récréation** [laʀekʀeasjɔ̃] die Pause

le **recul** [ləʀəkyl] der Abstand → 2/2

reculer [ʀəkyle] zurückweichen → 3/2; **reculer d'un pas** [ʀəkyledɛ̃pɑ] einen Schritt zurückweichen → 3/2

recycler qc [ʀəsikle] etw. wieder verwerten, etw. recyclen → 4/A

redoubler [ʀəduble] sitzenbleiben

réduire qn en esclavage [ʀedɥiʀɑ̃nɛsklavaʒ] jdn versklaven *wie* construire *S. 131* → 1/1

réfléchir [ʀefleʃiʀ] überlegen *wie* réagir *S. 129*

(ê)**se refléter** [səʀəflete] sich spiegeln, reflektieren *wie* espérer *S. 129*

le **réflexe** [ləʀeflɛks] der Reflex, die Reaktion → 4/A; **avoir le réflexe de faire qc** [avwaʀləʀeflɛksdəfɛʀ] etw. automatisch/reflexartig tun, etwas ohne nachzudenken tun → 4/A

la **Réforme** [laʀefɔʀm] die Reformation

réformer qc [ʀefɔʀme] etw. reformieren, verändern

le/la **réfugié/e** [ləʀefyʒje/laʀefyʒje] der Flüchtling *m./f.*

(ê)**se réfugier** [səʀefyʒje] Zuflucht suchen

refuser de + *Inf.* [ʀəfyzedə] sich weigern etw. zu tun

le **regard** [ləʀəgaʀ] der Blick

regarder qn/qc [ʀəgaʀde] jdn/etw. (an)schauen, ansehen, betrachten; **Ça ne te regarde pas!** [sanətəʀəgaʀdpɑ] Das geht dich nichts an!

la **région** [laʀeʒjɔ̃] die Region, das Gebiet

la **règle de trois** [laʀɛgldətʀwa] der Dreisatz *in der Prozentrechnung*

régler qc [ʀegle] etw. regeln, etw. in Ordnung bringen *wie* espérer *S. 129*

regretter qc [ʀəgʀɛte] etw. vermissen, etw. bedauern; **regretter que** + *subj.* bedauern, dass

régulariser qn [ʀegylaʀize] *hier:* jdn anerkennen *jdm die Aufenthaltsgenehmigung geben* → 4/A

régulièrement [ʀegyljɛʀmɑ̃] *adv. von* régulier/-ière *adj.* regelmäßig

relatif/-ive [ʀəlatif/ʀəlativ] *adj.* relativ

la **relation** [laʀəlasjɔ̃] das Verhältnis, die Beziehung

religieux/-euse [ʀəliʒjø/ʀəliʒjøz] *adj.* religiös

la **religion** [laʀəliʒjɔ̃] die Religion

la **remarque** [laʀəmaʀk] die Bemerkung

remarquer qn/qc [ʀəmaʀke] jdn/etw. bemerken, auf jdn/etw. aufmerksam werden

remettre qn/qc en question [ʀəmɛtʀɑ̃kɛstjɔ̃] jdn/etw. in Frage stellen *wie* mettre *S. 133* → 4/1

remonter le terrain [ʀəmɔ̃teləteʀɛ̃] nach vorn spielen *Fußball*

les **remords** [leʀəmɔʀ] *m. pl.* die Gewissensbisse

les **remparts** [leʀɑ̃paʀ] *m. pl.* die Stadtmauer

remplacer qn/qc par qn/qc [ʀɑ̃plasepaʀ] jdn/etw. durch jdn/etw. ersetzen *wie* avancer *S. 129*

la **rencontre** [laʀɑ̃kɔ̃tʀ] das Treffen → 3/2

rencontrer qn [ʀɑ̃kɔ̃tʀe] jdn treffen, kennen lernen

le **rendez-vous** [ləʀɑ̃devu] das Treffen, die Verabredung, der Termin; **avoir rendez-vous avec qn** [avwaʀʀɑ̃devuavɛk] mit jdm verabredet sein

rendre qn heureux/-se [ʀɑ̃dʀøʀø/øʀøz] jdn glücklich machen *wie* attendre *S. 129*; **rendre service à qn** [ʀɑ̃dʀsɛʀvisa] jdm dienen, behilflich sein

renoncer à qc [ʀənɔ̃sea] auf etw. verzichten *wie* avancer *S. 129*; **renoncer à** + *Inf.* darauf verzichten etw. zu tun

renouvelable [ʀənuvlabl] *m./f. adj.* erneuerbar → 4/A

[(ê)]**se renseigner (sur qn/qc)** [səʀɑ̃sɛɲe(syʀ)] sich (über jdn/etw.) informieren, sich erkundigen → 2/2

la **rentrée** [laʀɑ̃tʀe] der Beginn des neuen Schuljahres

[(ê)]**rentrer** [ʀɑ̃tʀe] zurückkommen, nach Hause gehen

[(ê)]**se renverser** [səʀɑ̃vɛʀse] umkippen

le **repas** [ləʀəpɑ] das Essen, die Mahlzeit

[(ê)]**se repérer** [səʀəpeʀe] sich orientieren *wie* espérer *S. 129*

répéter qc [ʀepete] etw. wiederholen *wie* espérer *S. 129*; [(ê)]**se répéter** sich wiederholen

répondre (qc à qn) [ʀepɔ̃dʀə] (jdm etw.) antworten *wie* attendre *S. 129*

la **réponse** [laʀepɔ̃s] die Antwort

le **reportage** [ləʀəpɔʀtaʒ] die Reportage → 5/1

le **reporter** [ləʀəpɔʀtɛʀ] *m./f.* der/die Reporter/in → 2/A

reposer sur qc [ʀəpozesyʀ] *hier:* auf etw. basieren → 1/1; [(ê)] **se reposer** [səʀəpoze] sich ausruhen

reprendre qc [ʀəpʀɑ̃dʀ] etw. übernehmen *wie* prendre *S. 134* → 2/A; etw. wiederaufnehmen → 3/1

représenter qn/qc [ʀəpʀezɑ̃te] jdn/etw. darstellen

répressif/-ive [ʀepʀɛsif/ʀepʀɛsiv] *adj.* unterdrückend, beschränkend

reprocher qc à qn [ʀəpʀɔʃe] jdm etw. vorwerfen → 4/2

la **république** [laʀepyblik] die Republik

le **RER (= le Réseau express régional)** [ləɛʀəɛʀ] *die Pariser S-Bahn*

réserver qc [ʀezɛʀve] etw. reservieren

le **respect** [ləʀɛspɛ] der Respekt

respecter qn/qc [ʀɛspɛkte] jdn/etw. achten, respektieren

respirer [ʀɛspiʀe] atmen

la **responsabilité** [laʀɛspɔ̃sabilite] die Verantwortung → 2/2

responsable (de qn/qc) [ʀɛspɔ̃sabl] *m./f. adj.* verantwortlich für jdn/etw.

le/la **responsable** [lə/laʀɛspɔ̃sabl] der/die Verantwortliche → 2/1

[(ê)]**se ressembler** [səʀəsɑ̃ble] sich ähneln

la **ressource** [laʀəsuʀs] die Ressource, der Rohstoff → 1/A

le **restaurant** [ləʀɛstɔʀɑ̃] das Restaurant

[(ê)]**rester** [ʀɛste] bleiben

le **résumé** [ləʀezyme] die Zusammenfassung, die Inhaltsangabe

le **retard** [ləʀətaʀ] die Verspätung; **être en retard** [ɛtʀɑ̃ʀətaʀ] sich verspäten, zu spät kommen

[(ê)]**retourner** [ʀətuʀne] zurückgehen, zurückkehren

la **retraite** [laʀətʀɛt] der Ruhestand → 2/1

retrouver [ʀətʀuve] treffen, wiederfinden

réunir [ʀeyniʀ] versammeln *wie* réagir *S. 129*

réussi/e [ʀeysi] *adj.* gelungen

réussir (qc) [ʀeysiʀ] gelingen, etw. schaffen *wie* réagir *S. 129*; **réussir à** + *Inf.* schaffen etw. zu tun

le **rêve** [ləʀɛv] der Traum

le **réveil** [ləʀevɛj] der Wecker

[(ê)]**se réveiller** [səʀeveje] aufwachen

le **réveillon** [ləʀevɛjɔ̃] *Festessen zu Weihnachten oder Neujahr*

revenir [ʀəvəniʀ] zurückkommen *wie* venir *S. 135*

rêver [ʀɛve] träumen; **rêver de** + *Inf.* träumen etw. zu tun

réviser qc [ʀevize] etw. wiederholen *Unterrichtsstoff*

la **révocation** [laʀevɔkasjɔ̃] die Aufhebung, die Widerrufung

revoir qn/qc [ʀəvwaʀ] jdn/etw. wiedersehen *wie* voir *S. 136*

[(ê)]**se révolter contre qn/qc** [səʀevɔltekɔ̃tʀ] sich gegen jdn/etw. auflehnen

la **révolution** [laʀevɔlysjɔ̃] die Revolution

révolutionnaire [ʀevɔlysjɔnɛʀ] *m./f. adj.* revolutionär

révoquer qc [ʀevɔke] etw. widerrufen

riche [ʀiʃ] *m./f. adj.* reich

la **richesse** [laʀiʃɛs] der Reichtum → 1/2

ridicule [ʀidikyl] *m./f. adj.* lächerlich

rien du tout [ʀjɛ̃dytu] *adv.* überhaupt nichts, gar nichts → 2/2

ANNEXE

rigoler [rigɔle] *fam.* lachen, Spaß haben, sich lustig machen; **rigoler dans le dos de qn** [rigɔledɑ̃lədodə] sich hinter dem Rücken über jdn lustig machen
la **rime** [laʀim] der Reim
rire [ʀiʀ] lachen *S. 134*
risquer qc [ʀiske] etw. riskieren, aufs Spiel setzen
rival/e [ʀival] *adj.* / **rivaux** [ʀivo] *m. pl.* gegnerisch, rivalisierend
la **rive** [laʀiv] das Ufer
la **rivière** [laʀivjɛʀ] der (Neben-) Fluss → 1/1
la **robe** [laʀɔb] das Kleid
le **robot** [ləʀɔbo] der Roboter
le **rocher** [ləʀɔʃe] der Felsen
le **roi / la reine** [ləʀwa/laʀɛn] der/die König/in; **le Roi-Soleil** [ləʀwasɔlɛj] der Sonnenkönig
le **rôle** [ləʀol] die Rolle
les **rollers** [leʀɔlœʀ] *m. pl.* die Inlineskates
romain/e [ʀɔmɛ̃/ʀɔmɛn] *adj.* römisch → 3/A
le **roman** [ləʀɔmɑ̃] der Roman
romantique [ʀɔmɑ̃tik] *m./f. adj.* romantisch
rose [ʀoz] *m./f. adj.* rosa
le **rosier** [ləʀozje] der Rosenstock
la **roue** [laʀu] das Rad
rouge [ʀuʒ] *m./f. adj.* rot
rouler [ʀule] fahren, rollen
la **Roumanie** [laʀumani] Rumänien → 3/A
le **rouquin / la rouquine** [ləʀukɛ̃/laʀukin] *fam.* der/die Rothaarige → 3/2
la **route** [laʀut] die Fernverkehrsstraße, die Landstraße; **la route des Indes** [laʀutdezɛ̃d] der Seeweg nach Indien
royal/e [ʀwajal] / **royaux** [ʀwajo] *m. pl. adj.* königlich, Königs- + *Nomen*
le **ruban vert** [ləʀybɑ̃vɛʀ] das grüne Band
la **rue** [laʀy] die Straße
la **ruine** [laʀɥin] die Ruine
ruiner qn/qc [ʀɥine] jdn/etw. ruinieren → 3/A
la **Russie** [laʀysi] Russland

S

le **sable** [ləsabl] der Sand
le **sac** [ləsak] die Tasche; **le sac en plastique** [ləsakɑ̃plastik] **die** Plastiktüte → 4/1
saignant/e [sɛɲɑ̃/sɛɲɑ̃t] *adj.* blutig
le **saint-bernard** [ləsɛ̃bɛʀnaʀ] der Bernhardiner
la **saison** [lasɛsɔ̃] die Jahreszeit → 5/1; **la saison des pluies** [lasɛzɔ̃deplɥi] die Regenzeit → 5/1
la **salade** [lasalad] der Salat
le **salaire** [ləsalɛʀ] der Lohn, das Gehalt → 4/1
sale [sal] *m./f. adj.* schmutzig
salé/e [sale] *adj.* salzig → 1/1
la **salle** [lasal] *hier:* die Halle; **la salle de bains** [lasald(ə)bɛ̃] das Badezimmer; **la salle de classe** [lasald(ə)klas] das Klassenzimmer; **la salle de séjour** [lasald(ə)seʒuʀ] das Wohnzimmer
le **salon de coiffure** [ləsalɔ̃dkwafyʀ] der Friseursalon → 2/A
Salut! [saly] *fam.* Hallo!, Tschüss! Grüß dich!
le **SAMU** [samy] ou: **le Service d'aide médicale urgente** *frz. medizinischer Rettungsdienst, Notarzt*
le **sandwich** [ləsɑ̃dwitʃ] das Sandwich, das belegte Brot
sans [sɑ̃] ohne; **sans doute** [sɑ̃dut] *adv.* zweifellos; **sans merci** [sɑ̃mɛʀsi] *adv.* gnadenlos → 1/1; **le/la sans-papier** [lə/lasɑ̃papje] der/die Immigrant/in ohne Aufenthaltsgenehmigung → 4/A; **sans parler de** [sɑ̃paʀledə] ganz zu schweigen von
la **santé** [lasɑ̃te] die Gesundheit → 4/1
le **sapin** [ləsapɛ̃] der Tannenbaum → 3/1
le **satellite** [ləsatɛlit] der Satellit → 5/1
la **satire** [lasatiʀ] die Satire
sauf [sof] *prép.* außer
sauvage [sovaʒ] *m./f. adj.* wild
sauver qn/qc [sove] jdn/etw. retten
la **savane** [lasavan] die Savanne → 5/A
le/la **savant/e** [ləsavɑ̃/ lasavɑ̃t] der/die Wissenschaftler/in
savoir qc [savwaʀ] etw. wissen *S. 135*; **savoir qc par cœur** [savwaʀpaʀkœʀ] etw. auswendig können
le/la **scénariste** [lə/lasenaʀist] *m./f.* der/die Drehbuchautorin → 2/1
la **scène** [lasɛn] die Szene
la **science** [lasjɑ̃s] die Wissenschaft
la **science-fiction** [lasjɑ̃sfiksjɔ̃] Science-Fiction
scientifique [sjɑ̃tifik] *m./f. adj.* wissenschaftlich → 4/2; **l'homme scientifique / la femme scientifique** [lɔmsjɑ̃tifik/lafamsjɑ̃tifik] der/die Wissenschaftler/in → 4/2
scolaire [skɔlɛʀ] *m./f. adj.* schulisch, Schul- + *Nomen*
scolariser qn [skɔlarize] jdn einschulen → 4/A
le **scorpion** [ləskɔʀpjɔ̃] der Skorpion
la **sculpture** [laskylptyʀ] die Skulptur
sec/sèche [sɛk/sɛʃ] *adj.* trocken
la **sécheresse** [laseʃʀɛs] die Trockenheit, die Dürre
second/e [səgɔ̃/səgɔ̃d] *adj.* zweiter/-e → 4/1
la **seconde** [las(ə)gɔ̃d] die Sekunde
la **seconde** [lasəgɔ̃d] *das 10. Schuljahr in Frankreich* → 1/A
le **secret** [ləsəkʀɛ] das Geheimnis
secret/secrète [səkʀɛ/səkʀɛt] *adj.* geheim → 3/1
le/la **secrétaire** [lə/lasəkʀetɛʀ] der/die Sekretär/in
le **secrétariat** [ləsəkʀetaʀja] das Sekretariat
le **secteur** [ləsɛktœʀ] der Sektor → 2/1
la **section** [lasɛksjɔ̃] die Sektion, die Fachrichtung → 2/2
la ***sécurité*** [lasekyʀite] die Sicherheit → 2/1
le **séjour** [ləseʒuʀ] der Aufenthalt
le **sel** [ləsɛl] das Salz → 5/A
la **sélection** [laselɛksjɔ̃] die Auswahl
le **self** [ləsɛlf] *fam. hier:* die Schulkantine
la **semaine** [lasəmɛn] die Woche

le **sens** [ləsɑ̃s] der Sinn
la **sensation** [lasɑ̃sasjɔ̃] der Eindruck, die Empfindung → 4/1
sensible [sɑ̃sibl] *m./f. adj.* empfindlich, sensibel
sentir (qc) [sɑ̃tiʀ] etw. fühlen, (etw.) riechen *wie* sortir *S. 135;* (ê)**se sentir** [səsɑ̃tiʀ] sich fühlen
(ê)**se séparer** [səsepaʀe] sich trennen
septembre [sɛptɑ̃bʀ] *m.* September
la **séquence** [lasekɑ̃s] die Sequenz → 3/1
la **série** [laseʀi] die Serie
sérieux/-euse [seʀjø/seʀjøz] *adj.* ernst, ernsthaft; **prendre qn/qc au sérieux** [pʀɑ̃dʀoseʀjø] jdn/etw. ernst nehmen
le **service** [ləsɛʀvis] der Service, die Dienstleistung → 2/1
servir à qc [sɛʀviʀa] etw. nützen *wie* sortir *S. 135*
seul/e [sœl] *adj.* allein; einzige/r/s; *adv.* bloß, nur;
seulement [sœlmɑ̃] *adv.* nur
sévère [sevɛʀ] *m./f. adj.* streng
si [si] *adv.* doch, so; *conj.* wenn, ob, falls; **si seulement** + *Imparfait* [sisœlmɑ̃] wenn doch nur
s'il te plaît / s'il vous plaît [siltəplɛ/silvuplɛ] bitte
le **sida** [ləsida] Aids → 4/1
le **siècle** [ləsjɛkl] das Jahrhundert; **le siècle des Lumières** [ləsjɛkldelymjɛʀ] das Jahrhundert der Aufklärung
la **sieste** [lasjɛst] der Mittagsschlaf
la **signature** [lasiɲatyʀ] die Unterschrift → 4/2
le **signe** [ləsiɲ] das Sternzeichen, das Zeichen, das Symbol
signer qc [siɲe] etw. unterschreiben
signifier qc [siɲifje] etw. bedeuten
simple [sɛ̃pl] *m./f. adj.* leicht, einfach
la **simulation de vol** [lasimylasjɔ̃dvɔl] der Flugsimulator
sincère [sɛ̃sɛʀ] *m./f. adj.* aufrichtig
sinon [sinɔ̃] *conj.* sonst
le **sirop** [ləsiʀo] der Sirup
le **site** [ləsit] die Webseite; der Ort → 2/1
la **situation** [lasitɥasjɔ̃] die Situation, die Lage
situé/e [sitɥe] *adj.* gelegen
se situer [səsitɥe] liegen, sich befinden → 1/A
la **sixième** [lasizjɛm] die Sechste = *6. Klasse in Deutschland*
le **skate** [ləskɛt] das Skateboard, das Skateboardfahren
le **ski** [ləski] der Ski, das Skifahren
social/e [sɔsjal] *adj.* gesellschaftlich → 1/2
la **société** [lasɔsjete] die Gesellschaft; **la société de spectacle** [lasɔsjetedəspɛktakl] die Spaßgesellschaft → 4/1
la **sociologie** [lasɔsjɔlɔʒi] die Soziologie → 4/1
le **soda** [ləsɔda] das Sodawasser
la **sœur** [lasœʀ] die Schwester
la **soie** [laswa] die Seide
la **soif** [laswaf] der Durst; **avoir soif** [avwaʀswaf] Durst haben
le **soir** [ləswaʀ] der Abend, abends; **ce soir** [səswaʀ] heute Abend
le **soldat** [ləsɔlda] der Soldat
le **soleil** [ləsɔlɛj] die Sonne
solidaire [sɔlidɛʀ] *m./f. adj.* solidarisch; **être solidaire** [ɛtʀsɔlidɛʀ] zusammenhalten
la **solidarité** [lasɔlidaʀite] die Solidarität
la **solution** [lasɔlysjɔ̃] die Lösung
le **sommeil** [ləsɔmɛj] der Schlaf, die Müdigkeit → 3/2; **avoir sommeil** [avwaʀsɔmej] müde sein → 3/2
le/la **sommelier/-ière** [ləsɔməlje/lasɔməljɛʀ] der/die Weinkellner/in, der Sommelier
le **sommet** [ləsɔmɛ] der Gipfel
le **son** [ləsɔ̃] der Ton → 2/A
sonner [sɔne] klingeln
la **sorte** [lasɔʀt] die Sorte
la **sortie** [lasɔʀti] *hier:* der Ausflug → 2/1
(ê)**sortir** [sɔʀtiʀ] hinausgehen, losgehen, ausgehen *S. 135;* (ê)**s'en sortir** [sɑ̃sɔʀtiʀ] *hier:* aus etw. herauskommen, etw. schaffen → 1/2; (ê)**sortir de table** [sɔʀtiʀdətabl] vom Tisch aufstehen; **sortir qc** etw. herausnehmen; **sortir un chien** [sɔʀtiʀɛ̃ʃjɛ̃] einen Hund ausführen
souabe [swab] *m.f. adj.* schwäbisch → 3/2
le **souci** [ləsusi] die Sorge
soudain [sudɛ̃] *adv.* plötzlich → 3/1
souffrir de qn/qc [sufʀiʀ] an jdm/etw. leiden *wie* ouvrir *S. 133* → 4/1
souhaiter qc (à qn) [swɛte] (jdm) etw. wünschen; **souhaiter que** + *subj.* wünschen, dass ...
le **souk** [ləsuk] *Einkaufsviertel bzw. Markt in einer arabischen Stadt*
la **soupe** [lasup] die Suppe
soupirer [supiʀe] seufzen → 2/2
souriant/e [suʀjɑ̃/suʀjɑ̃t] lächelnd
le **sourire** [ləsuʀiʀ] das Lächeln
la **souris** [lasuʀi] die Maus
sous [su] unter; **sous le soleil** [suləsɔlɛj] bei Sonnenschein
souterrain/e [sutɛʀɛ̃/sutɛʀɛn] *adj.* unterirdisch
le **souvenir** [ləsuvniʀ] das Andenken, die Erinnerung, das Souvenir
(ê)**se souvenir de qn/qc** [səsuvniʀdə] sich an jdn/etw. erinnern *wie* venir *S. 135*
souvent [suvɑ̃] *adv.* oft, häufig
spécial/e [spesjal] *adj.* speziell → 5/1
(ê)**se spécialiser (en qc)** [səspesjalize] sich spezialisieren (auf etw.)
le **spectacle** [ləspɛktakl] die Vorstellung, die Aufführung
le/la **spectateur/-trice** [ləspɛktatœʀ/laspɛktatʀis] der/die Zuschauer/in → 3/1
la **spiritualité** [laspiʀitɥalite] die Spiritualität → 4/1
le **sport** [ləspɔʀ] der Sport; **faire du sport** [fɛʀdyspɔʀ] Sport treiben
sportif/-ive [spɔʀtif/spɔʀtiv] *adj.* sportlich
le **stade** [ləstad] das Stadion
le **stage** [ləstaʒ] das Praktikum
la **star** [lastaʀ] der Star
la **station** [lastasjɔ̃] die Station
la **statue** [lastaty] das Standbild, die Statue

le **statut** [ləstaty] *hier:* die Staatsform
le **steak** [ləstɛk] das Steak
la **steppe** [lastɛp] die Steppe → 4/A
stocker qc [stɔke] etw. speichern
stupéfait/e [stypefɛ/stypefɛt] *adj.* verblüfft
le **stylo** [ləstilo] der Füller, der Kugelschreiber
subir qc [sybiʀ] etw. ertragen, erleiden *wie* réagir *S. 129*
subsaharien/ne [sybsaaʀjɛ̃/sybsaaʀjɛn] *adj.* subsaharisch, südlich der Sahara → 5/A
subventionner qn/qc [sybvɑ̃sjɔne] jdn/etw. subventionieren *mit Geld unterstützen* → 3/2
le **succès** [syksɛ] der Erfolg
le **sucre** [ləsykʀ] der Zucker
le **sud** [ləsyd] der Süden; **au sud de** [osydə] südlich von; **le sud-est** [ləsydɛst] der Südosten
la **Suède** [lasɥɛd] Schweden
suffire [sufiʀ] reichen, genügen *S. 135*; **Ça suffit!** [sasyfi] Das reicht!; Jetzt reichts aber!
la **Suisse** [lasɥis] die Schweiz
suivant/e [sɥivɑ̃/sɥivɑ̃t] *adj.* folgender/-es/-e, nächster/-es/-e
suivre qn [sɥivʀ] jdm folgen, jdn verfolgen *S. 135*
le **sujet** [ləsyʒe] der Gegenstand, das Thema → 1/2
le **sultan** [ləsyltɑ̃] der Sultan
super [sypɛʀ] *m./f. adj.* super
superbe [sypɛʀb] *m./f. adj.* herrlich → 5/1
la **superficie** [lasypɛʀfisi] die Oberfläche
le/la **supérieur/e** [lə/lasypeʀjœʀ] der/die Vorgesetzte/-e → 3/1
le **supermarché** [ləsypɛʀmaʀʃe] der Supermarkt
supplier qn de + *Inf.* [syplijedə] jdn anflehen etw. zu tun
supporter qn/qc [sypɔʀte] jdn/etw. ertragen → 2/2
supprimer qc [sypʀime] etw. abschaffen → 4/2
sur [syʀ] *prép.* auf; **sur moi** [syʀmwa] bei mir, dabei
sûr/e [syʀ] *adj.* sicher
sûrement [syʀmɑ̃] *adv.* sicherlich
le **surf** [ləsœʀf] das Wellenreiten, das Surfen
surfer [sœʀfe] surfen *im Internet*
la **surprise** [lasyʀpʀiz] die Überraschung
surtout [syʀtu] *adv.* vor allem
le/la **surveillant/e** [ləsyʀvɛjɑ̃/lasyʀvɛjɑ̃t] die Aufsichtsperson
survivre [syʀvivʀ] überleben *wie* vivre *S. 135*
survoler qc [syʀvɔle] etw. überfliegen
le **suspense** [ləsyspɛns] die Spannung
les **SVT** [leɛsvete] *f. pl.* Mensch – Natur – Umwelt *Unterrichtsfach*
le **sweat** [ləswɛt] das Sweatshirt
le **symbole** [ləsɛ̃bɔl] das Symbol
symbolique [sɛ̃bɔlik] *m./f. adj.* symbolisch → 3/2
sympa [sɛ̃pa] *fam.* / **sympathique** [sɛ̃patik] *m./f. adj.* sympathisch, nett
la **sympathie** [lasɛ̃pati] die Sympathie
le **système** [ləsistɛm] das System

T

la **table** [latabl] der Tisch; **À table!** *etwa:* Das Essen ist fertig! Zu Tisch!; **être à table** [ɛtʀatabl] zu Abend/Mittag essen
le **tableau** [lətablo] die Tafel
la **tablette** [latablɛt] die Tafel *Schokolade*
la **tache** [lataʃ] der Fleck
le **talent** [lətalɑ̃] das Talent
le **tanneur** [lətanœʀ] der Gerber
la **tante** [latɑ̃t] die Tante
taper (sur) qc [tape] (auf) etw. drücken, (ein)tippen
le **tapis** [lətapi] der Teppich
tard [taʀ] *adv.* spät
la **tartine** [lataʀtin] das Butterbrot, belegtes Brot
la **tatie** [latati] *fam.* (das) Tantchen
technique [tɛknik] *m./f. adj.* technisch → 2/1
la **technologie** [latɛknɔlɔʒi] die Arbeitslehre *Schulfach*
le **tee-shirt** [lətiʃœʀt] das T-Shirt
la **teinture** [latɛ̃tyʀ] das Färbemittel
télécharger qc [teleʃaʀʒe] etw. herunterladen *wie* bouger *S. 129*
le **téléfilm** [lətelefilm] der Fernsehfilm
le **téléphone** [lətelefɔn] das Telefon
téléphoner à qn [telefɔnea] jdn anrufen
le/la **téléspectateur/-trice** [lətelespɛktatœʀ/latelespɛktatʀis] der/die Fernsehzuschauer/in
la **télévision** [latelevizjɔ̃] der Fernseher, das Fernsehen
tellement [tɛlmɑ̃] *adv.* dermaßen, so
la **tempête** [latɑ̃pɛt] der Sturm
le **temple** [lətɑ̃pl] der Tempel
le **temps** [lətɑ̃] die Zeit; **avoir le temps** [avwaʀlətɑ̃] Zeit haben; **de temps en temps** [dətɑ̃zɑ̃tɑ̃] von Zeit zu Zeit, ab und zu
la **tendance** [latɑ̃dɑ̃s] der Trend; *hier:* der Zeitgeist, auch: die Tendenz → 4/A; **être tendance** [ɛtʀtɑ̃dɑ̃s] modisch sein, im Trend sein
tenir qc [təniʀ] etw. halten *wie* venir *S. 135, auch:* etw. betreiben, etw. führen *Geschäft* → 1/A; **tenir compte de qn/qc** [təniʀkɔ̃tdə] jdn/etw. berücksichtigen → 4/A; **tenir qc de qn** von jdm etw. übernehmen; **tenir qn au courant** [təniʀokuʀɑ̃] jdn auf dem laufenden halten; **tenir une promesse** [təniʀynpʀɔmɛs] ein Versprechen halten → 4/1
le **tennis de table** [lətɛnisdətabl] das Tischtennis
terminer qc [tɛʀmine] etw. beenden; [(ê)]**se terminer** (be-)enden, zu Ende gehen
le **terminus** [lətɛʀminys] die Endstation
le **terrain** [lətɛʀɛ̃] das Gelände
la **terrasse** [latɛʀas] die Terrasse
la **terre** [latɛʀ] die Erde, der Boden
le **test** [lətɛst] der Test
la **tête** [latɛt] der Kopf; **passer par la tête** [pɑsepaʀlatɛt] durch den Kopf gehen
le **TGV** [ləteʒeve] *französischer Hochgeschwindigkeitszug* → 4/A

le **théâtre** [ləteɑtʀ] das Theater
le **thème** [lətɛm] das Thema
la **thune** [latyn] *fam.* Kohle *umg. für Geld* → 2/A
le **ticket** [lətikɛ] der Fahrschein, die Fahrkarte
le **tiers** [lətjɛʀ] das Drittel
timide [timid] *m./f. adj.* schüchtern → 3/2
le **tir** [lətiʀ] der Schuss *Fußball*; **le tir à l'arc** [lətiʀalaʀk] das Bogenschießen
le **tisserand** [lətisʀɑ̃] der Weber
le **tissu** [lətisy] der Stoff
le **titre** [lətitʀ] der Titel → 4/1
la **tolérance** [latɔleʀɑ̃s] die Toleranz
tolérant/e [tɔleʀɑ̃/tɔleʀɑ̃t] *adj.* tolerant
la **tomate** [latɔmat] die Tomate
la **tombe** [latɔ̃b] das Grab
(ê)**tomber** [tɔ̃be] fallen; (ê)**tomber amoureux/-euse de qn** [tɔ̃beamuʀødə/tɔ̃beamuʀøzdə] sich in jdn verlieben; **Ça tombe bien!** [satɔ̃bəbjɛ̃] *fam.* Das trifft sich aber gut!
la **tonne** [latɔn] die Tonne
la **tortue** [latɔʀty] die Schildkröte
la **touche** [latuʃ] die Taste
toucher qn/qc [tuʃe] jdn/etw. berühren, jdn betreffen, angehen
toujours [tuʒuʀ] *adv.* immer, immer noch
le **tour** [lətuʀ] die Tour, die Runde, der Ausflug; **à son tour** [asɔ̃tuʀ] seinerseits, ihrerseits → 3/1; **faire le tour de qc** [fɛʀlətuʀdə] einen Rundgang machen; **c'est le tour de qn** [sɛlətuʀdə] jd ist dran / an der Reihe
la **tour** [latuʀ] der Turm
le/la **touriste** [lə/latuʀist] der Tourist / die Touristin
tourner [tuʀne] abbiegen; **tourner à droite** [tuʀneadʀwat] rechts abbiegen
tout/toute [tu/tut] *m./f. adj.*
tous/toutes [tus/tut] *m. pl. / f. pl. adj.* jeder/alle; ganze/r/s
tout [tu] alles; **tout à coup** [tutaku] plötzlich, auf einmal; **tout à fait** [tutafɛ] genau, ganz; **tout autour** [tutotuʀ] *adv.* ringsherum; **tout de suite** [tutsɥit] *adv.* sofort; **tout droit** [tudʀwa] *adv.* geradeaus; **tout le monde** [tuləmɔ̃d] alle, jedermann; **Tout le monde il est beau, tout le monde il est gentil.** [tuləmɔ̃dilɛbotuləmɔ̃dilɛʒɑ̃tij] *etwa:* Friede, Freude, Eierkuchen.; **tout le temps** [tulətɑ̃] die ganze Zeit
la **trace** [latʀas] die Spur → 5/A
la **tradition** [latʀadisjɔ̃] die Tradition → 2/1
traditionnel/le [tʀadisjɔnɛl] *adj.* traditionell
le/la **traducteur/-trice** [lətʀadyktœʀ/latʀadyktʀis] der/die Übersetzer/in → 2/A
traduire [tʀadɥiʀ] übersetzen *wie* construire *S. 131*
le **train** [lətʀɛ̃] der Zug
traîner [tʀɛne] herumtrödeln
le **traité** [lətʀɛte] das Abkommen, der Vertrag
le **tramway** [lətʀamwɛ] die Straßenbahn
la **tranchée** [latʀɑ̃ʃe] der Schützengraben → 3/1
transformer qn/qc [tʀɑ̃sfɔʀme] etw. verwandeln → 5/1
transporter qn/qc [tʀɑ̃spɔʀte] jdn/etw transportieren → 3/1
le **trapèze** [lətʀapɛz] das Trapez
le **trappeur** [lətʀapœʀ] der Trapper, der Pelztierjäger
le **travail / les travaux** [lətʀavaj/letʀavo] die Arbeit
travailler [tʀavaje] arbeiten, lernen; **travailler de ses mains** [tʀavajedəsemɛ̃] mit seinen Händen arbeiten
traverser qc [tʀavɛʀse] etw. überqueren, durchqueren
très [tʀɛ] *adv.* sehr
la **trêve** [latʀɛv] die Waffenruhe → 3/A
la **tribu** [latʀiby] der Stamm
la **tribune** [latʀibyn] die Tribüne → 3/2
trier qc [tʀije] etw. sortieren → 4/A
le **trimestre** [lətʀimɛstʀ] das Trimester, das Vierteljahr
triste [tʀist] *m./f. adj.* traurig
(ê)**se tromper** [sətʀɔ̃pe] sich irren
la **trompette** [latʀɔ̃pɛt] die Trompete
trop [tʀo] *adv.* zu, zu viel, zu sehr
tropical/e [tʀɔpikal] *adj.* tropisch → 1/1
le **trottoir** [lətʀɔtwaʀ] der Bürgersteig
trouver qc [tʀuve] etw. finden
le **truc** [lətʀyk] *fam.* die Sache, das Ding; **un truc comme ça** [ɛ̃tʀykɔmsa] so ein Ding
les **truffes au chocolat** [letʀyfoʃɔkɔla] *f. pl.* die Schokoladentrüffel
le **tube** [lətyb] die Tube
(ê)**se tuer** [sətɥe] umkommen
la **Tunisie** [latynizi] Tunesien
le/la **Tunisien/ne** [lətynizjɛ̃/latynizjɛn] der/die Tunesier/in; **tunisien/ne** [tynizjɛ̃/tynizjɛn] *adj.* tunesisch
le/la **tuteur/-trice** [lətytœʀ/latytʀis] der/die Tutor/in *in der Schule*
le **tutorat** [lətytɔʀa] die Lernpatenschaft
le/les **tuyau/-aux** [lə/letɥijo] der Tipp, *auch:* das Rohr
le **type** [lətip] *fam.* der Kerl, der Typ; die Art

U

un des deux [ɛ̃dedø] einer von beiden
un tas de [ɛ̃tɑdə] eine Menge von, ein Haufen von
l' **unification** [lynifikasjɔ̃] *f.* die Vereinigung → 3/A
l' **uniforme** [lynifɔʀm] *m.* die (Schul)uniform
l' **union** [lynjɔ̃] *f.* die Union, die Einheit → 3/A
l' **Union européenne (UE)** [lynjɔ̃øʀɔpeɛn] *f.* die Europäische Union → 3/A
unique [ynik] *m./f. adj.* einzig, Einzel- + *Nomen*
unir qn/qc [yniʀ] jdn/etw. vereinen *wie* réagir *S. 129* → 3/A
l' **unité** [lynite] *f.* die Einheit
l' **univers** [lynivɛʀ] *m.* das Universum
l' **université** [lynivɛʀsite] *f.* die Universität
Untel ou Machin [ɛ̃tɛlumaʃɛ̃] *fam.* irgendeine Marke
l' **uranium** [lyʀanjɔm] *m.* das Uran(ium) → 5/A

ANNEXE

l' **usage** [lyzaʒ] *m.* der Gebrauch → 4/2
l' **usine** [lyzin] *f.* der Betrieb, die Fabrik → 2/2
utile [ytil] *m./f. adj.* nützlich
utiliser qc [ytilize] etw. benutzen

V

les **vacances** [levakɑ̃s] *f. pl.* die Ferien
la **vague** [lavag] die Welle
la **valise** [lavaliz] der Koffer
la **variété** [lavaʀjete] die Vielfalt → 1/A
la **veille** [lavɛj] der Vorabend
le **vélo** [ləvelo] das Fahrrad; **le vélo de montagne** [ləvelodmɔ̃taɲ] das Mountainbike *nur in Québec*
le/la **vendeur/-euse** [ləvɑ̃dœʀ/lavɑ̃døz] *m.* der/die Verkäufer/in
(ê)**venir** [vəniʀ] kommen *S. 135*; (ê)**venir voir qn** [vəniʀvwaʀ] jdn besuchen; (ê)**venir à l'esprit** [vəniʀalɛspʀi] in den Sinn kommen; (ê)**venir chercher qn** [vəniʀʃɛʀʃe] jdn abholen; (ê)**venir de** + *Inf.* [vəniʀdə] gerade etwas getan haben; **faire venir qn** [fɛʀvəniʀ] jdn kommen lassen
le **vent** [ləvɑ̃] der Wind
le **ventre** [ləvɑ̃tʀ] der Bauch
le **verger** [ləvɛʀʒe] der Obstgarten
la **vérité** [laveʀite] die Wahrheit
le **verre** [ləvɛʀ] das Glas; Glas *Material* → 4/A
vers [vɛʀ] *prép.* gegen, in Richtung von
vert/e [vɛʀ/vɛʀt] *adj.* grün
la **veste** [lavɛst] die Jacke
les **vêtements** [levɛtmɑ̃] *m. pl.* die Kleidung
la **viande** [lavjɑ̃d] das Fleisch
la **victime** [laviktim] das Opfer
vide [vid] *m./f. adj.* leer
la **vie** [lavi] *f.* das Leben; **prendre sa vie en main** [pʀɑ̃dʀsaviɑ̃mɛ̃] sein Leben in die Hand nehmen
vieux/vieil *m.* / **vieille** *f.* [vjø/vjɛj] *adj.* alt
vif/vive [vif/viv] *adj.* lebhaft
le **village** [ləvilaʒ] das Dorf
la **ville** [lavil] die Stadt
le **vin** [ləvɛ̃] der Wein
la **violence** [lavjɔlɑ̃s] die Gewalt
violent/e [vjolɑ̃/vjolɑ̃t] *adj.* gewalttätig, gewaltsam
la **virgule** [laviʀgyl] das Komma
virtuel/le [viʀtɥɛl] *adj.* virtuell → 4/1
le **visage** [ləvizaʒ] das Gesicht → 3/1
la **visite** [lavizit] die Besichtigung → 2/1
visiter qc [vizite] etw. besichtigen, besuchen
vite [vit] *adv.* schnell
la **vitesse** [lavitɛs] die Geschwindigkeit
la **vitrine** [lavitʀin] das Schaufenster
vivant/e [vivɑ̃/vivɑ̃t] *adj.* lebendig
vive qn/qc! [viv] es lebe jd/etw.! → 4/A
vivre (qc) [vivʀ] leben, etw. erleben *S. 135*
le **vœu / les vœux** [ləvø/levø] das Gelöbnis, der Wunsch
voici/voilà [vwasi/vwala] hier ist / hier sind; **Les voilà.** [levwala] Da sind sie ja.; **voilà que** [vwalakə] nun
la **voie** [lavwa] das Gleis; *hier:* der Weg, die Richtung → 2/2
la **voile** [lavwal] das Segel, das Segeln
voir qn/qc [vwaʀ] jdn/etw. sehen *S. 136*; (ê)**se voir** + *Nomen* [səvwaʀ] sich als jdn/etw. sehen → 2/A
le/la **voisin/e** [ləvwazɛ̃/lavwazin] der/die Nachbar/in; **voisin/e** [vwazɛ̃/vwazin] *adj.* Nachbar- + *Nomen;* benachbart
la **voiture** [lavwatyʀ] der Wagen, das Auto
la **voix** [lavwa] die Stimme
le **volcan** [ləvɔlkɑ̃] der Vulkan
voler [vɔle] fliegen
voler qc [vɔle] etw. stehlen
le **volley** [ləvɔlɛ] Volleyball
volontaire [vɔlɔ̃tɛʀ] *m./f. adj.* freiwillig
voter pour/contre qn/qc [vɔtepuʀ/kɔ̃tʀ] für/gegen jdn/etw. stimmen
vouloir [vulwaʀ] wollen *S. 136*; **je voudrais** [ʒəvudʀɛ] ich möchte gern
le **voyage** [ləvwajaʒ] die Reise
voyager [vwajaʒe] reisen *wie bouger S. 129*
vrai/e [vʀɛ] *adj.* echt, *auch:* wahr; **vraiment** [vʀɛmɑ̃] *adv.* wirklich
le **VTT** [ləvetete] *ou:* **le vélo tout-terrain** [ləvelotuteʀɛ̃] das Mountainbike

W

le **week-end** [ləwikɛnd] das Wochenende, am Wochenende

Y

le **yaourt** [ləjauʀ] der Joghurt

Z

la **zone** [lazon] die Zone
Zut! [zyt] Mist!

Hier findest du alle Wörter, die du in ***À plus!* 5** lernst sowie den Wortschatz von ***À plus!* 1, 2, 3** und **4**. Denke daran, bei den französischen Nomen das richtige Geschlecht zu verwenden.

Die Angabe hinter dem Pfeil verweist dich auf die Séquence, in der die Vokabel neu eingeführt wird. Falls du nicht mehr sicher bist, wie man das Wort verwendet, kannst du dir den Beispielsatz in der Wortliste des jeweiligen Dossiers anschauen. Wenn keine Zahl hinter dem Wort steht, kennst du es schon aus den vorhergehenden Bänden.
(ê) So gekennzeichnete Verben bilden das passé composé mit être.

A

ab *zeitlich* dès
ab und zu de temps en temps
Abend le soir; **Abendessen** le dîner; **Guten Abend!** Bonsoir!; **zu Abend essen** être à table; dîner; **abends** le soir; **heute Abend** ce soir
Abenteuer l'aventure *f.*
aber mais
Abfall les déchets *m. pl.* → 4/A
abgesehen von à part
abhängen von (jdm/etw.) dépendre de qn/qc
abhängig dépendant/e *adj.*
abholen (jdn) (ê)venir chercher qn
Abi/Abitur le bac *fam. ou:* le baccalauréat
Abiturient/in le/la bachelier/-ière → 2/A
Abkommen le traité; l'accord *m.* → 3/A
ablegen (etw.) *Kleidung* enlever qc; *eine Prüfung* passer qc
abrackern (sich in etw.) galérer en qc *fam.* → 2/2
Abrechnung, das Konto le compte → 2/1
abschaffen (etw.) supprimer qc → 4/2; abolir qc → 1/1
Abschaffung l'abolition *f.* → 1/A
abschalten (etw.) débrancher qc → 4/A
absolut absolu/e *adj.*; absolument *adv.*
absolutistisch absolu/e *adj.*
abspielen (sich) (ê)se dérouler → 3/1
Abstammung l'origine *f.*
Abstand le recul → 2/2
abstrakt abstrait/e *adj.*
Abteilung *im Kaufhaus* le rayon
abwechslungsreich gestalten (etw.) diversifier qc → 3/A
Ach komm! Allez! *fam.*
achte Klasse *in Frankreich* la quatrième
achten (jdn/etw.) respecter qn/qc
Achtung! Attention!
Actionfilm le film d'action
Adlige le/la noble *adj.*
Adresse l'adresse *f.*
Afrika l'Afrique *f.*
afrikanisch africain/e *adj.* → 5/A
Agentur l'agence *f.* → 2/1
aggressiv agressif/-ive *adj.*
ähneln (jdm) ressembler à qn/qc
ähnlich pareil/le *adj.*
Ahorn l'érable *m.*
Aids le sida → 4/1
Akkordeon l'accordéon *m.*
Akrobat/in l'acrobate *m./f.*
Akrobatik l'acrobatie *f.*
Akt l'acte *m.*
Aktion l'opération *f.*
aktualisieren (etw.) actualiser qc → 2/1
aktuell actuel/le *adj.* → 4/1; **zum aktuellen Zeitpunkt** à l'heure actuelle *adv.* → 4/2
Akzent l'accent *m.*
akzeptieren (jdn/etw.) accepter qn/qc; **akzeptieren etw. zu tun** accepter de + *Inf.*
Albtraum le cauchemar
Album l'album *m.*
Algerien l'Algérie *f.*
Algerier/in l'Algérien/ne
algerisch algérien/ne
alle tout le monde; **alle/s** tout/toute *m./f.*; tous/toutes *m. pl./f. pl.*; **Alles klar!** Ça y est!
Allee l'allée *f.*; l'avenue *f.*
allein seul/e *adj.*
allergisch gegen etw. allergique à qc *m./f. adj.* → 3/2
Alliierte les Alliés → 3/A
allmählich petit à petit *adv.*
Alltag le quotidien; **alltäglich** quotidien/ne *adj.*
als quand *zeitlich;* comme
also alors; donc *conj.*
alt vieux/vieil *m.* / vieille *f. adj.*, ancien/ne *adj.*
Alter l'âge *m.*; **in deinem Alter** à ton âge
älterer/ältere aîné/e *adj.*
Aluminiumfolie le papier d'aluminium
am Anfang (von etw.) au début (de qc) *adv.*
am Ufer von au bord de
Ambiente l'ambiance *f.*
Ambulanz le dispensaire → 4/2
Amerika l'Amérique *f.*
amerikanisch américain/e *adj.*
Ampel le feu rouge
amüsieren (sich) (ê)s'amuser; rigoler; (ê)s'éclater → 4/1
an etw. entlang le long de qc *adv.* → 5/1
Ananas l'ananas *m.* → 5/1
Anbau la culture → 1/1
anbauen (etw.) cultiver qc → 1/A
anbieten (jdm etw.) offrir qc à qn
anbringen (etw.) poser qc
Andenken le souvenir
anderer/-es/-e autre *m./f. adj.* → 2/2
andere (der/die) l'autre *m./f.*
anders différent/e *adj.*; différemment *adv.*
anerkennen (jdn) *jdm die Aufenthaltsgenehmigung geben* régulariser qn → 4/A
Anfang le début; **am Anfang von etw.** au début (de qc) *adv.*
anfangen commencer; **anfangen (mit etw.)** commencer par qc; **anfangen etw. zu tun** commencer à + *Inf.*
anflehen (jdn) etw. zu tun supplier qn de + *Inf.*
angehören (etw.) appartenir à qc
angenehm agréable *m./f. adj.*
angewöhnen (sich etw.) prendre l'habitude (de + *Inf.*)
Angewohnheit l'habitude *f.*
angreifen (jdn) agresser qn
Angreifer l'agresseur *m.*
Angst la peur; **Angst haben (vor jdm/etw.)** avoir peur (de qn/qc); **Angst haben etw. zu tun** avoir peur de + *Inf.*; **Angst machen (jdm)** faire peur à qn

ANNEXE

anhalten (ê)s'arrêter
Animateur/in l'animateur/-trice
ankommen arriver
annektieren (etw.) *Land* annexer qc
anonym anonyme *m./f. adj.*
Anorak l'anorak *m.*
anpassen (sich jdm) (ê)s'adapter à qn/qc → 2/1
Anpassung l'adaptation *f.* → 2/2
anrufen (jdn) appeler qn, téléphoner à qn
anschauen (jdn/etw.) regarder qn/qc
anschließend ensuite
ansehen (jdn/etw.) regarder qn/qc
anstatt au lieu de → 4/A
ansteigen auf (ê)passer à qc → 3/A
anstelle von etw. à la place de qc; au lieu de qc → 4/A
anstrengen (sich) faire un effort
Anstrengung l'effort *m.*
Antwort la réponse
antworten jdm (etw.) répondre (qc) à qn
anvertrauen (jdm/etw.) confier qc à qn
anwesend présent/e *adj.*
anziehen (etw.) mettre qc; **sich anziehen** (ê)s'habiller
Aperitiv l'apéritif *m.*
Apotheke la pharmacie
Apparat l'appareil *m.*
applaudieren applaudir
Aprikose l'abricot *m.*
apropos à propos → 4/2
Araber/in l'arabe *m./f.*
Arabisch *Sprache* l'arabe; **arabisch** arabe *m./f. adj.*
Arbeit le travail
arbeiten travailler
Arbeitskraft *Person* la main d'œuvre → 1/1
Arbeitslehre la technologie
Arbeitslosigkeit le chômage
Arbeitsplatz l'emploi *m.*
Arbeitszimmer le bureau
Archäologe/-in l'archéologue *m./f.* → 4/2
Archäologie l'archéologie *f.* → 2/1
Archipel l'archipel *m.* → 1/A
Architekt/in l'architecte *m./f.*
Architektur l'architecture *f.*
Argument l'argument *m.*
Arktis l'Arctique *f.* → 4/1
Arm le bras
Armbanduhr la montre
Armbinde le brassard
Arme/r le/la pauvre
Art le genre; le type
Artikel l'article *m.*
Arzt/Ärztin le médecin *m./f.*
Asthma l'asthme *m.* → 3/2
Astronaut/in l'astronaute *m./f.*
Atlantikküste la côte Atlantique
Atlas l'atlas *m.*
atmen respirer
aua! ouille!
auch aussi, **auch nicht** non plus
auf sur *prép.*; **jdn auf dem laufenden halten** tenir qn au courant; **auf der Straße** dans la rue; **auf eine Art und Weise** de manière + *adj. adv.*; **auf Französisch** en français; **auf jeden Fall** de toute façon; **Auf Wiedersehen!** Au revoir!
aufbewahren (etw.) garder qc
Aufenthalt le séjour
auffallen (jdm) frapper qn
Aufführung le spectacle
Aufhebung la révocation
aufhören arrêter; **aufhören etw. zu tun** arrêter de + *Inf.*
Aufklärung le siècle des Lumières
Auflauf le gratin
auflegen *Telefon* raccrocher
auflehnen (sich gegen jdn/etw.) (ê)se révolter contre qn/qc
aufmerksam werden (auf etw.) remarquer qn/qc
Aufnahmeprüfung le concours d'entrée
aufpassen faire attention; **aufpassen (auf jdn/etw.)** garder qn/qc
aufräumen (etw.) ranger qc
aufregen (sich über jdn) (ê)s'énerver contre qn
aufrichtig honnête *m./f. adj.*; sincère *adj.*
Aufruf l'appel *m.* → 3/2
aufrufen etw. zu tun (jdn) appeler qn à + *Inf.* → 3/A
aufsammeln (etw.) ramasser qc
Aufsichtsperson le/la surveillant/e
Aufstand l'émeute *f.*
aufstehen (ê)se lever
aufwachsen grandir
Auge l'œil *m.* / les yeux *pl.*
Augenblick le moment; l'instant *m.* → 3/2; **in diesem Augenblick** à cet instant *adv.* → 3/2
August août *m.*
Ausbildung la formation; **duale Ausbildung** la formation en alternance
Ausdruck l'expression *f.*
Ausflug l'excursion *f.*; le tour; la sortie → 2/1
ausführen (seinen Hund) sortir (son chien)
ausgeben (etw.) dépenser qc
ausgezeichnet excellent/e *adj.* → 2/1
aushandeln marchander qc
Ausland l'étranger *m.*
Ausländer/in l'étranger/-ère
ausruhen (sich) (ê)se reposer
ausschalten (etw.) arrêter qc
Ausscheiden l'élimination *f.*
ausschließen (jdn/etw.) exclure qn; éliminer qn
Ausschluss l'élimination *f.*
ausschneiden (etw.) découper qc → 4/A
aussehen avoir l'air
Aussehen l'allure *f.* → 5/1
außer sauf *adj.*
außerdem de plus *adv.*
außergewöhnlich exceptionnel/le *adj.* → 3/2; extraordinaire *m./f. adj.* → 3/1; (ê)descendre
Ausstellung l'expo *fam.* ou: l'exposition *f.* → 3/2
aussuchen (etw.) choisir qc
Austausch l'échange *m.*
austauschen (etw. gegen etw.) échanger qn (contre qc)
austeilen (etw.) distribuer qc
Auster l'huître *f.*
austoben (sich) (ê)s'éclater *fam.* → 4/1
ausüben (etw.) exercer qc
Auswahl la sélection
auswählen (etw.) choisir qc
Auswanderung l'émigration *f.*
auswendig par cœur; **etw. auswendig können** savoir qc par cœur
ausziehen (etw.) *Kleidung* enlever qc
Auszubildende l'apprenti/e *m./f.*
Auto la voiture; le char *nur im Québec*
Autobahn l'autoroute *f.*
automatisch etw. tun avoir le réflexe de faire qc → 4/A
Autor/in l'auteur *m.*
Autorität l'autorité *f.*

B
Baby le bébé
Bäckerei la boulangerie
Bad le bain; **ein Bad nehmen** prendre un bain → 4/A
Bademeister/in le maître nageur / la maître nageuse → 2/A
baden (ê)se baigner; prendre un bain → 4/A
Badezimmer la salle de bains
Baguette la baguette
Bahnhof la gare
Bahnsteig le quai
bald bientôt; **Bis bald!** À bientôt!
Ball le ballon; **den Ball (am Fuß) führen** courir balle au pied; **Ballabgabe** *Fußball* la passe
Ballettschuh le chausson
Ballon le ballon; **Ballonfahrt** la balade en ballon
Banane la banane
Band *Gruppe* le groupe
Bandit le bandit
barfuß pieds nus
basieren (auf etw.) reposer sur qc → 1/1
Basilika la basilique
Bassgitarre la basse
Basteln le bricolage
Bauch le ventre
bauen (etw.) construire qc
Bauer/Bäuerin le/la paysan/ne
Baum l'arbre *m.*; **Baumhaus** la cabane
Baumwolle le coton → 1/1
Bauwerk (berühmtes) le monument
Beamter/-in le/la fonctionnaire
Becken le bassin
bedanken (sich bei jdm) dire merci à qn
bedauern (jdn) plaindre qn; **etw. bedauern** regretter qc; **bedauern, dass** regretter que + *subj.*
bedecken (etw.) couvrir qc; **bedeckt sein (von/mit etw.)** être couvert (de qc)
bedeuten (etw.) signifier qc
Bedingung la condition → 1/1
bedrohen (jdn) menacer qn → 5/1
beeindrucken (jdn) impressionner qn → 1/2
beeindruckend impressionnant/e *adj.*
beeinflussen (jdn/etw.) influencer qn/qc → 4/1
beenden (etw.) finir qc; finir de + *Inf.*; terminer qc
beerdigen (jdn) enterrer qn → 3/1
befinden (sich) se situer → 1/A
Begebenheit l'épisode *m.* → 3/A
Beginn des neuen Schuljahres la rentrée
beginnen (mit etw.) commencer (par qc); **beginnen etw. zu tun** commencer à/de + *Inf.*
begleiten (jdn) accompagner qn → 3/2
begrenzt limité/e *adj.*
begünstigt privilégié/e *adj.* → 5/A
behalten (etw.) garder qn/qc
beherbergen (jdn/etw.) abriter qn/qc
behilflich sein (jdm) rendre service à qn
bei avec; **bei (einer Person)** chez; **bei jdm** auprès de qn → 3/1; **bei Sonnenschein** sous le soleil
beibringen (jdm etw.) apprendre qc à qn
Bein la jambe
Beispiel l'exemple *m.*
Beitritt l'adhésion *f.* → 3/A
bekannt connu/e *adj.* → 1/2
Bekanntschaft la connaissance
bekommen (etw.) recevoir qn/qc
beladen mit etw. chargé/e de qc *adj.*
beleben (jdn/etw.) animer qn/qc
belegtes Brot le sandwich
Belgien la Belgique
bemerken (jdn/etw.) remarquer qn/qc
Bemerkung la remarque
bemitleiden (jdn) plaindre qn
benachbart voisin/e *adj.*
benachteiligt défavorisé/e → 1/2
benutzen (etw.) utiliser qc
Benzin l'essence *f.* → 4/A
beobachten (jdn/etw.) observer qn/qc → 3/1
bequem confortable *m./f. adj.*; **superbequem, am allerbequemsten** le plus confortablement du monde
Berber le/la Berbère
Berberisch *Sprache der Berber* le berbère
Bereich le domaine
bereit prêt/e *adj.* → 3/1
bereit sein etw. zu tun être prêt/e à + *Inf.* → 3/1
Berg la montagne; **Bergwerk** la mine → 5/A
Bericht le récit
Bernhardiner le saint-bernard
berücksichtigen (jdn/etw.) tenir compte de qn/qc → 4/A
Beruf le métier; la profession → 2/1
beruflich, Berufs- + *Nomen* professionnel/le *ou:* pro *fam. adj.*; **beruflich selbstständig sein** être à son compte → 2/1, **Berufsschule** le lycée professionnel
beruhigen (jdn) rassurer qn
berühmt célèbre *m./f. adj.*
berühren (jdn/etw.) toucher qn/qc
beschädigen (etw.) abîmer qc → 1/2
beschäftigen (jdn) employer qn
bescheiden modeste *m./f. adj.*
beschließen (etw. zu tun) décider de + *Inf.*
beschränkend répressif/-ive *adj.*
Beschränkung la limite
beschreiben (jdn/etw.) décrire qn/qc
beschweren (sich über jdn/etw.) (ê) se plaindre de qn/qc
besetzen (etw.) occuper qc
besichtigen (etw.) visiter qc
Besichtigung la visite → 2/1
besiedeln (etw.) peupler qc → 3/A
besitzen (etw.) posséder qc → 2/1
besser mieux *adv.*; *Komparativ zu bon* meilleur *adj.*; **der/die/das Beste** *Superlativ zu bon* le/la meilleur/e *adj.*; **am besten** le mieux
Besteck le couvert
bestehen (aus etw.) consister en qc → 2/1; être constitue/é de qc → 1/A
bestellen etw. commander qc → 4/A
bestrafen (jdn) punir qn → 3/1
besuchen (jdn) (ê)aller voir qn; **besuchen (jdn/etw.)** fréquenter qn/qc → 5/1; **besuchen (etw.)** visiter qc
beten faire la prière
betrachten (jdn/etw.) regarder qn/qc
betreffen (jdn) toucher qn
betreiben (etw.) tenir qc → 1/A
Betreuer/in le/la moniteur/-trice
Betrieb l'usine *f.* → 2/2
betroffen concerné/e *adj.*
Betrügerei l'arnaque *f. fam.*
Bett le lit
Bettler/in le/la mendiant/e
beunruhigen (sich) (ê)s'inquiéter → 3/2
bevölkert peuplé/e *adj.* → 3/A
Bevölkerung la population
bevorzugen (etw.) préférer qc
bewässern (etw.) irriguer qc → 5/1

ANNEXE

bewegen bouger; **bewegen (sich)** (ê)se bouger *fam.*
bewegt mouvementé/e *adj.* → 1/1
beweinen (jdn/etw.) pleurer qn/qc
bewerben (sich) poser sa candidature
Bewerbung la candidature
Bewerbungsschreiben la lettre de motivation
bewirken (etw.) causer qc
bewundern (jdn/etw.) admirer qn/qc
bezahlen (etw.) payer qc
Beziehung la relation
Bibliothek la bibliothèque → 2/1
Bibliothekar/in *in der Schule* le/la documentaliste
Biene l'abeille *f.* → 3/2
bieten (etw.) offrir qc
Bild l'image *f.*
bilden (sich) (ê)se former
Bildschirm l'écran *m.*
bis jusque; **bis jetzt** jusqu'à présent
Bischof l'évêque *m.*
bisschen (ein) un peu de
bitte s'il te plaît / s'il vous plaît
bitten (jdn etw. zu tun) demander qn de + *Inf.*
bla bla bla nia nia nia *fam.*
blass pâle *m./f. adj.*
Blatt la feuille
blau bleu/e *adj.*
bleiben rester
Bleistift le crayon
Blick le regard
blockiert bloqué/e *adj.*
blöd nul/le *adj. fam.;* **Das ist blöd!** C'est nul!; **Blödmann** patate *fam.*
Blog le blog
blond blond/e *adj.;* **der/die Blonde** le/la blond/e
bloß seul/e *adv.*
Blühen bringen (etw. zum) faire prospérer qc
Blume la fleur
blutig saignant/e *adj.*
Boden la terre
Bogenschießen le tir à l'arc
Boot le bateau, le canot
borniert borné/e *adj.* → 4/2
böse méchant/e *adj.*
Boulevard *breite Straße* le boulevard
Boutique la boutique
Boxen la boxe
Brasilien le Brésil
brauchen (jdn/etw.) avoir besoin de (qn/qc); *müssen* avoir besoin de + *Inf.;* **man braucht / wir brauchen (etw.)** il faut (de) + *Nomen*
braun brun/e *adj.*
bräunen bronzer
brechen (etw.) casser qc
Brei la purée → 1/1
breit large *m./f. adj.*
brennen brûler
Bretone/-in le/la breton/ne
bretonisch breton/ne *adj.*
Brief la lettre
Brieffreund/in le/la corres *ou:* le/la correspondant/e
Briefkasten la boîte aux lettres
Brille les lunettes *f. pl.;* **Sonnenbrille** les lunettes de soleil *f. pl.*
Brot le pain; **belegtes Brot** la tartine;
Butterbrot la tartine
Brücke le pont
Bruder le frère
brutal brutal/e *adj.*
Buch le livre
Buchhandlung la librairie
buchstabieren (etw.) épeler qc
Bucht *aus Kalkstein am Mittelmeer* la calanque
Bulgarien la Bulgarie → 3/A
Bulle *umg. für Polizist* le flic *fam.*
Bürgermeister le maire → 3/2
Bürgersteig le trottoir
Büro le bureau
Bürste la brosse → 3/2
Bürstenschnitt haben (einen) avoir les cheveux en brosse → 3/2
Bus le bus
Butter le beurre

C

Café le café
Casting le casting
CD le CD; **CD-ROM** le cédérom;
Cent le centime
Champagner le champagne
Chance la chance
Charakter le caractère; **einen schwierigen Charakter haben** avoir un caractère de chien *fam.*
Charta la charte
Chauffeur le chauffeur
Chef/in le/la chef
Chemie la chimie
China la Chine
Chor la chorale
Chorsänger/in le/la choriste *m./f.*
christlich chrétien/ne *adj.*
Clown le clown
Collège *Schultyp* le collège
Comic la bédé *ou:* la bande dessinée *ou:* la BD *fam.*
Computer l'ordinateur *m.;* **Computer hochfahren** ouvrir l'ordinateur → 4/1; **Computerspiel** le jeu électronique → 2/A
cool cool *m./f. adj. fam.*
Cousin/Cousine le cousin / la cousine
Creme la crème
Crêpe *dünner Eierpfannkuchen* la crêpe

D

da là; puisque *conj.;* **da** étant donné que *prép.* → 2/1
da présent/e *adj.*
da ist/sind voici, voilà; **Da sind sie ja!** Les voilà!
dabei sur moi
dabei sein etw. zu tun être en train de + *Inf.*
dagegen contre
damals alors *adv.*
Dame la dame
damit pour que + *subj. conj.* → 2/2
danach ensuite *adv.*
Däne/Dänin le/la Danois/e → 3/1
Dänemark le Danemark
dank jdm/etw. grâce à qn/qc
danke merci
dann puis *adv.*
darin dedans *adv.*
darstellen (jdn/etw.) représenter qn/qc
das ceci/cela; *Relativpronomen* que, qui; **das bedeutet/heißt** ça veut dire; **das ist** c'est; **Das ist mir egal.** Ça m'est égal.; **Das hat nichts damit zu tun.** Ça n'a rien à voir.; **Das kommt darauf an.** Ça dépend. **Das lohnt sich.** Ça vaut le coup. *fam.*; **Das passt ja!** Ça tombe bien! *fam.*
dasselbe/derselbe/dieselbe wie le/la même que *m./f. adj.*
datieren von dater de
Datum la date
dauerhaft durable *m./f. adj.* → 3/A
dauern durer
Daumen le pouce
dazugehören (zu etw.) faire partie de qc
Decke *eines Raumes* le plafond
Deckname le pseudo, le pseudonyme
definieren (etw.) définir qc → 4/1
deklarieren (etw.) déclarer qc

Deklination la déclinaison → 3/2
Demokratie la démocratie
Demonstration la manifestation → 4/1
den *Relativpronomen* que
denken (an jdn/etw.) penser (à qn/qc)
denn car
dennoch quand même *adv.;* pourtant *adv.;* cependant *adv.* → 5/1
deprimiert déprimé/e *adj.*
deprimiert sein avoir le cafard
deren dont
dermaßen tellement *adv.*
der-/die-/dasselbe wie le/la même que *m./f. adj.*
derzeit actuellement *adv.*
deshalb c'est pourquoi; c'est la raison pour laquelle → 1/2
Despot le despote
dessen dont
deutlich clair/e *adj.;* clairement *adv.*
Deutsch l'allemand *m. adj.*
Deutsch-Französisches Jugendwerk (DFJW) l'Office franco-allemand pour la jeunesse ou: l'O.F.A.J. *m.* → 3/A
Deutsche/r l'Allemand/e
Deutschland l'Allemagne *f.*
Devise la devise → 3/A
Dezember décembre *m.*
Dichter le poète
dick gros/se *adj.*
dicker werden grossir → 5/1
die *Relativpronomen* que
dienen (jdm) rendre service à qn
Diener/in le/la domestique
Dienstag mardi *m.*
Dienstleistung le service → 2/1
diese ceux-ci *pron.* → 2/1
digital numérique
Ding le truc *fam.;* **so ein Ding** un truc comme ça; **Dingsbums/ Dingsda** Machinchose *m./f. fam.*
Diplom le diplôme → 2/1
direkt direct/e *m./f. adj.;* directement *adv.*
Direktor/in le/la directeur/-trice; le/la principal/e *in der Schule*
Diskette la disquette
Diskussion la discussion → 4/2
diskutieren discuter
Disziplin la discipline
doch si
Dolmetscher/in l'interprète *m./f.* → 2/A
dominieren (jdn/etw.) dominer qn/qc
Donnerstag jeudi *m.*
Dorf le village
dort là, là-bas
Drama le drame
draußen dehors
Drehbuchautorin le/la scénariste *m./f.* → 2/1
Dreisatz *in der Prozentrechnung* la règle de trois
Dribbling le dribble
drin dedans *adv.*
Drittel le tiers
Droge la drogue
Druck la pression; **Druck ausüben** mettre la pression → 4/2; **unter Druck stehen** être sous pression
drucken (etw.) imprimer qc → 4/A
duale Ausbildung la formation en alternance
Dudelsack la cornemuse → 3/1
Duft l'odeur *f.*
dummes Zeug N'importe quoi!
Dummheit la bêtise
Dummkopf l'imbécile *m./f.*
Düne la dune
dunkelhaarig brun/e *adj.*
durch par; à travers → 5/1; **durch den Kopf gehen** passer par la tête
durch(gebraten) cuit/e *adj.*
durchfallen (durch eine Prüfung) rater (un examen)
durchfließen (etw.) parcourir qc → 5/1
durchqueren (etw.) traverser qc; parcourir qc → 5/1
durchschnittlich moyen/ne *adj.* → 2/2
durchwursteln (sich) (ê)se débrouiller
Dürre la sécheresse
Durst la soif; **Durst haben** avoir soif
Dusche la douche
duschen (ê)se doucher, prendre une douche
DVD le DVD

E

eben justement *adj.*
eben *Füllwort am Ende eines Satzes* quoi *fam.*
echt vrai/e *adj.*
Ecke le coin → 5/1
Effekt l'effet *m.*
egal égal; **Das ist mir egal.** Ça m'est égal.
egoistisch égoïste *m./f. adj.*
Ehe le mariage
ehemalig ancien/ne *adj.*
eher plutôt *adv.*
Ei l'œuf *m.*
Eifersucht la jalousie; **aus Eifersucht** par jalousie
eifersüchtig jaloux/jalouse *adj.*
Eigenschaft la qualité
eigentlich en fait
eindeutig évident/e *adj.;* évidemment *adv.*
Eindruck l'impression *f.;* la sensation → 4/1; **den Eindruck haben** avoir l'impression
eine/r von beiden un/e des deux
einerseits ..., andererseits ... d'un côté ... de l'autre *adv.* → 2/2
einfach facile *m./f. adj;* simple *m./f. adj.*
Einfall l'idée *f.*
einfallen (in ein Land) envahir qc
einführen (etw.) introduire qc → 3/A
Eingangstür la porte d'entrée
Einheit l'unité *f.;* l'union *f.* → 3/A
einige quelques *m./f. adj.*
einigen (sich über etw.) (ê)se mettre d'accord (pour + *Inf.*) → 3/1
Einkäufe les courses *f. pl.*
einkaufen gehen faire les courses *f. pl.*
Einkaufspassage le passage
einladen (jdn) inviter qn
einordnen (jdn/etw.) classer qn/qc
einparken (etw.) garer qc
Einrichtung l'équipement *m.*
Einsatz l'engagement *m.* → 1/2
einsammeln (etw.) ramasser qc
einschalten (etw.) allumer qc
einschlafen (ê)s'endormir
einschränken (etw.) modérer qc → 4/2
einschüchtern (jdn) intimider qn → 3/2
einschulen (jdn) scolariser qn → 4/A
einsteigen *in ein Verkehrsmittel* (ê) monter
eintauchen plonger
eintreten (ê)entrer
Eintrittskarte le billet, la place
einverstanden bon *adv.;* d'accord *fam.*
Einwanderer/-in l'immigré/e → 1/2
einwandern immigrer → 1/1

ANNEXE

Einwohner/in l'habitant/e; **Einwohner/in von Guadeloupe** le/la Guadeloupéen/ne → 1/A; **Einwohner/in von Oran** l'Oranais/e
Einzel- + *Nomen* unique *m./f. adj.*
einzig seul/e *adj.; unique m./f. adj.;*
einzige/r/s seul/e *adj.*
Eis (Speise-) la glace
Eisbahn la patinoire
Eisen le fer → 5/A
Elefant l'éléphant *m.*
elegant élégant/e *adj.* → 5/1
elektrisch électrique *m./f. adj.* → 4/A
elektronisch électronique *m./f. adj.*
elementar élémentaire *adj.* → 2/2
Elitehochschule la Grande École
Ellenbogen le coude
Elsass l'Alsace *f.*
Eltern les parents *m. pl.*
E-Mail le courriel; **E-Mail-Adresse** l'adresse e-mail *f.*
empfangen (jdn/etw.) recevoir qn/qc; accueillir qn
empfindlich sensible *m./f. adj.*
Empfindung la sensation → 4/1
Ende la fin; le bout → 3/2; **am Ende von** à la fin de *adv.;* au bout de *adv.;* **zu Ende gehen** (ê)se terminer; **etw. ein Ende setzen** mettre un point à qc
enden finir
endlich finalement *adv.*
Endstation le terminus
Energie l'énergie *f.*
Engagement l'engagement *m.* → 1/2
engagieren (sich) (ê)s'engager → 1/2
engagiert engagé/e
Englisch l'anglais *m. adj.*
engstirnig borné/e *adj.* → 4/2
Enkel/in le petit-fils / la petite-fille; **Enkelkinder** les petits-enfants *m. pl.*
enorm énorme *adj.;* énormément *adv.*
entbehren (jdn/etw.) (ê)se passer de qn/qc
entdecken (jdn/etw.) découvrir qn/qc
Entdecker/in l'explorateur/-trice
entfliehen s'évader (dans)
entscheiden (etw. zu tun) décider de + *Inf.;* **entscheiden (über etw.)** décider de qc → 2/2
entschlossen sein (etw. zu tun) être décidé/e à + *Inf.* → 1/1
Entschuldigung! Pardon!
entspannen (sich) (ê)se détendre
entsprechen (jdm/etw.) correspondre à qn/qc → 2/1
enttäuschen (jdn) décevoir qn
entwickeln (sich) (ê)se dérouler → 3/1
Entwicklung le développement
entziehen (jdm etw.) priver qn de qc → 4/2
entzückend adorable *m./f. adj.* → 2/1
Epidemie l'épidémie *f.* → 4/2
Episode l'épisode *m.* → 3/A
Epoche l'époque *f.*
Erdball le globe → 3/A
Erde la terre
Erdkunde la géographie
Erdnuss l'arachide *f.* → 5/A
Erdöl le pétrole; **Erdöl-** + *Nomen* pétrolier/-ière *adj.* → 5/A
ereignen (sich) se passer
Ereignis l'événement *m.* → 3/2
erfahren (von etw.) apprendre qc
Erfahrung l'expérience *f.*
erfinden (etw.) inventer qc → 4/2
Erfolg le succès
erfrieren mourir de froid
Ergriffenheit l'émotion *f.*
erhalten (etw.) obtenir qc → 2/1
erinnern (sich an etw./jdn) (ê)se souvenir de qn/qc; **jdn an jdn/etw. erinnern** rappeler qc à qn
Erinnerung le souvenir
erklären (jdm etw.) expliquer qc à qn; *Krieg* déclarer qc
erkundigen (sich über jdn/etw.) (ê)se renseigner (sur qn/qc) → 2/2
erlauben (jdm) etw. zu tun permettre à qn de + *Inf.*
Erlaubnis l'autorisation *f.* → 2/1; la permission → 3/1
erleben (etw.) vivre qc
erleiden (etw.) subir qc
erneuerbar renouvelable *m./f. adj.* → 4/A
ernst sérieux/-euse *adj.;* **ernst nehmen (jdn/etw.)** prendre qn/qc au sérieux; **ernsthaft** sérieux/-euse *adj.;* **ernst werden** chauffer (qc) → 4/A; **Die Sache wird ernst.** Ça chauffe. → 4/A
erobern (jdn/etw.) conquérir qn/qc
erraten (etw.) deviner qc
erschaffen (etw.) créer qc
erschießen (jdn) abattre qn → 3/1
Erschöpfung la fatigue
ersetzen (jdn/etw. durch jdn/etw.) remplacer qn/qc par qn/qc
erst ne ... que *adv.*
Erstaunen versetzen (jdn in) frapper qn
erster/-e/-s premier/-ère *adj.*
ertragen (etw.) subir qc; **ertragen (jdn/etw.)** supporter qn/qc → 2/2
erwachsen adulte *m./f. adj.*
Erwachsener/-e l'adulte *m./f.*
erwärmen (sich) (ê)se réchauffer → 4/A
erzählen (jdm etw.) raconter qc (à qn)
Erzählung le conte
Erzieher/in l'éducateur/-trice
es satt haben en avoir marre (de qn/qc) *fam.*
Es tut mir Leid. Désolé/e.
Essen le repas; la nourriture; **Das Essen ist fertig!** À table!
essen (etw.) manger qc
Etappe l'étape *f.*
Ethik la morale
etwas quelque chose
Euro l'euro *m.*
Europa l'Europe *f.*
Europäer/in l'Européen/l'Européenne → 3/A
Europäische Union l'Union européenne (UE) *f.* → 3/A
Exil l'exil *m.*
existieren exister
extrem extrême *m./f. adj.* → 4/1
Extrem- + *Nomen* extrême *m./f. adj.* → 4/1

F

Fabel la fable
Fabrik l'usine *f.* → 2/2
Fach *Unterricht* la discipline; la matière
Facharbeiter le compagnon
Fachrichtung la section → 2/2
fähig capable de
Fähigkeit la capacité
fahren (nach) (ê)aller à, rouler
Fahrer/in le/la conducteur/-trice
Fahrkarte le billet, le ticket
Fahrrad le vélo
Fahrschein le ticket
fair équitable *m./f. adj.* → 4/A
Fall l'affaire *f.*
Falle le piège → 4/2
fallen (ê)tomber
fällen (etw.) abattre qc
falls si *conj.*
falsch faux/fausse
Familie la famille
Fan le fan

fangen (jdn/etw.) attraper qn/qc
Fangfrage la question-piège → 4/2
Farbe la couleur; **Lieblingsfarbe** la couleur préférée
Färbemittel la teinture
färben (etw.) colorer (qc)
fast pratiquement *adv.*
faszinierend fascinant/e *adj.* → 5/1
faul *Obst* pourri/e *adj.*
fehlen manquer
Fehler le défaut; la faute
Feier la fête
feiern (etw.) fêter qc; **das feiert man, das wird gefeiert** ça se fête
feindlich ennemi/e *adj.* → 3/1
Felsen le rocher
Fenster la fenêtre
Ferien les vacances *f. pl.*; **Ferienlager** le camp de vacances
Fernseher, Fernsehen la télé *fam. ou:* la télévision; **im Fernsehen** à la télévision; **Fernsehfilm** le téléfilm; **Fernsehnachrichten** le JT *ou:* journal télévisé; **Fernsehzuschauer/in** le/la téléspectateur/-trice
Fernverkehrsstraße la route
fertig prêt/e *adj.* → 3/1; **Fertig!** Ça y est!
Festessen zu Weihnachten oder Neujahr le réveillon
Festival le festival
Feuer le feu; **Lagerfeuer** le feu de camp; **Feuerwehrmann** le pompier
Figur le personnage
Film le film; **Actionfilm** le film d'action; **Dokumentarfilm** le documentaire; **Fernsehfilm** le téléfilm; **Horrorfilm** le film d'horreur
Filmkamera la caméra → 3/1
finden (etw.) trouver qc
Firma l'entreprise *f.*
Fisch le poisson
Fischeintopf la bouillabaisse
Fischer/in le/la pêcheur/-euse
Fischerei la pêche → 1/1
fix und fertig sein être crevé/e
Flasche la bouteille
Fleck la tache
Fleisch la viande
Fleischer/in le/la charcutier/-ière
fliegen voler
fliehen prendre la fuite
fließend couramment *adv.*; courant/e *adj.*
Flohmarkt le marché aux puces
Flucht la fuite
Fluchthelfer le passeur
Flüchtling *m./f.* le/la réfugié/e
Flugsimulator la simulation de vol
Flugzeug l'avion *m.*
Fluss le fleuve; **(Neben-)Fluss** la rivière → 1/1
folgen (jdm) suivre qn
folgende/r suivant/e *adj.*
Form la forme; **in Form sein** être en forme
Forscher/in le/la chercheur/-euse → 4/2
Fortschritt le progrès
Foto la photo; **Foto-Club** le club-photo
fotografieren (jdn/etw.) photographier qn/qc
Frage la question; **eine Frage stellen** poser une question; **in Frage stellen (jdn/etw.)** remettre qn/qc en question → 4/1; **Fangfrage** la question-piège → 4/2
fragen (jdn etw.) demander (qc à qn)
Frankreich la France
Französisch le français; **französisch-italienisch** franco-italien/ne *adj.*; **auf Französisch** en français; **französischsprachig** francophone *m./f. adj.*
Frau la femme, *Anrede für eine Frau* Madame; **junge Frau** la jeune femme
Fräulein Mademoiselle *Anrede;* la demoiselle
frei libre; **frei haben** être libre
freiberuflich libéral/e *adj.* → 2/2
Freiheit la liberté
Freitag vendredi *m.*
freiwillig volontaire *m./f. adj.*
Freizeit les loisirs *m. pl.*
Freizeitpädagoge/-in l'animateur/-trice
Fremdenverkehrsamt l'office de tourisme *m.*
Fremder/-e l'étranger/-ère
Freude le plaisir
Freund/in l'ami/e, le copain / la copine *fam.*; **Brieffreund/in** le/la corres *ou:* le/la correspondant/e
Freundlichkeit la gentillesse → 5/1
Freundschaft l'amitié *m.*
freundschaftlich amical/e *adj.*
Friede, Freude, Eierkuchen. Tout le monde il est beau, tout le monde il est gentil.
Frieden la paix
Friedhof le cimetière
frisch frais/fraîche *adj.*
Frische la fraîcheur
Friseur/in le/la coiffeur/-euse → 2/A
Friseursalon le salon de coiffure → 2/A
Front le front → 3/1
Frucht le fruit
fruchtbar fertile *m./f. adj.* → 5/1
Fruchtsaft le jus de fruits
früher autrefois; **wie früher** comme avant
Frühling le printemps
Frühstück le petit-déjeuner
fühlen (etw.) sentir qc; **sich fühlen** (ê) se sentir
führen (jdn) guider qn; mener qn/qc; entraîner qn → 3/2; **etw. führen** *Geschäft* tenir qc → 1/A
Führung le parcours → 2/1
Füller le stylo
„Fünfte" *(= 7. Klasse in Deutschland)* la cinquième
funktionieren marcher
für pour
Für und Wider le pour et le contre; **das Für und Wider abwägen** peser le pour et le contre
furchtbar horrible *m./f. adj.*
fürchten, dass craindre que + *subj.*
Fuß le pied; **zu Fuß** à pied
Fußball *Sport* le foot
Fußballer/in le/la footballeur/-euse

G

Gag le coup
gähnen bâiller
Galeere la galère
gängig courant/e *adj.* → 4/2
ganz tout à fait; entier/-ère *adj.*; **ganz zu schweigen von** sans parler de
ganzer/-es/-e tout/toute *m. f.*; **ganz schön viel** pas mal de *fam.*; **den ganzen Tag** toute la journee; **die ganze Welt** le monde entier; **die ganze Zeit** tout le temps
gar nichts rien du tout *adv.* → 2/2
Garten le jardin; **botanischer Garten** le jardin des Plantes
Gas le gaz → 4/A
gastfreundlich hospitalier/-ière *adj.*
Gastfreundschaft l'hospitalité *f.* → 5/A
Gebäude l'immeuble *m.*

ANNEXE

geben (jdm etw.) donner qc à qn; **es gibt** il y a
Gebet la prière
Gebiet la région
gebildet cultivé/e *adj.* → 2/1
Gebirge la montagne
geboren né/e *adj.*
Gebrauch l'usage *m.* → 4/2
Geburt la naissance
Geburtenrate la natalité → 4/A
Geburtstag l'anniversaire *m.*
Gedächtnis la mémoire
gedeihen prospérer
Gedicht le poème
Gefahr le danger; **in Gefahr sein** être en danger
gefährlich dangereux/-euse *adj.*; dangereusement *adv.*
gefallen (jdm) plaire à qn
Gefängnis la prison
gegen contre; *zeitlich* vers *prép.*; **gegen (jdn/etw.) sein** être contre qn/qc
Gegenstand l'objet *m.*; *Thema* le sujet → 1/2
gegenüber von en face de
gegenüberstellen (jdn/etw. jdm/etw.) opposer qn/qc et qn/qc
gegenwärtig actuellement *adv.*
gegnerisch rival/e *adj.*
Gehalt le salaire → 4/1
geheim secret/secrète *adj.* → 3/1
Geheimen (im) en secret
Geheimnis le secret
gehen nach (ê)aller à; **Es geht (mir gut).** Ça va.; **bestens gehen** aller pour le mieux; **hineingehen** (ê)entrer; **Wie geht es Ihnen/euch?** Comment allez-vous?; **Wie gehts?** Ça va?
gehorchen obéir
gehören (jdm etw.) être (qc à qn); **wie es sich gehört** comme il faut
Geisel l'otage *m./f.*
Geist l'esprit *m.*
Gelände le terrain
gelb jaune *m./f. adj.*
Geld l'argent *m.*; le fric *fam.*; **Taschengeld** l'argent de poche;
Geldbeutel le porte-monnaie;
Geldschein le billet
gelegen situé/e *adj.*
gelingen réussir
Gelöbnis le vœu
gelungen réussi/e *adj.*
Gemeinde la commune → 3/2
Gemeinschaft la collectivité → 1/A
gemeinschaftlich collectif/-ive *adj.*
Gemeinschafts- + *Nomen* collectif/-ive *adj.*
Gemeinschaftskunde l'éducation civique *f.*
gemischt mixte *m./f. adj.*
Gemüse les légumes *m. pl.*
genannt dit/e *adj.*
genau tout à fait *adv.*; exactement *adv.* → 2/1
Generation la génération → 2/A
genial génial/e *adj.*
Genre le genre
genug assez de
genügen suffire
geöffnet sein être ouvert/e
Geographie la géographie
gerade etw. tun être en train de + *Inf.*
geradeaus tout droit
Gerät l'appareil *m.*
Geräusch le bruit
Gerber le tanneur
gerecht juste *m./f. adj.*; équitable *m./f. adj.* → 4/A
Gericht *Essen* le plat
Gerichtsbeamter le magistrat
gern etw. tun ça (me) plaît de + *Inf.*
Geruch l'odeur *f.*
Gesang le chant
Geschäft le magasin
geschehen se passer
Geschenk le cadeau
Geschichte l'histoire *f.*
Geschichtenerzähler le conteur
Geschmack le goût
Geschwindigkeit la vitesse
Geschwister les frères et sœurs *m. pl.*
Geselle le compagnon
Gesellschaft la société
gesellschaftlich social/e *adj.* → 1/2
Gesicht le visage → 3/1
Gespräch la discussion → 4/2
Gesundheit la santé → 4/1
Geste le geste
gestern hier *adv.*
Getränk la boisson
Gewalt la violence
gewaltig immense *m./f. adj.*
gewalttätig violent/e *adj.*
Gewässer les eaux *f. pl.* → 1/1
Gewerbeerlaubnis la carte professionnelle → 2/1
gewinnen (etw.) gagner qc
Gewinner/in le/la gagnant/e
Gewissensbisse les remords *m. pl.*
gewisser/-e certain/e *adj.*
gewöhnen (sich an jdn/etw.) (ê)s'habituer à qn/qc; **sich daran gewöhnen, etw. zu tun** s'habituer à + *Inf.*
Gewohnheit l'habitude *f.*; **Gewohnheit annehmen (etw. zu tun)** prendre l'habitude (de + *Inf.*)
gewöhnlich d'habitude *adv.*
Gezeiten la marée
Gipfel le sommet
Giraffe la girafe
Gitarre la guitare
glänzen briller
Glas le verre, le pot *fam.*; *Material* le verre → 4/A
glauben croire
gleich pareil/le *adj.*
gleiche même *m./f. adj.*
Gleichgewicht l'équilibre *m.* → 5/1
Gleis la voie
Glück la chance, le bonheur; **Glück haben** avoir de la chance
glücklich content/e *adj.*, heureux/-euse *adj.*; **glücklich machen (jdn)** rendre qn heureux/-euse
glücklicherweise heureusement (que) *adv.* → 4/2
Glücksbringer le porte-bonheur
Glückwunsch la félicitation
gnadenlos sans merci *adv.* → 1/1
golden doré/e *adj.*
Goldschmied l'orfèvre *m.*
Golf le golfe
Gott (le) dieu
Grab la tombe
Gramm le gramme
grau gris/e *adj.*
grausam cruel/le *adj.*
Grausamkeit la cruauté
Grenze la limite; la frontière → 3/A
grillen (etw.) griller qc
Grippe la grippe → 4/2
groß grand/e *adj.*
Großbritannien la Grande-Bretagne → 3/A
Großeltern les grands-parents *m. pl.*
Großmutter la grand-mère
Großvater le grand-père
großziehen (jdn) élever qn → 1/2
großzügig généreux/-euse *adj.*; **großzügig sein (sehr)** donner sans compter
grün vert/e *adj.*; **das grüne Band** le ruban vert
Grünanlage l'espace vert
Grund la raison; **Grund-** + *Nomen* élémentaire *adj.* → 2/2

gründen (etw.) fonder qc → 1/1
Gründer/in le fondateur/-trice
Grundschule l'école primaire
Grundschullehrer/in l'instituteur/-trice; le maître / la maîtresse; le professeur des écoles *m./f.* → 2/2
Gründung la création → 3/A
Gruppe le groupe
grüßen (jdn) donner le bonjour à qn; **Grüß dich!** Salut! *fam.*
günstig privilégié/e *adj.* → 5/A
Gurke le concombre
gut bien *adv.*, bon/ne *adj.*; **es tut gut** ça fait du bien; **gut drauf sein** avoir le moral; **gut zusammenpassen** aller bien avec qc; **Guten Abend!** Bonsoir!; **Guten Morgen!, Guten Tag!** Bonjour!
Gymnasium le lycée
Gymnastik gymnastique *ou:* la gym *fam.*

H

Haare les cheveux *m. pl.*
haben (etw.) avoir qc; **Schmerzen haben** avoir mal à qc
Hafen le port
halb demi/e *adj.*; **Halbinsel** la péninsule; la presqu'île; **Halbfinale** la demi-finale
Hälfte la moitié
Halle la salle
Hallo! Coucou! Salut! *fam.*; **Hallo?** *am Telefon* Allô!
Halstuch le foulard
halt *Füllwort am Ende eines Satzes* quoi *fam.*
halten (etw.) tenir qc; **sich für jdn halten** se prendre pour qn; **jdn für etw. halten** croire qn + *adj.*
Hand la main; **Handball** le handball; **Handbewegung** le geste; **Handschuh** le gant; **(jdn) mit Samthandschuhen anfassen** prendre des gants; **mit seinen Händen arbeiten** travailler de ses mains
Handel le commerce → 4/A
Handel- + *Nomen* commercial/e *adj.* → 3/A
handeln agir; **sich handeln um** (ê) s'agir de
Handelsvertreter/in le/la commercial/e → 2/A
Händler/in le/la marchand/e; le/la commerçant/e
Handlung l'action *f.*
Handwerker/in l'artisan/e *m./f.*
Handy le portable
hart dur/e *adj.*
hassen (jdn/etw.) détester qn/qc
hässlich moche *m./f. fam.*
Haufen von (ein) un tas de
häufig souvent *adv.*; fréquemment *adv.*; fréquent/e *adj.*
Haupt- + *Nomen* principal/e *adj.*
Hauptstadt la capitale
Haus la maison; **zu Hause** à la maison
Haus- + *Nomen* domestique *m./f. adj.*
Hausaufgaben les devoirs *m. pl.*
Hausaufgabenheft le cahier de textes
Hausfrau la femme au foyer
Haushalt le ménage
Haut la peau
Heimat- + *Nomen* natal/e *adj.*;
Heimaturlaub la permission → 3/1
Heimweh le mal du pays
Heimwerken le bricolage
heiraten (jdn) épouser qn; (ê)se marier (avec qn)
heiß chaud/e *adj.*; **es ist heiß** il fait chaud
heißen (ê)s'appeler; **das heißt** ça veut dire
heizen (etw.) chauffer (qc) → 4/A
Held/in le héros / l'héroïne → 4/2
helfen (jdm etw. zu tun) aider qn (à + *Inf.*); **helfen (jdm)** donner un coup de pouce à qn *fam.*
Helm le casque
Hemd la chemise
herausfordern (jdn/etw.) provoquer qn/qc → 4/1
herauskommen (aus etw.) (ê)s'en sortir → 1/2
herausnehmen (etw.) sortir qc
herausragen (aus etw.) émerger de qc → 3/A
Herbst l'automne *m.*
Herkunft l'origine *f.*; **französischer Herkunft** d'origine française
Herr *Anrede für einen Herrn* Monsieur *m.*; **Meine Herren!** Messieurs *m. pl.*
herrlich superbe *m./f. adj.* → 5/1
herstellen (etw.) fabriquer qc → 2/1
herumtrödeln traîner
herunterladen (etw.) télécharger qc
hervorragend formidable *m./f.*; excellent/e *adj.* → 2/1
Herz le cœur; **starkes Herzklopfen haben** avoir le cœur qui bat à cent à l'heure → 3/2
heute aujourd'hui
heutzutage à l'heure actuelle *adv.* → 4/2
hier ici *adv.*; **hier ist / hier sind** voici/voilà
Hilfe l'aide *f.*; **(Zu) Hilfe!** Au secours!
Himmel le ciel
hinaufklettern (etw.) escalader qc
hinaufsteigen (ê)monter
hinausgehen (ê)sortir
hinauswerfen (jdn) mettre qn à la porte *adj.*
hinbringen (jdn/etw.) amener qn/qc; *im Fahrzeug* conduire qn à qn/qc
hindern etw. zu tun (jdn daran) empêcher qn de + *Inf.*
hineingehen (ê)entrer
hingegen par contre
hinlegen (sich) (ê)se coucher
hinter derrière; **sich hinter dem Rücken über jdn lustig machen** rigoler dans le dos de qn
hinterlassen (etw.) laisser qc
hinuntergehen (ê)descendre
hinzufügen (etw.) ajouter qc
Hip-Hop le hip-hop
Hirse le millet → 5/1
historisch historique *m./f. adj.*
hoch haut/e *adj.*
Hochgebirgsführer/in le guide de haute montagne → 2/A
Hochhaussiedlung *am Stadtrand* la cité
Hof la cour
Hofdame la courtisane
hoffen espérer
Hoffnung l'espoir *m.*
höflich poli/e *adj.*
Höfling le courtisan
Höhe l'altitude *f.*
Hölle l'enfer *m.*
Holz le bois → 5/A
Honig le miel; **Honigmelone** le melon → 1/1
hören (jdn/etw.) entendre qn/qc; **zuhören** écouter qn/qc
Horizont l'horizon *m.*
Horoskop l'horoscope *m.*
Hose le pantalon
hübsch joli/e *adj.*
Hügel la colline
Hugenotten les Huguenots
Hühnchen le poulet

ANNEXE

Humor l'humour *m.*
Hund/Hündin le/la chien/ne; **wie Hund und Katze** comme chien et chat *fam.*
Hunger la faim
Hütte la cabane

I

Ich bin an der Reihe. C'est mon tour.; **Ich bin deiner Meinung.** Je suis de ton avis. → 4/2
Idee l'idée *f.*
identifizieren (sich mit jdm/etw.) [(ê)] s'identifier à qn/qc
igitt! beurk! → 3/2
ihrerseits à son tour → 3/1
im Moment pour le moment
immer toujours; **immer wenn** quand
Immigrant/in ohne Aufenthaltsgenehmigung le/la sans-papier → 4/A
in *zeitlich* à, en, dans; **in** *räumlich* dans, en; **in der Nähe von** près de; **in den Urlaub fahren** partir en vacances; **in die Praxis gehen** [(ê)]aller sur le terrain → 2/1; **in Form sein** être en forme
Inbrunst la ferveur → 3/1
inbrünstig avec ferveur *adj.* → 3/1
Indianer/in l'Indien/ne
Indien l'Inde *f.* → 3/A
Informatik l'informatique *f.*
Informatiker/in l'informaticien/ne → 2/A
Informations- und Dokumentationszentrum le CDI
informieren (sich über jdn/etw.) [(ê)]se renseigner (sur qn/qc) → 2/2; **informieren (sich über etw.)** [(ê)]s'informer sur qc → 1/2
Ingenieur/in l'ingénieur *m./f.* → 2/A
Inlineskates les rollers *m. pl.*
innen dedans *adv.*
Insel l'île *f.*; **Halbinsel** la péninsule; **Inselgruppe** l'archipel *m.* → 1/A
insgesamt dans l'ensemble *adv.*
Instrument l'instrument *m.*; **ein Instrument spielen** jouer d'un instrument
Intellektueller/-e l'intellectuel/le *ou:* l'intello *fam. m./f.*
intelligent intelligent/e *adj.*
intensiv intense *adj.*; intensément *adv.*; intensif/-ive *adj.*
interessant intéressant/e *adj.*
interessieren (jdn) intéresser qn; **interessieren (sich für jdn/etw.)** [(ê)] s'intéresser à qn/qc
Internat l'internat *m.*
international international/e *adj.*
Internetcafé le cybercafé → 5/1
Internetdomain le domaine internet
interpretieren (etw.) interpréter qc
Interview l'interview *f.*
Intrige l'intrigue *f.*
intrigieren (gegen jdn) intriguer contre qn
irgendein/-e n'importe quel/le *adj.*; **irgendeine Marke** Untel ou Machin *fam.*
irgendetwas n'importe quoi
irgendwo quelque part
irren [(ê)]se tromper
Islam l'islam *m.*
Italien l'Italie *f.*

J

ja oui; **Ja bitte?** *am Telefon* Allô?
Jacke la veste
Jahr l'an *m.*; **Jahr** *in seinem Verlauf* l'année *f.*; **Fünfziger Jahre** les années cinquante *f. pl.*
Jahreszeit la saison → 5/1
Jahrhundert le siècle
Jahrmarkt la foire
Januar janvier *m.*
Japan le Japon → 3/A
Jeans le jean
jedenfalls enfin *adv.*
jeder/-es/-e chacun/e; chaque + *Nomen*; tous/toutes *m. pl. / f. pl.*; **auf jeden Fall** de toute façon *adv.*
jedermann tout le monde
jemand quelqu'un
Jesuiten les Jésuites
jetzt maintenant *adv.*; **Jetzt reichts aber!** Ça suffit!
Job le boulot *fam.* → 2/2
Joghurt le yaourt
jonglieren jongler
Journalismus le journalisme
Journalist/in le/la journaliste
jüdisch juif/juive *adj.*
Judo le judo
Jugendlicher/-e l'ado *fam. m./f. ou:* l'adolescent/e *m./f.*; le/la jeune
Juli juillet *m.*
jung jeune *m./f. adj.*
Junge le garçon, le type *fam.*, le gars *fam.*
Juni juin *m.*
Jura le droit → 2/1
Justiz la justice

K

Kaffee le café; **Milchkaffee** le café au lait
Kajak le kayak
Kakao le cacao → 1/1
Kakerlake le cafard
kalt froid/e *adj.*; **es ist kalt** il fait froid
kämpfen lutter → 4/A
Kanada le Canada
Kanal *Fernsehen* la chaîne
Kandidat le/la candidat/e
Kantine la cantine
Kanzler/in le/la chancelier/-ière → 3/A
kaputtmachen (etw.) casser qc
karg aride *m./f. adj.* → 4/A
karibisch caraïbe *m./f. adj.* → 1/1
Karibu le caribou
kariert à carreaux
Karneval le carnaval → 1/A
Karriere la carrière
Karte la carte
Kartoffel la pomme de terre; la patate *fam.*
Karton le carton
Käse le fromage
Kassette la cassette
Katakomben les catacombes *f. pl.*
Katastrophe la catastrophe, la cata *fam.*
Kater/Katze le chat / la chatte
Kathedrale la cathédrale
katholisch catholique *m./f. adj.*
Kätzchen *Kosewort* chaton → 4/A
kaufen (etw.) acheter qc
kein ne ... pas de; **kein ... mehr** ne ... plus de; **Keine Eile!** Y a pas le feu. *fam.* → 2/2; **keine Zeit haben** ne pas avoir le temps
kennen (jdn/etw.) connaître qn/qc; **kennen lernen (jdn)** faire la connaissance de qn; rencontrer qn
Kenntnis la notion; la connaissance → 2/1; **Kenntnisse aneignen (sich über etw.)** s'instruire sur qn/qc → 5/1
Kerl le type *fam.*
Kernenergie le nucléaire → 4/A
Kerze la bougie → 3/1
Kilo le kilo
Kilometer le kilomètre; **Quadratkilometer** le kilomètre carré → 1/1
Kind l'enfant *m./f.*
Kindergarten l'école maternelle *f.*
Kinderkrankenpfleger/Kinderkrankenschwester le/la puériculteur/-trice → 2/A

kinderreiche Familie la famille nombreuse
Kindheit l'enfance *f.*
Kino le cinéma *ou:* le ciné *fam.*
Kirche l'église *f.*
Klamotten les fringues *f. pl. fam.*
klar clair/e *adj.*, clairement *adv.*; évidemment *adv.*; évident/e *adj.*; **Alles klar!** Ça y est!
Klarinette la clarinette
Klasse la classe; **Klassenarbeit** l'interro *f. fam. ou:* l'interrogation *f.*; le devoir sur table; **Klassenkamerad/in** le/la camarade; **Klassenkonferenz** le conseil de classe; **Klassensprecher/in** le/la délégué/e de classe; **Klassenzimmer** la salle de classe
klassifizieren (jdn/etw.) classer qn/qc
klassisch classique *m./f. adj.*
Klavier le piano
kleben (etw.) coller qc
Klebstoff la colle
Kleid la robe
Kleidung les vêtements *m. pl.*
klein petit/e *adj.*; **Kleine Antillen** les Petites Antilles; **Kleiner/-e** le petit / la petite; **kleine Kinder** les minots *m./pl. fam.*; **kleiner Junge / kleines Mädchen** le gamin / la gamine *fam.*
Kleingeld la monnaie
Klettern l'escalade *f.*
Klima le climat → 4/A
Klimawandel le changement de climat → 4/1
klingeln sonner
Knete *umg. für Geld* le fric *fam.*
Koch/Köchin le/la cuisinier/-ère
kochen faire la cuisine
Kochrezept la recette
Koffer la valise
Kohle *umg. für Geld* la thune *fam.* → 2/A
Kolonial- + *Nomen* colonial/e *adj.* → 5/A
Kolonie la colonie
kolonisieren (etw.) coloniser qc
Kombination la combinaison → 4/2
Komfort le confort → 4/2
Komma la virgule
kommen [ê]venir; **kommen lassen (jdn)** faire venir qn; **zu früh ankommen** être en avance
Kommentar le commentaire
Kommunikation la communication → 5/A
kommunizieren communiquer
kompliziert compliqué/e *adj.*
Konflikt le conflit
König/in le roi / la reine
königlich royal/e *adj.* / royaux *m. pl.*
Königs- + *Nomen* royal/e *adj.* / royaux *m. pl.*
können (etw.) pouvoir + *Inf.*; *die Fähigkeit besitzen etw. zu tun* savoir + *Inf.*; **man könnte** on pourrait
konstitutionelle Monarchie la monarchie constitutionnelle
Konsument/in le/la consommateur/-trice → 4/A
konsumieren (etw.) consommer (qc) → 4/A
Kontakt le contact; **Kontakt aufnehmen (mit jdm)** prendre contact avec qn → 2/1; **im Kontakt mit jdm/etw.** au contact de qn/qc *loc. prép.* → 1/1
Kontinent le continent → 3/A
Konto le compte → 2/1
kontrollieren (jdn/etw.) contrôler qn/qc
konzentrieren (sich) [ê]se concentrer
Konzert le concert
Kopf la tête
körperlich physique *m./f. adj.*
Korrektur la correction
korrespondieren *im Briefwechsel stehen* correspondre
kostbar précieux/-euse *adj.*
kosten coûter
Kraft la force; **mit seiner/ihrer ganzen Kraft** de toutes ses forces
kramen (in etw.) fouiller dans qc
krank malade *m./f. adj.*
Krankenhaus l'hôpital *m.*
Krankenpfleger/Krankenschwester l'infirmier/-ière
kreativ créatif/-ive *adj.* → 2/1
Kreolisch le créole → 1/A
Kreuzfahrt la croisière → 2/1
Kreuzung le carrefour
Krieg la guerre
Kriminal- + *Nomen* policier/-ère *adj.*
Krise la crise
kritisch critique *m/f. adj.* → 4/1
kritisieren (jdn/etw.) critiquer qn/qc
Krokodil le crocodile → 5/A
Krustentiere les crustacés *m. pl.*
Küche la cuisine
Kuchen le gâteau
Kugelschreiber le stylo
Kultobjekt l'objet-culte *m.*
Kultur la culture
kulturell culturel/le *adj.*
Kummer le chagrin
kümmern (sich um jdn/etw.) [ê]s'occuper de qn/qc
Kumpel le pote *fam.*
Kunst l'art *m.* → 1/2
Künstler/in l'artiste *m./f.*
Kunststoff le plastique
Kupfer le cuivre → 5/A
Kuppel le dôme → 5/A
kurz court/e *adj.*; bref *adv.* → 2/2
Kuss la bise; **Küsschen** la bise *ou:* le bisou *fam.*
Küste la côte
Kuttelwurst l'andouillette *f.*

L

Labor le laboratoire → 4/2
Lächeln le sourire
lächelnd souriant/e
lachen rigoler *fam.*; rire
lächerlich ridicule *m./f. adj.*
Laden la boutique
Lage *Situation* la situation
Lager le camp; **Lagerfeuer** le feu de camp
Lagune le lagon → 1/A
Laken le drap
Lampe la lampe
Land le pays; *ländliche Gegend* la campagne
landen *mit dem Schiff* débarquer → 1/A
Landschaft le paysage
Landstraße la route
Landwirt/in l'agriculteur/-trice → 5/1
Landwirtschaft l'agriculture *f.* → 1/1
landwirtschaftlich agricole *m./f. adj.* → 1/1
lang long/ue *adj.*
lange longtemps *adv.*
langsam lent/e *adj.*; lentement *adv.*
langweilen (sich) [ê]s'ennuyer
langweilig ennuyeux/-euse *adj.*
Lärm le bruit
lassen (etw.) laisser qc
Latein le latin
Laufbahn la carrière
laufen marcher; courir *rennen*
Laune l'humeur *f.* → 3/2
laut bruyant/e *adj.* → 3/2
Leben la vie; **sich das Leben schwer machen** [ê]se compliquer la vie; **etw. ins Leben rufen** lancer qc; **sein Leben in die Hand nehmen** prendre sa vie en main

ANNEXE

leben vivre; **Es lebe jd/etw.!** Vive qn/qc! → 4/A
lebendig vivant/e *adj.*
lebhaft vif/vive *adj.*
leer vide *m./f. adj.*
legen (etw.) mettre qc
Legende la légende
Lehre l'apprentissage *m.*
Lehrer/in le/la professeur *ou:* le/la prof *fam.;* l'enseignant/e → 5/1
Lehrling l'apprenti/e *m./f.*
leicht facile *m./f. adj.;* simple *m/f. adj.*
Leichtathletik l'athlétisme *m.*
leiden (an jdm/etw.) souffrir de qn/qc → 4/1
Leidenschaft la passion
leider malheureusement *adv.*
leihen (jdm etw.) prêter qc à qn → 3/2
Leinwand l'écran *m.*
leiten (jdn) guider qn; **leiten (etw.)** diriger qc
Lektion la leçon
lernen (etw.) apprendre qc; **lernen etw. zu tun** apprendre à + *Inf.;* **lernen** étudier
Lernpatenschaft le tutorat
lesen (etw.) lire qc
Leser/in le/la lecteur/-trice
letzter/-s/-e dernier/-ière *adj.*
Leuchtturm le phare
Leute les gens *m. pl.*
Leutnant le lieutenant → 3/1
Licht la lumière
Liebe l'amour *m.;* **Liebe auf den ersten Blick** le coup de foudre
lieben (jdn/etw.) aimer (qn/qc); **sehr lieben (jdn/etw.)** adorer (qn/qc)
lieber/-e *Anrede* cher/chère *adj.;* **lieber Gott** le Bon Dieu
lieber plutôt *adv.;* **lieber mögen (etw.)** préférer qc
Liebesgeschichte le conte amoureux
Liebeskummer le chagrin d'amour
Liebling le/la chéri/e; **Lieblings-** + *Nomen* préféré/e *adj.*
Lied la chanson
liegen *örtlich* se situer → 1/A
Linie la ligne
links à gauche
literarisch littéraire *m./f. adj.*
Literatur- + *Nomen* littéraire *m./f. adj.*
live en direct *adj.*
Löffel la cuillère
Lohn le salaire → 4/1
Los! Allez hop!
losgehen (ê)partir; (ê)s'en aller
loslassen (jdn/etw.) lâcher qn/qc
Lösung la solution
Lothringen la Lorraine
Luft l'air *m.*
Lust haben (etw. zu tun) avoir envie de + *Inf.*
lustig marrant/e *adj. fam.*, drôle *m./f. adj.;* **sich lustig machen über jdn/etw.** se moquer de qn/qc
Luxus le luxe → 5/1

M

machen (etw.) faire (qc); **etw. genauso machen** faire (qc) pareil → 3/2
Macht le pouvoir; la puissance → 3/A
Mädchen la fille; **junges Mädchen** la jeune fille
Maghreb le Maghreb
Mahlzeit le repas
Mai mai *m.*
Mais le maïs → 5/A
Mal la fois; **zum ersten Mal** pour la première fois
malerisch pittoresque *m./f. adj.*
Mama maman *f.*
manchmal parfois, quelquefois
Mangel le défaut
Mango la mangue
Manieren les manières *f. pl.*
Mann l'homme *m.;* le type *fam.*
Mannequin le mannequin
Mannschaft l'équipe *f.*
Mannschaftskapitän le capitaine de l'équipe
Manufaktur la manufacture
Mappe le dossier
Märchen le conte
Marke la marque
markieren (etw.) marquer qc
Markt le marché
Markthändler/in le/la marchand/e
Marmelade la confiture
Marokkaner/in le/la Marocain/e
marokkanisch marocain/e *adj.*
Marokko le Maroc
Material le matériel → 5/1
Mathe(matik) les mathématiques *ou:* les maths *f. pl. fam.*
Matratze le matelas → 3/2
Matrose le marin
Mauer le mur
Maus la souris
Maximum le maximum
Mechaniker/in le/la mécanicien/ne → 2/A
Medien les médias *m. pl.*
Medikament le médicament → 4/1
Meer la mer; **Meeresarm** le bras de mer → 1/1
Meerschweinchen le cochon d'Inde
Mehl la farine
mehr plus *adv.;* **mehr als** plus que; **noch mehr** encore plus; **immer mehr** de plus en plus; **mehr und mehr** de plus en plus
mehrere plusieurs *adj.*
Mehrheit la majorité
Mehrzahl der + *Nomen* la plupart des
Meinung l'avis *m.;* **Ich bin deiner Meinung.** Je suis de ton avis. → 4/2; **seine Meinung sagen** donner son avis; **deiner Meinung nach** à ton avis
meisten (die) la plupart; **am meisten** *adv.* le plus
Meister/in le/la champion/ne; le maître / la maîtresse
Meisterschaft le championnat
Menge la quantité; **eine Menge von** un tas de
Mensch l'homme; **Menschenrechte** les droits de l'homme → 4/1
Mensch – Natur – Umwelt *Unterrichtsfach* les SVT *f. pl.*
menschlich humain/e *adj.*
Mentalität la mentalité
merkwürdig bizarre *m./f. adj.*
Messe *katholisch* la messe → 3/1; **eine Messe lesen** dire une messe → 3/1
Methode la méthode
Metropole la métropole
Metzger/in le/la charcutier/-ière
Milch le lait
Milieu le milieu → 1/2
Milliarde le milliard → 3/A
Million le million
Minarett le minaret
Minderheit la minorité
mindestens au moins
Mine la mine → 5/A
minus moins *adv.*
Minute la minute
mischen (etw. mit etw.) mêler qc (à qc)
Mischung *verschiedener Ethnien* le métissage → 1/2

missachten (jdn/etw.) mépriser qn/qc
missfallen (jdm) déplaire à qn → 4/2
Missverständnis le malentendu
Mist! Zut!; **Mist** le fumier
mit avec; **mit seinen Händen arbeiten** travailler de ses mains
mitbringen (etw.) apporter qc
Mitglied le membre → 3/A; **Mitgliedsland** le pays-membre → 3/A
mitnehmen (jdn) emmener qn
Mittag (12 Uhr) midi *m.;* **Mittagessen** le déjeuner; **mittags** à midi *adv.;* **Mittagsschlaf** la sieste
Mittel le moyen
Mittelalter le Moyen-Âge
Mittelmeer la mer Méditerranée
Mitternacht minuit *m.;* **um Mitternacht** à minuit *adv.*
mittlerer/-es/-e moyen/ne *adj.* → 2/2
Mittwoch mercredi *m.*
Mobbing le mobbing
mobilisieren (jdn) mobiliser qn
Mode la mode
Model le mannequin
Modell le modèle; **Modell-** + *Nomen* modèle *m.f. adj.*
Moderator/in l'animateur/-trice → 4/2
modern moderne *m./f. adj.*
Modeschöpfer/in le/la couturier/-ère
modisch à la mode
Mofa la mobylette
mögen (jdn/etw.) aimer qn/qc; **nicht mögen (jdn/etw.)** détester (qn/qc)
möglich possible *m./f. adj.*
Möglichkeit la possibilité → 2/1; **sich alle Möglichkeiten offen halten** mettre toutes les chances de son côté → 2/2
Möglichstes tun (sein) faire tout son possible
Möhre la carotte
Moment le moment
Montag lundi *m.*
Moral la morale
morgen demain *adv.;* **Morgen** le matin; **Bis morgen!** À demain!; **Guten Morgen!** Bonjour!; **heute Morgen** ce matin; **morgens** le matin *adv.*
Moschee la mosquée
motivieren (jdn) motiver qn
Motto la devise → 3/A
Mountainbike le VTT, le vélo tout-terrain; le vélo de montagne *nur in Québec*
MP3-Player le lecteur mp3
müde fatigué/e *adj.;* **müde sein** avoir sommeil → 3/2; **todmüde sein** être crevé/e
Müdigkeit le sommeil → 3/2
Müll les déchets *m. pl.* → 4/A
Mülleimer la poubelle
Multimedia le multimédia → 2/A
Multimediadesigner/in le concepteur-réalisateur → 2/1
multiplizieren (etw. mit etw.) multiplier qc (par qc) → 5/A
Muschel le coquillage
Museum le musée
Musik la musique; **musikalisch, Musik-** + *Nomen* musical/e *adj.;*
Musiker/in le/la musicien/ne
Musikschule le conservatoire; **Musik im Blut haben** avoir la musique dans la peau
Muskel le muscle
müssen falloir, devoir; avoir besoin de + *Inf. brauchen;* **man muss** il faut *(+ Inf.);* **man müsste** il faudrait
Mut machen (jdm) encourager qn
mutig courageux/-euse *adj.*
Mutter la mère
Mutter- + *Nomen* maternel/le *adj.* → 5/A
Mutterland la métropole → 1/A
mütterlich maternel/le *adj.* → 5/A
Mutti maman *f.*

N

Na und? Et alors?
nach *zeitlich* après *prép.;* au bout de *adv.;* **nach Hause gehen** rentrer;
nach vorn spielen *Fußball* remonter le terrain
nachahmen (jdn) imiter qn → 2/2
nachahmenswert exemplaire *m./f. adj.* → 4/2
Nachbar/in le/la voisin/e; **Nachbar-** + *Nomen* voisin/e *adj.*
nachdenken réfléchir
Nachfahre/-in le/la descendant/e → 5/1
Nachmittag/nachmittags l'après-midi *m./f.*
Nachricht le message; la nouvelle;
Nachrichten les actualités *f. pl.;*
Fernsehnachrichten le JT *ou:* le journal télévisé
nächster/-es/-e prochain/e *adj.;* suivant/e *adj.*
Nacht la nuit
Nachteil l'inconvénient *m.* → 2/1
Nachtisch le dessert
Nahaufnahme le gros plan → 3/1
nahe bei près de
nähern (sich jdm/etw.) approcher de qn/qc; **sich nähern** [(ê)]s'avancer → 3/1
Nährboden le fumier
Nahrung la nourriture
naja, äh ben *fam.*
Name le nom; **sich einen Namen machen** [(ê)]se faire un nom
Nase le nez; **die Nase voll haben (von jdm/etw.)** avoir marre (de qn/qc) *fam.*
national national/e, nationaux *m. pl. adj.*
Nationalität la nationalité → 1/2
Natur la nature; **unter Naturschutz** protégé/e
natürlich bien sûr; naturel/le *adj.*
neben jdm/etw. à côté de qn/qc *prép.*
Neffe le neveu → 2/1
negativ négatif/-ive *adj.* → 4/2
nehmen (etw.) prendre (qc); **jdn/etw. ernst nehmen** prendre qn/qc au sérieux
nein non
nennen (jdn/etw.) citer qn/qc → 4/2
nerven (jdn) dégoûter qn
Nest le nid
nett gentil/le *adj.*, gentiment *adv.;* sympa *fam. ou:* sympathique *m./f. adj.*
Netz le filet
neu nouveau/nouvel *m.* / nouvelle *f. adj.*
Neugier la curiosité → 2/1
Neuigkeit la nouvelle
neulich l'autre jour *adv.* → 2/2
nicht ne ... pas; **auch nicht** non plus;
nicht mehr ne ... plus; **nicht schlecht** pas mal; **nicht wahr?** hein?
Nichte la nièce → 2/1
nichts ne ... rien; **nichts mehr** plus rien
nie ne ... jamais
niedergeschlagen déprimé/e
Niederlande les Pays-Bas *m. pl.*
niedlich mignon/ne *adj.*
niemals ne ... jamais
niemand ne ... personne

ANNEXE

noch encore *adv.;* **noch nicht** ne pas ... encore
Norden le nord; **nördlich von** au nord de
normal normal/e *adj.*
Notar/in le/la notaire
Note la note
notieren (etw.) noter qc
nötig nécessaire *m./f. adj.*
Nudeln les pâtes *f. pl.*
Null (eine) / eine Niete sein in ... être nul/le en ...
Nummer le numéro; **eine Nummer wählen** faire un numéro
nun voilà que
nur seulement *adv.;* seul/e *adv.;* **nur** ne ... que *adv.;* juste *adv.* → 4/A
nützen (etw.) servir à qc
nützlich utile *m./f. adj.*

O

O je! Oh là là!
ob si *conj.*
oben en haut *adv.;* **oben drauf** dessus *adj.* → 3/2
Oberfläche la superficie
Objekt l'objet *m.*
Obst les fruits *m. pl.*
Obstbaum l'arbre fruitier
Obstgarten le verger
obwohl alors que *conj.* → 4/2
oder ou
öffentlich publique *m./f. adj.* → 5/1
offiziell officiel/le *adj.*
Offizier l'officier → 3/1
öffnen (etw.) ouvrir qc
oft souvent *adv.*
ohne sans *prép.*
Ohr l'oreille *f.*
Oleander le laurier-rose
Olivenbaum l'olivier *m.*
Ölpest la marée noire
Oma, Omi (la) mémé
Opa, Opi (le) papi, (le) pépé *fam.*
Oper l'opéra *m.*
Operation l'opération *f.*
Opfer la victime *m./f.*
Orange l'orange *f.*
Orangenbaum l'oranger *m.*
ordentlich comme il faut
Organisation l'organisation *f.*
organisieren (etw.) organiser qc
orientieren (sich) (ê)se repérer
originell original/e *adj.*
Ort l'endroit *m.*, le lieu; sur place → 3/2; le site → 2/1
Osten l'est *m.*; **östlich von** à l'est de
Österreich l'Autriche
Overall la combinaison
Ozean l'océan *m.*

P

Paar le couple
Pädagoge/-in le/la pédagogue → 2/1
Palast le palais
Palme le palmier
Papier le papier
Paprikaschote le poivron
Paradies le paradis
Paris (aus) parisien/ne *adj.*
Park le parc
Partie la partie
Partnerstadt la ville jumelle *fam.*
passieren arriver; (ê)se passer
Pastor le pasteur
Pate/-in (Tauf-) le parrain / la marraine
Pause la récréation
Pelztierjäger le trappeur
permanent permanent/e *adj.*
Person la personne; le personnage *Figur*
Personalausweis la carte d'identité
Persönlichkeit la personnalité
Pest la peste → 4/2
Pfalz le Palatinat
Pfarrer le pasteur → 3/1
pfeifen (auf jdn/etw.) (ê)se foutre de qn/qc → 4/A
Pfirsich la pêche
Pflaume la prune → 4/2
phantastisch fantastique *m./f. adj.*
Philosoph/in le/la philosophe *m./f.*
Philosophie la philosophie
Pilot/in le/la pilote → 2/A
Pizza la pizza
Plakat l'affiche *f.*
Planet la planète
Plantage la plantation → 1/1
Plastik *Material* le plastique; **aus Plastik** en plastique; **Plastiktüte** le sac en plastique → 4/1
Platte *CD/Schallplatte* le disque
Platz la place; **Platz einräumen/machen (jdm/etw.)** faire place à qn/qc → 5/1
plaudern bavarder
plötzlich tout à coup *adv.;* soudain *adv.* → 3/1
Poesie la poésie
Politik la politique → 1/2
Politiker/in l'homme politique / la femme politique → 3/A
politisch politique *m./f. adj.*
Polizei la police; **Polizei-** + *Nomen* policier/-ière *adj.;* **Polizeidienststelle** le commissariat
Polizist/in le policier; le/la flic *fam.*
Pommes frites les frites *f. pl.*
Portmonee le porte-monnaie
portugiesisch portugais/e *adj.*
Postamt la poste
Praktikum le stage
praktisch pratique *m./f. adj.*
praktizieren (etw.) pratiquer qc
Präsident/in le/la président/e → 3/A
Preis le prix
pressen (etw.) presser qc
Preußen la Prusse
Priester le prêtre → 1/2
Primaballerina la danseuse étoile
privilegiert privilégié/e *adj.* → 5/A
probieren (etw.) essayer qc; **anprobieren** essayer qc
Problem le problème
Produkt le produit → 4/A
Produktion la production → 1/1
professionell professionnel/le *adj.*
Programm le programme; **Programmentwickler/in** le/la concepteur/-trice → 2/A
programmieren (etw.) programmer qc
Projekt le projet → 3/A
Protektorat le protectorat
Protestant/in le/la protestant/e
protestieren protester
Proviant les provisions *f. pl.*
Prozent pour cent
Prozentsatz le pourcentage → 2/A
Prüfung l'examen *m.*; **Aufnahmeprüfung** le concours d'entrée
Pseudonym le pseudo, le pseudonyme
Pst! Chut!
Publikum le public → 2/1
Pulli le pull *fam. ou:* le pull-over
Punkt le point
pünktlich sein/kommen être à l'heure
Püree la purée → 1/1
Pute la dinde
putzen faire le ménage
Pyramide la pyramide

Q

Quadratkilometer le km carré → 1/1
Qualität la qualité
Quantität la quantité
Quebec le Québec; **Einwohner/in von Quebec** le/la Québécois/e

R

Rad la roue
Radio la radio; **im Radio senden/spielen (etw.)** passer qc à la radio
Radioaktivität la radioactivité → 4/2
Rallye le rallye
Rap le rap
Rapper/in le/la rappeur/-euse
Rassismus le racisme
raten (jdm etw.) conseiller qc à qn
Rathaus la mairie; l'hôtel de ville
Ratte le rat
rauchen fumer
reagieren auf etw. réagir à qc
Reaktion la réaction; *reflexartig* le réflexe → 4/A
realistisch réaliste *m./f. adj.*
Realität la réalité
Rechnen le calcul; **rechnen** faire des calculs
Recht le droit → 2/2; **Menschenrecht** le droit de l'homme → 4/1; **Recht haben** avoir raison; **Recht haben etw zu tun** avoir raison de + *Inf.*
rechts à droite
Rechtsanwalt/Rechtsanwältin l'avocat/e
Rechtswesen la justice
recyclen (etw.) recycler qc → 4/A
Referat l'exposé *m.*
reflektieren refléter
Reflex le réflexe → 4/A
reflexartig etw. tun avoir le réflexe de faire qc → 4/A
Reformation la Réforme
reformieren (etw.) réformer qc
Regal l'étagère *f.*
regelmäßig régulièrement *adv.*
regeln (etw.) régler qc
Regen la pluie → 5/1; **Regenmantel** l'imperméable *m. ou:* l'imper *m. fam.;* **Regenzeit** la saison des pluies → 5/1
Region la région
Regisseur/in le metteur en scène → 5/A
regnen pleuvoir; **es regnet** il pleut
reich riche *m./f. adj.*
Reich l'empire *m.*
reichen suffire; **Das reicht!** Ça suffit!
Reichtum la richesse → 1/2
reif mûr/e *adj.*
Reihe(nfolge) le tour; **jd ist an der Reihe** c'est le tour de qn
Reim la rime
reinigen (etw.) nettoyer qc
Reise le voyage; **Reisebus** le car → 2/1; **Reiseführer/in** le guide; **Reiseleiter/in**, *der/die gleichzeitig als Dolmetscher/in tätig ist* le guide interprète → 2/1
reisen voyager
Rekord le record → 4/A
relativ relatif/-ive *adj.*
Religion la religion
Religionsunterricht *katholisch* le catéchisme
religiös religieux/-euse *adj.*
rennen courir
Reportage le reportage → 5/1
Reporter/in le reporter *m./f.* → 2/A
Republik la république
reservieren (etw.) réserver qc
Respekt le respect
Ressource la ressource → 1/A
Restaurant le restaurant
retten (jdn/etw.) sauver qn/qc
Revolution la révolution
revolutionär révolutionnaire *m./f. adj.*
richtig juste *m./f. adj.*
Richtung la direction; **Richtung** la voie → 2/2
riechen (etw.) sentir qc
riesig immense *m.f. adj.*
Rinde *eines Baumes* l'écorce *f.*
ringsherum tout autour
riskieren (etw.) risquer qc
rivalisierend rival/e *adj.*
Roboter le robot
Rock la jupe
Rohkostsalat les crudités *f. pl.*
Rohstoff la ressource → 1/A
Rolle le rôle
rollen rouler
Roman le roman
romantisch romantique *m./f. adj.*
römisch romain/e *adj.* → 3/A
rosa rose *m./f. adj.*
Rosenstock le rosier
rot rouge *m./f. adj.*
Rothaarige le rouquin/ la rouquine *fam.* → 3/2
Rücken le dos; **sich hinter dem Rücken über jdn lustig machen** rigoler dans le dos de qn
rudern ramer
rufen (jdn) appeler qn
Ruhe le calme
Ruhestand la retraite → 2/1
ruhig calme *m./f. adj.*
Rührung l'émotion *f.*
Ruine la ruine
ruinieren (jdn/etw.) ruiner qn/qc → 3/A
Rumänien la Roumanie → 3/A
Runde le tour
Rundgang machen faire le tour de qc
Russland la Russie

S

Sache la chose; le truc *fam.;* **Sachen** les affaires *f. pl.*
sagen (jdm etw.) dire (qc à qn); **Nun sag schon.** Dis toujours. → 4/2; **seine Meinung sagen** donner son avis
Sahne la crème
Salat la salade
Salz le sel → 5/A
salzig salé/e *adj.* → 1/1
sammeln (etw.) rassembler qc → 4/2
Samstag samedi *m.*
Sand le sable
Sandwich le sandwich
sanft doux/douce *adj.* → 5/1
Sänger/in le/la chanteur/-euse
Satellit le satellite → 5/1
Satire la satire
satt essen (sich) manger à sa faim
Satz la phrase
säubern (etw.) nettoyer qc
säumen (etw.) border qc
Savanne la savane → 5/A
S-Bahn (von Paris) le RER *ou:* le Réseau express régional
Schabe le cafard
Schach spielen jouer aux échecs; **Schachspiel** les échecs *m. pl.*
schade dommage; **das ist schade** c'est dommage
schaffen (etw.) réussir (qc); [(é)]s'en sortir *fam.* → 1/2; **schaffen etw. zu tun** arriver à + *Inf.*
Schaffung la création → 3/A
Schafott l'échafaud *m.*
Schal le foulard
Schale *einer Frucht* l'écorce *f.*

ANNEXE

schälen (etw.) peler qc
schätzen (jdn/etw.) apprécier qn/qc
Schaufenster la vitrine; **Schaufensterbummel** le lèche-vitrines
Schauspieler/in l'acteur/-trice
scheinen *Sonne* briller
schenken (jdm etw.) offrir qc à qn
schick chic *adj.*
schicken (jdm etw.) envoyer qc à qn
Schildkröte la tortue
Schirmmütze la casquette
Schiss haben avoir la trouille *fam.*
Schlaf le sommeil → 3/2
schlafen dormir
schlafen gehen (ê)se coucher
schlagen (jdn) battre qn; frapper qn/qc
Schlange la queue
Schlangenbeschwörer le charmeur de serpents
schlecht mal *adv.;* nul/le *adj. fam.;* mauvais/e *adj.*
schleusen (jdn) *jdn illegal über die Grenze bringen* faire passer qn
schließen (etw.) fermer qc
schließlich enfin *adv.;* finalement *adv.;* **schließlich etw. tun** finir par + *Inf.* → 2/1
schlimm grave *m./f. adj.*
Schlimmste le pire
Schlittschuh le patin à glace
Schloss le château
Schlüssel la clé → 3/1; **Schlüsselszene** le moment-clé → 3/1
Schmerzen haben avoir mal (à)
Schmetterling le papillon → 1/A
Schmuckstück le bijou
schmutzig sale *m./f. adj.*
schneiden etw. couper qc → 1/1
Schneider/in le/la couturier/-ère
schnell vite *adv.;* **Schnelligkeit** la rapidité → 4/1; **die Schnelllebigkeit** la rapidité → 4/1
Schokocroissant le pain au chocolat
Schokolade le chocolat; **französische Schokoladencreme** la mousse au chocolat; **Schokoladentrüffel** les truffes au chocolat *f. pl.*
schon déjà; **Schon wieder!** Encore! *adv.*
schön beau/bel *m.* / belle *f. adj.;* **ganz schön** drôlement *adv. fam.*; **Es ist schönes Wetter.** Il fait beau.
Schönheit la beauté → 4/1
Schotte/-in l'Écossais/e → 3/1
schottisch écossais/e *adj.* → 3/1
Schrank l'armoire *f.*
schrecklich affreux/-euse *adj.;* horrible *m./f: adj.;* **Das ist schrecklich!** C'est l'horreur!
schreiben (jdm etw.) écrire (qc à qn); **unsauber schreiben** écrire comme un chat *fam.*
Schreibtisch le bureau
schreien crier
Schriftsteller/in l'écrivain *m./f.*
Schritt le pas → 3/2; **einen Schritt zurückweichen** reculer d'un pas → 3/2
schubsen (jdn) bousculer qn
schüchtern timide *m./f. adj.* → 3/2
Schuh la chaussure; **Turnschuhe** les baskets *f. pl.*
Schuld la faute
Schulden les dettes *f. pl.*
Schule l'école *f.*
Schüler/in l'élève *m./f.;* **Schüler/in eines collège** le/la collégien/ne; **Schüler/in eines lycée** le/la lycéen/ne
schulisch, Schul- + *Nomen* scolaire *adj.*
Schuljahr l'année scolaire
Schulkantine le self *fam.*
Schulleiter/in le/la principal/e
Schultasche le cartable
Schulter l'épaule *f.*
Schuss *Fußball* le tir
Schutz la protection
schützen (sich) (ê)se protéger
Schützengraben la tranchée → 3/1
Schutzgebiet le protectorat
Schutzkleidung la combinaison → 4/2
schwäbisch souabe *m.f. adj.* → 3/2
Schwägerin la belle-sœur
schwarz noir/e *adj.*
schwatzen bavarder
Schweden la Suède
schweigen von (ganz zu) sans parler de
Schweiz la Suisse
schwer difficile *m./f. adj.*
Schwerpunkt l'orientation *f.* → 2/2
Schwester la sœur
schwierig dur/e *adj.;* difficile *m./f. adj.*
Schwierigkeit la difficulté
Schwimmbad la piscine
schwimmen nager
Schwimmen la natation → 1/A
schwören jurer; **Ich schwöre!** Juré, promis, craché. *fam.*
Science-Fiction la science-fiction
„Sechste" (= *6. Klasse in Deutschland)* la sixième
See le lac
Segel la voile
Segeln la voile
sehen (jdn/etw.) voir qn/qc; **sehen (sich als jdn/etw.)** (ê)se voir + *Nomen* → 2/A
sehr très *adv.;* **sehr glücklich sein** être heureux/-euse comme tout; **zu sehr** trop
Seide la soie
sein être; **es sind – 20° C** il fait moins vingt
sein Leben in die Hand nehmen prendre sa vie en main
seinerseits, ihrerseits de son côté *loc. adv.;* à son tour → 3/1
seit depuis *prép.;* dès *prép.*
seitdem depuis que
Seite la page; le côté → 2/2
Sekretär/in le/la secrétaire
Sekretariat le secrétariat
Sektion la section → 2/2
Sektor le secteur → 2/1
Sekunde la seconde
selbst même *adv.;* **ich selbst** moi-même
selbstverständlich bien sûr *adv.;* évident/e *adj.;* évidemment *adv.*
selten rare *m./f. adj.* → 4/1
Sender la chaîne
Sendung l'émission *f.*
sensibel sensible *m./f. adj.*
Sequenz la séquence → 3/1
Serie la série
Service le service → 2/1
setzen (etw.) mettre qc; **setzen (auf etw.)** parier sur qc; **setzen (sich)** (ê) s'asseoir → 3/2
Seuche l'épidémie *f.* → 4/2
seufzen soupirer → 2/2
sicher sûr/e *adj.*
Sicherheit la sécurité → 2/1
sicherlich sûrement *adv.*
Siedler le colon → 1/1
singen (etw.) chanter qc
Sinn le sens; l'esprit *m.*; **in den Sinn kommen** venir à l'esprit
Sintflut le déluge → 4/1
Sirup le sirop
Sitten les mœurs *f. pl.*
Situation la situation
sitzen être assis/e
sitzenbleiben *Schule* redoubler
Skateboard, Skateboardfahren le skate

Ski, Skifahren le ski
Sklave/Sklavin l'esclave *m./f.* → 1/A
Sklaverei l'esclavage *m.* → 1/A
Skorpion le scorpion
Skulptur la sculpture
so si *adv.;* ainsi *adv.*
Sodawasser le soda
sofort tout de suite *adv.;* aussitôt *adv.;* immédiatement *adv.* → 4/2
sogar même *adv.*
Sohn le fils
Soldat le soldat
solidarisch solidaire *m./f. adj.*
Solidarität la solidarité
Sommelier le/la sommelier/-ère
Sommer l'été *m.*
Sonne le soleil
sonnen (sich) bronzer
Sonnenkönig le Roi-Soleil
Sonntag dimanche *m.*
sonst sinon
sonstiger/-es/-e autre *m./f. adj.* → 2/2
Sorge le souci; la préoccupation → 4/1
Sorte la sorte
sortieren (etw.) trier qc → 4/A
Souvenir le souvenir
Soziologie la sociologie → 4/1
Spanien l'Espagne *f.*
Spanisch l'espagnol *m.* → 1/A
spannend passionnant/e *adj.* → 4/1
Spannung le suspense
sparen (etw.) économiser qc → 4/A
sparsam économe *m./f. adj.*
Spaß haben (ê)s'amuser; **Spaß haben etw. zu tun** (ê)s'amuser à + *Inf.;*
Spaßgesellschaft la société de spectacle → 4/1
spät tard *adv.;* **Wie spät ist es?** Il est quelle heure?; **zu spät kommen** être en retard; **Bis später!** À plus! *fam.*
spazieren gehen (ê)se promener; (ê) se balader *fam.*; **Spaziergang** la promenade, la balade
speichern (etw.) stocker qc
Speisesaal la cantine
spezialisieren (sich auf etw.) (ê)se spécialiser (en qc)
speziell spécial/e *adj.* → 5/1
spiegeln refléter
Spiel le jeu; **Computerspiel** le jeu électronique → 2/A; **(Fußball-)Spiel** le match; la partie; **Spielkonsole** la console → 4/A
spielen jouer; *ein Spiel* jouer à qc; *ein Instrument* jouer de qc

Spieß la brochette
Spiritualität la spiritualité → 4/1
Sport le sport; **Sport treiben** faire du sport
sportlich sportif/-ive *adj.*
Sporttauchen la plongée sous-marine
Sportunterricht la gym *fam. ou:* la gymnastique
Sprache la langue; **jdm die Sprache verschlagen** perdre sa langue
sprechen (mit jdm) parler (à qn); **sprechen über (jdn/etw.)** parler de qn/qc; **Klartext sprechen** dire ses quatres vérités à qn
spucken cracher
Spur la trace → 5/A
Staat l'État *m.*
Staatsform le statut
Stadion le stade
Stadt la ville
Stadtbezirk l'arrondissement *m.*
Städtepartnerschaft le jumelage → 3/A
Stadtmauer les remparts *m. pl.*
Stadtrand la banlieue
Stamm la tribu
Standbild la statue
ständig constamment *adv.;* constant/e *adj.;* permanent/e *adj.*
Star la star
stark fort/e; **eine starke Persönlichkeit haben** avoir du caractère
Stärke le point fort → 2/A
Startänzer/in le danseur étoile / la danseuse étoile
Station la station
stattfinden avoir lieu
Statue la statue
Steak le steak
stehen bleiben (ê)s'arrêter; **Das steht ihr/ihm nicht.** Ça ne lui va pas.
stehend debout *adv.*
stehlen (etw.) voler qc
Stein le caillou
stellen (etw.) mettre qc; **etw. (hin-) stellen** poser qc; **(jdm) eine Frage stellen** poser une question (à qn)
Steppe la steppe → 4/A
sterben mourir
Sternzeichen le signe
Sticken la broderie
Stiefschwester la belle-sœur
Stiftung la fondation → 4/2
Still! Chut!
Stimme la voix

stimmen (für/gegen jdn/etw.) voter pour/contre qn/qc
Stimmts? C'est ça?
Stimmung l'ambiance *f.;* l'humeur *f.* → 3/2
Stirn bieten (jdm/etw. die) braver qn/qc → 3/2
Stoff le tissu
stolz (auf jdn/etw.) fier/-ère (de qn/qc) *adj.*
Storch la cigogne
stören (jdn) déranger qn
straffällig délinquant/e *adj.*
Strand la plage; **Strandkorb** la cabine de bain
Straße *in einem Ort* la rue
Straßenbahn le tram *fam. ou:* le tramway
Streber/in l'intellectuel/le *ou:* l'intello *fam. m./f.*
Strecke le parcours → 3/2
strecken (sich) (ê)s'étirer
streicheln (jdn/etw.) caresser qn/qc → 3/1
streiten (ê)se disputer avec qn; **sich um etw. streiten** (ê)se disputer qc
Streitschlichter/in le/la médiateur/-trice
streng sévère *m./f. adj.*
Strumpfhose le collant
Stück la pièce; le morceau
Student/in l'étudiant/e → 3/2
studieren faire des études
Studium les études *f. pl.*
Stufe la marche
Stuhl la chaise
Stunde l'heure *f.;* **nach einer Stunde** une heure après
Stundenkilometer le km/h
stundenlang pendant des heures
Stundenplan l'emploi du temps *m.*
Sturm la tempête
subsaharisch subsaharien/ne → 5/A
subventionieren *mit Geld unterstützen* **(jdn/etw.)** subventionner qn/qc → 3/2
suchen (etw.) chercher qc
Süden le sud; **südlich von** au sud de *adv.;* **Südosten** le sud-est
Sultan le sultan
super super *inv. adj.*
Supermarkt le supermarché
Suppe la soupe, le potage
Surfen le surf
surfen *im Internet* surfer; *Wassersport* faire du surf

ANNEXE

süß doux/douce *adj.* → 5/1
Sweatshirt le sweat
Symbol le symbole
symbolisch symbolique *m./f. adj.* → 3/2
Sympathie la sympathie
sympathisch sympathique *m./f. adj.* *ou:* sympa *fam.*
System le système
Szene la scène

T
Tafel le tableau; *Schokolade* la tablette
Tag le jour; *in seinem Verlauf* la journée; **am nächsten Tag** le lendemain; **den ganzen Tag** toute la journée; **eines Tages** un jour; **Guten Tag!** Bonjour!
Tagebuch le journal
Tagesordnung (an der) courant/e *adj.* → 4/2
Talent le talent
Tannenbaum le sapin → 3/1
Tantchen tatie *f. fam.*
Tante la tante
Tanz la danse
tanzen danser
Tasche le sac; *an Kleidung* la poche
Taschenkalender l'agenda *m.*
Taschentuch le mouchoir
Taste la touche
Tat l'acte *m.*
tatsächlich en effet *adv.* → 5/1
Tauchen la plongée
tauchen plonger
tauschen (etw. gegen etw.) échanger qc (contre qc)
Tausend le millier; **tausende von** des milliers de
Team l'équipe *f.*
technisch technique *m./f. adj.* → 2/1
Teddybär l'ours en peluche *m.*
Teer le goudron → 5/1
Teil la partie
teilen (etw. mit jdm) partager qc avec qn
teilnehmen (an etw.) participer à qc
Telefon le téléphone; **telefonieren (mit jdm)** téléphoner (à qn); **Telefonkabine** la cabine téléphonique
Teller l'assiette *f.*; le plat
Tempel le temple
Tendenz la tendance → 4/A
Teppich le tapis
Termin le rendez-vous
Terrasse la terrasse
Test le test
teuer cher/chère *adj.*
Textinterpretation l'explication de texte *f.*
Theater le théâtre
Thema le thème; le sujet → 1/2
tief profondément *adv.* → 4/2; **tief (gelegen)** bas/basse *adj.*
Tier l'animal *m.*
Tierhaar le poil → 3/2
Tipp le tuyau
tippen (etw.) taper qc
Tisch la table; **den Tisch decken** mettre le couvert; **sich an den Tisch setzen** se mettre à table; **vom Tisch aufstehen** sortir de table; **Zu Tisch!** À table!
Tischtennis le tennis de table
Titel le titre → 4/1
Tochter la fille
Tod la mort
tolerant tolérant/e *adj.*
Toleranz la tolérance
toll formidable *m./f.*; génial/e *adj.*; chouette *m./f. adj. fam.*
Tomate la tomate
Ton le son → 2/A
Tonne la tonne
Topf le pot
Tor le but; **ein Tor schießen** marquer un but
tot mort/e *adj.*; **Toter/-e** le/la mort/e; **toter Winkel** l'angle mort *m.*
Tour le tour
Tourist/in le/la touriste
Touristeninformation l'office de tourisme *m.*
Tradition la tradition → 2/1
traditionell traditionnel/le *adj.*
tragen (etw.) porter qc
Trainer/in l'entraîneur/-euse
trainieren (ê)s'entraîner
Träne la larme
transportieren (jdn/etw.) transporter qn/qc → 3/1
Trapez le trapèze
Trapper le trappeur
trauen (sich trauen etw. zu tun) oser + *inf.*
Traum le rêve
träumen (von etw.) rêver (de qc); **träumen etw. zu tun** rêver de + *Inf.*
traurig triste *m./f. adj.*
Treffen le rendez-vous; la rencontre → 3/2
treffen (jdn) rencontrer qn; **Das trifft sich aber gut!** Ça tombe bien! *fam.*
Trend (im) tendance *adj.*
trennen (sich) (ê)se séparer
Treppe l'escalier *m.*
Tribüne la tribune → 3/2
Trimester le trimestre
trinken (etw.) boire qc
Trinkschale le bol
trocken sec/sèche *adj.*; **trocken** aride *m./f. adj.* → 4/A
Trockenheit la sécheresse
Trompete la trompette
tropisch tropical/e *adj.* → 1/1
tropischer Wirbelsturm le cyclone → 1/1
trösten (jdn) consoler qn
trotz malgré qc
trotzdem pourtant *adv.*; quand même *adv.* → 2/A
trotzen (jdm/etw.) braver qn/qc → 3/2
Tschüss! Salut! *fam.*
T-Shirt le tee-shirt
Tube le tube
Tuch le drap
tun (etw.) faire qc; **jdm etw. tun** faire qc à qn
Tunesien la Tunisie
Tunesier/in le/la Tunisien/ne
tunesisch tunisien/ne *adj.*
Tür la porte; **Haustür** la porte d'entrée
Turm la tour
Turnhalle le gymnase
Turnschuhe les baskets *f. pl.*
Tutor/in *in der Schule* le/la tuteur/-trice
Typ le type *fam.*

U
U-Bahn le métro
überall partout *adv.*
überfallen (etw.) envahir qc
überfliegen (etw.) survoler qc
überhaupt nichts rien du tout *adv.* → 2/2
überholen (jdn) doubler qn
überleben survivre
überlegen réfléchir
übernehmen (von jdm etw.) tenir qc de qn; **übernehmen (etw.)** reprendre qc → 2/A
überqueren (etw.) traverser qc
Überraschung la surprise

Überschwemmung l'inondation *f.* → 5/1
Übersee- + *Nomen* d'outre-mer *adj.* → 1/A
übersetzen traduire
Übersetzer/in le/la traducteur/-trice → 2/A
übertreiben (etw.) exagérer qc
überwinden (etw.) franchir qc
überzeugen (jdn) convaincre qn
übrigens au fait *adv.;* d'ailleurs *adv.;* à propos → 4/2
Übung l'exercice *m.*
Ufer le quai; la rive
Uhr l'horloge *f.; zur Angabe der Uhrzeit* l'heure *f.*
Um wie viel Uhr? À quelle heure?
um ein Nichts pour un oui et pour un non; **um … herum** autour de; **um … zu** + *Inf.* pour + *Inf.;* **um (etw. zu tun)** pour que + *subj. conj.* → 2/2
um zu + *Inf.* afin de + *Inf. adv.* → 5/1
Umfeld le milieu → 1/2
umgeben von jdm/etw. entouré/e de qn/qc *adj.* → 4/A
umherfahren circuler
umkippen (ê)se renverser
umkommen (ê)se tuer
Umlauf bringen (etw. in den) faire circuler qc → 4/2
umsonst gratuit/e *adj.* → 5/1; **umsonst tun (etw.)** faire qc pour des prunes → 4/2
umsteigen changer de train
Umwelt l'environnement *m.* → 4/2;
Umweltschützer/in l'écolo *fam.* ou: l'écologiste *m./f.* → 4/1
Unabhängigkeit l'indépendance *f.*
unaufgeräumt en désordre
und et
uneingeschränkt absolu/e *adj.*
Unfall l'accident *m.*
ungeheuer énorme *adj.;* énormément *adv.*
ungerecht injuste *adj.*
ungesund malsain/e *adj.* → 4/1
unglaublich *hier:* pas possible *adj.* → 3/2
Unglück le malheur
unglücklich malheureux/-euse *adj.*
Uniform (Schul-) l'uniforme *m.*
Union l'union *f.* → 3/A
Universität l'université *f.*
Universum l'univers *m.*
unmöglich impossible *adj.;* pas possible *adj.* → 3/2
unnütz inutile *m./f. adj.*
Unordnung le désordre
Unrecht haben avoir tort
Unsinn la bêtise
unter sous *prép.;* parmi *prép.*; au pied de
unterbrechen (jdn/etw.) interrompre qn/qc → 3/1
unterdrückend répressif/-ive *adj.*
untergehend couchant/e
Unterhalt la pension
unterhalten (sich) causer
unterirdisch souterrain/e *adj.*
Unternehmen l'entreprise *f.*
Unternehmer/in l'entrepreneur/-euse
Unterricht le cours; *Bildungswesen* l'enseignement *m.* → 5/1
Unterrichtsfach la matière
Unterrichtsstunde le cours
unterschiedlich différent/e *adj.;* différemment *adv.*
unterschreiben (etw.) signer qc
Unterschrift la signature → 4/2
Unterstützung la protection
unvergesslich inoubliable *m./f. adj.* → 3/2
unvorsichtig imprudent/e *adj.*
unzählig innombrable *m./f. adj.*
unzertrennlich inséparable *m./f. adj.*
Uran l'uranium → 5/A
Urban climbing l'escalade urbaine
USA les États-Unis → 3/A

V

Vater le père
verabreden (sich mit jdm) donner (un) rendez-vous à qn; **verabredet sein (mit jdm)** avoir rendez-vous avec qn
Verabredung le rendez-vous
verändern (etw.) changer (de) qc; modifier qc → 1/1
Veränderung le changement
verantwortlich responsable *m./f. adj.*
Verantwortliche le/la responsable → 2/1
Verantwortung la responsabilité → 2/2
verärgert fâché/e *adj.*
Verband l'organisation *f.*
verbessern (etw.) améliorer qc → 1/2
verbieten (jdm etw. zu tun) interdire à qn de + *Inf.*
verbinden (etw.) bander qc
verboten interdit/e *adj.*
Verbrauch la consommation → 4/A
verbrauchen (etw.) consommer qc → 4/A
verbrennen (etw.) brûler (qc)
verbringen (etw.) zeitlich passer qc
Verbrüderung la fraternisation → 3/1
verbunden sein (mit jdm/etw.) être lié/e à qn/qc → 3/2
verdächtig louche *m./f. adj.*
verderben (etw.) gâcher qc
verdienen *Geld* gagner qc
verdorben pourri/e *adj.*
Verein l'association *f.*
vereinen (jdn/etw.) unir qn/qc → 3/A
Vereinigung l'unification *f.* → 3/A
verfilmen (etw.) porter qc à l'écran
verfolgen (jdn) suivre qn
Vergangenheit le passé → 5/A
vergehen passer
vergessen (etw.) oublier qc; **vergessen etw. zu tun** oublier de + *Inf.;* **Das kannst du vergessen!** C'est pas le pied. *fam.;* **Vergiss es!** Laisse tomber! *fam.*
vergleichen (jdn/etw. mit jdm/etw.) comparer qn/qc à qn/qc
Vergnügen le plaisir
Verhalten le comportement → 4/1
Verhältnis la relation
verhungern mourir de faim
Verkäufer/in le/la vendeur/-euse
Verkehrsmittel le moyen de transport
Verkehrsstau l'embouteillage *m.*
verkünden (etw.) déclarer qc
verlangen (etw.) réclamer qc
verlassen (etw./jdn) quitter qc/qn
verletzt sein être blessé/e
verlieben (sich in jdn) tomber amoureux/-euse de qn
verliebt amoureux/-euse *adj.*
verlieren (jdn/etw.) perdre qn/qc;
den Verstand verlieren perdre la tête
Verlierer/in le/la perdant/e
Verlobung les fiançailles *f. pl.*
vermeiden (etw.) éviter qc; **vermeiden etw. zu tun** éviter de + *Inf.*
vermissen (etw.) regretter qc
vernünftig raisonnable *m./f. adj.*
verpassen (etw.) rater qc
verpetzen (jdn) dénoncer qn
verpflichten (jdn) (etw. zu tun) obliger qn (à + *Inf.*) → 4/2

ANNEXE

verpflichtend obligatoire *m./f. adj.*
verraten (jdn) dénoncer qn
verrückt dingue *m./f. adj. fam.;* fou/folle *adj.*
versammeln réunir; **versammelt sein** être réuni/e
verschlagen (jdm die Sprache) perdre sa langue
Verschmutzung la pollution
verschwinden disparaître → 4/1
versetzt werden (ê)passer en
versklaven (jdn) réduire qn en esclavage → 1/1
versöhnen (sich) (ê)se réconcilier → 3/A
verspäten (sich) être en retard
Verspätung le retard
versprechen (jdm etw.) promettre qc à qn
Versprechen la promesse → 4/1; **ein Versprechen halten** tenir une promesse → 4/1
verstecken (etw.) cacher qc
verstehen (etw.) comprendre qc;
verstehen (sich mit jdm) (ê)s'entendre avec qn
versuchen (etw.) essayer qc; **versuchen etw. zu tun** essayer de + *Inf.*
verteidigen (jdn/etw.) défendre qn/qc
verteilen (etw.) distribuer qc
Vertrag le contrat; le traité
Vertrauen la confiance
vertrauen (jdm/etw.) avoir confiance en qn/qc → 2/A
verursachen (etw.) causer qc; provoquer qc → 4/1
vervielfältigen (etw. mit etw.) multiplier qc (par qc) → 5/A
Verwaltungs- + *Nomen* administratif/-ive *adj.* → 5/A
verwandeln (etw.) transformer qn/qc → 5/1
Verwicklung l'embrouille *f. fam.*
verwirklichen (etw.) réaliser qc
verwöhnt gâté/e *adj.*
verzichten auf (etw.) renoncer à qc; **darauf verzichten etw. zu tun** renoncer à + *Inf.*
verzweifelt désespéré/e *adj.*
Videokassette la cassette vidéo
viel beaucoup; **viele** plein de; **vieles** beaucoup de choses
Vielfalt la diversité → 3/A; la variété → 1/A
vielfältig multiple *m./f. adj.* → 4/1
vielleicht peut-être
„Vierte" *(= 8. Klasse in Deutschland)* la quatrième
Viertel le quart; *in der Stadt* le quartier
Viertelstunde le quart d'heure
virtuell virtuel/le *adj.* → 4/1
Vogel l'oiseau *m.;* **Vogel-** + *Nomen* aviaire *m./f. adj.* → 4/2
Volk le peuple
voll entier/-ière *adj.;* plein/e *adj.*
Volleyball le volley
von de; **von ... bis** zeitlich de ... à;
von etw. aus *örtlich* depuis *prép.*;
von(seiten) de la part de
vor *räumlich* devant; *zeitlich* avant; il y a; **vor allem** surtout *adv.;* **vor langer, langer Zeit** il y a de cela très longtemps; **vor nicht allzu langer Zeit** il n'y a pas longtemps de ça → 4/1
Vorabend la veille
voranschreiten avancer
voraussagen (etw.) prédire qc
vorbereiten (etw.) préparer qc
vorbereitend préparatoire *m./f. adj.* → 2/2
Vorbereitung la préparation → 2/1
Vorbild sein (für jdn) donner l'exemple à qn; **vorbildlich** exemplaire *m./f. adj.* → 4/2
Vorfahr l'ancêtre *m.* → 3/A
Vorgesetzter/-e le/la supérieur/e → 3/1
voriger/-e/-s dernier/-ière *adj.*
Vorliebe le goût → 4/1
Vorname le prénom
vornehm chic *adj.*
vornehmen (sich) etw. zu tun (ê)se promettre de + *Inf.*
Vororte *einer Großstadt* la banlieue
vorprogrammieren (etw.) programmer qc
Vorrang haben (vor jdm/etw.) passer avant qn/qc
vorschlagen (jdm etw.) proposer qc à qn; **vorschlagen etw. zu tun** proposer de + *Inf.*
vorsehen (etw.) prévoir qc
Vorsicht l'attention *f.*
vorsichtig prudent/e *adj.*
vorstellen (jdm etw./jdn) présenter qc/qn à qn; **vorstellen (sich etw.)** imaginer qc
vorstellen (sich) (ê)se présenter
Vorstellung le spectacle
vorstrecken (etw.) avancer qc
Vorteil l'avantage *m.* → 2/1
Vortrag l'exposé *m.*
vortragen (etw.) réciter qc
Vorurteil le préjugé → 1/2
vorwerfen (jdm etw.) reprocher qc à qn → 4/2
Vorwurf le remords
Vulkan le volcan

W

wachsen grandir; *an Ausdehnung zunehmen* grossir → 5/1
Waffe l'arme *f.*
Waffenruhe la trêve → 3/A
Wagen la voiture
Wahl le choix
wahr vrai/e *adj.*
während pendant *adv.;* alors que
Wahrheit la vérité
Währung la monnaie
Wal la baleine
Wald la forêt
wann quand
warm chaud/e *adj.*
warten (auf jdn/etw.) attendre qn/qc
warum pourquoi
was quoi; que; qu'est-ce qui, qu'est-ce que *Fragepronomen;* ce qui, ce que *Relativpronomen;* **Was bedeutet das?** Qu'est-ce que ça veut dire?; **Was ist los mit ihm/ihr?** Qu'est-ce qui lui prend?; **Was nützt es?** À quoi bon? → 4/A
Wäsche le linge
waschen (etw.) laver qc
Wasser l'eau *f.*
Weber/in le tisserand/e
Webseite le site Internet
wechseln (jdn/etw.) changer de qn/qc
wecken (etw.) éveiller qc → 2/1
Wecker le réveil
weder ... noch ne ... ni ... ni *conj.*
Weg le chemin; le parcours → 3/2; la voie → 2/2
wegen à cause de; pour
wegfahren (ê)partir
wegführen (jdn) emmener qn
weggehen (ê)s'en aller
wegnehmen (jdm etw.) enlever qc à qn → 5/1; priver qn de qc → 4/2
wegwerfen (etw.) jeter qc
wehtun avoir mal (à); **wehtun (jdm)** faire mal à qn; **Es tut weh.** Ça fait mal.
weich doux/douce *adj.* → 5/1

weigern (sich) etw. zu tun refuser de + *Inf.*
Weihnachten Noël *m.*
Weihnachtsmann le Père Noël
Weihnachtstorte *in Form eines Holzscheites* la bûche de Noël
weil car; parce que
weinen pleurer
Weinkellner/in le/la sommelier/-ère
weiß blanc/blanche *adj.*
weit large *m./f. adj.;* loin *räumlich adv.;* **von weit her** de loin *adv.;* **man kommt nicht weit mit etw.** on ne va pas loin avec qc
weitergehen continuer
weitermachen (etw.) continuer à + *Inf.*
welcher/-es/-e quel/le
Welle la vague
Wellenreiten le surf
Wellensittich la perruche
Welt le monde; **Welt-** + *Nomen* mondial/e *adj.* → 3/A; **die ganze Welt** le monde entier
Weltmeisterschaft la Coupe du monde
wenig peu; **ein wenig** un peu (de)
weniger moins *adv.;* **weniger als** moins que; **am wenigsten** le moins; **Wenigstens etwas.** C'est déjà ça.
wenn *immer wenn* quand; **wenn** *Bedingung* si *conj.;* **wenn** dès que + *futur antérieur conj.* → 4/1; **wenn doch nur** si seulement + *imparfait*
wer qui
Werbung la publicité *ou:* la pub *fam.*
werden (ê)devenir
werfen (etw.) jeter qc; lancer qc; **hinauswerfen (jdn)** mettre qn à la porte
Werk l'œuvre *f.*
Werkstatt l'atelier *m.*
Werkzeug l'instrument *m.*
wertvoll précieux/-euse *adj.*
Westen l'ouest *m.*; **westlich von** à l'ouest de
wetten (auf etw.) parier sur qc
Wetterbericht la météo → 5/1
Wettervorhersage la météo → 5/1
Wettkampf le championnat
wichtig important/e *adj.*
widerrufen (etw.) révoquer qc
Widerrufung la révocation
widersetzen (sich jdm/etw.) (ê)s'opposer à qn/qc
Widerspruch la contradiction
wie comme *adv.;* **wie?** comment *Fragepronomen;* **wie früher** comme avant *adv.;* **wie Hund und Katze** comme chien et chat *fam.;* **wie viel** combien
wieder finden (jdn/etw.) retrouver qn/qc
wieder treffen (jdn/etw.) retrouver qn/qc
wieder verwerten (etw.) recycler qc → 4/A
wiederaufnehmen (etw.) reprendre qc → 3/1
wiederholen (etw.) répéter qc; **wiederholen** *Lernstoff* réviser qc
wiederkommen (ê)revenir
wiegen peser
wild sauvage *m./f. adj.*
Wind le vent
Windsurfen la planche à voile
Winter l'hiver *m.*
winzig infime *m./f. adj.* → 5/1
wirklich vraiment *adv.*
Wirklichkeit la réalité *m.*
Wirkung l'effet *m.*
Wirrwarr l'embrouille *f. fam.*
Wirtschaft l'économie *f.*
wissen (etw.) savoir qc
Wissenschaft la science
Wissenschaftler/in le/la savant/e; l'homme scientifique / la femme scientifique → 4/2
wissenschaftlich scientifique *m./f. adj.* → 4/2
witzig marrant/e *adj. fam.*
wo où
Woche la semaine
Wochenende le week-end
wohin où
wohlhabend aisé/e *adj.* → 1/2
wohlsituiert aisé/e *adj.* → 1/2
wohnen habiter
Wohnung l'appartement *m.*
Wohnzimmer la salle de séjour
Wolke le nuage
Wolkenkratzer le gratte-ciel
wollen (etw.) vouloir qc
Wort le mot
Wörterbuch le dictionnaire
wozu? pour quoi faire?; **wozu eigentlich?** à quoi bon? → 4/A
wühlen (in etw.) fouiller dans qc
Wunder le miracle
wunderbar merveilleux/-euse *adj.*
wundervoll magnifique *m./f. adj.;* merveilleux/-euse *adj.*
wünschen (jdm etw.) souhaiter qc (à qn); **wünschen, dass ...** souhaiter que + *subj.*
Wurst- und Fleischaufschnitt la charcuterie
Wüste le désert; **Wüsten-** + *Nomen* désertique *m./f. adj.* → 5/A
wüstenartig désertique *m./f. adj.* → 5/A
Wut la colère
wütend furieux/-euse *adj.;* **wütend sein** être en colère

Z

zählen compter
zahlreich nombreux/-euse *adj.*
Zahn la dent
zehntes Schuljahr *in Frankreich* la seconde → 1/A
Zeichen le signe
Zeichnen le dessin
Zeichnung le dessin
zeigen (jdm etw.) montrer qc à qn; **Zeig her!** Fais voir!
Zeit le temps; **(keine) Zeit haben** (ne pas) avoir le temps; **zurzeit** en ce moment; **die ganze Zeit** tout le temps; **von Zeit zu Zeit** de temps en temps; **zum aktuellen Zeitpunkt** à l'heure actuelle *adv.* → 4/2
Zeitgeist la tendance → 4/A
Zeitschrift le magazine
Zeitung le journal
Zensur la note
Zentrum le centre
zerbrechen (etw.) casser qc
Zettel le papier
Zeugnis le bulletin
ziehen (jdn mit sich) entraîner qn → 3/2
Ziel le but; **Ziel** l'objectif *m.* → 4/1
ziemlich assez *adv.*
ziemlich viel pas mal de *fam.*
Zimmer la chambre
zirkulieren circuler
Zirkus le cirque
zitieren (jdn/etw.) citer qn/qc → 4/2
Zitrone le citron
Zittern le frisson
zögern hésiter; **zögern etw. zu tun** hésiter à + *Inf.*
Zone la zone
zu chez; **zu jdm** auprès de qn → 3/1;
zu viel, zu sehr trop *adv.*
zubereiten (etw.) préparer qc
Zucker le sucre

Zuckermelone le melon → 1/1
Zuckerrohr la canne à sucre → 1/A
zuerst d'abord *adv.;* au début (de qc) *adv.*
Zufall le hasard → 2/2
zufällig par hasard *adv.* → 2/2
Zuflucht suchen (ê)se réfugier
zufrieden content/e *adj.*
Zug le train
Zugang l'accès *m.* → 5/1
Zugang haben (zu etw.) avoir accès à qc → 5/1
zugeben (jdm etw.) avouer qc; **zugeben etw. zu tun** avouer + *Inf.*
zugehören (etw.) appartenir à qc
zuhören (jdm) écouter qn
Zuhörer/in l'auditeur/-trice *m./f.*
Zukunft l'avenir *m.*
zumindest au moins
zunehmen grossir → 5/1
Zunge la langue
zurechtkommen (ê)se débrouiller
zurückgehen (ê)retourner; **zurückgehen von ... auf** (ê)passer de ... à
zurückkehren (ê)retourner
zurückkommen (ê)revenir
zurücklegen (etw.) *Strecke* parcourir qc → 5/1
zurückweichen reculer → 3/2; **einen Schritt zurückweichen** reculer d'un pas → 3/2
zusammen ensemble *adv.*
Zusammenarbeit la coopération → 3/A
Zusammenfassung le résumé
zusammengesetzt sein (aus etw.) être constitué/e de qc → 1/A
zusammenhalten être solidaire
zusammenpassen aller ensemble; **Das sind zwei Dinge, die nicht zusammenpassen.** Ça fait deux.
Zusammenstoß le choc
Zuschauer/in le/la spectateur/-trice → 3/1
zuschlagen (eine Tür) claquer une porte
Zustimmung l'accord *m.* → 3/A
zutiefst profondément *adv.* → 4/2
zuwenden (sich jdm/etw.) (ê)se diriger vers qn/qc
zwei Wochen quinze jours
Zweifel le doute
zweifellos sans doute *adv.*
zweisprachig bilingue *m./f. adj.* → 2/1
zweiter/-es/-e second/e *adj.* → 4/1
Zwiebel l'oignon *m.*
Zwillingsbruder/Zwillingsschwester le jumeau / la jumelle
zwingen (jdn) (etw. zu tun) obliger qn (à + *Inf.*) → 4/2
zwischen entre *prép.;* parmi *prép.;* **zwischen ... und** de ... à

Dossier 1, p. 8

Bonjour! Je m'appelle Mano Rama, j'ai seize ans et je suis Guadeloupéen. J'habite à Pointe-à-Pitre, la plus grande ville de la Guadeloupe. Je suis au lycée en classe de seconde. Je parle le créole, le français, j'apprends l'anglais et l'espagnol. Je ne sais pas encore ce que je ferai plus tard mais j'irai sûrement visiter la métropole. Mon père est pêcheur et souvent, il part plusieurs jours en mer. Ma mère tient un restaurant. Elle fait le meilleur «blanc-manger» de l'île. J'adore les jours de fêtes, en février le carnaval, la fête de la musique en novembre et les fêtes de Noël. Ah oui, et le 27 mai nous fêtons l'abolition de l'esclavage. La natation et la plongée sous-marine, ce sont mes sports préférés. La musique que j'aime? C'est difficile à dire. De temps en temps, j'écoute avec les copains du rap et du ragamuffin. J'aime bien les musiques traditionnelles de mon pays, mais aussi les trucs plus modernes comme Jane Fostin par exemple. Voici un de ses titres ...

Dossier 2, p. 29

– Un métier qui me plairait, si j'ai mon bac, c'est architecte. Ou ingénieur.
– Moi, j'aimerais être médecin parce que j'aime aider les autres.
– Je n'aime pas les maths, je suis plutôt littéraire. J'aimerais travailler pour un journal, dans une librairie ou un CDI.
– Mon point fort, c'est les langues, alors je me verrais bien interprète ou reporter! Mais pas traductrice. On passe trop de temps à un bureau.
– Mon rêve, c'est le foot ... Être le Zidane ou le Thuram de ma génération. Si ça ne marche pas, alors je choisirai quand même un métier sportif, guide de haute montagne, par exemple.
– J'hésite ...Y'a trop de choses qui m'intéressent. Les animaux, le dessin, l'informatique, les médias, le cinéma. Devenir concepteur de jeux électroniques, ça serait chouette ... Ça va aussi dépendre du bac que je vais passer.
– Moi, je sais ce que je ne voudrais pas faire: reprendre le salon de coiffure de mes parents, il n'en est pas question. Je veux devenir avocate.

Dossier 3, p. 50

Le prof: Bon alors, qu'est-ce que vous proposez pour le dossier sur l'Europe et son histoire?
Lise: Moi, je pourrais parler de mon échange avec ma corres allemande. J'ai été à Kelkheim, près de Francfort, j'ai bien aimé.
Nathan: Moi, je peux vous apporter le film «Joyeux Noël». C'est un film en trois langues sur un épisode de la Première Guerre mondiale. Une histoire de trêve de Noël.
Le prof: Excellente idée! Je pense en effet qu'il faut parler des deux Guerres mondiales. L'Europe ne s'est pas construite du jour au lendemain. Et toi, Yann, tu as l'air de réfléchir ...
Yann: Oui, je pensais à mon grand-père qui se souvient très bien de la Seconde Guerre mondiale. Il avait onze ans en 44 et il habitait à Paris. Je pourrais lui poser quelques questions.
Il se souvient des soldats allemands qui circulaient à Paris, de la queue devant les magasins pour obtenir quelques légumes, de ses parents qui écoutaient le général de Gaulle à la radio. Ses parents lui demandaient de ne jamais en parler à ses camarades, car c'était interdit par les Allemands. Il se souvient aussi qu'un ami juif de sa classe a disparu et n'est jamais revenu.
Le prof: Ton grand-père a dû vivre le Débarquement des Alliés.
Yann: Oui. En juin 44 il est parti avec sa mère en Normandie, à Bernières-sur-Mer.

Dossier 4, p. 72

Quel est votre geste pour la planète?
– Moi, je suis Claudine, mon geste, c'est de trier les déchets. Je ne jette jamais le papier, le plastique et le verre dans la même poubelle!
– Je m'appelle Alex et mon geste pour la planète, c'est de prendre des douches au lieu de prendre un bain. Ça économise l'eau.
– Moi, je m'appelle Léonie et mon geste, c'est ça: J'ai acheté une mobylette électrique pour aller à mon travail, dix kilomètres par jour sans essence.
– Je suis David. J'évite d'imprimer mes textes et quand je dois absolument le faire, j'utilise du papier recyclé.
– Moi, je m'appelle Camille, je débranche tous mes appareils électroniques. Si des millions de personnes le font, on consommera beaucoup moins d'énergie.
– Je suis Zoé et je n'achète que des produits du commerce équitable.
– Je m'appelle Juliette, mon réflexe à moi, c'est le métro, le train, le bus et mes baskets. Je marche. Excellent pour la santé. Et comme ça, je fais quelque chose pour le climat qui se réchauffe trop vite.

Dossier 5, p. 92

– Je suis Adja, une fille de quinze ans. Les deux langues principales de mon pays sont le français et le wolof. Dans certains villages reculés, on ne parle que le wolof mais le français reste la langue officielle. Au nord, à la frontière de la Mauritanie, le paysage est assez désertique, puis en descendant vers le sud, vous rencontrez la savane, et plus au sud encore la grande forêt. À Saint-Louis, vous retrouverez les traces de notre passé colonial. Un de nos plus beaux sites est le Lac rose. On dit que les principales qualités des Sénégalais sont le sens de l'hospitalité, l'humour et la communication. Moi, j'habite à Dakar mais ce qui m'intéresse le plus, c'est la nature, les animaux et la poésie de notre grand poète Senghor.
– Mon prénom, c'est Ousmane. Si vous venez dans mon pays, vous irez peut-être voir la Mosquée de Dioulassoba, vous irez voir le Lac aux crocodiles ou les dômes de Faredougou. Vous ne serez pas déçus. Moi, je vis près de Ougadougou et je vais souvent dans un café Internet où je communique avec des gens de tous les pays. Dans ma ville, il y a tous les deux ans un grand festival de cinéma africain. Mon rêve est de devenir metteur en scène. Malheureusement il y a beaucoup de gens très pauvres dans mon pays.

Solutions

Le jeu du phare, p. 6

A

1. Rien ne l'intéresse.
2. *p. ex.:* la Canebière – le Vieux-Port – le château d'If
3. Je ne suis pas fâché qu'il s'en aille.
4. Ils ont un fils dont ils sont fiers.
5. couramment – gentiment – énormément
6. un philosophe français du siècle des Lumières (XVIIIe siècle)
7. Il a dit qu'il fallait bien travailler.
8. Il n'est que cinq heures.
9. la Tunisie, le Maroc, l'Algérie
10. Il a voulu expliquer à ses copains ce qui était arrivé mais ils ont refusé de l'écouter.
11. C'est vrai.
12. On parle d'une lettre.
13. Je ne connais ni le Québec ni le Maroc.
14. j'aurais fait plus d'efforts
15. un voyage cher – une histoire vraie – une seule fois – une femme seule

B

1. Non, je n'ai vu personne.
2. C'est faux. C'est Henri IV qui signe l'Édit de Nantes. Louis XIV le révoque en 1685.
3. Diam's
4. j'irais – je ferais – je serais
5. Elle ne peut pas se passer de son portable.
6. Ils ont fait ce gâteau eux-mêmes.
7. bas – court – bon
8. Céline et Max détestent / n'aiment pas les films d'aventure. / Ni Céline ni Max n'aiment les films d'aventure.
9. Je souhaite que vous changiez d'avis.
10. la place Djemaa el-Fnaa – la tour des remparts – les jardins de la Ménara
11. C'est faux. C'est la deuxième ville et le premier port de France.
12. Les trois quarts des élèves ne sont pas d'accord avec cela.
13. C'est la raison pour laquelle il n'est pas venu.
14. éducatrice – boulangère – entrepreneuse
15. C'est un programme d'échange franco-allemand pour les élèves.

p. 60/10b

Sondage réalisé par Cornelsen en 2007 auprès de 62 élèves allemands de la classe 10 (de Freiberg, de Brühl et de Karlsruhe) et auprès de 59 élèves français de la seconde (de Caen et de Blain).

Qu'est-ce que tu associes à la France?

60 % la baguette
53 % Paris
52 % la tour Eiffel
40 % les belles villes touristiques et églises / beaucoup de curiosités / l'art / la culture / les curiosités de Paris: Notre-Dame / les Champs-Élysées / le Sacré-Cœur / le Centre Pompidou / le Montmartre / le Louvre / la Joconde (Mona Lisa) / le métro
37 % l'été / le soleil / la plage / les vacances / la mer / la Côte d'Azur / la Méditerranée
31 % le vin
24 % le fromage
19 % les bons repas avec plusieurs plats
18 % les croissants / le petit déjeuner trop maigre
16 % les crêpes
16 % certaines régions: la Normandie / la Camargue / la Bretagne / l'Alsace / la Provence
16 % l'histoire: les Francs (die Franken) / Jeanne d'Arc / Versailles / Louis XIV / la Révolution française / l'histoire coloniale / les relations franco-allemandes
15 % la langue française / la prof de français / la langue de l'amour
13 % la mode / la haute couture (Chanel, Dior)
11 % les voitures / Renault
11 % l'amour
11 % certaines villes: Strasbourg / Cannes / Verdun / Bordeaux / St-Tropez
10 % les beaux paysages / un beau pays
8 % certains personnages: Picasso (!) / Gustave Eiffel / Jacques Chirac
8 % le sport: Zidane / le Tour de France / le jeu de boules
6 % certains fleuves: le Tarn / la Dordogne / le Rhin / la Seine
6 % le TGV
6 % le béret basque (Baskenmütze)
5 % un pays important de l'Union Européenne / un grand pays
5 % la musique: la Fête de la musique / les chansons / Charge 69
3 % Taizé
3 % des gens sympa
3 % les centrales nucléaires
3 % le péage (Maut)
2 % les émeutes des jeunes

Qu'est-ce que tu associes à l'Allemagne?

76 % la fête de la bière / la bière
47 % le foot
46 % la 2e Guerre Mondiale / le nazisme / Hitler / les nazis / la déportation / l'Occupation / l'histoire
36 % les saucisses de Francfort
31 % la musique moderne: Tokio Hotel / Rammstein
29 % le Mur de Berlin / la réunification / RFA – RDA / la guerre froide
29 % un pays important de l'UE / 1er pays le plus riche de l'Europe / pays puissant/développé / la plus grande population d'Europe / 80 millions d'habitants / un grand pays
22 % la charcuterie (au petit déjeuner)
20 % les voitures de luxe
19 % la choucroûte
19 % les après-midis libres
17 % une belle culture
17 % la nourriture: le petit déjeuner copieux / le bretzel / le fromage / les cornichons / les multiples pains différents pour les sandwiches / le pain allemand
15 % certains personnages: Angela Merkel / Sophie Scholl / Benoît XVI
15 % la 1ère Guerre Mondiale / l'Alsace et la Lorraine
14 % une langue difficile / une belle langue / la prof d'allemand / les différentes façons de parler selon les régions / les échanges de correspondants / ma correspondante
14 % la musique classique: J. S. Bach / Mozart / orchestre philharmonique de Berlin
14 % certaines villes: Berlin / Nuremberg / Fribourg / les grandes villes
12 % l'écologie / les énergies renouvelables / les éoliennes (Windräder)
12 % le sport: Jan Ulrich, Dirk Nowitzki, Michael Schumacher, le handball
12 % Noël: le pain d'épices / les chocolats de Noël / Saint-Nicolas / le marché de Noël
10 % les frères Grimm / les contes / les musiciens de Bremen / Hansel et Gretel
10 % la télé: «Le destin de Lisa» (Verliebt in Berlin) / «Derrick»
10 % des grandes maisons / les maisons à colombages
8 % les films: «Good bye, Lenin» / «Das Wunder von Bern»
5 % de beaux paysages / un beau pays
3 % la porte de Brandenbourg
3 % les fleuves: la Ruhr
3 % l'eau de Cologne
3 % beaucoup de pluie

Les Français sont ...

16 %	arrogants
14 %	sympa / gentils
13 %	pas sympa (surtout avec les étrangers qui ne parlent pas français)
8 %	gourmands
7 %	étranges
6 %	gais
6 %	vice-champion du monde de foot
5 %	normaux
5 %	cultivés
4 %	différents
4 %	des gens qui suivent la mode
4 %	maigres
3 %	traditionalistes
3 %	mignons / beaux
3 %	romantiques
2 %	pleins de tempérament
2 %	généreux
2 %	de bons cuisiniers
1 %	des travailleurs
1 %	fêtards
1 %	accueillants

Les Allemands sont ...

25 %	gentils / sympa / attentifs
21 %	normaux / humains / comme nous
16 %	accueillants / chaleureux
11 %	gourmands / bons mangeurs
10 %	fêtards
6 %	riches (mais économes)
5 %	blonds
5 %	écologistes
5 %	étranges/ différents
5 %	généreux / partageurs
4 %	sportifs
4 %	stricts / sévères
4 %	gros
3 %	ouverts
3 %	travailleurs
3 %	disciplinés
3 %	patients
3 %	démodés / mal habillés
2 %	européens
2 %	courageux
2 %	incompréhensibles
1 %	cultivés

Hier kannst du überprüfen, ob du die englischen Vokabeln richtig in dein dreisprachiges Vokabelheft eingetragen hast.

Dossier 1
variety, to cultivate, slave, ressource, logoon, carnival, abolition
Séquence 1: colonist, plantation, to found, to abolish, to immigrate, condition, mixture, volcano, tropical, agriculture, cotton, production, agricultural, culture, melon, purée, to modify, in contact with
Séquence 2: social, immigrant, to impress, nationality, to inform, subject, art, politics, prejudice, milieu

Dossier 2
pilote, interpreter, reporter, engeneer, sound, multimedia, percentage, generation, to have confidence in
Séquence 1: profession, possibility, to consist of, technic, creative, service, exactly, advantage, sector, to correspond, diploma, preparation, responsible, site, to obtain, authorisation, visit, curiosity, to adapt, public, bilingual, to possess, excellent, archaeology, tradition, agence, security, adorable
Séquence 2: section, elementary, adaptation, responsibility, to imitate, liberal, to decide, brief

Dossier 3
to ruin, continent, president, chancellor, cooperation, creation, member, European, to introduce, globe, union, unification, ancestor, Great Britain, diversify, unite, diversity, commercial, episode
Séquence 1: spectator, to transport, to interrupt, officer, sequence, lieutenant, front, to observe, enemy, permission, suddenly, to caress, camera, extraordinary, to punish, superior
Séquence 2: asthma, allergic, commune, symbolic, event, to accompany, to intimidate, exceptional, timid, declination, exposition

Dossier 4
tendancy, just, to consume, to recycle, console, consumption, energy, renewable, gas, nuclear energy, petrol, consumer, product, record, electric, commerce, reflex, climat
Séquence 1: actual, sociology, spirituality, rare, critic, promise, salary, to influence, virtual, second, multiple, extreme, objective, title, beauty, preoccupation, ecologist, to disappear, to suffer, climat change, to provoke, to define
Séquence 2: hero, discussion, exemplary, immediately, foundation, signature, usage, to reproach, negative, environment, radioactivity, archaeologist, laboratory, scientific, epidemic, to invent, profound, comfort

Dossier 5
mine, to multiply, trace, past, colonial, hospitality, communication, crocodile, dome
Séquence 1: descendant, superb, fascinating, season, to transform, fertile, public, material, luxury, special, satellite, access

LA FRANCE – ADMINISTRATION

Numéros et noms des départements

01 l'Ain
02 l'Aisne
03 l'Allier
04 les Alpes-de-Haute-Provence
05 les Hautes-Alpes
06 les Alpes-Maritimes
07 l'Ardèche
08 les Ardennes
09 l'Ariège
10 l'Aube
11 l'Aude
12 l'Aveyron
90 le Territoire de Belfort
13 les Bouches-du-Rhône
14 le Calvados
15 le Cantal
16 la Charente
17 la Charente-Maritime
18 le Cher
19 la Corrèze
2A la Corse-du-Sud
2B la Haute-Corse
21 la Côte-d'Or
22 les Côtes-d'Armor
23 la Creuse
24 la Dordogne
25 le Doubs
26 la Drôme
91 l'Essonne
27 l'Eure
28 l'Eure-et-Loire
29 le Finistère
30 le Gard
31 la Haute-Garonne
32 le Gers
33 la Gironde
92 les Hauts-de-Seine
34 l'Hérault
35 l'Ille-et-Vilaine
36 l'Indre
37 l'Indre-et-Loire
38 l'Isère
39 le Jura
40 les Landes
41 le Loir-et-Cher
42 la Loire
43 la Haute-Loire
44 la Loire-Atlantique
45 le Loiret
46 le Lot
47 le Lot-et-Garonne
48 la Lozère
49 le Maine-et-Loire
50 la Manche
51 la Marne
52 la Haute-Marne
53 la Mayenne
54 la Meurthe-et-Moselle
55 la Meuse
56 le Morbihan
57 la Moselle
58 la Nièvre
59 le Nord
60 l'Oise
61 l'Orne
62 le Pas-de-Calais
63 le Puy-de-Dôme
64 les Pyrénées-Atlantiques
65 les Hautes-Pyrénées
66 les Pyrénées-Orientales
67 le Bas-Rhin
68 le Haut-Rhin
69 le Rhône
70 la Haute-Saône
71 la Saône-et-Loire
72 la Sarthe
73 la Savoie
74 la Haute-Savoie
75 la Ville de Paris
76 la Seine-Maritime
77 la Seine-et-Marne
93 la Seine-Saint-Denis
79 les Deux-Sèvres
80 la Somme
81 le Tarn
82 le Tarn-et-Garonne
94 le Val-de-Marne
95 le Val-d'Oise
83 le Var
84 le Vaucluse
85 la Vendée
86 la Vienne
87 la Haute-Vienne
88 les Vosges
89 l'Yonne
78 les Yvelines

LA FRANCE – PHYSIQUE
Royaume-Uni
Birmingham
Londres
Pays-Bas
Amsterdam
La Haye
Rotterdam
Allemagne
Düsseldorf
Cologne
Aix-la-Chapelle
Belgique
Anvers
Bruxelles
Luxembourg
Luxembourg
Suisse
Berne
Lausanne
Genève
Italie
Turin
Espagne
Bilbao
San Sébastian
Andorre
Barcelone
Manche
Pas de Calais
Îles anglo-normandes
Golfe de Gascogne
Golfe du Lion
Mer Méditerranée
Dunkerque
Calais
Boulogne
Le Touquet-Paris-Plage
Roubaix
Lille
Lens
Arras
Abbeville
Picardie
Somme
Amiens
Dieppe
Saint-Quentin
Ardenne
Charleville-Mézières
Meuse
Oise
Cherbourg
Le Havre
Beauvais
Rouen
Seine
Elbeuf
Cergy-Pontoise
Caen
Saint-Lô
Normandie
Évreux
Île de France
Paris
Versailles
Marne
Aisne
Reims
Argonne
Verdun
Metz
Lorraine
Châlons-en-Champagne
Champagne
Saint-Dizier
Toul
Nancy
Strasbourg
Alsace
Rhin
Moselle
Épinal
Vosges
Colmar
1423
Mulhouse
Belfort
Bâle
Brest
Morlaix
Saint-Malo
Mont-Saint-Michel
Saint-Brieuc
Bretagne
Pte du Raz
Quimper
Lorient
Rennes
Fougères
417
Laval
Le Mans
Sarthe
Melun
Fontainebleau
Troyes
Chaumont
Plateau de Langres
Orléans
Loire
Sologne
Blois
Auxerre
Avallon
Belle Île
Angers
Tours
Saint-Nazaire
Nantes
Saumur
Cher
Bourges
Nevers
Bourgogne
Dijon
Côte d'Or
902
Saône
Doubs
Besançon
Jura
Le Creusot
Chalon-sur-Saône
Vendée
Châteauroux
Berry
Les Sables-d'Olonne
Poitiers
Creuse
1718
Montluçon
Île de Ré
La Rochelle
Île d'Oléron
Vichy
Roanne
Bourg-en-Bresse
Annecy
Chamonix
Montblanc 4807
Charente
Cognac
Angoulême
Limoges
Limousin
Clermont-Ferrand
1465 Puy-de-Dôme
1886 Mont-Dore
Lyon
Rhône
Chambéry
Gironde
Médoc
Périgueux
Brive
Auvergne
Massif central
Allier
Saint-Étienne
Mont Cenis 2083
Lacanau-Océan
Bordeaux
Libourne
Dordogne
1858
Aurillac
Le Puy
Mont Mézenc 1754
Isère
Grenoble
4102
Valence
Alpes
Arcachon
Garonne
Marmande
Lot
Cahors
Mont Lozère 1702
Cévennes
Montélimar
Vars
Mont Pelat 3053
Préalpes
Côte d'Argent
Landes
Agen
Montauban
Millau
Mont Ventoux 1912
Orange
Avignon
Durance
Gascogne
Armagnac
Tarn
Albi
Le Vigan
Nîmes
Provence
Monaco
Nice
Dax
Adour
Auch
Toulouse
Montpellier
Languedoc
Arles
Camargue
Aix-en-Provence
Cannes
Côte d'Azur
Bayonne
Biarritz
Pyrénées
Pau
Tarbes
Lourdes
Canal du Midi
Carcassonne
Narbonne
Béziers
Sète
Marseille
Toulon
Saint-Tropez
Perpignan
Port-Vendres
1620 Col de la Perche
Populations des Villes
plus de 1 000 000 habitants
500 000 – 1 000 000 habitants
100 000 – 500 000 habitants
50 000 – 100 000 habitants
moins de 50 000 habitants
Paris Capitale
Autoroute
Frontière d'État
moins de 0 100 200 500 1000 2000 3000 m
0 50 100 150 200 250 km

Quellen

Fotos

© ANPE, S. 39 – © Arte, S. 63 (1991) – © Comité du Tourisme des Îles de Guadeloupe, S. 8–9 (Hintergrund), S. 8 (Mitte links), S. 8 (Mitte), S. 10 (unten links), S. 11 (1. v. oben links), S. 20 (unten links), S. 20 (unten rechts), S. 21 (unten) – © Comité du Tourisme La Réunion, S. 9 (Mitte oben), S. 10 (unten rechts) – © Cornelsen, S. 54 (oben); Cornelsen, Drabo, S. 93 (oben rechts), S. 93 (2. von oben rechts); Cornelsen, Gonsolin, S. 61; Cornelsen, IPS, S. 58 (2. v. unten); Cornelsen, Schulz, S. 28 (unten Mitte), S. 58 (Mitte u. unten), S. 76 (unten), S. 89, S. 111, S. 124 – © Creative Commons / Mike Lehmann, S. 86 (oben) – Fotolia.com: © Wall, S. 150 (links), S. 150 (rechts) – © GNU / Patrick Giraud / août 2005, S. 88 (oben rechts); © GNU / Timm Guenther, S. 140 (unten) – © Les Films Cissé (Sisé Filimu), S. 104 (3. v. oben) – © Lola films / Noé Productions Int. / REZO FILMS, S. 113 – © Marie Dagnaux, S. 102 – © Ministère des Affaires Étrangères, Images de France, 2003, S. 29 (2. v. oben links), S. 29 (oben links) – © Mouvement Européen France, S. 50–51 (Hintergrund) – © Nord-Ouest-Production / J. C. Lother, S. 52, S. 54 (unten), S. 69 – © OFAJ-Dfjw, S. 56, S. 63 (1984), S. 70 – © Parlement Européen / Service Photo, S. 28 (oben rechts), S. 50–51 (unten Mitte) – Photocase: © hille76, S. 73 (Hintergrund) – Photospin: © Calihan, S. 139 (oben) – © Tahiti Tourisme / B. Stichelbaut, S. 137 (unten links) – Ti Gourmet Saint-Barth: © Baptista, S. 21 (oben links), S. 21 (oben rechts).

© akg-images, S. 9 (2. v. oben links), S. 143 (Mitte rechts) – Andia: © David, S. 9 (Mitte) – © Avenue Images, S. 8 (1. v. oben rechts), S. 10 (unten Mitte), S. 11 (4. v. oben links), S. 27 (links), S. 27 (rechts) – © Bildagentur Online, S. 37 (2. Reihe, 1. v. rechts); Bildagentur-online / Agence Vandystadt.com: © Maindru, S. 177 – Blickwinkel: © Layer, S. 9 (1. v. oben links) – Caro: © Riedmiller, S. 28 – S. 29 (Mitte) – © Cinetext/Senator, S. 53 – © Collection Christophel, S. 104 (2. v. oben), S. 104 (4. v. oben) – Corbis: © Addario, S. 95 (unten); © Bognár, S. 8 (unten links); © Calder, S. 93 (1. v. oben links); © Fert, S. 95 (oben); © Garanger, S. 21 (Mitte links); © Holmes, S. 31; © Kaehler, S. 92 (1. v. links), S. 94 (unten); © Martel, S. 93 (3. v. oben links); © Peebles, S. 9 (oben rechts); © van der Hilst, S. 92 (3. v. oben Mitte); © Vannini, S. 97 (oben rechts); © Wheeler, S. 92 (1. v. oben rechts), S. 92 (2. v. oben Mitte); Corbis / Contemporary African Art Collection Limited, S. 105 (oben), S. 105 (unten); Corbis/JAI: © Hellier, S. 92 (2. v. oben rechts); Corbis/photocuisine: © Leser, S. 20 (Mitte rechts); Corbis/Reuters: © Gnago, S. 93 (4. v. oben links); Corbis/Sygma: © Trung, S. 92 (4. v. oben Mitte); Corbis/TWPhoto, S. 29 (2. v. oben Mitte); Corbis/zefa: © Dazeley, S. 37 (2. Reihe, 2. v. rechts) – Das Fotoarchiv: © Arslan, S. 58 (Mitte rechts); © Kzonsek, S. 97 (Mitte links) – laif: © Heeb, S. 10 (3. v. oben links); laif/REA: © Bessard, S. 72 (oben links), S. 92 (2. v. links); © Brown, S. 92 (oben Mitte); © Gleizes, S. 87 (Mitte links); © Guittot, S. 92 (4. v. oben rechts); © Hamilton, S. 29 (oben Mitte); © Hanning, S. 29 (unten Mitte); © Ludovic, S. 93 (2. v. oben links); © Moschetti, S. 98 (oben links), S. 98 (oben rechts), S. 98 (unten links), S. 98 (unten rechts); © Nascimento, S. 73 (oben links); © laif/Hemispheres, S. 9 (unten rechts) – © Laurent Faro, S. 140 (oben rechts) – mauritius images: © Bibikow, S. 8 (oben links); © Creek, S. 37 (1. Reihe, 1. v. rechts); © Fuste Raga, S. 7; © Gebhardt, S. 37 (2. Reihe, 2. v. links); © Mattes, S. 137 (unten rechts); © Scott, S. 87 (Mitte rechts); © Velten, S. 37 (2. Reihe, 1. v. links); © Otto, S. 58 (oben rechts); © mauritius images / age, S. 40, S. 75 (links), S. 138 (oben rechts); mauritius images / age: © Grandadam, S. 13 © mauritius images / CuboImages, S. 88 (unten) © mauritius images / Nonstock, S. 37 (1. Reihe, 2. v. links) © mauritius images / Photo Resource, S. 21 (Mitte rechts) © mauritius images / Photononstop, S. 87 (oben links), S. 94 (oben), S. 138 (oben links) © mauritius images / Spirit, S. 37 (1. Reihe, 1. v. links) © mauritius images / SuperStock, S. 30 © mauritius images / World Pictures, S. 27 (2. v. rechts) – mediacolors: © Buck, S. 11 (2. v. oben links) – Picture-Alliance: © Godong, S. 139 (2. v. oben); © Picture-Alliance/akg-images, S. 10 (2. v. oben links), S. 63 (1963), S. 142 (unten rechts); © Picture-Alliance/dpa, S. 15, S. 18, S. 25, S. 27 (2. v. links), S. 28 (2. v. oben rechts), S. 63 (2004), S. 72 (oben rechts), S. 81 (2. v. links), S. 92 (3. v. oben rechts), S. 144; © Picture-Alliance/dpa/dpaweb, S. 140 (oben links); © Picture-Alliance/maxppp, S. 81 (links), S. 137 (oben rechts); © Picture-Alliance/ZB, S. 142 (oben) – plainpicture: © Paolo, S. 58 (links) – © Sabine Leutenger, S. 74 (links) – Schapowalow: © Huber, S. 9 (Mitte rechts), S. 34 – Sipa: © Bordas, S. 72 (unten rechts); © Clasen, S. 143 (Mitte links); © Durand, S. 76 (oben rechts); © Ginies, S. 81 (rechts); © Hadj, S. 75 (rechts); © Jaubert, S. 87 (oben rechts), S. 88 (oben links); © Le Floch Pascal, S. 76 (oben 2. v. links); © Lydie, S. 19 (unten rechts); © Meigneux, S. 73 (Mitte rechts), S. 76 (oben 2. v. rechts); © Riclafe, S. 81 (2. v. rechts); © Souloy, S. 103; © Stevens, S. 86 (unten); © Taamallah, S. 72 (unten links); © Sipa / Collection YLI, S. 45 (unten links), S. 45 (unten rechts); Sipa/DPPI: © Millereau, S. 19 (unten links); © Sipa/G.I.P., S. 76 (oben links); Sipa/Lorenvu: © Niviere, S. 104 (1. v. oben); Sipa/TF1: © Chevalin, S. 19 (unten Mitte); © Galmiche, S. 143 (unten) – ullstein: © Lineair, S. 93 (2. von oben rechts Mitte), S. 93 (3. v. oben rechts); © Violett, S. 21 (Mitte), S. 26, S. 44 (links), S. 44 (rechts), S. 45 (oben), S. 63 (1926), S. 142 (unten links); © ullstein/AP, S. 143 (oben); © ullstein/ddp, S. 141; © ullstein / Granger Collection, S. 10 (1. v. oben links) – © Vincent Formica, S. 8 (2. v. oben rechts) – © Visum, S. 11 (Mitte); Visum: © Kluba, S. 74 (rechts); © Niemzig, S. 11 (3. v. oben links) – Westend61: © Clandestini, S. 37 (1. Reihe, 2. v. rechts).

Illustrationen

S. 28: © Bayard, Okapi, 15 mai 2005 – S. 29 (oben rechts): © Les Humanoïdes Associés S.A., 2000 – S. 29 (unten rechts): © Bayard, Okapi, 15 mai 2005 – S. 36: © Fleurus, Le Monde des ados n° 159, 21 février 2007 – S. 47: © Bayard, Okapi, 15 mai 2005 – S. 62: © Fleurus, Le Monde des ados n° 161, 21 mars 2007 – S. 73: © Le Nouvel Observateur, 14–20 décembre 2006 – S. 79: © Le Nouvel Observateur, 1er–7 juin 2006 – S. 91: © Jacques Goldstyn.

Cover

S. 73: © Le Nouvel Observateur, N° 2208 fu 1er au 7 mars 2007 – S. 78: © Calmann-Lévy, Nicolas Hulot, Pour un pacte écologique – S. 83 (oben): © Bayard, Phosphore, Cahier N° 1, Mensuel N° 311, mai 2007 – S. 83 (unten rechts): © Fleurus, Le monde des ados, n° 167, 13 juin 2007 – S. 90: © Albin Michel, Bernard Werber, l'encyclopédie du savoir relatif et absolu.

Texte

S. 24: © Sepia, Maryse Condé «Hugo le terrible» – S. 44–45: © Fleurus, Marion Gillot, Le Monde des ados n° 147 – S. 81: © fairkehr, Valeska Zepp, Politik 6/03 – S. 90: © Albin Michel, Bernard Weber «l'encyclopédie du savoir relatif et absolu».